电子商务概论

（第3版）

主　编◎董志良

副主编◎丁　超　陆　刚　董晓娟

Introduction
E-business

清华大学出版社
北京

内 容 简 介

《电子商务概论（第3版）》立足于基础与应用，从服务与管理相结合的角度介绍了电子商务的基础知识和基本应用。《电子商务概论（第3版）》采用"典型案例、简单任务"与相关理论知识相结合的编写方式增加学生的参与度，激发学生的学习主动性。学生在完成任务的过程中，在课外发现问题，在课堂上根据课本内容与教师的讲解解答问题，增强了课堂上师生的互动性。

《电子商务概论（第3版）》主要供电子商务、市场营销、工商管理、物流管理、信息管理与信息系统、国际贸易、财务管理、金融等相关专业本科生学习"电子商务（概论）"课程使用，也可作为企事业单位电子商务的培训教材，以及从事电子商务相关工作的企业管理人员和业务人员的参考书。对教材中的部分内容进行删减后，《电子商务概论（第3版）》也可作为高职高专相关专业的教材使用。

图书在版编目（CIP）数据

电子商务概论 / 董志良主编. —3版. —北京：清华大学出版社，2021.10 (2023.8重印)
21世纪经济管理类创新教材
ISBN 978-7-302-59289-1

Ⅰ. ①电… Ⅱ. ①董… Ⅲ. ①电子商务—高等学校—教材 Ⅳ. ①F713.36

中国版本图书馆 CIP 数据核字（2021）第 196519 号

责任编辑：邓　婷
封面设计：刘　超
版式设计：文森时代
责任校对：马军令
责任印制：刘海龙

出版发行：清华大学出版社
　　　　　网　　　址：http://www.tup.com.cn，http://www.wqbook.com
　　　　　地　　　址：北京清华大学学研大厦 A 座　　　　邮　　编：100084
　　　　　社 总 机：010-83470000　　　　　　　　　　　邮　　购：010-62786544
　　　　　投稿与读者服务：010-62776969，c-service@tup.tsinghua.edu.cn
　　　　　质量反馈：010-62772015，zhiliang@tup.tsinghua.edu.cn
印 装 者：北京嘉实印刷有限公司
经　　销：全国新华书店
开　　本：185mm×260mm　　　　印　　张：20.75　　　　字　　数：476 千字
版　　次：2014 年 6 月第 1 版　　2021 年 12 月第 3 版　　印　　次：2023 年 8 月第 2 次印刷
定　　价：59.80 元

产品编号：093357-01

前　　言

电子商务是一个商务过程电子化的商务形态。进入21世纪以来，电子商务的应用跨入了全业态渗透、发展迅猛、影响深远的发展阶段。由于电子商务充分利用现代信息技术，创造了以互联网为基础的全新商业模式，改变了商业伙伴之间的合作方式，因此电子商务是包括购买、销售在内的电子化沟通、协同、合作的全新商务途径。

本书在第2版的基础上重新梳理了全书的知识体系，根据电子商务社会实践的发展修订了各个章节；根据学生学习中的认知特点，对全书的章节顺序重新进行了编排。同时，加入了社交电子商务、跨境电子商务、直播电子商务、新零售等全新商业模式以及商务智能等内容，其余各章节也根据电子商务领域的实际变化增删了相应的内容，力求做到将理论知识与实际紧密结合，提高学生对电子商务理论知识的理解程度。在每一章的知识导入部分，编者都甄选了引人入胜的全新案例，使学生能够通过案例提高对所学知识的兴趣。作者还准备了大量的阅读材料，方便学生延伸阅读与思考。

目标读者

本书主要针对电子商务、市场营销、工商管理、物流管理、信息管理与信息系统、国际贸易等开设"电子商务（概论）"课程的相关专业本科生，也可作为企事业单位电子商务培训教材，以及从事电子商务相关工作的企业管理人员和业务人员的参考书。对教材中的部分内容进行删减后，也适用于高职高专相关专业的学生。

本书特色

第一，本书通过任务式设计，引导学生探索知识，提高学习主动性。本书在每章每节前面设计了认知性任务，引导学生在学习理论知识之前预先形成一定的认识。在完成任务的过程中可能会遇到一些问题，学生带着自己的认识和所遇到的问题走进课堂，可将此作为和老师连接的纽带，通过互动带动学习氛围，改善课堂面貌。同时，任务的存在还能够加强学生之间、师生之间和教师之间的相互交流与学习，从而达到教学相长的目的。因此，本书在一定程度上填补了本科相关教材在该领域的空白，这也是本书有别于其他同类教材的一个重要方面。

第二，本书通过完成任务的形式，将理论知识融入任务板块中，提高学生对电子商务各方面知识的直观感受，增强了学生的学习兴趣。教师可在课前将任务布置给学生，学生通过完成任务可对相关知识在某些领域的应用有较为直观的感受，回到课堂上，再把抽象的理论与实际的应用相联系，便会有豁然开朗之感。这在很大程度上可以增强学生对知识的满足感和对电子商务概论课堂的认可度，进而提高学生的学习兴趣。

第三，强调电子商务整体学习理念的传递。电子商务涉及知识面广，单纯的蜻蜓点水式的学习只能让学生掌握一些皮毛，不能帮助学生树立电子商务的整体学习理念，不利于学生以后的学习和开展相关方面的工作。本书通过任务的完成，让学生认识理论知识在某些方面的应用，并可以在应用与理论之间存疑，在提高学生对单方面理论知识的应用能力的同时，结合对其他方面理论知识的主动学习，进而形成系统的整体学习理念和应用方法。

第四，本书内容新颖，体例清晰。本书在编写过程中融入了大量与课程相关的本学科新的理论研究成果和实践成果，使内容更加系统。各章节均有对应的任务，以任务为导向连接应用与理论，体例清晰。此外，全书语言精练、准确。

编写分工与致谢

本书由董志良主编，负责设计全书的篇章框架结构、编写详细大纲以及全书总纂、定稿；丁超、陆刚、董晓娟为副主编，分别承担相关章节的编写工作。本书各章具体编写分工情况如下：前言由董志良编写，第一章由王静编写，第二章由李婷编写，第三章由安海岗编写，第四章由吴春英编写，第五章和第六章由赵蕾编写，第七章由丁超编写，第八章由陆刚编写，第九章由董晓娟编写，第十章由张永礼编写。

编者的水平有限，书中难免有疏漏或不当之处，敬请广大读者批评指正。

编者

2021 年 6 月

目　　录

第一章　电子商务基础知识 ································· 1

　第一节　电子商务的概念 ································· 6
　　一、从传统商务到电子商务 ························· 6
　　二、电子商务的定义 ································· 7
　　三、电子商务的概念模型 ························· 9

　第二节　电子商务的功能、特点与分类 ········· 11
　　一、电子商务的功能 ······························· 11
　　二、电子商务的特点 ······························· 13
　　三、电子商务的分类 ······························· 14

　第三节　电子商务的发展 ······························· 18
　　一、电子商务发展历程 ··························· 18
　　二、电子商务发展现状 ··························· 19
　　三、电子商务发展趋势 ··························· 24

　本章小结 ··· 26
　思考题 ··· 26

第二章　电子商务商业模式 ························· 27

　第一节　电子商务商业模式概述 ··············· 30
　　一、商业模式的构成要素 ····················· 30
　　二、电子商务商业模式的核心内容 ········· 31
　　三、电子商务商业模式的类型 ··············· 33

　第二节　传统电子商务商业模式 ··············· 38
　　一、B2B 电子商务商业模式 ················· 38
　　二、B2C 电子商务商业模式 ················· 41
　　三、C2C 电子商务商业模式 ················· 43
　　四、电子政务 ····································· 44

　第三节　新兴电子商务商业模式 ··············· 47
　　一、O2O 模式 ····································· 47
　　二、C2M 模式 ····································· 50
　　三、社交电子商务 ······························· 52
　　四、跨境电子商务 ······························· 55
　　五、直播电子商务 ······························· 57
　　六、新零售 ··· 59

本章小结···62

思考题···62

第三章　电子商务技术基础···64

第一节　计算机网络基础知识··66

一、计算机网络环境···66

二、互联网的接入方式···71

三、Internet、Intranet 和 Extranet···72

第二节　电子商务网站规划与建设···75

一、电子商务网站规划···75

二、电子商务网站建设···79

第三节　手机 App 开发相关技术基础···90

一、手机操作系统与 App···90

二、手机 App 开发技术 WeX5···92

三、主要电子商务平台及其 App···95

本章小结···96

思考题···97

第四章　网络营销··98

第一节　网络营销概述···101

一、网络营销的概念···101

二、网络营销的职能···102

三、网络营销与传统营销的区别···105

四、网络营销的发展趋势和前景···105

第二节　网上市场调研···108

一、网上市场调研概述···108

二、网上市场调研的方法···109

第三节　网络环境的营销工具及方法···111

一、搜索引擎营销···111

二、电子邮件营销···116

三、网络广告···118

四、病毒营销···121

五、博客营销···123

第四节　新网络营销策略···126

一、微博营销···126

二、微信营销···127

三、App 营销···130

四、网络视频营销与视频直播营销···131

五、LBS 精准营销···133

本章小结···135

　　思考题 …………………………………………………………………………… 135

第五章　电子支付 ………………………………………………………………… 137

　第一节　电子支付与支付系统 …………………………………………………… 139
　　一、支付与支付系统 …………………………………………………………… 139
　　二、电子支付 …………………………………………………………………… 141
　　三、电子支付系统的组成 ……………………………………………………… 142

　第二节　常见的电子支付工具 …………………………………………………… 144
　　一、电子现金 …………………………………………………………………… 144
　　二、银行卡 ……………………………………………………………………… 145
　　三、电子支票 …………………………………………………………………… 146
　　四、虚拟货币 …………………………………………………………………… 149
　　五、电子钱包 …………………………………………………………………… 152

　第三节　第三方支付 ……………………………………………………………… 156
　　一、第三方支付概述 …………………………………………………………… 156
　　二、第三方支付的类型 ………………………………………………………… 157
　　三、第三方支付牌照 …………………………………………………………… 158
　　四、典型的第三方支付平台 …………………………………………………… 159

　第四节　移动支付 ………………………………………………………………… 162
　　一、移动支付发展现状 ………………………………………………………… 162
　　二、移动支付的内涵 …………………………………………………………… 163
　　三、移动支付的分类 …………………………………………………………… 164

　本章小结 …………………………………………………………………………… 167
　思考题 ……………………………………………………………………………… 167

第六章　电子商务物流与供应链 ………………………………………………… 168

　第一节　物流概述 ………………………………………………………………… 170
　　一、物流概念及其发展沿革 …………………………………………………… 170
　　二、商流和物流 ………………………………………………………………… 173
　　三、物流的分类 ………………………………………………………………… 175
　　四、物流的功能 ………………………………………………………………… 178

　第二节　电子商务物流 …………………………………………………………… 181
　　一、电子商务与物流的关系 …………………………………………………… 181
　　二、电子商务物流的概念与特征 ……………………………………………… 183
　　三、电子商务物流的模式 ……………………………………………………… 183
　　四、电子商务物流信息技术 …………………………………………………… 186

　第三节　供应链与供应链管理 …………………………………………………… 192
　　一、供应链 ……………………………………………………………………… 192
　　二、供应链中"牛鞭效应"分析 ……………………………………………… 194
　　三、供应链管理 ………………………………………………………………… 196

四、供应链、价值链与产业链 ·· 199
本章小结 ··· 202
思考题 ·· 202

第七章 电子商务安全 ·· 204
第一节 电子商务安全问题与安全需求 ··· 206
一、网络安全概述 ··· 206
二、电子商务安全问题 ··· 208
三、电子商务安全需求 ··· 210
第二节 加密与身份认证 ··· 212
一、加密技术概述 ··· 212
二、数字签名的应用 ·· 219
三、身份认证技术 ··· 223
第三节 数字证书与安全认证机构 ·· 226
一、数字证书 ··· 226
二、数字证书实训应用 ··· 229
三、安全认证机构 ··· 233
本章小结 ··· 234
思考题 ·· 234

第八章 电子商务法规 ·· 235
第一节 电子商务法律概述 ··· 237
一、电子商务立法的指导思想和原则 ··· 237
二、《中华人民共和国电子商务法》规定的电子商务经营者主体资格和
一般义务 ··· 239
第二节 电子商务交易的法律规范 ·· 242
一、数据电文及电子签名的法律效力 ··· 242
二、电子合同相关法律规定 ··· 244
三、电子支付相关法律规定 ··· 247
第三节 电子商务中的权益保护 ·· 251
一、知识产权保护 ··· 251
二、网络个人资料的保护 ·· 253
三、网上消费者权益保护 ·· 255
本章小结 ··· 260
思考题 ·· 260

第九章 网络创业 ·· 261
第一节 网络创业知识 ·· 263
一、创业与商业思维 ·· 263
二、网络创业 ··· 267

　　　　三、网络创业者与创业团队 ……………………………………… 268

　　第二节　网络创业机会与商业模式 ……………………………………… 275

　　　　一、网络创业机会 …………………………………………………… 275

　　　　二、商业模式构建 …………………………………………………… 277

　　第三节　网络创业资源管理 ……………………………………………… 280

　　　　一、人才机制 ………………………………………………………… 281

　　　　二、风险投资 ………………………………………………………… 283

　　　　三、网络创业风险识别与规避 ……………………………………… 285

　　　　四、创业文化 ………………………………………………………… 286

　　本章小结 …………………………………………………………………… 288

　　思考题 ……………………………………………………………………… 289

第十章　电子商务中的商务智能 …………………………………………… 290

　　第一节　商务智能概述 …………………………………………………… 294

　　　　一、商务智能 ………………………………………………………… 294

　　　　二、ETL ……………………………………………………………… 295

　　　　三、数据仓库 ………………………………………………………… 295

　　　　四、OLAP …………………………………………………………… 296

　　　　五、数据挖掘 ………………………………………………………… 296

　　　　六、数据报表与数据可视化 ………………………………………… 297

　　第二节　电子商务数据分析 ……………………………………………… 298

　　　　一、电子商务数据来源 ……………………………………………… 298

　　　　二、电子商务 ETL 设计 …………………………………………… 300

　　　　三、OLAP 与多维分析 …………………………………………… 303

　　　　四、电子商务多维数据模型设计 …………………………………… 305

　　第三节　电子商务数据挖掘 ……………………………………………… 313

　　　　一、网络交易中的数据挖掘 ………………………………………… 313

　　　　二、网站设计与管理中的数据挖掘 ………………………………… 315

　　　　三、网络广告中的数据挖掘 ………………………………………… 317

　　本章小结 …………………………………………………………………… 319

　　思考题 ……………………………………………………………………… 319

参考文献 ……………………………………………………………………… 321

第一章 电子商务基础知识

 学习目标

- ☐ 了解电子商务与传统商务的区别。
- ☐ 掌握电子商务的概念。
- ☐ 了解电子商务的概念模型。
- ☐ 掌握电子商务的功能、特点与分类。
- ☐ 把握电子商务的发展现状与趋势。
- ☐ 认识学习电子商务的重要性。

 能力目标

- ☐ 正确认识电子商务，激发学习电子商务的热情。
- ☐ 能够举例说明电子商务的分类及应用情况。

案例导入

电子商务让生活变得简单快乐
——"多快好省"的京东商城

京东商城是中国 B2C 市场最大的 3C 网购专业平台，是中国电子商务领域最受消费者欢迎和最具影响力的电子商务网站之一，销售数万品牌、4020 万种商品，囊括家电、手机、电脑、母婴、服装等 13 大品类。

京东商城自 2004 年年初涉足电子商务领域以来，专注于该领域的长足发展，凭借在 3C 领域的深厚积淀，先后在华北、华东、西南、华中、东北等地区组建了自己的子公司；同时不断加强和提高公司的技术实力，改进并完善售后服务、物流配送及市场推广等各方面的软、硬件设施和服务条件，一路走来，发展迅猛。京东商城发布的历年财报显示：从 2015 年至 2019 年，京东商城每年的交易总额分别为 4627 亿元、6582 亿元、1.3 万亿元、1.7 万亿元及 2.08 万亿元人民币。2019 年京东商城全年净利润高达 122 亿元人民币，年度活跃购买用户达 3.62 亿。2020 年 7 月 27 日，京东商城电子商务有限公司名列 2020 年的《财富》中国 500 强排行榜第 13 位。

一、发展历程

2004 年，京东开辟电子商务领域创业实验田，京东多媒体网正式开通，启用新域名。京东在全国首创即时拍卖系统——京东拍卖场正式开业，目前已经成为各大 IT 电子商务网站争相模仿的对象之一。

2007 年，京东正式启动全新域名，并成功改版。自成功改版后，京东多媒体网正式更名为京东商城，以全新的面貌屹立于国内 B2C 市场。京东商城建成北京、上海、广州三大物流体系，总物流面积超过 5 万平方米。

2008 年，京东商城涉足平板电视销售领域，并于 6 月将空调、冰箱、洗衣机、电视等大家电产品线逐一扩充完毕。这标志着京东公司在组建十周年之际完成了 3C 产品的全线搭建，成为名副其实的 3C 网购平台。

2010 年，"211 限时达"极速配送正式推出，通过自身的"加速"，京东商城引领并建立了中国 B2C 行业的全新标准。"品牌直销"频道正式上线，宣告其开放平台正式运营。京东商城跃升为中国首家规模超过百亿的网络零售企业。

2011 年，京东商城 iPhone、Android 客户端相继上线，启动移动互联网战略。

2013 年，京东商城超市业务正式上线；京东商城首次披露金融布局，支付业务上线。京东商城正式启用 JD.COM 域名，去商城化，全面改名为京东。

2014 年，京东集团在美国纳斯达克挂牌上市，是中国第一个成功赴美上市的大型综合型电子商务平台。

2017 年 4 月 25 日，京东物流集团正式成立，10 月，建成全球首个全流程无人仓和全球首个顶配奢侈品仓。

2018 年，京东"6·18"全球年中购物节和京东"11·11"全球好物节创造了接近 3200 亿元的好成绩，这一年有数十万家线下门店通过京东的智能供应链和门店科技实现了数字化升级。至此，全球第一个机器人智能配送站投入运营。

2019 年 3 月 28 日，京东发布 iSRM 智能采购管理平台，该平台针对工业制造业的长尾商品多、供应商数量庞大、供应链管理难度大等问题提出了相应的解决方案。

2020 年 6 月 18 日，京东正式在香港联交所上市，股票代码为 09618，在港上市首日高开 5.75%，报 239 港元，总市值为 7386 亿港元。

二、商业模式

1. 经营理念

京东商城本着"让购物变得简单、快乐"的使命，以"产品、价格、服务"为核心，以"多、快、好、省"为服务原则，引领着网络零售市场。

2. 商品及服务

京东商城在线销售家电、数码通信、计算机、家居百货、服装服饰、母婴、图书、食品等 11 大类数万个品牌百万种优质商品。京东商城提供了灵活多样的商品展示空间，消费者查询、购物都不受时间和地域的限制。依托多年打造的庞大物流体系，消费者充分享受了"足不出户，坐享其成"的便捷服务。京东商城在为消费者提供正品行货、机打发票、售后服务的同时，还推出了"价格保护""延保服务"等举措，最大限度地解决了消费者的后顾之忧，保护了消费者的利益。

3. 目标客户

（1）从需求上分析，京东的主要客户是计算机、通信、消费类电子产品的主流消费人群。

（2）从年龄上分析，京东的主要顾客为 20～35 岁的人群。

（3）从职业上分析，京东的主要顾客是公司白领、公务人员、在校大学生和其他网络爱好者。其中，每年走出校门的 600 万名大学生群体则又是京东的另一个重点市场。

4. 盈利模式

（1）直接销售收入。赚取采购价和销售价之间的差价，在线销售的产品品类超过 3 万种，产品价格比线下零售店便宜 10%～20%；库存周转率为 12 天，与供货商现货现结，费用率比国美、苏宁低 7%，毛利率维持在 5% 左右，向产业链上的供货商、终端客户提供更多价值。

（2）虚拟店铺出租费。包含店铺租金、产品登录费、交易手续费。

（3）资金沉淀收入。利用收到顾客货款和支付供应商的时间差产生的资金沉淀进行再投资从而获得利润。

（4）广告服务。京东约 30% 的利润来自广告、品牌促销、首发专场等活动。至今，近 80% 的主流 IT 品牌厂商都已经和京东展开直接合作。

2019 年，全年 GMV 20 854 亿元人民币，增速为 24%；全年净营收 5769 亿元人民币，比上年增长 25%。其中，商品销售收入达 5107 亿元人民币，增速为 23%；服务收入达 662 亿元人民币，增速为 44%。在商品销售收入中，3C 及家电类占比 64%；在服务收入当中，平台佣金及广告收入增速为 27%，占比 65%。物流收入达 235 亿元人民币，增速为 90%。

5. 供销模式

京东的供销模式有两类，分别是京东自营和第三方商家入驻。第三方商家入驻有四种方式：一是 FBP 模式，由京东全权负责采购和销售；二是 LBP 模式，商品无须入库，用户下单后，由第三方卖家发货到京东分拣中心，京东开发票；三是 SOPL 模式，商品无须入库，用户下单后，第三方卖家发货到京东分拣中心，但由商家开发票；四是 SOP 模式，商家直接向消费者发货并开发票。

三、核心竞争力

1. 产品品质保障

京东商城所有的商品都是正品，且可以享受与传统店面一样的售后服务。这就给了消费者很好的保障，也是众多消费者选择京东的重要原因。

2. 物流配送

京东商城有自建物流体系、与第三方合作及高校代理三种物流模式。

京东自建的物流体系拥有中小件、大件、冷链、B2B、跨境和众包（达达）六大物流网络，凭借这六张大网在全球范围内的覆盖以及大数据、云计算、智能设备的应用，京东物流打造了一个从产品销量分析预测到入库出库，再到运输配送，各个环节无所不包、综合效率最优、算法最科学的智能供应链服务系统。

截至 2020 年 9 月 30 日，京东物流在全国运营超过 800 个仓库，包含云仓面积在内，京东物流运营管理的仓储总面积约 2000 万平方米。目前，京东物流已投入运营 30 座"亚洲一号"智能物流园区以及超过 70 座不同层级的无人仓。京东物流大件和中小件网络已实现行政区县近 100%覆盖，90%区县 24 小时达，自营配送服务覆盖全国 99%的人口，超 90%自营订单 24 小时送达。京东提供的 211 限时达、极速达、京准达、夜间配和定时达等时效服务给客户提供了最优质的配送体验。

3．服务

（1）"售后 100 分钟"服务。自京东售后服务部收到返修品并确认属于质量故障开始计时起，在 100 分钟内处理完一切售后问题，从而解除顾客的后顾之忧。

（2）延保服务。平时消费者在选购商品尤其是家电产品的时候都会留意产品的保修期限，而商品本身的保修期限往往比较短，然而在京东商城，顾客只要花费较少的金钱就可以延长产品的保修期限，这样就可以给自己所购买的产品提供更好的保障。

（3）赠送运费险。京东承诺在运输、配送环节上承担保险费用，运输过程的风险一律由京东承担，客户收到货物如果有损坏、遗失等情形，只要当场提出声明，京东立即发送全新商品予以更换。"211 限时达"服务可以让顾客在较短的时间内收到货物。京东还提供自主配送确保货到付款、开箱验货等方便顾客的服务。

4．技术

（1）京东运营中枢技术。这款 ERP 系统可以掌握每一款产品详细信息，包括什么时间入库、采购员是谁、供应商是谁、进价多少、质保期多长、在哪个货架、什么时候收到订单、由谁扫描、谁打包、谁发货、发到哪个分库、哪个快递员发出、客户的详细信息等。

（2）物流配送技术。京东 2018 年曝光的无人仓每天处理量为 20 万件，2019 年在京东全球科技探索者大会上展示的配送机器人可以在室内完成配餐、引导等工作。

（3）智能客服技术。京东的智能客服涵盖售前服务、售中服务、售后服务，形成用户全链条客服服务，包含从文字到语音、从用户到商家、从智能对话到智能座席等。

（4）AR 技术。京东将 AR/VR 等技术与门店科技相结合，不断推出创新的营销黑科技。京东开发的试试 AR 应用，让 AR 试妆、AR 试衣成为风尚。

（5）云计算技术。京东已经将内部的计算、存储等资源全面云化，可以灵活应对促销、店庆等流量压力；同时，京东把经过内部实践检验的云计算资源逐步对外开放。

四、案例总结

京东商城不断优化的智慧供应链使价格更具优势，自建的物流系统给用户提供优质的购物体验，人工智能等新技术会带动业务成本降低、用户体验提升和效率提升，但如何和厂商建立更好的合作、与传统渠道商协调好市场，如何在保证大而全的产品经营下又能突出 3C 的产品特色是京东需要思考和解决的问题。

资料来源：京东电子商务案例分析 [EB/OL]．（2012-06-12）．http://wenku.baidu.com/view/902521e5cd22bcd126fff705cc175527
06225e68.html.

 **思考题**

1．从该案例中你知道开展电子商务有哪些好处吗？
2．京东成功的因素有哪些？
3．你认为京东还存在哪些问题？应该如何应对？
4．开展电子商务时应该注意哪些问题？

任务一　调研国内知名电子商务企业

任务引入

近年来，随着互联网在中国普及率的不断提高，国内电子商务随之飞速发展。第 47 次中国互联网络发展状况统计报告显示：自 2013 年到 2020 年，我国已连续 8 年成为全球最大的网络零售市场。2020 年，受新型冠状病毒肺炎疫情的影响，在线医疗、在线教育的需求量不断增长，极大地推动了该行业的数字化转型。中国共产党第十九届中央委员会第五次全体会议提出，要"加强数字社会、数字政府建设"。电子政务是推动数字政府建设的出发点，也是数字政府服务老百姓的落脚点，其在 2020 年取得了关键进展。中国的电子商务企业也如雨后春笋般蓬勃发展。截至 2019 年 12 月 31 日，我国电子商务已上市的企业共66 家，其中，零售电子商务 28 家、生活服务电子商务 21 家、产业电子商务 10 家、跨境电子商务 7 家。刚刚学习电子商务的你，对我国当下知名的电子商务企业了解多少呢？

任务目标

1．通过完成任务，了解近年来国内电子商务企业的基本情况。
2．通过完成任务，正确认识电子商务的概念和本质。
3．通过完成任务，理解电子商务流程及其中包含的信息流、资金流和物流。

任务要求

1．调查我国电子商务企业的排名情况并从中选择有代表性的三家企业作为调研对象。
2．针对调研对象，从企业的基本情况、发展历程、商业模式等方面进行调研，从而对我国电子商务企业有一个整体的认识。

任务分析

与传统商务模式相比，电子商务之所以能够在短期内迅速崛起，简单来说，是因为电子商务可以使商家及时、准确地了解销售情况和供求信息，从而可以有针对性地调整生产和销售计划，大大降低了库存成本。那么，我国的电子商务行业发展情况如何呢？那些知名的电子商务企业又有哪些行之有效的经营之道呢？通过调研我国电子商务企业的排名情况及知名电子商务企业的发展情况，我们可以对我国电子商务行业有一个整体的认识；通过调研企业的经营特点，我们可以对电子商务的概念有更清晰的认识。

第一节　电子商务的概念

很多人认为，电子商务就是在互联网上购物。虽然近几年消费者网上购物的总金额在逐年递增，但电子商务的业务领域却并不局限于网上购物，它包括很多商业活动。那么，究竟什么是电子商务呢？

一、从传统商务到电子商务

要全面地了解和认识"电子商务"，首先要明确"商务"的概念。我们这里所说的商务，按照一般的理解（即英文 commerce 对应的解释）就是商品的买卖或交易活动。而商务活动是一种至少由两方参与的有价值物品或服务的协商交换过程，它包括买卖各方为完成交易所进行的各种活动。

回顾人类发展的历史，我们的祖先很早就开始了商品交易的活动。从最早的"以物易物"的交易模式，发展为以一般等价物为中介的交易模式，到一直延续至今的以货币为中介的交易模式，商品交易的原理并没有发生任何本质的变化，不断延伸和扩大的是其内涵。

在人类几千年的商务活动发展过程中，人们总是随着环境和社会的演变及时地利用各种新方法、新技术、新工具等手段来使交易活动变得更快捷、更准确、更便宜、更高效。例如，帆船的出现为买卖双方的水上交易开辟了新的舞台；印刷术、蒸汽机、电话和传真机等的发明也显著改变了人们的交易方式；而自 20 世纪后半叶以来的电子化的商务活动，则使人们可以在虚拟的时空中进行商务活动。

从传统商务到电子商务的形成大约经历了以下三个阶段。

（一）第一阶段

20 世纪 50 年代中期，美国出现了"商业电子化"的概念，即利用电子数据处理设备使簿记工作自动化。1964 年，美国 1BM 公司研制出用磁带存储数据的打印机，第一次在办公室中引入了商业文书处理的概念。1969 年，IBM 公司又研制出磁卡打印机进行文字处理。至 20 世纪 70 年代中期，工业化国家已经普遍采用文字处理机、复印机、传真机、专用交换机等商业电子化设备，实现了商业单项业务的电子化。

（二）第二阶段

20 世纪 70 年代，随着微电子技术的发展，特别是个人计算机的出现，商业电子化进入了以微型计算机、文字处理机和局部网络为特征的新阶段，以计算机、网络通信和数据标准为框架的电子商业系统应运而生。所谓电子商业系统，是指把分散在各商业领域的计算机系统连接成计算机局域网络，通常采用电子报表、电子文档、电子邮件等新技术和高功能的商业电子化设备。

（三）第三阶段

从 20 世纪 80 年代后期开始，商业电子化向建立商业综合业务数字网的方向发展，出现了高性能的电子商业软件包、多功能的电子商业工作站和各种联机电子商业设备，如电子白板、智能复印机、智能传真机、电子照排轻印刷设备、复合电子文件系统等。随着电子通信标准的研究和电子数据交换系统的开发，以及计算机运用于商业数据的采集、处理，真正的电子商务时代到来了。

二、电子商务的定义

对电子商务的理解，应从"现代信息技术"和"商务"两个方面考虑。一方面，"电子商务"概念所包括的"现代信息技术"应涵盖各种以电子技术为基础的通信方式，包括电子数据交换系统、电子邮件、电子公告系统、图像处理、智能卡等；另一方面，"商务"就是商业交易活动，商务活动是指围绕交易行为而发生的广告、交易、支付、服务等活动，它既包括商业对象面向外部而发生的交易行为，也包括商业对象内部为完成交易活动而展开的产品设计、生产、财务管理、营销策划和售后服务等活动。如果将"现代信息技术"看作一个子集，"商务"看作另一个子集，那么，电子商务所覆盖的范围应当是这两个子集所形成的交集，如图 1-1 所示，即电子商务可以理解为利用现代信息技术从事各种商业活动的方式。再具体一点说，电子商务可以指借助互联网在内的任何通信网络，进行商品、服务和信息的营销、买卖和交换的活动。

图 1-1　电子商务概念模型

目前，专家学者、政府部门、行业协会和 IT 公司等从不同角度提出了各自对电子商务的理解。下面列举一些典型的电子商务定义，以便帮助大家对电子商务有较全面的认识。

（一）社会组织对电子商务的定义

联合国经济合作和发展组织（Organization for Economic Cooperation and Development，OECD）在有关电子商务的报告中对电子商务的定义是：电子商务是发生在开放网络上的包含企业之间（B2B）、企业和消费者之间（B2C）的商业交易。美国政府在其《全球电子商务纲要》中比较笼统地指出：电子商务是通过互联网进行的各项商务活动，包括广告、交易、支付、服务等活动，电子商务将会涉及全球范围。

全球信息基础设施委员会（Global Information Infrastructure Commission， GIIC）在《电子商务工作委员会报告草案》中对电子商务定义如下：电子商务是运用电子通信作为手段的经济活动，通过这种方式人们可以对带有经济价值的产品和服务进行宣传、购买和结算。这种交易的方式不受地理位置、资金多少或零售渠道的所有权影响，企业、公司、政府组织、各种社会团体、一般公民、企业家都能自由地参加广泛的经济活动，其中包括农业、林业、渔业、工业和服务业。电子商务能使产品在世界范围内交易，并向消费者提供多种多样的选择。

1997 年 11 月 6 日至 7 日在法国首都巴黎，国际商会举行了世界电子商务会议，对电子商务做出了最权威的概念阐述：电子商务，是指对整个贸易活动实现电子化。从涵盖范围方面可以定义为：交易各方以电子交易的方式而不是通过当面交换或直接面谈的方式进行的任何形式的商业交易。从技术方面可以定义为：电子商务是一种多技术的集合体，包括交换数据（如电子数据交换、电子邮件）、获得数据（共享数据库、电子公告牌）、自动捕获数据（条形码）等。

欧洲议会给出的关于电子商务的定义是：电子商务是通过电子方式进行的商务活动。它通过电子方式处理和传递数据，包括文本、声音和图像。它涉及多方面的活动，包括货物电子贸易和服务、在线数据传递、电子资金划拨、电子证券交易、电子货运单证、商业拍卖、合作设计和工程、在线资料、公共产品获得。它包括产品（如消费品、专门设备）和服务（如信息服务、金融和法律服务）、传统活动（如健身、体育）和新型活动（如虚拟购物、虚拟训练）。

加拿大电子商务协会给出了电子商务的较为严格的定义：电子商务是通过数字通信进行商品和服务的买卖以及资金转账的活动，它包括公司间和公司内利用 E-Mail、EDI 电子数据交换、文件传输、传真、电视会议、远程计算机联网所能实现的全部功能（如市场营销、金融结算、销售、商务谈判）。

中国电子商务协会发布的《中国电子商务发展分析报告》对电子商务进行了定义。分析报告认为：电子商务是以电子形式进行的商务活动。它在供应商、消费者、政府机构和其他业务伙伴之间通过电子方式（如电子函件、报文、互联网技术、电子公告牌、智能卡、电子资金转账、电子数据交换和数据自动采集技术等）实现非结构化或结构化的商务信息的共享，以管理和执行商业、行政和消费活动中的交易。电子商务建立在全社会的"网络就绪"的基础上，利用信息技术实现社会商业模式、管理模式和组织机构的创新与变革，使全社会资源以透明、快捷、互动的方式流动，从而带来整个社会生产经营活动价值链的改变。

（二）企业组织对电子商务的定义

IBM 公司的电子商务概念包括三个部分：企业内部网、企业外部网、电子商务。它所强调的是在网络环境下的商业化应用，不仅仅是硬件和软件的结合，也不仅仅是我们通常意义上强调交易的狭义的电子商务，而是把买方、卖方、厂商及其合作伙伴在互联网、企业内部网和企业外部网结合起来的应用。它同时强调这三部分是有层次的：只有先建立良好的企业内部网，建立比较完善的标准和各种信息基础设施，才能顺利扩展到企业外部网，最后扩展到电子商务。

HP 公司提出了电子商务、电子业务、电子消费和电子化世界的概念。它对电子商务的定义是：通过电子化手段来完成商业贸易活动的一种方式，使我们能够以电子交易为手段完成物品和服务等的交换，是商家和客户之间的联系纽带。它包括两种基本形式：商家之间的电子商务，以及商界与最终消费者之间的电子商务。它对电子消费的定义是：人们使用信息技术进行娱乐、学习、工作、购物等一系列活动，使家庭的娱乐方式越来越多地从传统电视向互联网转变。

（三）电子商务的定义

上述定义只是人们从不同角度对电子商务各抒己见，而这里我们从广义和狭义两个角度来定义电子商务。

狭义的电子商务也称为电子交易（electronic commerce），是指人们利用电子化手段进行以商品交换为中心的各种商务活动，是公司、厂家、商业企业、工业企业与消费者个人之间的交易，是双方或各方利用计算机网络进行的商务活动，包括电子商情、电子广告、电子合同签订、电子购物、电子交易、电子支付、电子转账、电子结算、电子商场、电子银行等不同层次、不同程度的电子商务活动。

广义的电子商务是指各行各业（包括政府机构和企事业单位）、各种业务的电子化、网络化，可称为电子业务，包括电子商务、电子政务、电子军务、电子医务、电子教务、电子公务、电子事务、电子家务等。

三、电子商务的概念模型

电子商务的概念模型是对现实世界中电子商务活动的一般抽象描述，它由交易主体、电子市场（electronic market，EM）、交易事务和信息流、资金流、物流、商流等基本要素构成。电子商务的概念模型如图 1-2 所示。

在电子商务概念模型中，交易主体是指能够从事电子商务活动的客观对象，如企业、银行、商店、政府机关、科研教育机构和个人等；电子市场是指实体从事商品和服务交换的场所，它由各种各样的商务活动参与者利用各种通信装置，通过网络联结成一个统一的经济整体；交易事务是指实体之间所从事的具体的商务活动的内容，如询价、报价、转账支付、广告宣传、商品运输等。

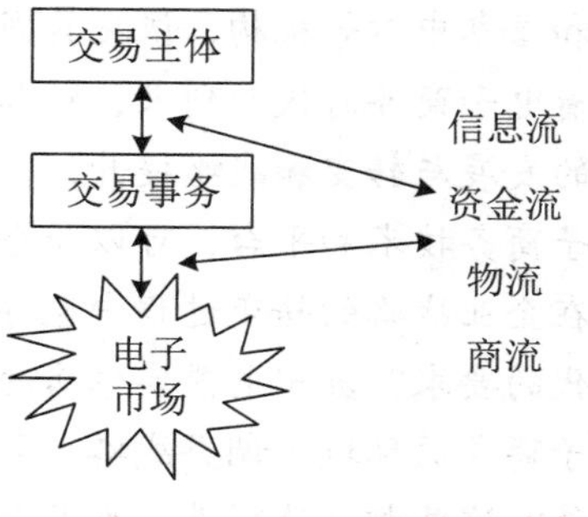

图 1-2 电子商务的概念模型

电子商务的任何一笔交易，都包含四种基本的流，即商流、物流、资金流和信息流。其中物流是基础，信息流是桥梁，商流是载体，资金流是目的。商流是指物品在流通中发生形态变化的过程，即由货币形态转化为商品形态，商品形态转化为货币形态的过程。随着买卖关系的发生，商品所有权发生转移，因此商流解决的是商品价值与使用价值的实现。经过商流，商品变更了所有权。

物流主要是指商品和服务的配送和传输渠道。对大多数商品和服务来说，物流可能仍然由传统的经销渠道完成，然而对有些商品和服务来说，可以直接以网络传输的方式进行配送，如各种电子出版物、信息咨询服务、有价信息等。

资金流主要是指资金的转移过程，包括付款、转账、兑换等过程。

信息流既包括商品信息的提供、促销营销、技术支持、售后服务等内容，也包括诸如询价单、报价单、付款通知单、转账通知单等商业贸易单证，还包括交易方的支付能力、支付信誉、中介信誉等。对每个交易主体来说，他所面对的是电子市场，因而必须通过电子市场选择交易的内容和对象。

因此，电子商务的概念模型可以抽象地描述为每个电子商务交易的主体和电子市场之间的交易事务的关系。

案 例

苏宁电器利用电子商务获得成功

苏宁电器于 1990 年在江苏省南京市创立，作为中国商业企业的领先者，于 2004 年成功上市，成为国内首家上市的家电连锁企业。经营商品涵盖传统家电、消费电子、百货、日用品、图书、虚拟产品等综合品类。截至 2019 年，全场景苏宁易购线下网络覆盖全国，拥有苏宁广场、苏宁易购广场、家乐福社区中心、苏宁百货、苏宁小店、苏宁零售云、苏宁红孩子、苏宁汽车超市等"一大两小多专"各类创新互联网门店 13 000 多家。苏宁易购线上通过自营、开放和跨平台运营，跻身中国 B2C 行业前列。线上线下的融合发展引领零售业发展新趋势。"正品行货、品质服务、便捷购物、舒适体验"是苏宁易购的口号。

目前家电零售电子商务企业有京东商城、新蛋、易讯、国美库巴以及苏宁易购，而京东商城以绝对优势处于遥遥领先的地位。苏宁易购在 2009 年 8 月上线试运营，2010 年 2 月正式上线，它依托苏宁电器原有的采购中心、物流配送中心、售后服务中心、客户呼叫中心和信息中心等机构，依托其固有的供应链管理、价格管理、后台结算等系统发展迅速。随着电子商务时代的到来，对苏宁来说，抓住这个机会就是企业再次腾飞的良好契机。苏宁的发展与转变和战略提升，很好地印证了传统零售行业在充分利用现有资源的同时借助电子商务技术和平台，可以为企业的未来发展和壮大提供更广阔的空间。但是对苏宁来说，在企业战略的转变过程中也存在一些问题，比如，利用原有资源是否能够适应电子商务时代的要求？苏宁电器实体店的经营状况是否会受网上销售的影响？苏宁电器又如何在新电子商务的环境下调整战略，取得新的跨越发展？新的经营理念是否会推动苏宁电器新的发展？这些都是值得进一步思考和研究的问题。

资料来源：李蕾，郑秋菊. 苏宁云商案例分析[EB/OL]. （2019-06-21）. http://www.wenmi.com/article/ptg38v050wpd.html.

任务二 分析电子商务如何赋能传统企业

任务引入

"2020 年二三月份正是疫情防控的关键期，我的网店近 50 天的销量有 5 万余单，销售额近 200 万元人民币。"2020 年 8 月 10 日，睢县匡城乡马泗河村从事电子商务的马建峰说。为延长产业链和农产品深加工，提高经济效益，他已新建了 400 平方米的冷库，并开启"网上种地"，引导、指导村民开展订单农业，对种植的农产品通过网络视频从种植、生长、管理、采摘、包装到运输，全过程跟踪，让客户吃着放心、看着舒心。"网上种地"不仅让都市人群体会到了播种和收获的快乐，同时也能让都市人群释放压力，还能学到农业知识。近年来，睢县树立"电子商务物流产业强县"的发展理念，坚持以"政府引导、企业主体、市场导向"为原则，完善了"电子商务物流快递配送体系"，在睢县城乡形成了农产品进城与农资、消费品下乡双向流通格局。电子商务物流产业在乡村振兴、脱贫攻坚中的作用日益凸显。近年来，电子商务赋能传统企业的成功案例屡见不鲜，企业会根据自身情况从不同角度应用电子商务。请你搜集相关案例，并分析不同企业在开展电子商务以后，主要在哪些环节实现了优化从而获得较好的效益。

任务目标

1. 通过完成任务，在分析案例的过程中深入理解电子商务的功能。
2. 通过完成任务，思考不同的传统企业如何根据自身特点开展电子商务。
3. 通过完成任务，思考电子商务给传统企业带来的机遇和挑战。

任务要求

1. 选择三家不同类型的传统企业作为研究对象，可以是中小型外贸企业、大型零售企业、农村企业等。
2. 对这三家企业进行分析，要求从企业基本情况、电子商务如何开展、取得哪些成绩等方面展开分析，包括但不限于以上分析内容。

任务分析

传统企业大多具有资金、供应链、产品及品牌等优势。但很多传统企业往往因为看好电子商务红利而急于转型，反而陷入误区，以失败告终。因此，企业转型应首先做好战略规划，找准电子商务模式定位，完成网站、仓储、人员等资源的配置，完善用户体验、个性化推荐等。认识到电子商务可以赋能传统企业的不仅是增加销量，还有实现在线品牌的拓展、降低成本、增加服务价值等。每个企业都可以根据自身情况从不同角度应用电子商务，比如，DELL 开发了包括销售、生产、采购、服务全过程的电子商务系统，并充分利用互联网手段为用户提供个性化的定制和配送服务；加多宝推出的"金罐凉茶扫一扫"，通过扫一扫进入互联网生活圈，链接朋友或完成更便利的生活，为后期营销策略储备了黏性很强的用户群体。所以说，分析电子商务如何为不同传统企业赋能，企业采取何种突出自身优势的电子商务策略，可以让学生更好地理解电子商务的功能，形成互联网思维。

第二节　电子商务的功能、特点与分类

一、电子商务的功能

电子商务可提供网上交易和管理等全过程的服务，因此，它具有广告宣传、咨询洽谈、网上订购、网上支付、电子账户、服务传递、意见征询、交易管理等各项功能。

（一）广告宣传

电子商务商家可凭借企业的 Web 服务器、网络主页和电子邮件在全球范围内做广告宣传，在互联网上宣传企业形象和发布各类商业信息。客户可借助网上的检索工具（search）迅速地找到所需的商品信息。与以往的各类广告相比，网上的广告成本最低廉，但给顾客的信息量却最丰富。该功能目前被企业广泛应用，许多门户网站收入的很大一部分来自企业的广告宣传费用。

（二）咨询洽谈

电子商务用户可借助非实时的电子邮件（E-mail）、新闻组（news group）和实时的讨论组（chat）来了解市场和商品信息，洽谈交易事务。如果有进一步的需求，还可利用网上的白板会议（whiteboard conference）来交流即时的图形信息。网上的咨询和洽谈能超越人们面对面洽谈的限制，提供多种方便的异地交谈形式。

（三）网上订购

电子商务用户可借助 Web 中的邮件交互传送实现网上订购。网上订购通常都是在产品介绍的页面上提供十分友好的订购提示信息和订购交互格式框。当客户填完订购单后，通常系统会回复确认信息单来保证订购信息的收悉。订购信息也可采用加密的方式使客户和商家的商业信息不被泄露。

（四）网上支付

电子商务要成为一个完整的过程，网上支付是重要的环节。客户和商家之间可采用信用卡账号进行支付。在网上直接采用电子支付手段可节省传统交易中很多人员的开销。网上支付应需要更可靠的信息传输安全性控制，以防止欺骗、窃听、盗用等非法行为。

（五）电子账户

网上支付必须由电子金融来支持，即银行或信用卡公司及保险公司等金融单位要为金融服务提供网上操作的服务。而电子账户管理是其基本的组成部分。信用卡号或银行账号都是电子账户的一种标志，其可信度须配以必要技术措施来保证，如数字证书、数字签名、加密等手段的应用提供了电子账户操作的安全性。

（六）服务传递

对于已付了款的客户，应将其订购的货物尽快地传递到他们的手中。对于货物在不同地点的情况，电子邮件可在网络中进行物流调配。最适合在网上直接传递的货物是信息产品，如软件、电子读物、信息服务等，它能直接从电子仓库中将货物发送到用户端。

（七）意见征询

电子商务能十分方便地在网页上采用"选择""填空"等形式来搜集用户对销售服务的反馈意见，这样就使企业的市场运营能形成一个封闭的回路。客户的反馈意见不仅能提高售后服务的水平，还能使企业获得改进产品、发现市场的商业机会。

（八）交易管理

整个交易的管理将涉及人、财、物等多个方面，包括企业和企业、企业和客户，以及企业内部等各方面的协调和管理。因此，交易管理是涉及商务活动全过程的管理。

电子商务的发展将提供一个交易管理良好的网络环境及多种多样的应用服务系统，保障电子商务获得更广泛的应用。

二、电子商务的特点

电子商务与传统的商务活动方式相比，具有以下几个特点。

（一）交易虚拟化

通过互联网为代表的计算机互联网络进行的贸易，贸易双方从贸易磋商、签订合同到支付等，无须当面进行，均可通过计算机互联网络完成，整个交易完全虚拟化。对卖方来说，可以向网络管理机构申请域名，制作自己的主页，组织产品信息上网。而虚拟现实、网上聊天等新技术的发展使买方能够根据自己的需求选择广告，并将信息反馈给卖方。通过信息的推拉互动，买卖双方签订电子合同，完成交易并进行电子支付。整个交易都在网络这个虚拟的环境中进行。

（二）交易成本低

电子商务使买卖双方的交易成本大大降低，具体表现在以下几方面。

（1）距离越远，网络上进行信息传递的成本相对于信件、电话、传真而言就越低。此外，缩短时间及减少重复的数据录入也降低了信息成本。

（2）买卖双方通过网络进行商务活动，无须中介参与，从而减少了交易的有关环节。

（3）卖方可通过互联网络进行产品介绍、宣传，节省了在传统方式下做广告、发印刷产品等的大量费用。

（4）电子商务实行"无纸贸易"，可减少90%的文件处理费用。

（5）互联网可使买卖双方即时沟通供需信息，使无库存生产和无库存销售成为可能，从而使库存成本降为零。

（6）企业利用内部网可实现"无纸办公"（OA），提高了内部信息传递的效率，节省了时间，并降低了管理成本。企业通过互联网络把其公司总部、代理商以及分布在其他国家的子公司、分公司联系在一起，及时对各地市场情况做出反应，即时生产、即时销售、降低存货费用、配送公司提供快捷的交货服务，从而降低了产品成本。

（7）传统的贸易平台是地面店铺，新的电子商务贸易平台则是网吧或网上商店。

（三）交易效率高

由于互联网络将贸易中的商业报文标准化，商业报文能在世界各地瞬间完成传递与计算机自动处理，从而使原料采购、产品生产、需求与销售、银行汇兑、保险、货物托运及申报等过程无须人员干预，在最短的时间内完成。在传统贸易方式下，用信件、电话和传真传递信息，必须有人的参与，且每个环节都要花不少时间，有时由于人员合作和工作时间的问题，会延误传输时间，从而失去最佳商机。电子商务克服了传统贸易方式费用高、易出错、处理速度慢等缺点，极大地缩短了交易时间，从而使整个交易非常快捷与方便。

（四）交易透明化

买卖双方从交易的洽谈、签约，到货款的支付、交货通知等整个交易过程都在网络上进行。通畅、快捷的信息传输可以保证各种信息之间互相核对，防止伪造信息的流通。例如，在典型的许可证 EDI 系统中，由于加强了发证单位和验证单位的通信、核对，假的许可证就不易漏网。海关 EDI 也帮助杜绝边境的假出口、兜圈子、骗退税等行径。

三、电子商务的分类

在应用电子商务的过程中，我们可以按参与电子商务交易的主体、电子商务的交易过程、商品交易过程的完整程度和进行电子业务的企业所使用的网络类型等方式，对电子商务进行不同的分类。

（一）按电子商务交易的参与主体划分

按参与电子商务交易的主体划分，电子商务可分为五种类型，即企业与消费者之间、企业与企业之间、企业与政府机构之间、消费者与政府之间、消费者与消费者之间的电子商务。

1. 企业与消费者之间的电子商务（business to consumer，B2C）

这是消费者利用互联网直接参与经济活动的形式，基本等同于电子零售商业。随着国际互联网的发展，网上销售迅速地发展起来。目前，互联网已遍布各种类型的虚拟商店和虚拟企业，提供各种与商品销售有关的服务。通过网上商店买卖的商品有实体化的，如鲜花、书籍、服装、食品、计算机、汽车、电视等；也有数字化的，如新闻、音乐、电影、数据库、软件及各类基于知识的商品；还有提供各类服务的，如安排旅游、在线医疗诊断和远程教育等。

2. 企业与企业之间的电子商务（business to business，B2B）

B2B 是电子商务应用中最重要和最受企业重视的形式，企业可以使用互联网或各种其他商务网络对每笔交易寻找最佳合作伙伴，完成从订购到结算的全部交易过程，包括向供应商（企业或公司）订货、签约、接受发票和使用电子资金转移、信用证、银行托收等方式进行付款，以及解决在商贸过程中发生的其他问题，如索赔、商品发送管理和运输跟踪等。企业与企业之间的电子商务经营额大，所需的各种硬软件环境较复杂，但是通过增值网络（value added network，VAN）上运行的 EDI，使企业与企业之间的电子商务得到了迅速扩大和推广。

3. 企业与政府之间的电子商务（business to government，B2G）

B2G 的商务活动覆盖企业与政府组织之间的许多事务，如企业与政府之间进行的各种手续的报批、政府通过互联网发布采购清单、企业以电子化方式响应、政府在网上以电子交换方式来完成对企业电子交易的征税等。目前，我国许多地方政府已经推行网上采购，这也成为政府机关政务公开的手段和方法。

4. 消费者与政府之间的电子商务（consumer to government，C2G）

C2G 的电子商务是指个人与政府之间开展的电子商务活动。其内容涉及人们生活的方方面面，如居民的登记、统计、户籍管理，发放养老金、失业救济金和其他社会福利，征收个人所得税和其他契税等。开展消费者与政府之间的电子商务，一方面可以有效地提高政府部门的办事效率；另一方面则可以增加政府工作的透明度，提高公众参政议政的意识，树立良好的政府形象。例如，全国大学生就业公共服务立体化平台和由国家税务总局主办的个人所得税 App 等就属于 C2G 模式。

5. 消费者与消费者之间的电子商务（consumer to consumer，C2C）

C2C 的交易模式特点类似现实商务世界中的跳蚤市场。其构成要素除了包括买卖双方，还包括电子交易平台提供商，也即类似现实中的跳蚤市场场地提供者和管理员。C2C 交易是电子商务中最活跃的交易行为，市场规模增长较快。

（二）按电子商务的交易过程划分

电子商务按交易过程可以划分为交易前电子商务、交易中电子商务和交易后电子商务三类。

1. 交易前电子商务

交易前电子商务主要是指买卖双方和参加交易的其他各方在签订贸易合同前的准备活动，包括以下几方面。

（1）买方根据自己要买的商品准备购货款，制订购货计划，进行货源市场调查和市场分析，然后反复进行市场查询，了解各个卖方国家的贸易政策，修改购货计划和进货计划，确定和审批购货计划，再按计划确定购买商品的种类、数量、规格、价格、购货地点和交易方式等。

（2）卖方根据自己所销售的商品召开商品新闻发布会，制作广告进行宣传，全面进行市场调查和市场分析，制定各种销售策略和销售方式，了解各个买方国家的贸易政策，利用互联网和各种电子商务网络发布商品广告，寻找贸易伙伴和交易机会，扩大贸易范围和商品所占市场的份额。其他参加交易的各方，如中介方、银行金融机构、信用卡公司、海关系统、商检系统、保险公司、税务系统和运输公司等，也都为进行电子商务交易做好相应的准备。

（3）买卖双方对所有交易细节进行谈判，并将双方磋商的结果以文件的形式确定下来，然后以书面文件形式或电子文件形式签订贸易合同。在这一阶段，交易双方可以利用现代电子通信设备，经过认真谈判和磋商，将双方在交易中的权利，所承担的义务，对所购买商品的种类、数量、价格、交货地点、交货期、交易方式、运输方式、违约和索赔等合同条款，全部以电子交易合同方式做出全面、详细的规定，合同双方可以通过数字签名等方式签约。

2. 交易中电子商务

交易中电子商务主要是指买卖双方签订合同后到合同开始履行之前办理各种手续的过程，主要涉及中介方、银行金融机构、信用卡公司、海关系统、商检系统、保险公司、税务系统和运输公司等。买卖双方要利用电子商务系统与有关各方进行各种电子票据和电子单证的交换，直到办理完这一过程中的一切手续为止。

3. 交易后电子商务

交易后的活动从买卖双方办理完所有手续之后开始，卖方要备货、组货，同时报关、保险、取证和发信用证等。卖方将所售商品交付给运输公司包装、起运和发货，买卖双方可以通过电子商务服务器跟踪这一过程，银行和金融机构也按照合同处理双方收付款，进行结算，直到买方收到自己所购商品，这时才完成了整个交易过程。

（三）按商品交易过程的完整程度划分

按照商品交易过程的完整程度可以将电子商务分为两类，即完全电子商务和不完全电子商务。

1. 完全电子商务

完全电子商务是指在交易过程中的信息流、物流和资金流都可以在网上实现，也就是说，完全电子商务指的是商品或服务的整个商务过程都可以在网上实现。所涉及的商品和服务有计算机软件、电子图书、远程教育、网络游戏等。这类交易不需要利用传统渠道，而是直接在网上完成交易的。

2. 不完全电子商务

不完全电子商务指的是无法完全依靠电子商务方式完成整个交易过程的交易。它需要通过一些外部要素（如运输系统）共同完成交易。其所涉及的商品是有形的商品，如鲜花、书籍、食品等。

（四）按所使用的网络类型划分

根据开展电子商务的企业所使用的网络类型不同，可以将电子商务分为四种形式，即EDI商务、互联网电子商务、内联网电子商务、移动电子商务。

1. EDI 商务

EDI 是指按照一个商定的标准和协议，将商务文件标准化和格式化，并通过计算机网络，在贸易伙伴的计算机网络系统之间进行数据交换和自动处理。EDI 较好地解决了安全保障问题，因此主要应用于企业与企业、企业与批发商、批发商与零售商之间的批发业务。EDI 网络电子商务在 20 世纪 90 年代得到较大的发展，技术上也较为成熟，但是因为 EDI 网络电子商务对企业的管理、资金和技术都有较高的要求，至今尚不太普及。

2. 互联网电子商务

互联网电子商务是指利用互联网在全世界范围内开展的电子商务活动，参加交易的各方可以在互联网上进行各种形式的电子商务业务。它突破了传统商业生产、批发、零售及进、销、存、调的流转程序与营销模式，所涉及的领域广泛，不受时间、空间、厂商的限制，全世界各个企业和个人都可以参与。因此，互联网电子商务正以飞快的速度发展起来，前景十分广阔，是目前电子商务的主要形式。

3. 内联网电子商务

内联网电子商务也称企业内部网商务，是指在一个大型企业的内部或一个行业内开展的电子商务活动。在内联网利用在线业务申请和注册代替纸张贸易在内部流通，大大降低了业务成本，提高了工作效率。但与互联网商务相比，内联网仍不可避免地存在其局限性。

4. 移动电子商务

移动电子商务是指利用手机、个人数字助理（personal digital assistant，PDA）等移动通信设备通过无线通信网络来进行的 B2B、B2C 或 C2C 的电子商务活动，它将互联网、移动通信技术、短距离通信技术及其他信息处理技术完美地结合，使人们可以在任何时间、任何地点进行各种商贸活动，实现随时随地、线上线下的购物与交易，在线电子支付以及各种交易活动、商务活动、金融活动和相关的综合服务活动等。

任务三　调研商业智能在各电子商务企业的应用

任务引入

打开某电子商务购物网站，有没有发现首页广告位展示的刚好是你查询过的产品？打开商品详情页对客服进行产品咨询时，有没有发现回复特别快？准备下订单结算时刚好看到下面推荐的商品，发现和这个商品一起买更合适。这是我们经常在网络购物时遇到的场景。这就是电子商务平台的智能推荐和智能客服机器人。而其实商业智能在各电子商务企业的应用非常广泛，你还知道哪些呢？请搜集一些商业智能在各电子商务平台的应用案例，并总结一下商业智能在电子商务有哪些应用。

任务目标

1. 通过完成任务，了解电子商务智能化主要体现在哪几个方面。
2. 通过完成任务，总结电子商务未来的发展方向。
3. 通过完成任务，思考电子商务企业面临的新机遇和新挑战。

任务要求

1. 搜集至少三家电子商务企业在商业智能方面的应用并总结其给企业带来的变化。
2. 通过分析典型案例，总结商务智能在电子商务领域的主要应用。

任务分析

随着互联网的快速发展，电子商务也在发生翻天覆地的变化，电子商务未来会向着纵深化、个性化、专业化、国际化、融合化、智能化的方向发展。而电子商务的智能化则主要体现在电子商务决策的智能化、电子商务信息检索的智能化、电子商务系统的智能化等方方面面。比如，电子商务平台为消费者推出的智能推荐引擎功能，让每个消费者都可以享受个性化的推荐服务；电子商务平台为企业决策层推出的智能决策功能，让企业管理决策更具科学性；智能客服、智能供应链、智能物流等极大地助力电子商务的发展。通过搜集商业智能在电子商务企业应用的案例，分析商业智能在电子商务领域的应用，可以很好地理解电子商务未来的发展趋势。

第三节　电子商务的发展

自 1995 年全球电子商务的发展大幕正式开启以来，电子商务已有二十多年的发展历程。科技革命和产业变革交汇孕育的电子商务，极大地提高了经济运行的质量和效率，同时也改变了人类的生产生活方式，成为全球经济发展的重要引擎。我国的电子商务虽然起步较晚，但发展迅速，现已走在了世界前列，并呈现出自己独有的特征。随着"互联网+"和数字经济的深入推进，我国电子商务还将迎来新的机遇。

一、电子商务发展历程

（一）基于电子数据交换的电子商务（20 世纪 60—90 年代）

20 世纪 60 年代以前，由于贸易运输业流通量大，货物和单证的交接次数多、速度慢，且企业间交换的单据几乎在每笔交易中都包括如产品代号、名称、价格和数量等相同的内容，因此，企业需要花费大量时间来重复处理各种单证，效率低且出错率高。为了提高业务效率，企业开始尝试在贸易伙伴的计算机系统间自动传递贸易单证和信息，作为企业间电子商务应用系统雏形的 EDI 应运而生。

EDI 产生于 20 世纪 60 年代末期，主要是通过增值网络（VAN）实现的。交易双方通过 EDI 可以将交易过程中产生的各种单据以规定的标准格式在双方的计算机系统上进行端到端的数据传送。应用 EDI 能够极大地提高交易效率，降低交易成本，简化业务流程，减少由于人工操作失误而带来的损失，加强贸易伙伴之间的合作，使企业实现"无纸贸易"。因此，在此后的 20 年间，EDI 在国际贸易、海关业务和金融领域得到了广泛应用。

1990 年，联合国国际贸易法委员会正式推出了 EDI 的标准 UN/EDIFACT，统一了国际贸易数据交换中的标准，为在全球范围内利用电子技术开展商务活动奠定了基础。

基于 EDI 的电子商务是建立在大量功能单一的专用软/硬件设施基础上的，对技术、设备、人员有较高要求，且使用成本较高。受这些因素的制约，基于 EDI 的电子商务只限于一些发达国家和地区，以及大型企业，难以在广大中小企业中广泛普及和应用。

（二）基于互联网的电子商务（自 20 世纪 90 年代以来）

20 世纪 90 年代，国际互联网迅速普及，逐步从大学、科研机构走向企业和普通百姓家庭，其功能也从信息共享演变成一种大众化的信息传播工具。商业贸易逐渐进入互联网，基于互联网的电子商务诞生。它是以遍及全球的互联网为架构，以全世界范围内的电子商务参与者为主体，以网上支付和结算为手段，以客户信息数据库为依托的全新的商业模式。与基于 EDI 的电子商务相比，基于互联网的电子商务覆盖范围更广，市场准入门槛更低，为各类企业提供了均等的商业机会和发展空间，有助于它们降低成本、提高效率、扩展市场、增加收益。更重要的是，随着互联网的应用逐渐向家庭和个人推广普及，越来越多的消费者开始参与电子商务活动，这不但为企业提供了更大的市场空间，而且也进一步推动了电子商务向着以用户需求为中心、专业化、多样化的方向发展。

（三）基于物联网和移动平台的电子商务（新一代电子商务）

进入 21 世纪，新兴的移动电子商务崭露头角，以新的交易方式改变着人们的生活，特别是近年来物联网技术与移动通信技术、移动互联网结合，嵌入电子商务库存、物流、支付、产品质量管理等整体流程，在提高移动电子商务整体水平的同时，让人们可以随时随地利用 RFID 无线射频芯片手机、PDA 和掌上电脑等无线终端自如地进行购物、娱乐和商务谈判等。RFID 射频识别物联网智能芯片被植入手机中，当通信与支付结合，便成为现场支付、小额支付的工具，通过通信的作用即可把智能射频支付卡同时扩展到公交地铁、电子门票、门禁、身份识别、会员卡、优惠券等应用领域，实现支付卡、民生卡、商务卡等多卡合一。真正的移动电子商务时代来了。

二、电子商务发展现状

（一）电子商务在国际的发展现状

电子商务的广泛应用降低了企业经营、管理和商务活动的成本，促进了资金、技术、产品、服务和人员在全球范围的流动，推动了经济全球化的发展。目前，电子商务的应用已经成为决定企业国际竞争力的重要因素，美国亚马逊、eBay 以及中国的阿里巴巴等公司的成功，说明了电子商务正在引领世界服务业发展的潮流，并影响未来的商业发展模式。

从整体情况来看，2018 年，全球电子商务销售额达到 25.6 万亿美元，较 2017 年增长 8%。这一销售额包括企业与企业之间（B2B）和企业与消费者之间（B2C）的销售额，相当于当年全球国内生产总值的 30%。全球 B2B 电子商务销售额为 21 万亿美元，占所有电子商务的 83%；B2C 电子商务销售额为 4.4 万亿美元，较 2017 年增长 16%；B2C 跨境电子商务销售额达 4040 亿美元，较 2017 年增长 7%。从具体情况看，美国继续主导全球电子商务市场。按 B2C 电子商务销售额计算，美国、中国和英国名列前三名。全球领先的 B2C 电子商务公司大多位于中国和美国。2018 年，全球十大 B2C 企业创造了近 2 万亿美元的商品交易总额。电子商务呈现多元发展态势，以大型骨干企业为龙头的行业电子商务是 B2B 主流力量，第三方电子商务平台则成为中小企业电子商务应用的成功模式之一。

以欧美国家为例，电子商务业务开展得如火如荼：在法、德等欧洲国家，电子商务所产生的营业额已占商务总额的 1/4，在美国则已高达 1/3 以上，而欧美国家电子商务的开展也不过才十几年的时间。在美国，美国在线（AOL）、雅虎、电子港湾等著名的电子商务公司在 1995 年前后开始赢利，到 2019 年，美国电子商务市场规模已达 6020 亿美元，约占零售总额的 11%；IBM、亚马逊书城、戴尔电脑、沃尔玛超市等电子商务公司在各自的领域更是获得了令人不可思议的巨额利润。欧美国家电子商务飞速发展的原因有以下几点。

（1）欧美国家拥有电脑的家庭、企业众多，网民人数占总人口的 2/3 以上，尤其是青少年，几乎都是网民，优裕的经济条件和庞大的网民群体为电子商务的发展创造了良好的环境。

（2）欧美国家普遍实行信用卡消费制度，建立了一整套完善的信用保障体系，解决了电子商务的网上支付问题。

在欧美国家，每个人都有一个独一无二的、不能伪造并伴随终身的信用代码，持与此信用代码关联的信用卡进行消费，发卡银行允许持卡人大额度透支，但持卡人须在规定时间内将所借款项归还。如果某企业或个人恶意透支后不还款，那也就意味着以后他无论走到何地，他的信用记录上都会有此污点，不论他想贷款买房还是购车或办公司，银行都不会贷款给他，这在贷款成风的西方世界是极其可怕的。

（3）欧美国家的物流配送体系相当完善、正规，尤其是近年来大型第三方物流公司的出现，使得不同地区的众多网民往往能在点击购物的当天或第二天就能收到自己所需的产品，这要得益于欧美国家近百年的仓储运输体系的发展。

（二）电子商务在中国的发展状况

我国的电子商务始于 20 世纪 90 年代，总体来说共经历了以下四个阶段。

1. 电子商务起步阶段（1993—1997 年）

电子商务的起步阶段是指以政府为主导的电子商务基础建设和应用阶段。1993 年年底，我国正式启动了国民经济信息化的起步工程——"三金工程"，即"金桥工程""金卡工程""金关工程"，并取得了重大进展。1996 年，全桥网与互联网正式开通。1997 年，信息办组织有关部门起草编制中国信息化规划。在此阶段，我国电子商务硬件条件还很缺乏，但国家的相关政策出台及推行为电子商务的发展提供了契机和条件。

2. 电子商务发展阶段（1998—2001年）

电子商务发展阶段是指以互联网企业为主导的电子商务应用阶段。在此期间，中国上网用户增长速度快，远远超过了全球的平均水平。1998年3月，中国第一笔互联网网上交易成功。1999年3月，8848等B2C网站正式开通，网上购物进入实际应用阶段。同年，政府上网、企业上网、电子政务、网上纳税、网上教育、远程诊断等广义电子商务开始启动，并已有试点，至此进入实际试用阶段。

3. 电子商务高速增长阶段（2002—2009年）

在电子商务高速增长阶段，越来越多的网民逐步接受了网络购物的生活方式。众多的中小型企业从B2B电子商务中获得了订单，"网商"的概念深入商家之心。在B2B、B2C、C2C领域里，不少网络商家迅速地成长，积累了大量的电子商务运营管理经验和资金。随着电子商务基础环境不断成熟，物流、支付、诚信瓶颈得到基本解决。

4. 电子商务成熟阶段（2009年至今）

我国电子商务在经历了探索和理性调整后，步入了规范化、稳步发展的阶段。电子商务基础环境建设取得重要进展，创新能力进一步提高，发展环境不断改善。电子商务不仅仅是互联网企业的天下，数不清的传统企业和资金流入电子商务领域，使得电子商务世界异彩纷呈。调研结果表明，我国一些大中型企业在运用先进信息技术改造企业传统生产管理流程、开展在线交易等方面，已经进行了大胆的探索和有益的实践。

案 例

我国电子商务典型应用

1. 小红书的社区型电子商务

小红书是一个生活方式的平台和消费决策的入口，于2013年6月在上海成立。2017年12月，小红书电子商务被《人民日报》评为代表中国消费科技产业的"中国品牌奖"。截至2019年10月，小红书月活跃用户数已经过亿。

在小红书社区，用户通过文字、图片、视频笔记的分享，记录了这个时代年轻人的正能量和美好生活，通过大数据和人工智能，将社区中的内容精准匹配给对它感兴趣的用户，从而提升用户体验。小红书旗下设有电子商务业务，其独特性在于：第一，口碑营销。小红书有一个真实用户口碑分享的社区，整个社区就是一个巨大的用户口碑库。第二，结构化数据下的选品。用户的浏览、点赞和收藏等行为会产生大量底层数据。通过这些数据，小红书可以精准地分析用户的需求，保证采购的商品是深受用户推崇的。

小红书与多个品牌达成了战略合作，还有越来越多的品牌商家通过品牌号在小红书销售。品牌授权和品牌直营模式并行，确保用户在小红书购买到的商品都是正品。小红书建有国际物流系统，确保国际物流的每一步都可以被追溯：用户可以在物流信息里查找商品是坐哪一列航班来到中国的。小红书设立保税仓备货，首先，缩短了用户与商品之间的距离；其次，从保税仓发货也可以打消用户对产品质量的顾虑，大批量同时运货也能节省跨境运费，从而降低消费者为买一件商品实际付出的价格。

资料来源：一创亦科技.一个具有市场潜力的中国品牌就会冉冉升起，陈帅佛力推小红书[EB/OL].（2020-08-03）. http://www.sohu.com/a/411259031_120333190.

2. 格力电器的直播电子商务

珠海格力电器股份有限公司成立于 1991 年，是目前全球最大的集研发、生产、销售、格力标志服务于一体的专业化空调企业；随着电子商务成为一种趋势，格力天猫旗舰店于 2013 年年底建成。2014 年年底，格力独立电子商务平台——格力商城正式上线。2015 年，天猫双十一格力旗舰店总销售额超过 2.5 亿元人民币。2019 年 11 月，格力董事长董明珠亲自挂帅，注册资本 1 亿元人民币，成立格力电子商务有限公司。

2020 年，在直播带货的大风口之下，董明珠亲自上阵进行了 13 场直播，累计销售额高达 476.2 亿元人民币。仅 12 月 12 日，格力电器全国巡回直播第 8 场当晚直播销售额达到 25.1 亿元人民币。而董明珠直播的最终目的是带领经销商探路，将线上和线下渠道完美结合，创造属于格力的新零售模式。按照董明珠的设想，未来，格力的 3 万个线下门店将变成体验店，变成 3 万个"仓库"，消费者可以在线上下单。这样可以更好地将货源利用起来。

除此之外，从格力电器的直播中可以看到：格力电器已经初步实现了从空调王者到多元化科技集团的转型。在格力搭建的智能家居场景中，消费者不仅可以看到格力的智能家居单品，还可以享受"万物互联，一呼百应"的智能家居体验——从单一的空调产品，到全家电产业链的多元化发展。在直播间，消毒液制造机、新能源移动核酸检测车、格力工业机器人等纷纷亮相。未来，格力将聚焦于空调、生活家电、高端装备、通信设备四大板块，继续朝着多元化、科技型的全球工业集团进军。

资料来源：禹汐.中国"带货女王"诞生，13 场直播带货 476 亿，格力新零售格局初显[EB/OL].（2020-12-21）. http://baijiahao.baidu.com/s?id=1686697109717469869&wfr=spider&for=PC.

2018 年，《中华人民共和国电子商务法》正式出台，并于 2019 年 1 月 1 日起正式实施，成为我国电子商务发展史上的里程碑。在国家政策的大力扶持下，"互联网+"概念的提出推动了移动互联网、云计算和大数据等技术的创新，提高了电子商务企业的运营水平，支撑了线上线下融合新业态的快速发展。

近年来，我国电子商务应用呈现以下几个特征。

（1）基础应用用户规模稳定增长，多元化服务满足用户精准需求。即时通信、搜索引擎、网络新闻作为基础的互联网应用，用户规模保持稳健增长，使用率均在 80%以上。即时通信企业深入挖掘用户需求，拓展更加多元化、差异化的服务类型，制定针对性产品满足用户线上线下各种生活服务需要；搜索引擎企业着重发展人工智能，提升差异化竞争力，同时国家出台相关监管政策，对搜索信息的内容进行严格规范；网络新闻应用着力发展基于用户兴趣的"算法分发"，满足移动互联网时代用户对个性化新闻的需求，传统媒体与新媒体的融合加速，全媒体趋势初步显现。

（2）商务交易类应用持续快速增长，政策监管持续完善。商务交易类应用保持平稳增长，网上购物、在线旅行预订用户规模分别增长 8.3%和 1.6%。政府在推动消费升级的同时加大对跨境电子商务等相关行业的规范，网上购物平台从购物消费模式向服务消费模式拓展；网上外卖行业处于市场培育前期，由餐饮服务切入构建起来的物流配送体系可以围绕"短距离"服务拓展至多种与生活紧密相关的外送业务，具有更广阔的发展前景；在旅游消费高速增长的带动下，在线旅行预订行业迅速发展。

（3）网上支付线下场景不断丰富，大众线上理财习惯逐步养成。互联网金融类应用保持增长态势，网上支付、互联网理财用户规模增长率分别为9.3%和12.3%。电子商务应用的快速发展、网上支付厂商的不断拓展和线下消费支付场景的丰富，以及实施各类打通社交关系链的营销策略，带动非网络支付用户的转化；互联网理财用户规模的不断扩大，理财产品的日益增多、产品用户体验的持续提升，带动大众线上理财的习惯逐步养成。平台化、场景化、智能化成为互联网理财发展的新方向。

（4）网络娱乐类应用用户规模稳步增长，正版化进程加快。网络娱乐类应用进一步向移动端转移，手机端网络音乐、视频、游戏、文学用户规模增长率均在6%以上。网络娱乐类应用的版权正版化进程加快，各应用厂商对涉嫌侵权的应用积极展开维权行动。网络视频内容朝着精品化、差异化方向发展，以优质内容培养用户付费习惯；网络音乐平台逐步扩大海外市场，以网络音乐为核心的包括明星演出、粉丝运营等在内的新兴产业链逐渐形成；作为新兴互联网娱乐类应用，网络直播发展势头强劲，随着各大互联网公司的介入，竞争将更加激烈。

（5）在线教育、在线政务服务发展迅速，互联网带动公共服务行业发展。各类互联网公共服务类应用均实现用户规模增长，在线教育、网上预约出租车、在线政务服务用户规模均突破1亿人，多元化、移动化特征明显。在线教育领域不断细化，用户边界不断扩大，服务朝着多样化方向发展，同时移动教育提供的个性化学习场景以及移动设备触感、语音输出等功能性优势，促使其成为在线教育主流；网络约租车领域，基于庞大的市场需求和日益完善的技术应用，行业规模不断扩大；在线政务领域，政府网站与政务微博、微信、客户端的结合，充分发挥了互联网和信息化技术的载体作用，优化了政务服务的用户体验。

（6）电子商务模式不断创新，市场进一步拓展。随着电子商务体系在中国发展的日益成熟，电子商务用户规模逐渐触达网民规模天花板。为应对网购消费者对线上购物品质要求的提高，满足网购销费者个性化的消费需求，各大电子商务企业不遗余力地开拓出很多新兴的电子商务模式，直播电子商务、社交电子商务、新零售等快速普及。《2020年（上）中国直播电子商务数据报告》中显示：2020年上半年，直播电子商务交易规模达4561.2亿元人民币，用户规模为3.2亿人，直播渗透率达8.7%。

我国全新的第二代智能交易平台已经开始推广运用，移动商务成为电子商务发展的新领域，搜索引擎吸引了网民们的注意力，成为电子商务最有潜力的营利工具之一。网络视频、网络音乐、网络游戏为人们提供了新的虚拟娱乐方式，并形成了新的产业。此外，电子商务服务商以及网络公司在推进传统产业信息化的同时，自身正在向产业化方向发展，从而形成了初具规模的电子商务服务业。

电子商务将成为21世纪人类信息世界的核心，也是网络应用的发展方向，具有不可估量的增长前景。电子商务还将构筑21世纪新型的经济贸易框架。发展电子商务，对于国家以信息化带动工业化的战略、实现跨越式发展、增强国家竞争力,具有十分重要的战略意义。

三、电子商务发展趋势

未来电子商务的发展取决于商业模式的不断创新和信息技术的发展。

（一）商业模式不断创新

不断创新的商业模式是企业维持发展、保持其竞争优势的核心要素。在未来一段时间,电子商务线上线下一体化模式将进一步深入,各大电子商务开始打造本地生活圈,发展线上网店、线下实体店模式,让用户有更好的购物体验。跨境电子商务依托现代智能物流体系的优化升级及线上支付环境和生态系统的不断完善,呈迅速发展趋势,在进出口贸易中扮演越来越重要的角色。社交化电子商务利用社交媒体上的种种推荐、分享,刺激着围观用户的好奇心和购买欲,这种口碑营销会使社交化电子商务占领更多的电子商务市场。未来还会不断出现更多新兴的电子商务模式,从而促进电子商务的蓬勃发展。

（二）商务智能广泛应用

电子商务所依赖的网络环境拥有大量的信息,对于这些信息的搜集、分析和利用完全依靠人工是不可能的,智能技术将广泛应用于电子商务的各个环节,如从供应商、商业伙伴的选择,到生产过程的优化;从个性化推荐、智能搜索到智能化自适应网站;从物流配送到客户的售后服务与客户关系管理等。主要智能技术包括自然语言处理和自动网页翻译、多智能代理技术、智能信息搜索引擎和数据挖掘技术、商业智能、面向电子商务的群体智能决策支持系统、智能工作流管理、知识工程及知识管理等。商务智能技术的应用效果取决于人工智能技术的发展。

案　例

智能客服引领电子商务智能化

顾客 A 正在京东 App 上搜索键盘时,右上角的消息框突然闪烁起来,点进去后显示一条客服消息："吃鸡党都爱的键盘,来这就对了!"顾客 A 想起他曾在这家店购买过一台游戏本,没想到时隔这么久,店铺的客服不但记着自己的"玩家"属性,而且现在开始"抢答"了。在对话框的另一边,智能客服正在通过以往的沟通记录,为顾客索引符合他需求的产品链接并进行推送。除了能通过客户多轮历史对话进行主动意图询问,智能客服还能无缝衔接人工客服,并通过搭载语义理解、用户画像、RPA 能力的智能工作台,快速完成客户服务。

顾客 B 在京东上咨询客服时留下了这样的话。"一下吃完一整瓶还能活着吗?"智能情感客服迅速捕捉到用户字里行间的异常情绪,并自动向危机中心发出预警,危机专员快速介入。经系统核实,该用户当天所购买的大剂量药品与咨询过程中呈现的异常情绪具有极强的关联,初步排除恶搞行为,推断存在轻生倾向。通过危机专员妥善处理,悲剧被避免。智能情感客服不但具备闭环解决问题的能力,而且具备"知人心、解人意、讲人话"的特性,在保障用户咨询体验的基础上,能精准感知、分析客户的情绪,并在回复中蕴含相应的情感。

这都是电子商务中的真实案例。智能客服可以基于语义搜索引擎分析上下文,从多角度理解用户咨询意图;主动对话,基于智能预测未问先答;场景化服务,根据场景逻辑,帮助企业提供服务;行为预测,根据顾客历史行为、实时数据、当前情绪状况,展开人机服务调度;等等。2020 年京东"6·18"期间,京东智能客服累计咨询服务量超过 3.8 亿次。对应到传统客服系统上,这个数字是辗压级的存在。

人工智能的出现,标志着新时代的来临。随着智能搜索推荐、智能客服的相继出现,再到如今的无人仓储物流,后期还将有更多意想不到的惊喜出现。电子商务智能化是一条必经之路,它将电子商务与人工智能完美融合在一起,将成为这场改革浪潮中的胜者。

资料来源:京东云. 七年磨一剑:从智能客服到知能服务[EB/OL]. (2020-09-03). http://www.jdcloud.com/cn/news/detail/868.

中国新闻网官方账号. 京东智能情感客服"挽救"生命"可信赖的 AI"用温暖前行[EB/OL]. (2020-06-16). http://baijiahao.baidu.com/s?id=1669644110884852408&wfr=spider&for=PC.

(三)技术驱动电子商务发展

电子商务是信息技术与商务的结合体,因此技术的发展是驱动电子商务发展的决定因素之一。第五代移动通信技术(5G)将大大推动移动电子商务的发展。网格计算技术将利用互联网把分散在不同地理位置的计算机组成一个"虚拟的超级计算机",整个互联网上的计算资源将得到充分利用。云计算、虚拟技术、无人机等新兴技术将在电子商务各环节广泛应用。大数据分析技术将更好地服务于电子商务。区块链技术在电子商务领域可以设计用来记录与金融交易有关的信息,其数据不可篡改和交易可追溯的两大特性可以保证支付及数据的安全性与供应链的可追踪性。

(四)协同促进企业发展

网络技术的迅速发展,使得企业内部部门之间、企业与企业之间的分工协作发生了变化,从而引起企业的组织形式、组织文化、管理方式、决策过程发生变化,相继出现了虚拟企业、动态联盟等企业组织形式。协同已经不再是企业愿不愿意的问题,而是必须面对的现实。企业的生产、经营、管理等均需协同技术的支持,包括产品协同设计、协同产品商务（collaborative product commerce，CPC）、工作流协同管理、产品和过程的集成技术、分散网络化制造、面向协同工程的友好的人机界面和通信。协同商务也不再仅仅是一个概念，而是与企业的业务紧密结合在一起。

（五）专门化特性日益突显

类似亚马逊（amazon.com）这样的综合型电子商务企业的数量将不会明显增加，而大量的利基（niche）电子商务会不断涌现。所谓利基市场，就是满足具有特殊需求的一类消费群体的市场，它与大批量生产是相对的。例如，一个旅行团是由一群互不相识的个体组成的，他们的兴趣、爱好各不相同，在这种情况下，旅行社能够提供的就只能是满足大家的共性需求，到一些常规的景点去观光，所以人们在报纸上、旅游电子商务网站上看到的都是相似的旅游线路。但利基电子商务可以改变这种模式，即使是非常冷门的旅游线路，都可能以极低的成本和极快的速度在网上将具有特殊兴趣的一群人聚集在一起。

利基电子商务的最大特点就是差异化，做别人没做的一小块细分市场来填补市场空缺，而差异化依赖的却是创新思想。Web 2.0 技术为每个人提供了一个创新的平台，关键是我们如何利用这个平台。

本 章 小 结

本章从分析电子商务与传统商务的区别入手，通过对电子商务的概念的阐述，讨论了电子商务的概念模型、参与对象、电子商务的功能与特性、电子商务分类等内容。通过对商务活动内容和过程的分析，进而认识了电子商务系统应用的基本理论与方法。最后介绍电子商务的发展历程、发展前景和现状，以及电子商务发展带来的变革和电子商务的发展趋势。

思 考 题

1. 结合案例，论述与传统商务相比电子商务的特点。
2. 电子商务有哪些分类方法？
3. 电子商务的功能主要有哪些？
4. 试述电子商务发展的重要历程。
5. 按照你的体会，谈论电子商务对社会经济的主要影响。

第二章　电子商务商业模式

 学习目标

- ☐ 理解电子商务商业模式的含义及构成要素。
- ☐ 掌握基本电子商务商业模式的特点及盈利模式。
- ☐ 掌握新兴电子商务商业模式的特点和优势。

能力目标

- ☐ 能够掌握电子商务商业模式的要素。
- ☐ 能够理解不同电子商务商业模式的应用领域。

案例导入

海尔与众不同的电子商务商业模式

随着网民数量的大幅增加，互联网普及率的提升，网络消费已成为大趋势。电子商务倒逼传统企业，电子商务化转型升级势在必行。在电子商务化的浪潮面前，传统企业如何变革？如何实现传统企业向电子商务转型升级？海尔集团就是一个成功典范。

经过 30 年的卓越奋斗和不断创新，海尔集团从一个资不抵债、濒临倒闭的青岛电冰箱总厂发展为当今在国内外享有较高知名度和美誉度的跨国企业。自 2000 年以来的电子商务转型之路，使其成功地站在了电子商务和国际化浪潮的前列。

一、新经济下的海尔

新经济下海尔的特点，可以从 HAIER 5 个字母所赋予的新含义中体现出来。

H：Haier and Higher

A：@网络家电

I：Internet and Intranet

E：www.ehaier.com（Haier e-business）

R：Haier 的世界名牌的注册商标

这 5 个字母的新含义，涵盖了海尔电子商务的发展口号、产品趋势、网络基础、电子商务平台、品牌优势五大方面。

海尔电子商务的特色可以由"两个加速"来概括，首先是加速信息的增值，无论何时

何地，只要用户点击 www.ehaier.com，海尔可以在瞬间提供一个 E+T>T 的惊喜；E 代表电子手段，T 代表传统业务，而 E+T>T 意指传统业务优势加上电子技术手段大于传统业务，强于传统业务。其次是加速实现与全球用户的零距离，www.ehaier.com 会在任何时间为任何地方的用户提供在线设计平台，帮助他们实现自我设计的梦想。

二、海尔的电子商务模式

1. 海尔的 B2C/B2B 电子商务模式

海尔是国内最早进入电子商务领域的家电企业。2000 年 3 月 10 日，海尔投资成立电子商务有限公司，4 月 18 日，海尔电子商务平台开始试运行。海尔根据企业自身的特点，建立了有鲜明个性和特点的垂直门户网站，以提高在 B2B 的交易额和加强 B2C 的个性化需求方面的创新。

例一 供应商这样说

一位供应商在通过互联网与海尔进行业务后给海尔来了一封信：我是一家国际公司的中国业务代表，以前我每周都要到海尔，不仅要落实订单，还要每天向总部汇报工作进展，非常忙碌。有时候根本顾不上拓展新的业务。自从海尔启用电子商务采购系统后，我就可以在网上参加招投标、查订单、跟踪订单等工作，大大节省了人力、物力和财力，真是一个公开、公平、高效的平台。并且我也有更多的时间来了解海尔的需求，为公司又谈下了一笔大生意，得到了公司的表扬。

例二 消费者这样说

北京消费者吴先生的弟弟下个月结婚，吴先生打算给弟弟买一台冰箱表达当哥哥的情意。可是弟弟住在市郊，要买大件送上门，还真不太方便。当海尔作为国内同行业中第一家做电子商务的信息传来后，吴先生兴冲冲地上网下了订单，弟弟在当天就收到了冰箱。弟弟高兴地打来电话说，他们家住 6 楼，又没有电梯，但送货人员却把这么大的冰箱送到了家里，太方便了，今后他买家电也不用跑商场了，就在海尔网站上买！

海尔电子商务从两个重要的方面促进了新经济的模式运作的变化。对 B2B（企业与企业之间）的电子商务来说，它促使外部供应链取代自己的部分制造业务，仅给分供方的成本就降低了 8%～12%。从 B2C 的电子商务的角度而言，它促进了企业与消费者之间的继续深化的交流，这种交流全方位提升了企业的品牌价值。

2. 以用户为中心的 C2B 模式

海尔在转型中实行以用户为中心的 C2B 模式，用户需要什么产品，用户需要什么个性化服务，就推出什么样的产品和服务，得到了消费者的认可。早在 2011 年海尔就推出了互联网定制服务，2013 年 9 月，海尔与聚划算进行合作，以团购的方式销售 3 款定制彩电，4 个小时内 5000 台彩电全部售罄；海尔的 C2B 模式是很受消费者青睐的。为了进一步挖掘更多专业人士的创意，海尔推出了一个新平台——海立方。除了继续保持自己一向优秀的产品特色之外，海尔还通过海立方这个平台，集思广益，搜集社会上每一个人的好想法、好创意。这个平台是海尔互联网转型的又一重大尝试。

例三 我要一台自己的冰箱

青岛用户徐先生是一位艺术家，家里的摆设都非常富有艺术气息，徐先生一直想买台冰箱，他想，要是有一台表面看起来像一件艺术品但又实用的冰箱就好了。徐先生从网上看到"用户定制"模块，随即设计了一款自己的冰箱。他的杰作很快得到了海尔的回音：一周内把货送到。

3. 以"社群经济"为主体的后电子商务模式

自 2015 年海尔顺逛平台成立以来，海尔在最初便以招募的形式吸引了 3 万名微店主，仅仅使用一年时间，整个平台中的微店主数量已经达到了 45 万名之多。截至 2018 年年底，顺逛已经聚集了海尔员工、创业青年、全职妈妈、大学生等近 80 万名微店主，它就此成为国内规模体系最大的家电社群交互平台，为我国家电制造行业向电子商务板块拓展业务，向电子商务进行战略转型做出了重大贡献。顺逛平台在推出后，它的销售额立刻呈指数级增长，在这种情况下，顺逛平台在 2019 年上半年的销售额已经达到了 80 亿元人民币。

资料来源：海尔与众不同的电子商务模式[EB/OL]. https://tiku.baidu.com/web/singledetail/4836214de518964bcf847cd1.
唐麒. 传统品牌企业电子商务模式分析：以海尔为例[J]. 电子商务. 2014（12）：18-19.
姜勇功. 海尔集团的社群电子商务模式优化研究[D]. 昆明：云南师范大学，2019.

任务一　比较不同企业的商业模式选择与应用

任务引入

在传统企业中，有些商业模式很简单，有些相比之下则较为复杂。例如，沃尔玛通过购买商品和销售商品产生利润；电视台向观众提供免费节目播出，而广告商和内容提供商则决定了电视台的生存。对电子商务企业来说，电子商务商业模式的选择与定位，是企业开展电子商务前必须解决的一个问题。目前，比较成功的电子商务企业在模式的选择和目标的定位上个性鲜明、特色突出。例如，旅行社电子商务平台向客户提供旅游在线预订业务的同时，不妨也接受度假村、航空公司、饭店和旅游促销机构的广告，如有可能还可向客户提供一定的折扣或优惠，以便吸引更多客户。在线书店不仅销售书籍，而且可以举办"读书俱乐部"，接受来自其他行业和其他零售商店的广告。请列举 5 个你熟悉的电子商务企业，分析一下它们的商业模式。

任务目标

1．通过完成任务，了解电子商务企业的基本情况和特点。
2．通过完成任务，直观了解不同商务网站的业务模式及营利模式。
3．通过完成任务，了解电子商务企业商业模式的创新之处。
4．通过完成任务，思考中小电子商务企业应该如何选择商业模式。

任务要求

1．搜集 5 个电子商务企业案例，分析这 5 个案例中主要的业务模式和盈利的基本情况。
2．设计表格对比 5 家电子商务企业的服务内容、目标客户和盈利模式的异同点。

任务分析

电子商务的优势是传统领域所不能比的。但电子商务企业的建立并不是空中楼阁，而有一定的目标客户，提供一定的产品和服务，进而设计新的商业模式。

第一节　电子商务商业模式概述

一、商业模式的构成要素

（一）商业模式的概念

商业模式（business model）是指做生意的方法，是一个公司赖以生存的模式，一种能够为企业带来收益的模式。商业模式规定了公司在价值链中的位置，并指导其如何赚钱。不同的学者对商业模式的概念的描述略有不同。

欧洲学者 Paul Timmers 的定义为：商业模式是一种关于企业产品流（服务流）、资金流、信息流及其价值创造过程的运作机制。它包括三个要素：一是产品、资金和信息流的体系结构，包括不同商业角色的状态及其作用；二是不同商业角色在商务运作中获得的利益和收入来源；三是企业在商业模式中创造和体现的价值。

Afuah 和 Tucci 的定义为：商业模式是企业为客户提供比对手更好的价值从而获取利润的方法。

Yves Pigneur 的定义为：商业模式是企业提供给客户的价值和为创造该价值、获得收入流所需的企业及其伙伴网络的体系结构。

商业模式的核心是价值，价值包括 3 个方面：面向客户的价值（价值体现）、面向投资者的价值（盈利模式）、面向伙伴的价值。商业模式需要回答的问题包括：谁是潜在客户，客户价值是什么，企业如何通过此业务获取利润，企业如何以恰当的成本为客户提供价值。因此，商业模式就是企业通过创造价值而获取收益所采取的一系列活动，它表明了企业在价值链中所处的位置。任何商业模式都有清楚的盈利模式和价值体现。

商业模式是为了在市场中获得利润而规划好的一系列商业活动，商业模式是商业计划的核心内容，而商业计划是指描述企业商业模式的文件。而网络经济环境下的电子商务商业模式是指以利用和发挥互联网和 WWW 的优势的商业模式。

商业模式具有以下两个特征。

第一，商业模式是一个整体的、系统的概念，而不仅仅是一个单一的组成因素，如收入模式（广告收入、注册费、服务费）、向客户提供的价值（在价格上竞争、在质量上竞争）、组织架构（自成体系的业务单元、整合的网络能力）等，这些都是商业模式的重要组成部分，但并非全部。

第二，商业模式的组成部分之间必须有内在联系，这个内在联系把各组成部分有机地关联起来，使它们互相支持，共同作用，形成一个良性的循环。

（二）商业模式的要素

商业模式是企业运作、创造价值的具体表现形式。商业模式必须包含 8 个要素：价值体现、盈利模式、市场机会、竞争环境、竞争优势、营销战略、组织发展以及管理团队。

（1）价值体现是确定一个企业的产品或者服务如何满足客户的需求。确定或者分析一种产品和服务的价值体现，需要回答 3 个方面的问题：首先，客户为什么选择与你的企业打交道，而不是同类型的其他企业；其次，你是否能提供区别于其他企业的或者其他企业不能够提供的产品或者服务；最后，从消费者的角度，产品或者服务的价值主要在于产品供应的个性化、产品搜寻成本的降低、价格发现成本的降低以及购买的便利性等，基于此，你能否满足消费者的需求。

（2）盈利模式是指描述企业如何获得收入、产生利润，以及如何获得高额的投资回报。

（3）市场机会是指企业所预期的市场以及企业在该市场中有可能获得的潜在财务收入机会。市场机会通常划分为更小的市场利基，即利润基本点的分市场。实际的市场机会是由企业希望参与竞争的每一个市场利基的收入潜力来决定的。

（4）竞争环境是指其他企业在同一个市场空间中经营、销售同类产品。企业的竞争环境表现在：竞争对手的规模大小、活跃程度，每个竞争对手的市场份额、盈利情况、定价情况等。

（5）竞争优势是指当企业比其他竞争对手生产出更好的产品，或者是向市场推出更低价的产品时，它获得的竞争能力。许多企业能获得竞争优势，是因为它们总是能以某种与众不同的方式获得其竞争对手无法获得的生产要素，可能是供应商、物流商方面的优势，也可能是人力资源方面的优势，或者是产品的专利保护、价格方面的优势等。

（6）营销战略是指由如何进入一个新市场、吸引新客户的具体举措构成的营销计划。营销战略渗透在企业为了将产品或者服务推销给潜在消费者而做的每一件事情中。

（7）组织发展是指描述企业如何组织所要完成的工作，从而实现企业目标。一般来说，企业可以划分成各个职能部门，其业务范围相对明确，同时又相互协作，从而实现良好的组织发展规划。

（8）管理团队是由企业中负责各类商业模式运作的员工组成的。管理团队的主要职责是为企业迅速获得外界投资者的信任，准确捕捉市场信息，构建企业发展战略，等等。

二、电子商务商业模式的核心内容

电子商务商业模式的概念核心是价值，即它的有用性。在此，根据参与对象可以分为 3 种主要价值：面向用户的价值、面向投资者的价值、面向合作伙伴的价值。一般来说，界定清楚这 3 种价值就可以基本确定一项服务的商业模式。

（一）面向用户的价值

一项产品或服务能否为用户带来功能上或情感上的好处，以满足用户的某种需求，是该项产品或服务是否能得到采纳和推广的一个基本影响因素，也是电子商务商业模式设计能否成功的基础。有价值的产品或服务并非一定有成功的市场和商业回报，但无法为用户提供或创造更多价值的产品或服务必定不会开启一个成功的市场。

不同的商品或服务面向同一用户可能会提供不同的价值，即有用性。比如一台计算机提供给用户的价值和一台能够接入网络的计算机所提供给用户的价值就存在极大的差异。再比如，一台仅能够接入公司局域网的计算机和一台能够接入全球互联网的计算机为用户提供的价值也必然存在不同程度的差异。这类因有无网络或网络大小而产生的价值差异引出了信息经济时代的一个重要概念。

梅特卡夫定律是一个关于网络的价值和网络技术发展的定律，以计算机网络先驱、3Com 公司的创始人罗伯特·梅特卡夫的姓氏命名，它指出网络价值的大小是以用户数的平方的速度呈指数性增长。定律指出，一个网络的用户数目越多，那么整个网络和该网络内的每台计算机的价值也就越大：如果一个网络中有 n 个人，那么网络对于每个人的价值与网络中其他人的数量成正比，这样网络对于所有人的总价值与 $n \times (n-1) = n^2 - n$ 成正比。如果一个网络对网络中的每个人价值是 1 元，那么规模为 10 倍的网络的总价值等于 100 元；规模为 100 倍的网络的总价值就等于 10 000 元。网络规模增长 10 倍，其价值就增长 100 倍。自 20 世纪 90 年代以来，互联网络不仅呈现了这种超乎寻常的指数增长趋势，而且爆炸性地向经济和社会各个领域进行广泛的渗透和扩张。计算机网络的数目越多，对经济和社会的影响就越大。换句话说，计算机网络的价值等于其结点数目的平方。梅特卡夫定律揭示了互联网的价值随着用户数量的增长而呈算术级数增长或二次方程式的增长的规则。

由梅特卡夫定律知道，网络上联网的计算机越多，每台电脑的价值就越大。使用网络的人越多，这些产品才变得越有价值，因而越能吸引更多的人来使用，最终提高整个网络的总价值。一部电话没有任何价值，几部电话的价值也非常有限，成千上万部电话组成的通信网络才把通信技术的价值极大化了，网络即时通信工具如腾讯 QQ、微信等的应用也是一样。当一项技术已建立必要的用户规模时，它的价值就会呈爆炸性增长。

梅特卡夫定律是基于每一个新上网的用户都因为别人的联网而获得了更多的信息交流机会，指出了网络具有极强的外部性和正反馈性：联网的用户越多，网络的价值越大，联网的需求也就越大。这样，我们可以看出，梅特卡夫定律指出了从总体上看消费方面存在效用递增，即需求创造了新的需求。

（二）面向投资者的价值

电子商务商业模式即是关于互联网企业如何利用网络来获取利润的问题，作为一个全新的事物，互联网的发展从一开始就充满了机遇与风险，吸引了众多的智力和资本的大量投入。正如前面所说，新兴的网络经济与传统的实体经济存在一个重要区别：它的网络外部性将导致赢者通吃的市场，具有自然垄断的属性。因此，互联网企业一般前期需要大量投入以形成一定的顾客基础，后期才有可能赢利。这种投入成本大、边际成本小的特征决定了这个产业具有非常规的盈利模式。

面对这个新兴的朝阳产业，投资者一开始并不急切地追求盈利和回报。一些对信息技术抱有超强信念的人更看重其未来的潜在收益。因此，互联网发展初期俗称是一个"烧钱"的时代。不为追求短期实利，跑马圈地式的对创新和概念的过分追求最终导致了 2000 年的网络泡沫危机。2000 年之后，面对投资者，互联网企业具有清晰可见的盈利模式成为投资者做出投资决策的重要依据。此时的企业不但要考虑为用户提供更具吸引力的价值，而且要考虑为投资者创造新的价值。

（三）面向合作伙伴的价值

电子商务不仅涉及网站建设和经营，而且涉及在线支付、物流配送、信息安全、信用评定等各个环节，它们的经营者共同组成电子商务的产业链，存在一定的上下游关系。单个企业如果想要成长起来并获得持续的发展，就需要整个产业链上各个企业的共同成长和配合。

商业模式为供应链上所有的参与者（供应商、制造商、运货商、分销商、零售商、客户）创造了不同的价值，而均衡的价值流动是电子商务商业模式生存的必要条件。价值均衡流动才能保障各种参与者利益的平衡，才能实现价值最大化，最终实现多方共赢。将价值创造从消费者、供应商和销售商的角度加以思考，就可以得到电子商务商业模式的价值流。

案 例

8848 网站的失败

8848 网站是国内早期的 B2C 网站，2000 年年初，鼎盛时期的 8848 网站一个月的销售额已经突破千万元大关，销售的商品也扩大到 16 大类、数万种。上网人数比 2000 年增长了几十倍后的 2005 年，亚马逊在收购卓越时，卓越在 2004 年的实际销售额仅为 1.8 亿元人民币左右，可见，当时 8848 网站的销售能力是多么惊人。最重要的是，当时 8848 网站在网上销售中的份额，用"绝对垄断"来形容是一点儿也不为过的。当时轰动全国的"72 小时生存实验"，8848 网站的购物袋连续几天出现在 CCTV2 的黄金时间，8848 网站从此作为唯一可以通过在线支付买到东西的网站闻名全国。

现在看来，8848 网站的失败当然和核心业务的定位不清、全球的网络经济泡沫等有关，但没有形成一个有效的产业链模式应该是主要原因之一。8848 网站的创建人王峻涛说，在 1999 年 5 月他就提出了电子商务"三座大山"的说法。一是当时中国网民只有 400 万人，决定了电子商务商业机会有限；二是配送的难题；三是最大的困难就是网上支付难题以及远距离购买的信任危机。物流配送成本高，民营的物流配送市场未开放，没有像当今一样有较成熟的第三方物流配送企业。而民营物流开放后，在多家物流配送公司的竞争下，整个配送成本和管理成本的降低使得网络购物成为现实。同样，自从支付宝作为第三方支付方式运营后，在线购物的安全支付得以解决，使网络购物得到迅速普及。因此，电子商务产业链上的各个环节的协调发展至关重要。作为电子商务产业链上的不同企业，除了要考虑对用户的价值和对投资者的价值之外，通常还要考虑对合作企业的价值。

资料来源：区块链技术讲解. 曾占据中国电子商务市场 50% 份额的 8848 是如何失败[EB/OL]. （2020-04-29）. https://xw.qq.com/cmsid/20200113A0HZWC00.

三、电子商务商业模式的类型

电子商务商业模式分类对电子商务企业选择一个或多个商业模式来开展经营具有重要

意义。企业通过确定其价值链中的地位找到自己获取收益的方法是电子商务商业模式分类的基础。电子商务发展至今，已经出现了许多商业模式，而每个电子商务企业在实际运作中一般都是选择多种商业模式进行集成的。以下介绍一些比较典型的电子商务商业模式。

（一）电子市场

电子市场是指利用网络特别是互联网环境开展商品、服务、信息的买卖，包括实物产品销售，如玩具、图书、鲜花、计算机硬件，也包括数字产品销售，如在线音乐、软件许可、铃声下载、旅游线路、电子图书等。电子市场可以分为买方电子市场、卖方电子市场和第三方市场。

1. 买方电子市场

买方电子市场是指依据企业或个人的需求，采用逆拍卖、谈判或其他任何电子采购方式构建的基于 Web 的市场，主要包括买方电子集市、团购和"由你定价"等形式。

（1）买方电子集市是指公司为从合格的供应商处采购满足企业需要的产品所建立的基于 Web 的市场，可用的市场机制包括议价、招标、逆拍卖等。买方电子集市可以由某一家企业拥有，也可以由多家企业联合拥有。

（2）团购是指采购量较小的中小企业或个人通过互联网渠道，将同一区域内具有相同购买意向的零散的、小批量的购买收集起来（一般由第三方中间商完成）形成一个比较大的量，以谈判或招标方式来争取优惠条件。

（3）"由你定价"是指买主将自己的需求及愿意支付的价格发布在第三方网站上，卖方根据需求及价格提供合格的商品或服务。

2. 卖方电子市场

卖方电子市场是指企业通过电子目录、电子拍卖、谈判等市场机制向众多企业或个人的消费者出售产品或服务而建立的一个基于 Web 的市场。卖方电子市场可以是独立的网上店铺的形式，店铺可以属于生产企业、零售商，甚至个人，也可以是拥有众多商店的集成购物场所，交易类型可以是 B2C 或 C2C。

例如，天猫商城就是一家 B2C 电子卖场。它有产品分类目录和商品搜索引擎。当消费者对某件商品感兴趣时，他们就会被引导到销售这些商品的独立店铺去购物，各店铺之间独立经营，不分享服务。

3. 第三方市场

买方电子市场或卖方电子市场都是以满足一方需求为目标的单向市场，第三方市场（或公共电子集市）是为买卖双方提供交易而建立的一个基于 Web 的双向市场，它一般由第三方市场创建者所有，是一种中介模式的市场。它可以是某一行业的垂直市场，也可以是横跨多个行业的水平市场，其主要功能有以下 3 个。

（1）匹配功能。建立市场机制和提供相应服务，为买卖双方寻找合适的交易伙伴。

（2）促进交易。为买方提供商品、服务、配送等信息，提供逆拍卖、请求报价、请求投标等服务；为卖方发布电子目录等信息，提供拍卖销售、客户发现等服务；为双方提供托运、保险、第三方履约托管、支付结算等服务。

（3）维护交易政策和基础设施。保证交易服从相关法律，保证交易（批量交易、复杂交易）正常进行，提供买卖双方接口。

例如，阿里巴巴可以看作一家公共电子集市。它有一个商品分类目录和一个搜索引擎，客户进入感兴趣的产品页面后就可以选择自己想要的产品，然后开始订货或议价。

在线股票交易市场是一个比较复杂的电子交易所，同一只股票有多个卖方询价，同时也有多个买方报价，然后按照一定的匹配机制完成交易。目前，几乎所有的证券公司都推出了网上交易系统，如国元证券、国泰君安、中信建投等。

（二）信息门户网站

信息门户网站是用户利用浏览器浏览所需信息的入口。根据信息提供者的角色不同，可以将其分为专有门户和公共门户，专有门户又分为个人门户和企业门户。企业门户是消费者访问企业内外部信息的唯一入口。公共门户因其提供的信息特点不同又可分为综合门户（水平门户）、垂直门户。

1. 企业门户

企业门户是一个连接企业内部和外部的网站。它提供一个单一的访问企业各种信息资源的入口，企业的员工、客户、合作伙伴和供应商等都可以通过这个门户获得个性化的信息和服务。企业门户融合了商业智能、内容管理、数据仓库/集市、数据管理等一系列用于管理、分析、发布信息的软件程序，其功能主要有以下 6 方面。

（1）通过企业门户，企业能够动态地发布存储在企业内部和外部的各种信息。

（2）可以完成网上交易。

（3）可以支持网上的虚拟社区，网站的用户可以讨论和交换信息。

（4）支持员工之间、团队之间、企业与伙伴之间的协同。

（5）完善供应链管理、客户关系管理、物流管理。

（6）集成分散在企业内外部的信息系统。

2. 公共门户

公共门户是以网络媒体为主要特征，提供分类信息的综合性网站，其目的是通过吸引大量的重复性用户建立在线用户群，使访问者产生购买网站广告所推销的产品的可能性。

综合门户（水平门户）是提供各类综合性信息服务的公共门户，其特点是内容广泛而全面，覆盖许多行业。综合门户为了吸引访问者，提高网页浏览量，会不断为用户推出系列免费内容和服务，如电子信箱、网络硬盘、博客、个人主页等，也常集成其他商业模式，如电子市场、拍卖等，还提供各类增值服务，如短信平台、铃声下载、电子贺卡、网络游戏、视频广告等。人们习惯将 B2C 类型的门户称为综合门户，而将 B2B 类型的门户称为水平门户。例如，我国最著名的三大门户网站——新浪、网易和搜狐就属于综合门户，此外，还有一些地区性的综合门户网站，如浙江都市网。而阿里巴巴、慧聪网就属于 B2B 水平门户。还有一类综合门户专门提供目录服务，如网址之家（hao123.com）专门提供网站地址。

垂直门户是针对某一行业或专门领域提供综合信息服务的公共门户，其特点是专业性强，针对特定的消费人群。目前，从制造业到服务业，从工业到农业，从娱乐休闲到度假旅游，几乎每个行业都有多家垂直门户网站。

（三）个人信息服务

个人信息服务是一种以个人用户为主体的服务模式，特别是在 Web 2.0 技术支持下，各种以展现个人意志为主旨的新型商业模式得到迅速发展。

1. 电子信箱

电子信箱是电子商务企业推出的最早的个人信息服务，常与其他商业模式集成使用。用户可以申请注册成为企业的电子信箱用户。随着各企业推出的信箱空间越来越大，人们也常将电子信箱当作网络硬盘使用。例如，网易邮箱、新浪邮箱等都是公共电子信箱服务商。

2. 即时通信

即时通信借助互联网平台为用户提供在线交流服务，包括文字交流、音视频交流等模式，可以一对一，也可以群聊。有的即时通信工具还提供一些远程协助功能。最著名的即时通信工具莫过于腾讯微信、QQ 和微软 MSN。

3. 博客

博客是一个由服务商提供的可定制的个人网站，用户可以在其博客上发布自己的想法、与他人交流以及从事其他活动。例如博客网，一些综合门户网站都有博客服务。

4. 微博（微型博客）

微博是指一种基于用户关系信息分享、传播以及获取的通过关注机制分享简短实时信息的广播式的社交媒体、网络平台，允许用户通过 Web、Wap、Mail、App、IM、SMS，使用计算机、手机等多种终端接入，以文字、图片、视频等多媒体形式，实现信息的即时分享、传播互动。

5. 播客

YouTube.com 是一家为用户自创视频提供发布空间的网站，创造了互联网的新奇迹。这种以发表个人制作的音视频为内容的网站——播客已经成为广受欢迎的商业模式。提供类似业务的中国网站有优酷、中国播客网等。

6. 网络电视

网络电视是以宽带网络为载体，通过电视服务器将传统的卫星电视节目重新编码成流媒体的形式传输给用户收看的一种视讯服务。网络电视常以 P2P 技术为支持。目前有许多基于 P2P 技术的网络电视软件，如 PPLive（pplive.com）。

7. 在线下载

自从互联网诞生以来，上传（upload）和下载（download）就是信息共享的基本手段，但随着 P2P 技术的发展，信息共享已从原来的 B/S 模式发展到现在的 P2P 模式。基于 P2P 技术的下载服务成为个人信息服务的一个重要商业模式，著名的 P2P 下载软件包括迅雷等。

8. 在线游戏

在线游戏是指在互联网上实现单方、双方、多方的游戏服务和一些互动型的娱乐服务。

这类服务突破了传统单机游戏和互动节目的局限性，对年轻人有很强的吸引力，有比较稳固的用户群。经营在线游戏的公司有盛大、网易、联众等。

9. 金融服务

它们为电子商务交易提供支付等金融服务，如银联、PayPal。

10. 社区服务商

社区服务商是可以让有着特定兴趣爱好和共同经历的人在一起交换意见的网站，如豆瓣网。

11. 短视频

短视频是指在各种新媒体平台上播放的、适合在移动状态和短时休闲状态下观看的、高频推送的视频内容，时长达几秒到几分钟不等。其内容融合了技能分享、幽默搞怪、时尚潮流、社会热点、街头采访、公益教育、广告创意、商业定制等主题。

任务二　阿里巴巴集团电子商务商业模式生态系统调研与分析

任务引入

"大哥阿里巴巴是个泥腿子，弟弟、妹妹们上学要靠他来供。淘宝是个妹妹，性格活泼，可以拿着大哥的钱买花裙子，将来是要念复旦的；老三支付宝才上小学，但最有志气，大哥决定不惜一切代价，供他上美国的哈佛。"这是一段对阿里巴巴集团电子商务商业模式生态系统的形象描述。

阿里巴巴集团是全球 B2B 电子商务的著名品牌，满足了企业与企业之间、企业与消费者之间、消费者与消费者之间的消费与服务需求。阿里巴巴凭借技术与资源优势，整合了厂家、渠道、终端、物流、人力、支付、资本等电子商务服务元素，吸引了海量的中小企业、创业者和商务服务合作者加入。

经过二十多年发展，阿里巴巴已全面覆盖 B2B、B2C、C2C 商业模式，形成了清晰的电子商务生态系统。阿里巴巴集团经营多项业务，也从关联公司的业务和服务中取得了经营商业生态系统上的支援。业务和关联公司的业务包括淘宝网、天猫、聚划算、全球速卖通、阿里巴巴国际交易市场、1688、阿里妈妈、阿里云、蚂蚁金服、菜鸟网络等。业务板块包括阿里系的电子商务服务、蚂蚁金融服务、菜鸟物流服务、大数据云计算服务、广告服务、跨境贸易服务，还有前 6 个电子商务服务以外的互联网服务。

根据上述案例，选择自己感兴趣的 3 个阿里巴巴子公司进行深入调研，调查其网站的功能与提供的服务、营利模式、能够创造什么样的价值等信息。

任务目标

1. 通过完成任务，初步了解阿里巴巴集团的主要业务板块的基本情况。
2. 通过完成任务，直观了解阿里巴巴、天猫商城、淘宝网、聚划算和支付宝等为客户提供的服务差异化。

3．通过完成任务，直观了解阿里巴巴、天猫商城、淘宝网、聚划算和支付宝获取收益的方式。

4．通过完成任务，直观了解阿里巴巴的电子商务生态系统的成员构成以及成员之间的关系。

任务要求

1．搜集阿里巴巴的电子商务生态系的统详细资料，掌握商业模式的特点和商务网站功能的基本情况。

2．根据该案例的商业模式，详细了解该案例的业务模式、盈利模式和竞争优势。

任务分析

阿里巴巴已经形成了一个通过自有电子商务平台沉积以及 UC、高德地图、企业微博等端口导流，围绕电子商务核心业务及支撑电子商务体系的金融业务，以及配套的本地生活服务、健康医疗等，囊括游戏、视频、音乐等泛娱乐业务和智能终端业务的完整商业生态圈。这一商业生态圈的核心是数据及流量共享，基础是营销服务及云服务，有效数据的整合抓手是支付宝。通过对所选企业的深入调研，能够让学生切实地了解阿里巴巴生态系统各成员的业务特征，熟悉电子商务商业模式的基本内容、盈利模式及其交易流程。

第二节　传统电子商务商业模式

在市场经济中，参与市场交易进行各种交易活动的交易主体主要有 3 种：企业、消费者和政府。企业作为商品或服务的主要生产者和提供者，一般在市场交易活动中处于卖方的位置，但企业为了组织生产和经营活动，又需要从他人那里购进原材料、机器设备等生产资料，因此企业同时也在市场交易中作为买者的身份出现；而消费者作为商品或服务的需求者，在市场交易活动中主要处于买方的位置，但在某些情况下消费者个人也会销售某些属于个人的物品，成为市场交易的卖方；政府在交易活动中是作为管理者和服务者的身份出现的，政府向企业和个人提供公共服务。作为补偿，企业和个人向政府缴纳各种税金，政府与企业或个人之间征缴税金的行为也可以视为是政府与企业和个人之间的一种交易行为。另外，政府为开展各项活动，维持机构的运行，也需要各种物品，这些物品需要向企业采购，作为买方与企业发生交易行为。本书就按交易主体来划分界定传统电子商务商业的模式。

一、B2B 电子商务商业模式

在电子商务的几种模式中，B2B 是电子商务的一种重要模式，也是企业在激烈的市场竞争中改善竞争条件、建立竞争优势的主要方式。无论是从交易额还是从交易范围看，B2B电子商务都有着举足轻重的地位。

（一）B2B 电子商务商业模式的概念

企业与企业电子商务，即 B2B 的电子商务商业模式，是企业与企业之间通过互联网进行的各种商务活动，如谈判、订货、签约、付款以及索赔处理等。目前，国内 B2B 电子商务商业模式包括 3 种类型：第一类是由采购方控制的 B2B 电子商务，该类型主要侧重于供应链管理，例如中航集团的采购系统，主要用于供应商之间的订单信息和产品信息的交流；第二类是由供应商来控制的 B2B 电子商务，比如戴尔电脑的网上销售系统；第三类是由独立第三方控制的 B2B 电子商务，侧重于搭建一个网上交易平台，如阿里巴巴和慧聪网等。

（二）B2B 电子商务商业模式的优势

B2B 电子商务提供了企业之间虚拟的全球性贸易环境，其优势突出表现在以下几个方面。

（1）距离越远，在网络上进行信息传递的成本相对于信件、电话、传真的成本而言就越低。此外，缩短时间及减少重复的数据录入也降低了信息成本。

（2）买卖双方通过网络进行商务活动，无须中介者参与，减少了交易的有关环节。

（3）卖方可通过互联网进行产品介绍、宣传，减少了在传统方式下做广告、发印刷品等大量费用。

（4）电子商务实行"无纸贸易"，可减少文件处理费用。

（5）互联网使得买卖双方可即时沟通供需信息，使无库存生产和无库存销售成为可能，从而使库存成本显著降低。

B2B 电子商务减少了交易环节，减少了大量的订单处理，缩短了从发出订单到货物装运的时间，提高了交易效率，促使企业取得竞争优势。

（三）B2B 电子商务商业的模式

B2B 电子商务商业应用较为广泛的模式主要有电子交易市场、电子分销商、B2B 服务提供商以及信息中介等。

1. 电子交易市场

电子交易市场有时称为 B2B 交易中心，其潜在的市场规模使其成为 B2B 电子商务中最成熟和最有前景的商业模式。一个电子交易市场就是一个数字化的市场形态，供应商和商业采购均可以在此进行交易。

一方面，对买方来说，利用 B2B 电子交易市场只要在一个地方就能够搜集信息、检验供应商、搜集价格，并根据最新发生的变化进行更新；另一方面，对卖方来说，则能够从与买方的广泛接触中不断优选，因为潜在的购买者越多，销售的成本越低，成交的机会和利润也就越高。从电子交易市场的整体来看，可以最大限度地减少识别潜在的供应商、客户和合作伙伴以及在双方和多方开展交易中所需要的成本与时间等。因此，电子交易市场的出现，可以降低交易成本，简化交易手续，获得更多的交易机会。

目前，全球的电子交易市场主要出现了两种细分模式：综合性电子交易市场和垂直型电子交易市场。综合性电子交易市场又称为水平型电子交易市场，主要针对较大范围的企业来进行产品销售和提供服务。在我国，阿里巴巴成为综合交易平台最成功的企业之一，慧聪网、环球资源网也是综合性电子市场的重要代表。而垂直型电子交易市场主要针对特定的行业，如钢铁、化工、汽车等。这些行业多为生产资料性行业，成交量大、专业性强，垂直型电子交易市场迅速成为该行业商业信息、物资信息的集成地。目前，我国较成熟的垂直型电子交易市场有中国纺织网、中国化工网等。

2．电子分销商

电子分销商是直接向各个企业提供产品和服务的企业。电子分销商与 B2B 电子市场有所区别，B2B 电子市场是将许多企业放到一起，使它们有机会与其他企业做生意，而电子分销商则是由一家寻求为多个客户服务的企业所建立的。

从电子分销商实务来看，电子分销商主要依靠产品销售从中获取利润，因此电子分销商最重要的任务是让产品在网络的销售中真正实现销售周期的缩短、价格的降低，这样才能获得持续、稳定的利润来源。

3．B2B 服务提供商

B2B 服务提供商是指向其他企业提供业务服务的企业。目前，以阿里巴巴等为代表的 B2B 电子商务服务商网站所提供的服务主要以初级电子集市为标志，仅保持与买卖双方的松散的供求关系。而随着电子商务的发展，尤其是行业电子商务（精细化的电子商务商业模式）的发展，也就是说，B2B 电子商务在深度融入相应行业之后，就有可能把买卖双方的松散的供求关系改变为紧密的供求关系。另外，B2B 电子商务门户利用初具规模的市场资源，能够扮演供应链资源整合者的角色，通过整合各方资源提供集中物流服务、公共服务、信用保障服务、支付服务、资讯服务的一站式服务与供应链运作整体解决方案给客户，并对客户决策产生影响。

从本质上看，B2B 服务提供商就是为企业采购、分销等供应链过程提供服务，而高效的供应链过程管理才能保证企业获得高效率的实物流动。因此，面向供应链过程，以深度服务与整体解决方案为基础的 B2B 电子商务门户将容易获得市场的青睐，并在短期内得到较快的发展。

4．信息中介

信息中介是指以搜集消费者信息并将其出售给其他企业为商业模式的企业。"信息中介"一词最早是由 Hagel 和 Rayport 提出的，用来指一种新的企业形式，它作为管理人、代理人和消费者信息的经纪人，代表消费者和企业进行交易，同时又保护消费者的隐私。目前，尽管他们先前定义的隐私保护特征还不是很成熟，但仍有大量的企业将商业模式定位于搜集消费者信息并将其出售给其他企业。

目前信息中介主要为面向供应商模式，中介将消费者信息搜集起来并提供给供应商。供应商利用这些信息向特定的消费者有针对性地提供产品、服务和促销活动。

（四）B2B 电子商务商业的盈利模式

目前，各类 B2B 商务网站的主要收入来源包括会员费、广告费、竞价排名费、信息化技术服务费、代理产品销售收入、交易佣金费、展览或活动收入等。以下主要介绍前 4 种。

1. 会员费

企业通过第三电子商务平台参与电子商务交易，必须注册为 B2B 网站的会员，每年要缴纳一定的会员费，才能享受网站提供的各种服务。目前，会员费已成为我国 B2B 网站最主要的收入来源。例如，中国制造网基本会员是 31 100 元，钻石会员是 59 800 元。

2. 广告费

网络广告是门户网站的主要盈利来源，同时也是 B2B 电子商务网站的主要收入来源。网站的广告根据其位置及广告类型来收费，一般有弹出广告、漂浮广告、旗帜广告、文字广告等多种表现形式可供用户选择。

3. 竞价排名费

企业为了促进产品的销售，都希望在 B2B 网站的信息搜索中使自己的产品排名靠前，而网站在确保信息准确的基础上，根据会员交费的不同对排名顺序做相应的调整。例如，阿里巴巴的竞价排名是诚信通会员专享的搜索排名服务，当买家在阿里巴巴搜索供应信息时，竞价企业的信息将排在搜索结果的前 5 位，被买家第一时间找到。

4. 信息化技术服务费

B2B 网站通过提供信息化技术服务来扩大收入，如提供企业建站服务、产品行情资讯服务、企业认证、在线支付结算、会展、培训等。

二、B2C 电子商务商业模式

（一）B2C 电子商务商业模式的概念

企业与消费者之间的电子商务（B2C），具体是指通过信息网络以及电子数据信息的方式实现企业或商家机构与消费者之间的各种商务活动、交易活动、金融活动和综合服务活动，是消费者利用互联网直接参与经济活动的形式。B2C 是企业对消费者直接开展商业活动的一种电子商务商业模式。这种形式的电子商务一般以直接面向客户开展零售业务为主，主要借助于互联网开展在线销售活动，故又称为电子零售（电子销售）或网络销售。

当今，B2C 电子商务以完备的双向信息沟通、灵活的交易手段、快捷的物流配送、低成本高效益的运作方式等在各行各业展现了其强大的生命力。B2C 是我国最早产生的电子商务商业模式，以 8848 网上商城正式运营为标志。

（二）B2C 电子商务的交易流程

网上购物流程与传统购物流程有很大的区别，网上购物以互联网作为媒介，因此对消费者来说更便捷。在此以网上购物为例，说明 B2C 电子商务交易的基本流程。

1. 浏览产品

消费者通过网上商店提供的多种搜索方式，如产品组合、关键字、产品分类、产品品牌查询等对商店经营的商品进行查询和浏览。

2. 选购产品

消费者按喜欢或习惯的搜索方式找到所需的商品后，可以浏览该商品的使用性能、市场参考价格等商品简介，以及本人在该店的购物积分等各项信息，然后在查询到想要购买的商品后的编号和品名的购物条中输入所需的数量，并单击"订购"按钮，即可将该商品放入购物车。在购物车设置中会列出所购商品的各项信息，如商品编号、商品名称、商品单价、选购数量、会员价格小计等。在购物车中可以修改购买数量或取消商品的购买，如果还要选购可通过单击"返回继续购物"按钮来实现，最后通过单击"去收银台"按钮付款结账来结束选购商品。

3. 用户注册

为了便于系统对网上商店消费者的管理，一般采用免费的注册会员制度。如果首次来访，建议注册为会员，单击页面导航条上的"会员注册"按钮，根据提示填写完整的注册表单后，用户就成为此网上商城的一名会员了。

4. 配送货物

网上购物者在确定想要购买的商品后，即可选择货物配送方式。送货方式一般有国内和国际两种。国内送货一般有送货上门服务、国内普邮、国内快件等；国际送货一般采用国际快递，如 UPS、DHL 等。

5. 支付货款

由于在网上商城购物属于远程购物，不像一般日常现实购物可以当时结算、直接拿走商品，因此购物者在选购完商品后必须确认一种支付方式，如在线支付、邮局汇款、电汇、货到付款等。

（三）B2C 电子商务商业的盈利模式

B2C 电子商务商业的经营模式决定了 B2C 电子商务企业的盈利模式。不同类型的 B2C 电子商务企业其盈利模式是不同的，一般来说主要通过以下 9 个方面获得利润。

1. 销售本行业产品收入

通过网络平台销售自己生产的产品或加盟厂商的产品。商品制造企业主要通过这种模式扩大销售，从而获取更大的利润，如戴尔、海尔电子商务网站。

2. 销售衍生产品收入

销售与本行业相关的产品，如中国饭统网出售食品相关报告、折扣订餐。

3. 产品租赁费

租赁服务，如太阳玩具开展玩具租赁业务。

4. 拍卖收费

拍卖产品收取中间费用，如汉唐收藏网为收藏者提供拍卖服务。

5. 销售平台费

接收客户在线订单，收取交易中介费，如九州通医药网、书生之家。

6. 特许加盟费

运用该模式，一方面可以迅速扩大规模，另一方面可以收取一定加盟费，如当当、莎啦啦、E 康在线等。

7. 会员费

收取注册会员的会费，有的电子商务企业把收取会员费作为一种主要的盈利模式，如天猫商城等。

8. 信息发布费

发布供求信息、企业咨询等，如中国药网、中国服装网、亚商在线等。

9. 广告收入

广告收入几乎是所有电子商务企业的主要盈利来源。这种模式成功与否的关键是其网页能否吸引大量的广告，能否吸引广大消费者的注意。

三、C2C 电子商务商业模式

（一）C2C 电子商务商业模式的概念和特点

C2C 电子商务是在消费者与消费者之间进行的商业模式，它通过互联网为消费者提供网上拍卖、在线竞价等方式的购物环境。其特点类似现实商务世界中的跳蚤市场。其构成要素除了包括买卖双方外，还包括电子交易平台供应商，类似现实中的跳蚤市场场地提供者和管理员。

首先，C2C 能够为用户带来真正的实惠。C2C 电子商务不同于传统的消费交易方式。过去，卖方往往具有决定商品价格的绝对权力，而消费者的议价空间非常有限；拍卖网站的出现，则使得消费者也有决定产品价格的权力，并且可以通过消费者相互之间的竞价结果，让价格更有弹性。因此，通过这种网上竞拍，消费者在掌握了议价的主动权后，其获得的实惠自然不用说。

其次，C2C 能够吸引用户。打折永远是吸引消费者的制胜良方。出于网络营销等目的，拍卖网站上经常有商品打折或低价起拍，对注重实惠的中国消费者来说，这种网站无疑能引起消费者的关注。对于有明确目标的消费者（用户），他们会受利益的驱动而频繁光顾 C2C；而那些没有明确目标的消费者（用户），他们会为了享受购物过程中的乐趣而流连于 C2C。

如今，C2C 网站上已经存在不少这样的用户。他们并没有什么明确的消费目标，他们花大量时间在 C2C 网站上游荡只是为了看看有什么新奇的商品，有什么商品特别便宜，对他们而言，这是一种很特别的休闲方式。因此，从吸引"注意力"的能力来说，C2C 的确是一种能吸引"眼球"的商业模式。

（二）C2C 电子商务商业的盈利模式

1. 会员费

会员费也就是会员制服务收费，是指 C2C 网站为会员提供网上店铺出租、公司认证、产品信息推荐等多种服务组合而收取的费用。由于提供的是多种服务的有效组合，比较能适应会员的需求，因此这种模式的收费比较稳定。费用第 1 年缴纳，第 2 年到期时需要客户续费，续费后再进行下一年的服务，不续费的会员将恢复为免费会员，不再享受多种服务。

2. 交易提成

交易提成不论什么时候都是 C2C 网站的主要利润来源。因为 C2C 网站是一个交易平台，它为交易双方提供机会，就相当于现实生活中的交易所、大卖场，从交易中收取提成是其市场本性的体现。

3. 广告费

企业将网站上有价值的位置用于放置各类型广告，根据网站流量和网站人群精度标定广告位价格，然后再通过各种形式向客户出售。如果 C2C 网站具有充足的访问量和用户黏性，那么广告业务量会非常大。

4. 搜索排名竞价

C2C 网站商品的丰富性决定了购买者搜索行为的频繁性，搜索的大量应用就决定了商品信息在搜索结果中排名的重要性。由此，便引出了根据搜索关键字竞价的业务。用户可以为某关键字提出自己认为合适的价格，最终由出价最高者竞得，在有效时间内该用户的商品可获得竞得的排位。卖家只有认识到竞价为他们带来的潜在收益，才愿意花钱使用。

5. 支付环节收费

支付问题一向是制约电子商务发展的瓶颈，直到阿里巴巴推出了支付宝才在一定程度上促进了网上在线支付业务的开展。买家可以先把预付款通过网上银行存入支付公司的个人专用账户，待收到卖家发出的货物后，再通知支付公司把货款打入卖家账户，这样买家不用担心收不到货还要付款，卖家也不用担心发了货而收不到款，而支付公司就按成交额的一定比例收取手续费。

四、电子政务

政府、企业和个人之间的电子商务商业模式即电子政务，可分为政府与企业之间的电子商务商业模式（G2B）、政府与公众之间的电子商务商业模式（G2C）、政府与政府之间的电子商务商业模式（G2G）。

（一）G2B 电子商务商业模式

1. G2B 电子商务商业模式的含义

G2B 是政府和企业之间的电子商务商业模式，也称政府采购，是指政府或政府授权的机构在网上进行采购的电子商务平台。政府通过网络进行采购与招标，快捷迅速地为企业提供各种信息服务；企业通过网络进行税务通报、办理证照、参加政府采购、对政府工作的意见反馈等；政府向企业事业单位发布各种方针、政策、法规、行政规定等。

2．G2B 电子商务商业模式的主要任务

（1）政府对企业开放各种信息，以便于企业的经营活动。

（2）政府对企业业务的电子化服务，包括政府电子化采购、政府税收服务电子化、政府审批服务电子化、政府对中小企业服务等各种与企业业务有关的电子化服务活动。

（3）政府通过电子政务对企业进行监督管理，包括政府对企业的工商管理、政府对企业的对外贸易管理、政府对企业的环保卫生管理、政府对企业的其他管理。目前，政府对企业的管理正向综合化信息服务管理方向发展，其特点是政府信息公开化、各部门对企业服务和管理一体化，以达到改变政府职能、增强政府服务意识、提高政府服务水平的目的。

3．G2B 电子商务商业模式的优点

（1）提供更广泛、更深入的政府采购咨询专家的支持。结合使用电子政务系统的专家库，政府采购机关可以跨越地域、行业的障碍，获得各个领域大量专家实时的具体指导。

（2）扩大供应商的选择面，突破地方保护主义障碍。网上采购面对的是为数众多不受地域限制的供应商，形成了最大的竞争范围。而竞争范围的扩大，最直接的效果就是有利于采购质优价廉的产品和享受高质量的服务。

（3）利于监督，真正达到"阳光工程"的目的。传统的交易方式存在诸多中间环节，实际交易价格无从查起，而网络能提供强大的功能和资源，并且各种信息发布一目了然，具有很强的公开性，从而使政府采购真正成为阳光作业，减少徇私舞弊和暗箱操作的概率。

（4）利用集中采购，可以打破地区和部门封锁，建立地区性乃至全国性的政府采购大市场，形成规模效益，缩短采购周期，达到降低采购成本的目的。

（二）G2C 电子商务商业模式

1．G2C 电子商务商业模式的概念

G2C 是政府通过互联网为公众提供各种服务以及政府部门通过电子政务平台与公众进行信息交换的新的政府工作模式之一，它同 G2B 的共同点在于，它们都是政府对外服务的一项内容。由于政府的工作重点本来就是为公众服务，因此，G2C 所覆盖的范围更广，目的是除了政府给公众提供方便、快捷、高质量的服务外，更重要的是可以开辟公众参政、议政的渠道，建立公众的利益表达机制，建立政府与公众的良性互动平台。

2．G2C 电子商务商业模式的主要内容

（1）公开政府业务。例如，政务公开与公众有关的文件公开，政府各机构的设置、职能服务公开。

（2）为公众提供各种服务，如电子身份认证、电子社会保障服务、电子民主管理服务、电子就业服务、电子教育和培训服务等。

（3）政府对公众的管理，包括政府通过网络发布政府的政策法规、重要通知和信息，提出各管理措施和规定。同时，公众通过电子政务可以实现对政府行为的监督。

（三）G2G 电子商务商业模式

G2G 是政府内部、政府上下级之间、不同地区和不同职能部门之间实施电子政务的各种活动，可以分为以下 3 种。

（1）政府上下级之间的管理系统。政府上下级之间的电子政务管理通过 3 种方法进行：一是上级政府机关通过电子政务进行规范化管理，其主要通过政策法规电子化管理来进行；二是国家的垂直管理机构，如公安系统、检察系统、司法系统、国家税务系统等部门内部形成垂直型的网络化管理，以实现统一决策；三是上级对下级的绩效评估系统。

（2）不同部门之间的电子政务系统。电子政务还体现在政府各部门之间的相互协调。一是有业务关系的部门之间的电子政务。例如，公、检、法之间的电子政务，虽然各自独立，但存在业务关系，通过电子政务可以大大提高办事效率；二是无业务关系的部门之间的电子政务，如目前各地为了加快办公效率所实行的"一站式"服务的各种系统，即使部门之间完全没有关系，但在共同为公众服务的过程中，也能极大提高他们的办事效率。

（3）不同地区之间的电子政务系统。随着社会信息化的发展，地区之间的联系更加紧密，它要求电子政务必须实现地区之间联网向不同地区之间的政府服务一体化方向发展。

另外，G2G 电子商务商业模式还包括城市公共服务系统电子政务化、社会安全服务电子政务化、各种突发事件管理电子政务化和各种灾难管理网络化等内容。

阅读材料

中国 10 大典型 B2B 商业模式

任务三　新兴电子商务商业模式调研与分析

任务引入

2020 年"双十一"期间，优衣库天猫官方旗舰店蝉联天猫女装品牌榜冠军、男装品牌榜冠军，优衣库全国 O2O 店铺销售额同比增长数倍以上，线上线下同步火爆。消费者说："往年等'双十一'快递太慢了，今年收货更快了！网上买了还能来店铺自提，非常便捷。"（线上下单，门店自提/换货）"2020 年'双十一'不用熬夜等零点了，想要的款式门店提前就能买到，和线上同款同价，店里试穿更方便！"（线上线下全平台轻松购不再难抢）

优衣库是日本服装品牌,是日本迅销公司于 1963 年建立的,从线下实体店起步,目前在线上推出一系列增加消费者黏性的服务,采用以线上向线下导流的门店模式,把门店作为 O2O 的核心。例如,微信号能作为随身搭配宝典,随时随地地直击潮流单品,查询实用穿搭,看最潮最接地气的搭配买家秀。同时,在微信菜单中的自助服务功能可实现商品库存实时查询和线上购买,或找到最近的优衣库门店,省时方便。此外,优衣库天猫官方旗舰店全品类开通门店自提服务,利用遍布全国的 541 家门店有效地缩短了顾客等待物流配送的时间。优衣库在线上推出的一系列服务目标非常清晰,就是让用户通过线上的工具和服务能再次回到实体店,实现闭环购买商品,从而打通线上线下的区隔,让用户体验无缝购买的畅快。

优衣库的成功主要体现在:一是优衣库实现了线上与线下同价,线上线下的双向融合,从而避免线上渠道的冲击;二是优衣库通过多种方式吸引用户前往实体店购物;三是优衣库店内商品和优惠券的二维码是专门设计的,只能用优衣库的 App 扫描识别;四是对于商品打折,优衣库采取了"指定产品区隔、时间段区隔"的策略。

资料来源:亿邦动力网.优衣库 O2O 案例:线上为线下服务[EB/OL].(2014-03-12).http://www.ebrun.com/20140312/93634.shtml.

结合上述内容,选择一个自己感兴趣的 O2O 商务网站,如星巴克、腾讯等,进行深入调研,调查其网站的功能与提供的服务、盈利模式、能够创造什么样的价值等信息。

任务目标

1．通过完成任务,直观了解 O2O 商务网站的基本特点。
2．通过完成任务,直观了解 O2O 商业网站的盈利模式。
3．通过完成任务,思考企业成功开展 O2O 的影响因素。

任务要求

1．搜集某个 O2O 企业的详细资料,详细了解其业务模式、盈利模式和竞争优势。
2．根据该案例的商业模式,阐述 O2O 模式适合的行业特点。

任务分析

通过对所选 O2O 商务网站的深入调研,学生能够切实了解 O2O 商务网站的特征,熟悉商业模式的基本内容、盈利模式及其交易流程。

第三节　新兴电子商务商业模式

一、O2O 模式

（一）O2O 模式的概念和特点

O2O（online to offline）电子商务商业模式是指线上营销、线上购买带动线下经营和线下消费的商业模式。O2O 模式是将线下商务的机会与互联网结合在一起，让互联网成为线下交易的前台，线上平台为消费者提供消费指南、优惠信息、便利服务（预订、在线支付、地图等）和分享平台，而线下商户则专注于提供服务。从线上到线下，让更广泛的实体店分享线上汹涌的客流，同时又让在线顾客以更实惠的价格享有线下商品和服务（见图 2-1）。O2O 电子商务商业模式是继 B2B、B2C 等成功的电子商务商业模式之后，第一个全面将线上虚拟经济与线下实体店面经营相融合的商业模式，也是移动互联网技术发展扩散到人们日常生活中的必然结果。

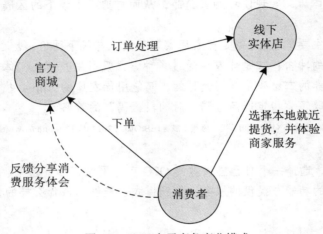

图 2-1　O2O 电子商务商业模式

O2O 模式具有以下几个特点。

（1）将线下的服务优势更好地发挥，具有体验营销的特色，相对信任度更高，成交率也更高。例如，某发饰连锁加盟企业的核心优势是购买产品免费终身盘发，但由于是连锁加盟，所以门店只针对区域内会员提供服务，而这是 B2C 模式无法解决的问题。

（2）通过网络能迅速掌控消费者的最新反馈信息，易于提供更个性化的服务和实现高黏性的重复消费。

（3）对连锁加盟型零售企业来说，一方面，能顺利解决线上线下渠道利益冲突问题；另一方面，能将品牌商、加盟商和消费者三者的关系更加紧密化。

（二）O2O 模式的适用企业

O2O 模式的诞生会促进很多新生网络公司提供该服务，尤其是团购类网站，以及本地信息生活服务类平台。对传统企业来说，究竟什么样的企业适合 O2O 模式呢？

1. 连锁加盟型的零售企业

像流行美、卡顿、哎呀呀之类，或者大型渠道流通品牌商，由于加盟门店分布广，并且有线下服务优势，并不适合 B2C 模式，因此可以采取自建官方商城+连锁分子店铺的形式，使消费者可以直接向最近门店的网络店铺下单购买，然后线下体验服务。而在这个过程中，品牌商提供在线客服服务和随时调货支持（在缺货情况下），加盟商收款发货。这种方式适合全国连锁型企业，可以实现线上和线下店铺一一对应。

2. 连锁类餐饮企业

像小肥羊、真功夫、嘉旺之类，因为产品无法快递，客户只能在线下体验，所以可以借助全国布局的第三方平台，如58同城、阿城网、赶集网、窝窝团等，实现加盟企业和分站系统的完美结合，并且借助第三方平台的巨大流量，通过线上下单、线下服务的方式迅速推广，抢占更多消费者。

3. 本地生活服务企业

酒吧、会所、餐饮、健身、电影院等可以通过网上商城开展各种促销和预付款活动，实现线上销售、线下服务。

（三）O2O 基本模式

1. 导流类 O2O 模式

导流类 O2O 模式的核心是流量引导，这也是目前 O2O 模式中最主流的模式。导流类 O2O 模式以门店为核心，O2O 平台主要用来为线下门店导流，提高线下门店的销量。使用该模式的企业旨在利用 O2O 平台吸引更多的新客户到门店消费，建立一套线上和线下的会员互动互通机制。

（1）利用地图导航来导流。地图导航是基于地理位置服务的一种引流方式，主要软件有高德地图、百度地图和腾讯地图等。地图导航产品利用其在 O2O 和基于位置服务方面的优势，提供地图服务和导航服务，并进一步扩展到了餐饮、景点、酒店等预订服务，还专门开发了独立的手机软件来满足用户需求，帮商家引流。

例如，高德地图在用户、流量和渠道等方面的优势明显，消费者通过高德地图可进行景点门票预订、机票预订、美食查找等。通过手机上的高德购物导航，消费者可就近找到品牌门店进行消费，再回到网上下单支付。线上的卖家也因此可以吸引更多地理位置上与实体店邻近的买家。百度地图集聚了众多 O2O 领域的伙伴，如糯米网等，可基本满足用户的需求，进一步利用原创内容和商家生产内容共建基于位置服务的生态圈。

（2）利用手机应用程序入口来导流。导流模式以门店为核心，O2O 主要用来为线下门店导流，提高线下门店的销量。门店里放置手机应用程序的标志，鼓励用户关注、下载和登录。手机应用程序有具体门店的优惠信息和优惠券，可吸引用户到店消费。该模式适用于品牌号召力较强、且以门店体验和服务拉动为主的品牌。

例如，GAP（美国最大的服装公司之一）的 O2O 引流是以强化线下体验为基础的，其通过线上互动营销及手机应用程序为线下导流，并注重线下向线上回流，从而形成良性循环。GAP 所有的门店里都有 B2C 网站和 App 的标志，鼓励用户关注、登陆，而网站和 App 上也有具体门店的优惠信息和优惠券，通过线上发放优惠券到线下使用，线上发布新品预告，吸引客户到店试穿，拉动用户去店消费。

2. 体验类 O2O 模式

体验类 O2O 模式的核心是使消费者能享受良好的服务和感受生活的便利。在网上寻找消费品，然后再到线下门店中体验和消费，是最典型的 O2O 模式。

例如，"钻石小鸟"将线上销售与线下体验店相结合。"钻石小鸟"网上销售的商品包括钻石、婚戒、配饰等。为满足消费者的需求，2004 年，"钻石小鸟"开始采用线上销售与线下体验店相结合的营销模式，体验店开张当月商品销量就增加了 5 倍。其体验店只是网店的一个补充，商品展示还是以网络为主。

类似家具这种家居商品，实物给顾客的直观感受很重要。部分网店开设了家居体验馆，顾客在家居体验馆现场体验后，可在实体店购买也可在网店购买，如宜家家居网上商城和宜家家居线下体验馆就是这种模式。

3. 整合类 O2O 模式

整合类 O2O 模式的核心是全渠道的业务整合，即线上、线下全渠道的业务整合。

（1）先线上后线下。所谓先线上后线下，就是企业先搭建一个线上平台，再以这个平台为依托和入口，将线下商业流导入线上进行营销和交易，同时，用户又可到线下门店享受相应的服务体验。这个线上平台是 O2O 运转的基础，应具有强大的资源流转化能力和促使其线上线下互动的能力。在现实中，很多本土生活服务性的企业都采用了这种模式。比如，腾讯凭借其积累的流量资源和转化能力构建的 O2O 平台生态系统即采用了这种模式。

（2）先线下后线上。所谓先线下后线上，指企业先搭建起线下平台，以这个平台为依托进行线下营销，让用户享受相应的服务体验，同时将线下商业流导入线上平台，在线上进行交易，以此促使线上线下互动并形成闭环。在这种 O2O 模式中，企业须自建两个平台，即线下实体平台和线上互联网平台。其基本结构是：先开实体店铺，后自建网店，再实现线下实体店铺与线上网络商城的同步运行。在现实中，采用这种 O2O 模式的实体化企业居多，苏宁云商构建的 O2O 平台即采用了这种模式。

二、C2M 模式

（一）C2M 模式概述

1. C2M 模式的概念

C2M 是英文 customer to manufacturer（顾客对工厂）的缩写，中文简称为"客对厂"，又被称为"短路经济"，是一种新型的工业互联网电子商务的商业模式。这种模式是基于社区 SNS 平台以及 B2C 平台模式的一种新的电子商务模式，是指用户直连制造商，即消费者直达工厂，强调的是制造业与消费者的衔接。

在 C2M 模式下，消费者直接通过平台下单，工厂接受消费者的个性化需求订单，然后根据需求设计、采购、生产、发货，主要包括纯柔性生产、小批量多批次的快速供应链反应。C2M 模式砍掉了库存、物流、总销、分销等中间环节，砍掉了包括库存在内的所有不必要的成本，让用户以超低价格买到超高品质的产品，同时让中国高端制造业直接面对用户需求。

2. C2M 模式的产生与发展

C2M 模式是在"工业互联网"背景下产生的，它的提出源于德国政府在 2011 年汉诺威工业博览会上提出的工业 4.0 概念，是指现代工业的自动化、智能化、网络化、定制化和节能化，是现代制造业中由用户驱动生产的反向生产模式。它的终极目标是通过互联网将不同的生产线连接在一起，运用庞大的计算机系统随时进行数据交换，按照客户的产品订单要求，设定供应商和生产工序，最终生产出个性化产品的工业化定制模式。

C2M 电子商务模式最早由必要商城的创始人及 CEO 毕胜率先在国内进行实践。2015年 7 月，全球首家 C2M 电子商务平台必要商城上线。相较于传统模式，必要商城以"消费者需求"为开端，用互联网用户数据驱动生产制造，去除所有中间流通环节，不再设置库存，将消费者直接连接设计师、制造商，为用户提供顶级品质，利用柔性生产线，下单才生产，最大程度降低产品成本，让消费者以低廉的价格就能买到超高性价比的产品。必要商城扮演的角色很简单，以抽取佣金为盈利点，一方面确保生产厂商能够在每单中稳定获利，另一方面为消费者提供高性价比的商品，实现三方共赢。直白点说，也就是将"奢侈品"卖出"白菜价"。

此后，各大电子商务平台开始试水 C2M。

2018 年 9 月，阿里巴巴提出"新制造"概念后不久首先在淘宝内部启动了 C2M 举措，淘宝升级了天天特卖，天天工厂项目也随之启动。2019 年 3 月，阿里巴巴重启了聚划算，并将其与天天特卖整合，构建了 C2M 的整体布局。2019 年年底，阿里巴巴又在淘宝事业群下面专门成立了 C2M 事业群，正式将 C2M 上升到了公司战略的层面；推出淘宝特价版 App，并公布"超级工厂计划"和"双百目标"，这三大举措并称为淘宝 C2M 战略三大支柱。

2018 年 12 月，拼多多也开启了 C2M 的全面布局，启动了"新品牌计划"，采用 C2M 模式与制造商共同打造爆款产品。一年后，拼多多将"新品牌计划"升级为"新品牌联盟"。应该说，加注 C2M 的举措对于拼多多改变人们心中"质次价低"的印象，实现其信誉的重塑起到了极为关键的作用。

京东、苏宁等大型电子商务平台也陆续涌入了 C2M。2019 年 8 月，京东开始在其旗下的"京东京造"启动 C2M 个性定制服务。2019 年 9 月，京东将原有的京东拼购升级为"京喜"，在这一平台内部，就内置了具有 C2M 模式的工厂直供专属频道。2019 年 10 月，苏宁正式发布苏宁 C2M 生态，并在 2020 年 1 月和首批 20 家企业签订 C2M 招商合作协议。

（二）C2M 模式的优缺点

1. C2M 模式的优点

C2M 实现了用户到工厂的直连，去除所有中间流通加价环节，连接设计师、制造商，为用户提供顶级品质、平民价格、有个性且专属的商品。C2M 模式还颠覆了从工厂到用户的传统零售思维，由用户需求驱动生产制造，通过电子商务平台反向订购，用户订多少，工厂就生产多少，彻底砍掉了工厂的库存成本，工厂的成本降低，用户购买产品的成本自然也随之下降。

C2M 模式剔除了中间商的层层加价，消费者直接对接工厂，工厂成本低，顾客购买的产品价格更加低廉，实现了顾客利益最大化。在传统模式的销售中，很大的成本就是库存。C2M 模式大大降低了库存和资金的挤压，同时在时效上，既提高了产品生产中的管理效率，又避免了产品的周期性和滞销问题。随着现在经济的发展，人们消费水平的提高，人们更注重个性化。C2M 模式恰恰迎合了年轻消费者追求个性化、差异化产品的需求。

2. C2M 模式的缺点

C2M 模式目前存在的一个最大的问题是，由于没有中间商的监管，产品质量不能得到有效的保证。

C2M 模式直接对接厂商，所以商品的种类也不可能各种都齐全，有一定的局限性。

C2M 毕竟是新的电子商务模式，在品质价格类似的情况下，消费者往往倾向于选择自己熟悉的电子商务平台。

定制商品预售时间长，消费者都希望赶快收到心仪产品，对时效要求很高。但是 C2M 模式的制造商接到预售订单后生产需要一定时间，时效方面存在短板。

（三）C2M 模式的适用条件

1. 它应该对个性化有较高的要求

只有对那些消费者更重视其个性和品质的商品，例如服装、家具，C2M 的优势才能很好地被发挥出来；反之，如果标品已经可以很好地满足大部分消费者的要求，那么制造商再推行定制化将会是无利可图的，C2M 模式也就不会再有竞争力。

特别强调的是，C2M 的个性化必须是可行的。也就是在根据消费者要求实施了定制后，产品的质量、安全、使用体验等属性不会受到影响。

2. 它在从制造到最终消费过程中应该会产生比较大的成本

从根本上讲，制造商是否选择 C2M，其实是一个成本收益的权衡过程。通过 C2M 模式，制造商固然可以砍掉从产品出厂后到最终实现消费的巨大成本，但在这个过程中，它也会产生很多额外的成本。

例如，为平台提供的服务付费、根据消费者要求重新规划生产，这些都会产生不小的费用。因此，要让整个 C2M 模式在整体上有利可图，就必须要求通过 C2M 模式可以砍掉的成本足够高。以家具为例，在传统的产销模式下，家具在生产出来之后将会产生巨大的仓储成本，而在 C2M 模式下，这笔巨大的成本就可以被有效地节约，C2M 模式也就因此有了很强的竞争力。

反之，如果一个产品从制造到销售并不需要太多的环节，产生的成本也不算高，那么企业选择 C2M 就可能是得不偿失的。

三、社交电子商务

社交电子商务创造了新的巨大流量入口，社交电子商务的商业模式充分激发了人与人之间互动与分享的热情，以社交为入口的购物习惯也在消费者心中逐渐形成。各个传统的电子商务平台和互联网公司也都在布局社交电子商务模式。

（一）社交电子商务的概念

社交电子商务（social commerce）是电子商务的一种新的衍生模式。它是借助微信、微博、社交网站等社交媒体，通过社交互动、用户自己生成内容等手段来辅助商品的销售，并将关注、分享、沟通、讨论等社交元素应用于电子商务交易过程的一种模式。简单地讲，通过时下流行的社交媒体和粉丝进行社交互动，以拉动商品的销售，就是社交电子商务。

社交电子商务的特征表现在以下几个方面。

1. 用户黏性大，互动强

社交电子商务利用人们在社交生活中更偏向于信任熟人购物评价的惯性，对用户族群进行精准定位，并通过社交群内口碑，提高用户的认可与忠诚度，从而使商品获得更高转化率与更高复购率。

2. 用户细分精确

社交网站是面向用户而建的，用户通常都会拥有自身群组，可在不同讨论组中对信息与感想进行发布，通过社交网站群组划分，商家即可轻易地接触大量用户层，对用户兴趣、爱好和习惯等信息有所了解，进而可以制订更精确的营销计划。

用户的细分使社交电子商务在转化率上远远超过传统电子商务。社交电子商务平台本身在电子商务转化率上可达到6%~10%，尤其社交平台上的顶级网红在电子商务转化率上可达到20%，而传统电子商务转化率却不超过1%。

3. 商业潜力巨大

社交网络汇集了大量真实人群，丰富的人脉资源给社交电子商务发展带来了巨大商业潜力。社交网站中用户都有或多或少好友及粉丝，在互联网中他们都是潜在的消费群体。

4. 营销、时间成本低

社交电子商务平台可对接多个流量入口，每个入口可以与特定消费场景对应，并匹配相应的消费群体，实现精准营销，降低消费者的消费时间成本。与此同时，这种"去中心化"模式，还能降低电子商务营销成本。

（二）社交电子商务的分类

社交电子商务可根据不同的核心竞争力分为三种方式：社交分享电子商务、社交内容电子商务、社交零售电子商务。

1. 社交分享电子商务

社交分享电子商务抓准许多消费者讲究实用实惠的心理特质，利用低门槛促销活动鼓励消费者分享，进行商品推广，吸引更多的消费者购买，以达成销售裂变的目标。社交分享电子商务对供应链效率以及运营监管要求较高，需要雄厚的资金和大量专业人才的支持。社交分享电子商务主要用于用户拼团砍价，通过使用微信和小程序发起促销活动来吸引用户，抓住用户，实现销售裂变。

最典型的模式是拼团。目前比较典型的拼团模式社交分享电子商务有拼多多、京东拼团等。此外，微商也可归于社交电子商务的范畴，因为微商是通过微信生态所形成的电子商务模式，是以人与人之间的"社交"为核心的。

拼团模式的优点在于能够成功地激活二、三线城市及以下城市的流量获取，激发用户自己裂变传播。拼团的优势在能让价格更加优惠，有足够的吸引力和竞争力，能够实现大批量订货，降低生产成本；劣势在于因价格低容易出现产品质量的问题，需要加强管理，把握好产品的管控流程。

2. 社交内容电子商务

社交内容电子商务是适用范围最广的社交电子商务模式，它的主要手段是通过将具有共同兴趣爱好的消费者集合起来，建立社群，通过高质量的内容进行引流，引导用户去转化、变现。

目前比较典型的社交内容电子商务平台有小红书、抖音等。小红书目前有超过2亿用户，其社群包括"母婴圈""时尚圈""护肤圈""美食圈"等，并借助明星、网红、KOL（关键意见领袖）的影响让品牌或商品在短时间内集中爆发；抖音以视频内容分享为主，通过直观的商品功能展示、商品使用场景展示引起消费者的关注和传播，为品牌或商品做宣传。

社交内容电子商务的优点包括：共同的兴趣爱好，营销有针对性；用户的忠诚度比较高，能够让用户产生归属感，提高社群的活跃度。其缺点是对运营能力的要求比较高，想要持续输出优质的内容来满足用户的需要，需要建立一支运营队伍，以长期提供高质量的内容。

3. 社交零售电子商务

社交零售电子商务是以个体自然人为基本单位，通过社交媒体，利用个人社交人脉圈进行商品交易及提供服务的新型零售模型。这类模式一般通过整合商品、供应链和品牌，开设自营店，并开发线上分销商，招募大量个人商家，进行产品的一件代发，最终形成分销裂变。

目前比较典型的社交零售电子商务平台有云集微店、贝店等。云集微店是个人零售服务平台，覆盖美妆、母婴、健康食品等品类，为商家提供物流、仓储、客服、培训、IT技术支持等服务；贝店是贝贝网旗下通过手机开店的社交电子商务平台。贝店采用"自营+品牌直供"的模式，与数万个品牌直接合作，商家自己开店，无须囤货、发货，由贝店统一采购、发货和服务，店主赚取推广费，即店主每卖出一件产品获得一定比例的佣金。

社交零售电子商务模式的优点在于，一方面可以通过数据智能、服务集成等来保证产品质量以及售后服务等问题；另一方面可以通过微信群、朋友圈的传播实现低成本获客，快速传播和裂变。缺点在于该模式存在较大法律风险，比如云集微店因分销层级不清而陷入"传销"争议。

（三）社交电子商务运营的基础

社交电子商务的商业模式重点在于社交，微商、平台型社交电子商务等社交电子商务模式本质上都是利用人与人之间的社交关系，通过社交关系中的信任为商品或服务做背书。总结起来就是，社交电子商务以信任为核心，依托熟人关系产生商品信息传播裂变，促进商品的成交转化，即社交电子商务运营的基础是熟人经济+信任经济。无论缺少哪一种因素，社交电子商务都是无法继续运营下去的。

1. 熟人经济

社交电子商务是通过人与人之间的社交活动促成交易的。由此看来，虽然社交电子商务的生意比较复杂，但人与人之间的关系程度影响交易行为。人际关系链可以分为三个层级，如表 2-1 所示。

表 2-1　人际关系链的三个层级

深 度 关 系	亲戚、朋友、玩得很好的同学和同事
中 度 关 系	关系一般的普通朋友（同学、同事）
浅 层 关 系	平时没有任何交流的陌生人

目前，社交电子商务常见的运营模式有两种：一种是以拼多多为主的拼团模式，另一种是微商。拼团模式通过用户发起拼团活动，将链接分享给朋友、家人、同学或同事，一起享受一个更低的价格购买商品，让朋友之间形成一种良性的互动。

因此，一般产生这种交易的关系的大多数是深度关系和中度关系，其中以深度关系进行交易的较多。不过这种交易模式也容易发生在浅层关系中，例如，将拼团链接发送到一起微信群中，邀请比较陌生的人一起参与购买。

2．信任经济

除了拥有人际关系外，信任关系在社交电子商务运营中也是最重要的因素，其核心在于如何实现社交关系的裂变，信任经济是由影响力和人脉来驱动的利益交换。在影响力上主要以大 V、达人、网红为主；在人脉上主要以社群成员、微信、QQ 群等为主。

信任经济的重点在于如何实现社交关系的裂变。大 V 可以发动粉丝，达人可以更专业地挑选产品，网红可以引爆产品的曝光度，而社群成员可以铺开渠道，它所表现的是一种联动的产业链。一度被看好的两大社交形态——微博电子商务和微信电子商务都未迎来大范围的爆发。

社交电子商务的信任经济的优势在于：第一，有大 V 背书，易打造爆品；第二，专业达人选品，用户更放心；第三，渠道拓展快。它的劣势是："人（物）品（质）合一"对人的要求高，过度依赖人脉关系和影响力。

四、跨境电子商务

财政部、国家税务总局、商务部、海关总署联合发文明确，自 2018 年 10 月 1 日起，对跨境电子商务综合试验区电子商务出口企业实行免税新规。2018 年 11 月 21 日，李克强总理主持召开国务院常务会议，决定延续和完善跨境电子商务零售进口政策并扩大适用范围，扩大开放以更大激发消费潜力；部署推进物流枢纽布局建设，促进提高国民经济运行质量和效率。按照党中央、国务院决策部署，中国自 2019 年 1 月 1 日起，调整跨境电子商务零售进口税收政策，提高享受税收优惠政策的商品限额上限，扩大清单范围。

（一）跨境电子商务的业务流程

跨境电子商务是指分属不同关境的交易主体，通过电子商务平台达成交易、进行支付结算，并通过跨境物流及异地仓储送达商品、完成交易的一种国际商业活动。跨境电子商务具有贸易属性和电子商务属性。从贸易属性上来说，跨境电子商务参与者必须考虑跨境贸易中涉及的进出口流程、贸易和监管政策；从电子商务属性上来说，跨境电子商务需要依托电子商务平台，跃过部分中间贸易环节。

与境内电子商务相比，跨境电子商务的业务环节需要经过海关通关、检验检疫、外汇结算、出口退税、进口征税等多个环节。在商品运输上，跨境电子商务的商品需要通过跨境物流出境，与境内电子商务相比，跨境电子商务的商品从售出到送到消费者手中所用的时间更长。

从跨境电子商务的出口流程看（见图2-2），跨境电子商务企业将商品在跨境电子商务平台进行展示，商品被下单并完成支付后，跨境电子商务企业将商品交付给物流企业进行投递，经过出口地以及进口地两次海关通关商检后，商品送达消费者或企业手中。也有部分跨境电子商务企业通过直接与第三方综合服务平台进行合作，由第三方综合服务平台代理完成物流配送、通关商检等系列环节，从而完成整个跨境交易的流程。跨境电子商务进口的流程除了与出口流程的方向相反之外，其他内容基本相同。

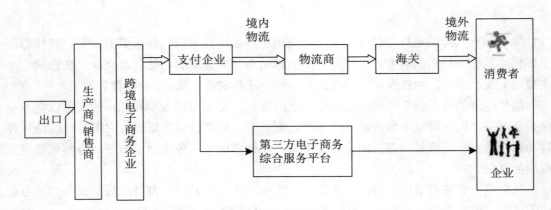

图 2-2　跨境电子商务的出口流程

（二）跨境电子商务的应用模式

1. 跨境 B2B 模式

该模式的商家和客户都是企业，主要支持企业之间通过互联网开展跨境贸易。该模式往往发货量较大，有时还需要安排生产（非现货），主要涉及询盘回盘、签约、收款、安排生产、通关、订船、收汇退税等步骤，周期较长。跨境 B2B 模式主要按照一般贸易的要求来通关和交税。跨境 B2B 平台往往以提供信息服务为主。当前，也出现了企业之间的在线直接批发和交易的模式，跨境电子商务平台适用于小单现货的快速交易。B2B 跨境电子商务平台一般通过"交易佣金+服务费"和"会员费+推广服务"模式来获取收入。我国跨境B2B 平台网站的代表有阿里巴巴、环球资源网、敦煌网等。阿里巴巴已经成为全球最大的国际 B2B 网站。

2. 跨境 B2C 模式

该模式的客户是个体消费者，商家可以是工厂、贸易商或者注册的个体商户。跨境 B2C 采用直接在线交易的方式来销售商品，往往按照个人物品通关，以空运的快递小包等为主要的物流方式。跨境 B2C 可以分为出口和进口两个方向。我国出口 B2C 代表网站有阿里巴巴旗下的全球速卖通、亚马逊、eBay、兰亭集势和 wish 等。进口 B2C 的典型代表有阿里巴巴旗下的天猫国际、网易考拉海淘、小红书等。跨境 B2C 的特点就是商品明码标价、消费者单击交易、直接支付、快速发货。这种交易模式与传统贸易不同，其发货批量很小（通常是单件），而且绕过了中间贸易商，直接将货物销售到个体客户手中。

3. 跨境 C2C 模式

在该模式下，分属不同关境的个人卖家向个人买家进行在线商品销售或提供服务，由个人卖家通过第三方电子商务平台发布商品和服务信息，由买家进行筛选并最终通过电子商务平台进行交易、支付结算和跨境物流配送等一系列国际商务活动。典型的 C2C 跨境电子商务平台有淘宝全球购和洋码头等。

（三）跨境电子商务的支持服务

1. 跨境支付服务

跨境支付主要涵盖信用卡支付、跨境第三方支付等多种方式。当前，信用卡支付依赖国际信用卡组织的成员机构，跨境第三方支付份额在不断扩大，典型企业有 PayPal、支付宝等。

2. 跨境物流服务

跨境物流服务涵盖海运、空运、陆运等多种运输业务，还包括各类保税仓、海外仓、边境仓等仓储服务。跨境物流的参与者众多，包括：船运公司，如中国远洋运输（集团）总公司、中国海运（集团）总公司等；快递公司，如 DHL、联邦快递 FedEx 等；邮政公司，如中国邮政集团公司、新加坡邮政等。

3. 跨境进出口环节服务

跨境进出口环节服务涵盖通关、结汇、税收等服务，目前的代表是"外贸综合服务"模式，典型的是阿里巴巴旗下的一达通外贸综合服务。一达通可以向企业提供一站式的通关、结汇、退税等基础服务和金融、物流等增值服务，保障企业高效完成进出口监管环节的工作。

4. 跨境电子商务的衍生服务

跨境电子商务的衍生服务包括代运营、旺铺、翻译、培训等各种服务。

五、直播电子商务

（一）直播电子商务概述

网络直播基于网络流媒体技术，在计算机、手机等终端设备上使用有线或无线联网进行信息传递，通过网页和客户端等，将现场信息以文字、语音、图像、视频、弹幕等多媒体形式进行展现。它突破了电视直播专业机构制作，向用户单向传递信息的模式，赋予大众开展实时直播和在直播中互动的能力，使用户从内容接受者转变为内容生产者。网络直播不同于网络访谈的图文直播及"图文＋视频"直播，而是网络视频直播，是"即时视频流"：一是即时，非录播、剪辑播，是现场的、实况的；二是视频信息连续不间断播送。

从本质上讲，电子商务直播属于网络直播的一个分支，其是利用网络渠道，以文字、视频可见的方式进行的买卖双方的线上互动。它不仅仅是一种商家互动方式、一种新型购物娱乐体验方式，更是一种新的内容生产方式，而这种内容生产聚合的平台理念，我们称之为 UGC（user generated content，用户原创内容）。

电子商务直播的主播即通过借助计算机、手机或其他智能终端的电子商务直播平台，采用话筒、摄像机以及耳机等设备，以网络主持人的身份向广大用户直播自己或所在团队精心打造的商品信息，实时与用户进行互动交流，时刻把握直播现场节奏和氛围的人。在淘宝直播平台上，根据主播直播的内容可将主播划分为 4 个等级：第一个等级为具备较高的人气，且拥有一定的主持素养的明星主持人；第二个等级为具备丰富的直播经验，但尚未获得较高知名度的专业主持人；第三个等级为淘宝中活跃度较高，拥有较多粉丝群的网红达人或拥有较强带货能力的买手达人；第四个等级为仅有商品，而没有知名度的淘宝店铺的店主，或者是对一些商品信息有所掌握，但并不专业的草根主播。

我国直播电子商务自 2016 年起逐步兴起。由于线上流量瓶颈，淘宝、蘑菇街等传统电子商务平台开始探索"电子商务+直播"的结合。2017—2018 年淘宝直播、蘑菇街等平台着手加强直播红人孵化体系、供应链整合以及相关配套保障，同时服务于电子商务直播的MCN 公司也快速成长，共同促使电子商务直播于 2018 年获得巨大关注，并于 2019 年以来全面爆发。2019 年下半年，尤其以"双十一"为契机，直播电子商务迎来全面繁荣时期。2019 年，直播电子商务已经成了淘宝、京东、拼多多、微信、微博、快手、抖音、好看、西瓜、知乎、火山、飞猪、小红书、蘑菇街等各大平台的标准配置。

（二）直播电子商务模式

直播电子商务主要有 3 种模式，这些模式都拥有各自的特点，在各自的领域发挥不同的作用。在盈利模式上基本以 CPS（按成交额收费）模式为主，MCN（multi-channel network）机构与主播、内容平台、电子商务平台共同分成。根据不同模式，直播电子商务有一些细节上的差异，如有的模式内容平台和电子商务平台是合二为一的。

1. 传统电子商务平台模式

这类平台模式属于传统电子商务平台所开通的直播平台，如淘宝直播、京东直播。基本运作模式是开通直播间，引入内容创作者，货品种类丰富，供应链相对完善，以直播作为拉新转化的工具。直播类型以电子商务为主，直播为辅，内容主要是各大商家自播，品类丰富，以消费为导向，用户转化率较高。公开资料显示，淘宝直播 2020 年直播数超 2589万场，全年上架商品数超 5000 万件，淘宝直播成为首个爆发式新经济模式。电子商务直播平台的头部主播是以李佳琦、薇娅为代表的淘系直播达人。

2. 娱乐内容平台模式

这类平台以抖音和快手为主，主要是直播+电子商务的运营模式，一般接入第三方电子商务平台。这类模式的流量优势明显，以直播为切入点，探索流量变现新路径。直播类型是以直播内容为主，电子商务为辅。基本特点是以达人主播为主，以娱乐为导向。这类直播电子商务模式用户转化率不高。抖音的数据显示，在 2020 上半年，抖音主播直播共计5531 万场。内容直播平台的头部主播以罗永浩为代表。

3. 导购社区平台模式

这类平台模式兼具电子商务与娱乐内容属性，以直播实现导购场景的拓展。在运作上以导购红人主播为主，以"种草"与购物为导向，商品类型上以白牌或垂直类商品为主，平台自成交为主，用户转化率较高。例如拥有网红资源优势的蘑菇街，在 2016 年 3 月上线了视频直播功能，并开始扶持旗下网红直播艺人的孵化和经纪业务，又通过自建供应链，保证了货品来源，尤其是服装和美妆供应链。据蘑菇街财报数据，目前直播业务 GMV（gross merchandise volume）占平台总 GMV 的比重过半。

小知识

电子商务直播成功的四要素

（1）主播——选择人设适宜、画风匹配的主播至关重要。

（2）用户（需求侧）——主播是否具有影响用户的能力，即是否具有私域流量。按照私域流量"AIE 标准"，主播想要有长期的私域流量，就必须 IP 化，必须有忠实粉丝。

（3）货品（供给侧）——直播让产品成为焦点，会极大程度放大瑕疵，商家高效的供应链和质量过硬的产品是关键。

（4）剧本——主播、用户、货品三者需要基于场景进行交互，按照既定剧本控制的剧情形成"场域"，以促成大量成交。

六、新零售

（一）新零售概述

新零售是企业以互联网为依托，通过运用大数据、人工智能等先进技术手段，对商品的生产、流通与销售过程进行升级改造，进而重塑业态结构与生态圈，并对线上服务、线下体验以及现代物流进行深度融合的零售新模式。

1. 新零售平台的五个"新"

（1）新角色。新角色是指新零售平台在下游洞悉消费者需求，并向上游供应商提供消费者需求大数据资源，进而成为供应商的生产研发活动和市场推广活动的服务者。

（2）新内容。新内容是指平台由商品销售者变为"商品和服务"的提供者，如天猫等平台利用商品数字化、会员数字化为生产企业、供应商提供新型的数据服务。

（3）新形态。新形态是指新零售平台应通过清晰洞察消费者痛点，对零售业态的各要素再次进行边际调整，组成新型经营业态。

（4）新关系。新关系是指电子商务平台（如天猫等）为供应商赋能，与消费者实现互动和交流，构建平台与消费者之间深度互动的社群关系。

（5）新理念。新理念是指新零售平台需要适应消费者主权时代的新理念、新模式，通过零售变革更精准地满足消费者需求，为消费者不断创造价值。

2. 新零售的主要特征

（1）渠道一体化。线上线下融合，渠道一体化。真正的新零售应是计算机网店、移动App、微信商城、直营门店、加盟门店等多种线上线下渠道的全面打通与深度融合，商品、库存、会员、服务等环节组成一个整体。零售商不仅要打造多种形态的销售场所，还要实现多渠道销售场景的深度融合，才能满足消费者的需求。

（2）经营数字化。商业变革的目标是通过数字化把各种行为和场景搬到线上去，然后再实现线上线下的融合。零售行业的数字化是依托 IT 技术实现顾客数字化、商品数字化、营销数字化、交易数字化等经营数字化，其中，顾客数字化是经营数字化的基础和前提。

（3）门店智能化。大数据时代，"一切皆智能"成为可能。门店以物联网等新兴技术进行智能化改造，应用智能货架与智能硬件延展店铺时空，构建丰富多样的全新零售场景。门店智能化可以提升顾客互动体验和购物效率，增加多维度的零售数据，很好地把大数据分析结果应用到实际零售场景中。对于零售行业，在商家数字化改造之后，门店的智能化进程会逐步加快，但脱离数字化基础去追求智能化，可能只会打造出"花瓶工程"。

（4）物流智能化。首先，新零售要求顾客可以全天候、全渠道、全时段都能买到商品，并能实现到店自提、同城配送、快递配送等，这就需要对接第三方智能配送、物流体系，以此缩短配送周期，实现去库存化。

其次，新零售能够实现库存共享，改变传统门店大量铺陈与囤积商品的现状，引导顾客线下体验，线上购买，实现门店去库存化。

最后，新零售从消费需求出发，倒推至商品生产，零售企业按需备货，供应链按需生产，真正实现零售去库存化。

3. 新零售的本质

新零售的本质是对人、货、场三者关系的重构。人对应消费者画像、数据；货对应供应链组织关系和与品牌的关系；场是场景，对应商场表现形式。场是新零售前端表象，人、货是后端实质变化。

线上线下关联紧密，优势互补，合作共赢。消费者的购买行为呈现线上线下融合的明显趋势，线上了解线下购买，线下体验线上购买的行为十分常见。电子商务的优势在于数据，体验却是其软肋，而实体店的优势恰恰在于体验，数据却是实体店的弱项。

在线上流量红利结束、消费升级的大背景下，线上企业比拼的不再是低价，而是服务和体验，因此，阿里巴巴等线上巨头纷纷拥抱线下企业，致力于打造线上线下消费闭环。线下实体店作为流量新入口，弥补了传统电子商务业务高端用户群体数据的缺失，可助力线上企业描绘多维清晰的消费者画像。线下门店依托线上数据，有利于提高营销精准率和经营效率。

（二）新零售的未来发展方向

新零售的诞生是一场场景革命，它会给零售业态乃至所有参与其中的相关业态都带来不可思议的改变，新消费升级、大数据赋能、人工智能技术的应用等都将使新零售最终达到降低成本、提高效率、提升体验的目的，让人们以更便利的方式购买质量更好的产品。新零售的未来发展方向主要体现在以下几个方面。

1. 更加以消费者为中心

在零售市场竞争日趋激烈的环境下，在产品极丰富的大背景下，零售业已逐步走出以产品为中心的模式，转向以消费者为中心、以流量为中心的方向快速发展。新零售需要从内容、形式和体验上更好地满足消费者的需求，这是零售经营的核心。当前，新零售首先应该"经营"消费者，围绕消费者打造有特色的产品或服务。如何用有特色的产品、场景、服务打动消费者，已经成为发展新零售最关键的要素。

2. 流量零售

在线下、线上流量到顶的形势下，零售业经营的核心元素已经变成流量的导入。流量是零售企业最重要的资源。未来的零售业的竞争是流量的竞争，是对客户资源的竞争。如何找到客户、建立联系、产生影响、增强黏性、提升价值等是新零售经营的主线。

在流量零售的模式下，所有的客户一定是已注册的、可连接的、可统计的、可管理的和可互动的。零售的经营将以找到客户为起点，通过用户注册，把客户变成可连接和可管理的。企业要尽快用更多的手段，把客户变成自己的注册用户，用一切有效的方式影响自己的客户，并最终将其培养为忠诚客户。

3. 社交与社群零售

当前的社会环境下，以往以商品、品牌为中心的零售营销模式已经发生了很大变化，社交、社群正在成为新零售营销的重要影响因素，新零售将具备更多的社交属性和更多的社交功能。在互联网环境下，社群已经成为消费者购买商品的重要影响因素。

围绕目标顾客，打造超强生活场景，构建更多的 IP 属性，通过社群产生黏性，逐步提高顾客价值，能够产生更有效的传播。海尔集团首席执行官张瑞敏指出：未来的经济肯定是社群经济，主要看企业的社群规模有多大，社群成员的终身价值有多高。

4. 智能化零售、无人零售

随着信息技术、智能技术的逐步成熟，人工智能将逐步取代部分人力而使零售效率得到提升。沃尔玛的机器人货架，可替代人工上货、盘点、管理货架。从成本、效率、体验出发，智能化零售、无人零售已经成为当前零售创新发展的新热点。未来可能会成为主要的零售形式，或者成为重要的零售补充形式。

5. 用户定位更精准

以人脸识别为首的新技术将与大数据的虚拟画像技术进行结合，从而做到更加精准的消费者定位；物流系统在精准用户画像的大数据调配下，能使库存量经常保持在合理的水平上，避免超储或缺货，减少库存空间占用，降低库存总费用，控制库存资金占用，加速资金周转。

6. 数据争夺更激烈

随着数据变得越来越重要，谁拥有了大数据，谁就掌握了话语权和未来。客户信息代表了客户的消费轨迹，通过它能够更好地帮助企业了解客户，从而预判每一个客户的下一次消费的机会点在哪里。在未来，大数据会成为零售业的"能源"，会成为一切商业行为的基本判断依据。

阅读材料

跨境电子商务平台速览

本 章 小 结

本章针对电子商务商业模式的相关问题进行了简要阐述，首先，分析了电子商务商业模式的概念及要素和类型。电子商务商业模式是企业运作电子商务、创造价值的具体表现形式，包含价值体现、盈利模式等8大要素，具有面向用户的价值、面向投资者的价值和面向合作伙伴的价值。其次，按企业、消费者和政府3种交易主体划分传统电子商务商业模式类型，针对B2B、B2C、C2C、G2B和G2C，详细讨论不同的商业模式特征、常见的盈利模式和交易流程等。最后，为探索电子商务的创新发展，针对源源不断涌现的新兴电子商务商业模式，选择O2O、社交电子商务、跨境电子商务、直播电子商务以及新零售5大模式进行探讨，使读者对电子商务领域的创新模式有初步认识。

思 考 题

1. 简述电子商务商业模式的3种核心价值。
2. 基本的电子商务商业模式的类别和特征是什么？
3. 社交电子商务有哪些特征？

4. 简述跨境电子商务的模式。

5. 对从事 B2C 商务活动的企业来说，了解网上购物者对哪一类商品比较感兴趣是非常重要的。请设计一个调查问卷，调查周围至少 20 名成年上网者，统计他们上网购物的商品，针对统计结果写出分析报告。

6. 访问亚马逊网站，查询以下领域的最新信息。

（1）查找该平台社会最畅销的 5 本书籍。

（2）查找其中一本书的评论。

（3）梳理你可以从亚马逊获得的客户服务，并描述你从购物中得到的好处。

（4）查看产品目录。

第三章 电子商务技术基础

学习目标

- ❏ 了解网络技术的发展及应用。
- ❏ 了解互联网的结构及各种接入方式。
- ❏ 了解电子商务网站建设与发布的流程。
- ❏ 了解 IP 地址与域名的相关概念。
- ❏ 了解移动 App 开发的相关技术、流程与常用的电子商务 App 应用软件。

能力目标

- ❏ 掌握域名的概念与层级结构，具备域名申请与备案能力。
- ❏ 掌握电子商务网站建设与运营流程的相关知识，具备电子商务平台建设方案设计能力。

案例导入

某鲜花电子商务平台建设与运营推广

一、市场分析

分析该公司目前所在城市鲜花行业的市场、市场的主要竞争者以及公司自身条件。

二、网站内容规划

网站内容包括公司简介、各类鲜花介绍、服务内容、价格信息、联系方式、网上订单、会员注册、详细的商品服务信息、信息搜索查询、订单确认、付款、个人信息保密措施、相关帮助等。

三、网站建设

网站建设分为技术建设阶段和商务建设阶段。技术建设阶段一般由计算机专业人士完成，其内容包括程序设计语言和数据库的优劣选择、加密、不同平台的兼容、网页程序所占空间大小、病毒防范、数据安全、网站运行速度。商务建设阶段由网站经营者完成，其内容包括网站栏目设置、内容编辑和更新、网站点击率、网站推广、网站功能选择、网店陈列、与客户在线交流。此阶段侧重于营销手段和商业目标的实现，因此任务更艰巨。

网站建设一般需要完成以下工作：域名申请、域名备案、站点空间申请、网站制作、网站发布、域名解析、网站栏目构思。

四、网站注册

将网站在百度、谷歌、搜狗、必应等各大搜索引擎与 Alexa 网站进行注册，只有在这些网站进行注册以后，这些搜索引擎网站与 Alexa 网站才能够收录到你的网站。

五、关键词选择与网站推广

需要非常多的关键词来引流，可以从行业、用户、产品角度找好关键词，例如可以把鲜花、玫瑰花、花卉、情人节、爱人、男朋友、女朋友等词语设置为检索的关键词，之后定位好核心关键词和长尾关键词。

任务一　酒店互联网接入调查分析

任务引入

20 世纪 90 年代中期或者更早建设开发的一批高档酒店宾馆，由于当时还未提及智能化、信息化、电子商务化的概念，在信息方面只提供了传统的公共交换电话网络（PSTN）语音和广电有线电视网络（CATV）视频的服务，而未提供数据的接入业务，如果客人要接入互联网，只能通过 PSTN 拨号上网，并且速率最高只能达到 56 Kbit/s。随着信息时代的来临，智能化酒店越来越受到商旅人士的欢迎，并且宽带数据接入业务也成为酒店星级服务的一个评判标准，无线局域网（WLAN）因具有不受环境的局限、灵活便捷、不影响原有装修布局、建网周期短等优点，成为酒店宽带网络最适合的接入方式。与传统的有线接入方式相比，无线局域网不仅可以实现许多新的应用，还可以克服线缆限制引起的不便性。目前，无线局域网作为有线网络有效的补充和延伸，已被广泛应用于多个领域。你周围有哪些酒店接入了宽带网络？请列举 5 个，并对其网络接入方式进行分析：其网络拓扑结构的优势是什么？哪些地方还需要改善？

任务目标

1．了解计算机网络的概念和工作原理。
2．了解互联网的各种接入方式。
3．掌握计算机网络的各种协议。

任务要求

1．参观 3 家智能化与信息化程度较高的酒店，分析其网络拓扑结构，对其网络实施方案做对比分析。

2．假如你是一家酒店信息化部门的经理，你所在的酒店要提供互联网服务，请根据酒店实际情况设计实施方案。

3．将班级同学分为若干小组，分组进行讨论，然后教师对不同的实施方案进行点评，选择最优实施方案。

任务分析

随着计算机网络技术的发展，现代人对信息服务的要求也越来越高。在新世纪，智能化、信息化、电子商务化的概念已经深入人心。一家酒店要想获得成功，必须能为顾客提供高质量的网络信息服务。要提供高质量的网络信息服务，信息部门管理人员必须掌握互联网的基本原理，了解网络的各种拓扑结构，对网络的各种硬件设备有一定了解，并能对其进行设置，然后根据企业自身的情况，选择合适的网络拓扑结构及互联网接入方式。

第一节　计算机网络基础知识

一、计算机网络环境

（一）计算机网络的概念及发展历程

所谓计算机网络，就是把分布在不同地理区域的具有独立功能的计算机与专门的外部设备用通信线路按照网络协议互联成一个信息系统，从而使众多的计算机可以方便地互相传递信息，共享硬件、软件、数据信息等资源。一个计算机系统连入网络以后，具有共享资源、提高可靠性、分担负荷和实现实时管理等优点，是电子商务赖以生存的最基本环境。

纵观计算机网络的发展历史可以发现，它经历了从简单到复杂、从低级到高级的发展过程。从 1946 年第一台计算机诞生以来，计算机技术与通信技术一直紧密结合，相互促进发展。20 世纪 60 年代初以前的以一台主机为中心的远程联机系统是第一代计算机网络，20 世纪 70 年代前后以 ARPANET 为代表的多台主机互联的通信系统是第二代计算机网络，20 世纪 80 年代初期以 ISO 发布"开放式系统互联参考模型"（OSI/RM）标准和后期 TCP/IP 协议支持的互联网的广泛使用则是第三代计算机网络，目前正在逐步向基于 IPv6 的下一代互联网络为中心推进。这些阶段的变化总体上说明了计算机网络正在向传输环境更无所不在、传输范围更广、传输速度更快、传输内容更多媒体化以及传输更安全等方向发展，为电子商务创造更好的信息流、资金流和物流运行环境。

（二）计算机网络的分类

计算机网络的分类标准很多，如按拓扑结构、介质访问方式、交换方式以及数据传输率等。通常按网络覆盖范围的大小将计算机网络分为局域网（LAN）、城域网（MAN）、广域网（WAN）、无线网等，它们分别以最短距离达到百米、十千米、百千米等基本数据来划分，也可能与按照办公楼、街区、城市间的基本划分关联。电子商务则一定是建立在能够在面向全球访问的互联网基础上运行的计算机网络环境基础上的。

1. 局域网

局域网（local area network，LAN）是最常见、应用最广的一种网络（见图 3-1）。局域网随着整个计算机网络技术的发展和提高得到充分的应用与普及，几乎每个单位都有自己的局域网，甚至有的家庭也有自己的小型局域网。所谓局域网，就是在局部地区范围内的网络，它所覆盖的地区范围较小。局域网在计算机数量配置上没有太多的限制，少的可以只有两台，多的可达几百台。一般来说在企业局域网中，工作站的数量在几十台到两百台。在网络所涉及的地理距离上，一般来说可以是几米至十千米。局域网一般位于一个建筑物或一个单位内，不存在寻径问题，不包括网络层的应用。

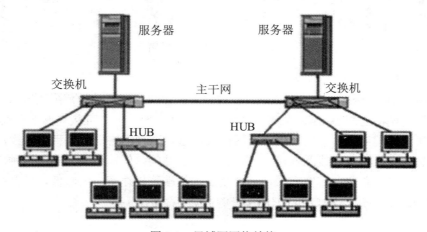

图 3-1　局域网网络结构

这种网络的特点是连接范围窄、用户数少、配置容易、连接速率高。目前，局域网最快的速率要数现今的 10 G 以太网了。IEEE 的 802 标准委员会定义了多种主要的 LAN 网：以太网（ethernet）、令牌环网（token ring）、光纤分布式接口网络（FDDI）、异步传输模式网（ATM）以及最新的无线局域网（WLAN）。这些都将在后面详细介绍。

2. 城域网

城域网（metropolitan area network，MAN），一般来说是在一个城市，但不在同一地理小区范围内的计算机互联，如图 3-2 所示。这种网络的连接距离在 10～100 千米，它采用的是 IEEE 802.6 标准。MAN 与 LAN 相比扩展的距离更长，连接的计算机数量更多，在地理范围上可以说是 LAN 网络的延伸。在一个大型城市或都市地区，一个 MAN 网络通常连接着多个 LAN 网，如连接政府机构的 LAN、医院的 LAN、电信的 LAN、公司企业的 LAN 等。由于光纤连接的引入，MAN 中高速的 LAN 互连因此成为可能。

城域网多采用异步传输（ATM）技术做骨干网。ATM 是一个用于数据、语音、视频以及多媒体应用程序的高速网络传输方法。ATM 包括一个接口和一个协议，该协议能够在一个常规的传输信道上，在比特率不变及变化的通信量之间进行切换。ATM 也包括硬件、软件以及与 ATM 协议标准一致的介质。ATM 提供一个可伸缩的主干基础设施，以便能够适应不同规模、速度以及寻址技术的网络。ATM 的最大缺点就是成本太高，因此一般应用于政府城域网中，如邮政、银行、医院等。

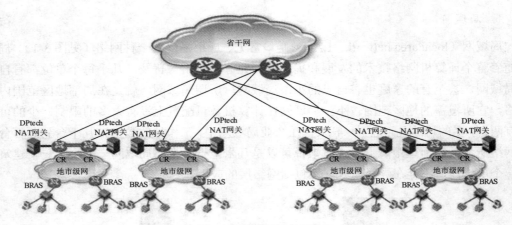

图 3-2 城域网网络结构

3．广域网

广域网（wide area network，WAN）也称为远程网，所覆盖的范围比城域网更广，它一般是在不同城市之间的 LAN 或者 MAN 网络互联，地理范围可从几百千米到几千千米，如图 3-3 所示。因为距离较远，信息衰减比较严重，这种网络一般要租用专线，通过 IMP（接口信息处理）协议和线路连接起来，构成网状结构，解决循径问题。这种广域网因为所连接的用户多，总出口带宽有限，因此用户的终端连接速率一般较低，此类网络主要包括 CHINANET、CHINAPAC 和 CHINADDN 网。

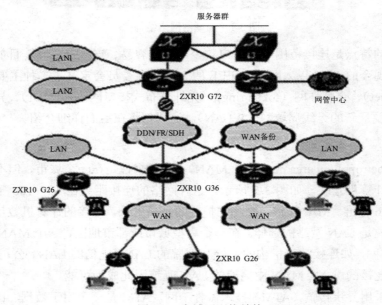

图 3-3 广域网网络结构

上面讲了网络的几种分类，其实在现实生活中人们遇到最多的还是局域网，因为它可大可小，无论是在单位还是在家庭中实现起来都比较容易，它也是应用最广泛的一种网络。

4．无线网

随着笔记本电脑和个人数字助理（personal digital assistant，PDA）等便携式计算机的日益普及和发展，人们经常要在路途中接听电话、发送传真和电子邮件、阅读网上信息以及登录到远程机器等。然而在汽车或飞机上是不可能通过有线介质与单位或家中的网络相连接的，这时候无线网就显得很有必要了。虽然无线网与移动通信经常是联系在一起的，但这两个概念并不完全相同。例如，当便携式计算机通过计算机 MCIA 卡接入电话插口时，它就变成有线网的一部分。另外，有些通过无线网连接起来的计算机的位置可能又是固定不变的，如在不便于通过有线电缆连接的大楼之间就可以通过无线网将两栋大楼内的计算机连接在一起。

无线网特别是无线局域网有很多优点，如易于安装和使用。但无线局域网也有许多不足之处，如它的数据传输率一般比较低，远低于有线局域网；另外，无线局域网的误码率也比较高，而且站点之间相互干扰比较厉害。用户无线网的实现有不同的方法。国外的某些大学在它们的校园内安装许多天线，允许学生们坐在树底下查看图书馆的资料。这种方式是通过两个计算机之间直接通过无线局域网以数字方式进行通信实现的。另一种可能的方式是利用传统的模拟调制解调器通过蜂窝电话系统实现通信。无线网络是当前国内外的研究热点，无线网络的研究是由巨大的市场需求驱动的。无线网的特点是使用户可以在任何时间、任何地点接入计算机网络，而这一特性使其具有广阔的应用前景。当前已经出现了许多基于无线网络的产品，如个人通信系统（personal communication system，PCS）电话、无线数据终端、便携式可视电话、PDA 等。无线网络的发展依赖无线通信技术的支持。无线通信系统主要有低功率的无绳电话系统、模拟蜂窝系统、数字蜂窝系统、移动卫星系统、无线 LAN 和无线 WAN 等。

（三）计算机网络的结构模式

计算机网络的良好运行需要网络操作系统的支持，网络操作系统（network operation system，NOS）是网络的心脏和灵魂，是向网络计算机提供服务的特殊的操作系统。它在计算机操作系统下工作，使计算机操作系统增加了网络操作所需要的能力。现在大家都知道的计算机操作系统 UNIX、Windows、Linux 也是网络操作系统，而 Netware 则是专门的网络操作系统。

网络操作系统的应用模式与局域网上的工作模式有关。目前常用的有 C/S（客户机/服务器）模式和 B/S（浏览器/服务器）模式，而它们是经对等模式、集中模式和文件服务器逐步演变而来的。

1. B/S 模式

B/S 模式是 Web 兴起后的一种网络结构模式，Web 浏览器是客户端最主要的应用软件。这种模式统一了客户端，将系统功能实现的核心部分集中到服务器上，简化了系统的开发、维护和使用，只需客户机上安装一个浏览器，如 Netscape Navigator 或 Internet Explorer，服务器上安装 Oracle、Sybase、Informix 或 SQL Server 等数据库，浏览器通过 Web Server 同数据库进行数据交互，其具体结构如图 3-4 所示。

B/S 最大的优点就是可以在任何地方进行操作而不用安装任何专门的软件，只要有一台能上网的计算机就能使用，客户端零安装、零维护，系统的扩展非常容易。B/S 结构的使用越来越多，特别是由需求推动了 AJAX（异步 JavaScript 和 XML）技术的发展，它的程序也能在客户端计算机上进行部分处理，从而大大地减轻了服务器的负担，并增加了交互性，能进行局部实时刷新。

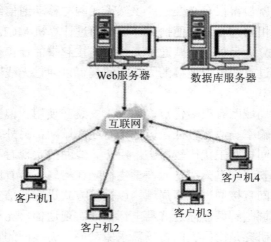

图 3-4　B/S 网络结构模式

2. C/S 模式

C/S结构，即大家熟知的客户机和服务器结构。它是软件系统体系结构，通过它可以充分利用两端硬件环境的优势，将任务合理分配到 Client 端和 Server 端来实现，降低了系统的通信开销。目前，大多数应用软件系统都是 Client/Server 形式的两层结构，由于现在的软件应用系统正在向分布式的 Web 应用发展，Web 和 Client/Server 应用都可以进行同样的业务处理，应用不同的模块共享逻辑组件，因此，内部的和外部的用户都可以访问新的和现有的应用系统，通过现有应用系统中的逻辑可以扩展出新的应用系统。这也就是目前应用系统的发展方向。

Client/Server（客户/服务器模式）：Client 和 Server 常常分别处在相距很远的两台计算机上，Client 程序的任务是将用户的要求提交给 Server 程序，再将 Server 程序返回的结果以特定的形式显示给用户；Server 程序的任务是接收客户程序提出的服务请求，进行相应的处理，再将结果返回给客户程序。

虽然传统的 C/S 体系结构采用的是开放模式，但这只是系统开发一级的开放性，在特定的应用中，无论是 Client 端还是 Server 端都需要特定的软件支持。由于没能提供用户真正期望的开放环境，加之产品的更新换代十分快，已经很难适应百台计算机以上的局域网用户同时使用，而且代价高、效率低，因此，C/S 结构的软件需要针对不同的操作系统开发不同版本的软件。

必须强调的是，C/S和B/S并没有本质的区别：B/S是基于特定通信协议（HTTP）的C/S架构，也就是说，B/S包含在C/S中，是特殊的C/S架构。之所以在C/S架构上提出B/S架构，是为了满足瘦客户端、一体化客户端的需要，最终目的是节约客户端更新、维护等成本，以及实现广域资源的共享。

（1）B/S 属于 C/S，浏览器只是特殊的客户端。

（2）C/S 可以使用任何通信协议，而 B/S 这个特殊的 C/S 架构规定必须实现 HTTP

协议。

（3）浏览器是一个通用客户端，本质上开发浏览器还是实现一个 C/S 系统。

二、互联网的接入方式

计算机网络特别是互联网的接入是电子商务交易的首要条件。互联网接入服务商（IAP）或互联网服务商（ISP）是为其他企业提供互联网接入服务的企业，它们可以提供多种接入服务。电话、宽带、专线和无线是 ISP 为客户提供多种互联网接入方式中最常见的互联网方式。个人接入互联网一般使用电话拨号、ADSL 和 LAN 3 种方式。

在介绍互联网的接入方式前，先介绍一下带宽的单位。

- ❑　1 Kbit=1024 bit；
- ❑　1 Mbit=1024 Kbit；
- ❑　1 Gbit=1024 Mbit；
- ❑　1 Tbit=1024 Gbit。

bps 是 bits per second 的缩写，也可以写成 bit/s，是指每秒传送字位数，是网络传输速率的通常描述方法。Bps 为 bytes per second 的缩写，即 1 Bps=8 bps，或者写成 1B/秒=8b/秒。

（一）电话拨号

拨号接入是个人用户接入互联网最早的方式之一，也是目前为止我国个人用户接入互联网最广泛的方式之一。它的接入非常简单，只要具备一条能打通 ISP 特服电话（如 16300、16900 等）的电话线、一台计算机、一台调制解调器（modem，一般笔记本都有配置），并且办理了必要的手续后（得到用户名和口令），就可以轻轻松松上网了。与其他入网方式相比，它的收费也较为低廉。电话拨号方式致命的缺点在于它的接入速度慢——它的最高接入速度一般只能达到 56 Kbps。

（二）ADSL

ADSL 是一种异步传输模式，在电信服务提供商端，需要将每条开通 ADSL 业务的电话线路连接在数字用户线路访问多路复用器（DSLAM）上。而在用户端，用户需要使用一个 ADSL 终端（因为和传统的调制解调器类似，所以也被称为"猫"）来连接电话线路。由于 ADSL 使用高频信号，因此在两端还都要使用 ADSL 信号分离器将 ADSL 数据信号和普通音频电话信号分离出来，避免打电话的时候出现噪声干扰。通常 ADSL 终端有一个电话线路接入口、一个以太网口，有些终端集成了 ADSL 信号分离器，还提供一个连接的电话接口。某些 ADSL 调制解调器使用 USB 接口与计算机相连，需要在计算机上安装指定的软件以添加虚拟网卡来进行通信。ADSL 往往被电信供应商称作宽带，实际上和 LAN 还有很大的差距。

（三）LAN

如果所在的单位、社区或者宾馆已经建成了局域网并与互联网相连接，而且已经布置了信息接口，那么只要通过双绞线连接计算机网卡和信息接口，即可以使用局域网方式接入互联网。随着网络的普及和发展，高速度正在成为局域网的最大优势。

（四）专用线路

专用线路是一种通过公用电信介质建立的永久性专用连接，并且向用户收取基本月租费的线路。当网络专家使用专用线路这个术语时，他们指的通常都是 T1、部分 T1 或 T3 线路，统称为 T 介质。T 介质传输使用一种叫作多路复用的技术，把单个信道划分成能传输语音、数据、视频或其他信号的多个信道，并为每个信道分配它们自己的时间片，总共提供了 24 个可用的信道，被称为多路复用器的设备在电路发送的最后时刻把数据流安排给各个不同的时间片（多路复用），然后接收端的设备在接收的最后时刻把数据流还原成独立的信号（逆多路复用）。随着数据通信需求的不断增加，T1 几乎成了中长距离连接的必需品。

（五）5G

第五代移动通信技术（5th generation mobile communication technology，5G）是具有高速率、低时延和大连接特点的新一代宽带移动通信技术，是实现人、机、物互联的网络基础设施。5G 作为一种新型移动通信网络，不仅要解决人与人通信，为用户提供增强现实、虚拟现实、超高清（3D）视频等更加身临其境的极致业务体验，更要解决人与物、物与物之间的通信问题，满足移动医疗、车联网、智能家居、工业控制、环境监测等物联网应用需求。最终，5G 将渗透到经济社会的各行业各领域，成为支撑经济社会数字化、网络化、智能化转型的关键新型基础设施。

（六）卫星互联网

由于互联网的驱动，像其他通信技术一样，卫星通信正转向满足数据通信的全面需求。具体地讲，一方面，已经成熟的基于 C 波段和 Ku 波段技术的 VSAT 系统不断演进，满足了互联网业务的要求，并成为全球互联网的一个重要组成部分；另一方面，采用更高的 Ka 频段技术可真正实现个人通信的宽带卫星通信系统，特别是低轨道卫星群系统正在开发、试验和建设之中，卫星通信被越来越多的电信网运营者、ISP 及 ICP 等选作提供互联网服务的重要手段。

三、Internet、Intranet 和 Extranet

网络技术出现以后，企业的应用就有了多种选择，其中最主要的包括 Internet、Intranet 和 Extranet 3 种类型。

（一）Internet

在电子商务发展的关键技术中，最重要的是互联网，即由广域网、局域网及单机按照一定的通信协议组成的国际计算机网络。互联网通常被称为是"网络的网络"，它集合了所有的私有和公用网络，使内容和形式丰富的文件能瞬间在全世界范围内传播，给计算机用户和服务器之间的互动关系带来革命性的变化。

1995 年，联合网络委员会（Federal Networking Council，FNC）给出了"互联网"的定义。

（1）互联网指的是全球性的信息系统。

（2）通过全球性的唯一的逻辑地址链接在一起。这个地址是建立在"互联网协议"（IP）或今后其他协议基础之上的。

（3）可以通过"传输控制协议"和"互联网协议"（TCP/IP），或者今后其他接替的协议或与"互联网协议"（IP）兼容的协议来进行通信。

（4）可以让公共用户或者私人用户使用高水平的服务。这种服务是建立在上述通信及相关的基础设施之上的。

这个定义至少揭示了 3 个方面的内容：首先，互联网是全球性的；其次，互联网上的每一台主机都需要有"地址"；最后，这些主机必须按照共同的规则（协议）连接在一起。

阅读材料

IP 地址

（二）Intranet

Intranet 是基于互联网技术的局域网，又叫企业内部网，是在企业或部门内部建立的封闭的、受控的、由密码或防火墙保护的网络系统。采用互联网的标准协议，可以提供用户友好界面，让被授权的人员进入其中获得整个企业的相关信息、知识和程序，以便更有效地完成自己的工作任务，通过让企业的各级人员共享丰富的数据资料来改善企业的内部管理。内部网所使用的硬件和软件与互联网类似，但含有识别用户的硬件和软件的设置来阻止外部人员侵入网络获取信息。

互联网由 Web 服务器、电子邮件服务器、数据库服务器以及电子商务应用程序服务器和客户端的计算机组成，所有这些服务器和计算机都通过集线器设备或交换器等网络设备连接在一起。Web 服务器最直接的功能是可以向企业内部提供一个 WWW 站点，借此可以完成企业内部日常的信息访问，还可以通过邮件服务器为企业内部提供电子邮件的发送和接收服务，通过电子商务服务器和数据库服务器为企业内部和外部提供电子商务处理服务。协作服务器主要保障企业内部某项工作能协同进行，例如，在一个软件企业，企业内部的开发人员可以通过协作服务器共同开发一个软件；账户服务器提供企业局域网络访问者的身份验证，不同的身份对各种服务器的访问权限不同；客户端计算机上要安装互联网浏览器，如 Microsoft Internet Explorer 或 Netscape Navigator，借此访问 Web 服务器。

（三）Extranet

Extranet 又称外联网，最早出现在 1996 年，是一种利用公共网（如互联网）将多个 Intranet 连接起来的信息网络，是互联网技术在企业间的延伸。因此，Extranet 实际上是一种广义的企业内部网，它把企业及其供应商或其他贸易伙伴有机地联系在一起。

Extranet 可以是公共网络、安全（专用）网络或虚拟专用网络（VPN）中的任何一种。这几种网络都能实现企业间的信息共享。外部网的信息是安全的，可以防止信息泄露给未经授权的用户。授权用户可以公开地通过外部网连入其他企业的网络。外部网为企业提供了专用的设施，帮助企业协调采购、通过 EDI 交换业务单证等，实现彼此之间的交流和沟通。实际上外部网可通过互联网建立起来，但外部网一般是联系业务的独立网络。利用传统的互联网协议（包括 TCP/IP），外部网可用互联网实现网间通信，意思是独立于互联网的专用网络也可使用互联网的协议和技术来进行通信，如图 3-5 所示。

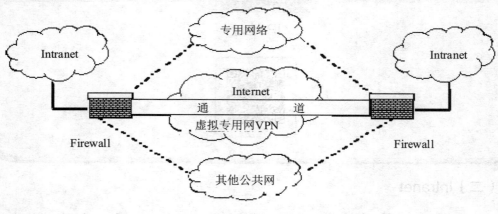

图 3-5　Extranet 基本结构

Intranet 是采用互联网技术，将企业内部信息计算机化，实现企业内部资源共享的网络系统，强调的是企业内部各部门间的连接；而 Extranet 是企业与企业间 Intranet，达到企业与企业间资源共享目的的网络系统，强调的是企业间的连接。从网络的业务范围来看，互联网最大，Extranet 次之，Intranet 最小，三者之间的关系如图 3-6 所示。

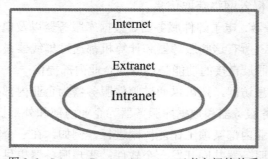

图 3-6　Internet/Intranet/Extranet 三者之间的关系

任务二　电子商务网站建设与运营方案

任务引入

IT 公司已经将你委托开发的电子商务网站开发完成并交付于你使用，公司接下来安排你做两项工作：一是尽快将网站发布出去，让客户能够通过互联网浏览公司的网站；二是扩大网站的知名度，提高网站在搜索引擎中的排名，把客户"引进来"，也能使其"留得住"。

任务目标

1．发布网站，完成网站技术建设。
2．构建网站频道栏目，完成网站商务建设。

任务要求

1．掌握域名知识，了解域名申请、域名备案及域名解析操作。
2．掌握虚拟主机的概念及如何选择服务器，了解虚拟空间的申请流程。
3．掌握网站发布流程及发布工具的使用。

任务分析

网站建设分为技术建设阶段和商务建设阶段。技术建设阶段一般由计算机专业人士完成，其内容包括程序设计语言和数据库的优劣选择、加密、不同平台的兼容、网页程序所占空间大小、病毒防范、数据安全、网站运行速度。商务建设阶段由网站经营者完成，其内容包括网站栏目设置、内容编辑和更新、网站点击率、网站推广、网站功能选择、网店陈列、与客户在线交流。此阶段侧重于营销手段和商业目标的实现，因此任务更艰巨。

网站建设一般需要完成域名申请、域名备案、站点空间申请、网站制作、网站发布、域名解析、网站栏目构思及网站推广等工作。

电子商务网站建设是一项系统工程，网站的建设者只有考虑和分析建立网站的目的、需求和要实现的功能，并考虑网站的整体规划和具体的开发步骤，才能开发出一个具有相当水准的专业商务网站。

第二节　电子商务网站规划与建设

一、电子商务网站规划

电子商务网站规划是指在网站建设前对市场进行分析，进而确定网站的目的和功能，并根据需要对网站建设中的技术、内容、费用、测试、维护等做出规划。网站规划对网站建设起到计划和指导的作用，对网站的内容和维护起到定位作用。

（一）网站建设目的

企业的网站是企业在互联网上展示形象的门户，是企业开展电子交易的基地，是企业在网上的"家"。设计制作一个优秀的网站是建站企业成功迈向互联网的重要步骤。

一般来讲，企业建设网站的目的有以下几种：提升企业形象、网络沟通、全面详细介绍公司及公司产品、实现电子商务功能、密切客户联系、与潜在客户建立商业联系、降低通信费用、利用网站及时得到客户的反馈信息。

不同的网站建设目的直接决定了网站功能和界面风格的设置，因此建设网站之初，必须首先确定网站建设目的。

（二）目标定位

网站定位是指确定网站的特征、特定的使用场合及其特殊的使用群体和其特征所带来的利益，即网站在网络上的特殊位置、核心概念、目标用户群、核心作用等。其实质就是对用户、市场、产品、价格以及广告诉求的重新细分与定位，预设网站在用户心中的形象和地位。电子商务网站的目标定位主要用来确定客户群和商品范围，如客户群为网络交易者（买卖以及二手交易），商品范围为计算机、网络等办公设备。

（三）网站商业模式及其盈利模式

本部分内容详见本书第二章。

（四）网站功能设置

1. 商品搜索引擎

通过搜索引擎方便、快捷地向用户提供商品信息，方便用户购物。

2. 购物车

购物车具有向顾客提供存放购买商品的信息、计算商品的数目和价格等功能，用户通过购物车，还可以修改商品数目、退回某件商品或全部商品。

3. 客户服务中心

为客户提供各种操作的说明及网站的各种服务，包括购物向导、服务特点、服务承诺、能否退换货、支持的付款方式、送货上门是否另收费、在确认收到货款后的发货时间等客户关心的信息。

4. 访问计数器

访问计数器能统计上网访问者对网站各主题的访问频度，把握消费者对商场、商品及服务的需求，其数据是制定经营和营销策略的重要参考依据。

5. 订单查询

用户可根据订单号和相应信息进入订单状态界面，该界面提供订单日期、是否已收到货款、是否已发货和发货日期等信息。

6. BBS

运用留言簿记录客户在浏览网站或购物之后对网站内容、提供的服务等的意见。通过留言簿，一方面可以了解客户需求，改进服务，丰富商品种类；另一方面通过答复，让用户了解商场提供的服务，增加用户对网站的信任度。

7. 电子邮件

在网站的每个页面上提供相应管理员的电子信箱，使客户在访问每一页面时可以将遇到的问题及意见和建议以电子邮件的形式反馈到管理员处，以便管理员能及时地改进服务、处理问题。

8. 电子邮件列表

每当更新商品、出台新的优惠措施或举行重大活动时，通过电子邮件列表联系客户。

9. 网络支付

随着移动支付的飞速发展与广泛普及，目前各个商城均采用移动支付（微信或支付宝）、信用卡支付及现金支付等多种支付手段。

（五）网站风格

为了符合客户浏览习惯以及文化需求，应结合行业网站，选择合适的企业网站风格，让客户能够从网站中迅速找到所需要的东西。不同行业的网站，风格也截然不同。例如，艺术类网站就需要有艺术气息；文化类网站需要有底蕴；电子类网站需要大气、简约，有质感。

1. 网站的 CI 设计

CI（corporate identity）借用了一个广告术语。现实生活中的 CI 策划比比皆是，杰出的例子如可口可乐公司，有全球统一的标志、色彩和产品包装，给我们的印象就极为深刻。更多的例子如 SONY、三菱、麦当劳等。

一个杰出的网站和实体公司一样，也需要整体的形象包装和设计。准确的、有创意的 CI 设计，对网站的宣传推广有事半功倍的效果。当网站主题和名称确定下来之后，需要思考的就是网站的 CI 形象。

网站的 CI 设计一般包含设计网站的标志（logo）、确定网站标准色彩、设计网站的标准字体、设计网站的宣传标语。

2. 网页页面内容的编排

网页页面内容的编排要力求做到布局合理、有序和有整体感，充分利用有限的屏幕空间。在编排页面内容时，主要考虑以下 4 种情况。

（1）主次分明。

（2）大小搭配，相互呼应。

（3）图文并茂，相得益彰。

（4）适当留空，清晰易读。

3. 网页布局设计

网页布局就是把网页的基本组成部分在页面内进行合理的安排。互联网上的网页多种多样，内容千差万别，形式各异，但网页的布局归纳起来大致可分为以下 5 种。

（1）"匚"字形布局结构。图 3-7 为"匚"字形布局结构。这种布局结构通常顶部是网站的 logo、banner 或导航栏，下方的左侧是标题、图片、链接，右侧显示的是网页的主体内容，最底端是版权信息。使用该布局结构的网页一般背景颜色较深，形成"匚"字形结构。

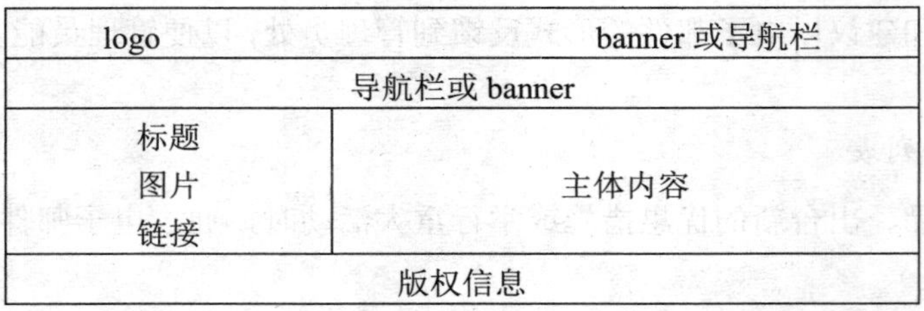

logo	banner 或导航栏	
导航栏或 banner		
标题 图片 链接	主体内容	
版权信息		

图 3-7　"匚"字形布局结构

（2）"亘"字形布局结构。这是只有一屏的布局结构，适合内容较少、整个站点页面内容十分相似的网站。页面最上方通常是导航栏或 banner、logo，最下方是版权信息，中间是主体内容区域，如图 3-8 所示。

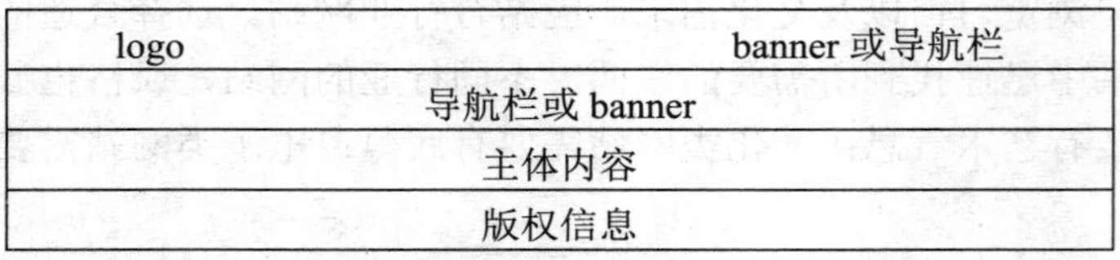

logo	banner 或导航栏
导航栏或 banner	
主体内容	
版权信息	

图 3-8　"亘"字形布局结构

（3）"目"字形布局结构。这种布局结构是在"匚"字形布局结构的基础上稍作变动而形成的，即在其右侧增加了一个竖列，缩小了中间主体内容的宽度，如图 3-9 所示。该布局结构充分地利用了版面，包含的信息量更大，通常应用于大型的网站。

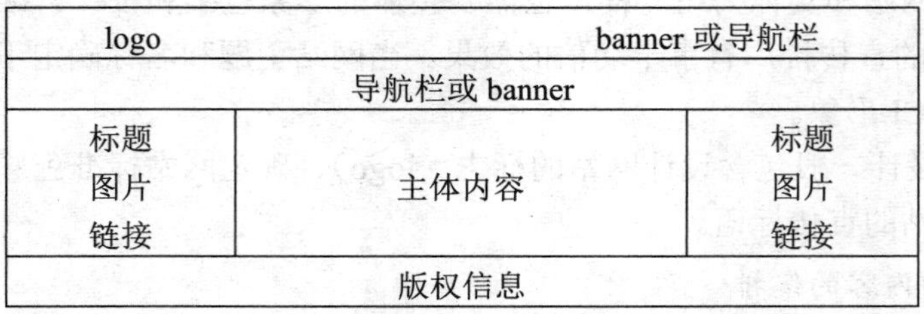

logo	banner 或导航栏	
导航栏或 banner		
标题 图片 链接	主体内容	标题 图片 链接
版权信息		

图 3-9　"目"字形布局结构

（4）POP 布局结构。该布局结构适用于广告宣传类的网页，它将页面布置得如同一张宣传海报，不讲究内容，也没有固定的排版模式，一般以精美的图片作为页面的设计核心。大多数的个人网站或娱乐网站采用该类型的布局结构。

（5）综合布局结构。该布局结构比较复杂，可以看作是上面几种布局的结合。目前这种布局结构也被广泛采用。

二、电子商务网站建设

（一）域名

1．域名的定义

域名类似互联网上的门牌号码，是用于识别和定位互联网上计算机的层次结构式的字符标识，与该计算机的互联网协议（IP）地址相对应，但相对于 IP 地址而言，更便于使用者理解和记忆。域名属于互联网上的基础服务，基于域名可以提供 WWW、E-mail、FTP（虚拟主机、服务器租用、服务器托管、企业邮局）等应用服务。

域名像品牌、商标一样具有重要的识别作用，是访问者通达企业网站的"钥匙"，是企业在网络上存在的标志，担负着标示站点和导向企业站点的双重作用。除了识别功能外，在虚拟环境下，域名还可以起到引导、宣传、代表等作用。

域名由下面 3 组字符组成。

（1）26 个英文字母。

（2）"0，1，2，3，4，5，6，7，8，9"10 个数字。

（3）"-"（英文中的连词号）。

域名中字符的组合规则有以下两个。

（1）在域名中，不区分英文字母的大小写。

（2）对于一个域名的长度是有一定限制的。

例如，www.hao123.com 和 www.hao-123.com 都是合法的域名，但是 www.hao@123.com 就不是合法的域名。

2．域名结构

目前，互联网上的域名体系中共有 3 类顶级域名：一类是地理顶级域名，共有 243 个国家和地区的代码，如.cn 代表中国，.jp 代表日本，.uk 代表英国等；另一类是类别顶级域名，共有 7 个：.com（公司）、.net（网络机构）、.org（组织机构）、.edu（美国教育）、.gov（美国政府部门）、.arpa（美国军方）、.int（国际组织）。由于互联网最初是在美国发展起来的，最初的域名体系也主要供美国使用，因此.gov、.edu、.arpa 虽然都是顶级域名，但却是美国使用的，只有.com、.net、.org 成了供全球使用的顶级域名。随着互联网的不断发展，新的顶级域名也根据实际需要不断被扩充到现有的域名体系中，称为新增顶级域名。新增顶级域名有.biz（商业）、.coop（合作公司）、.info（信息行业）、.aero（航空业）、.pro（专业人士）、.museum（博物馆行业）、.name（个人）。

在这些顶级域名下，还可以再根据需要定义次一级的域名。例如，在我国的顶级域名.cn 下又设立了.com、.net、.org、.gov、.edu，以及我国各个行政区划的字母代表（如.bj 代表北京，.sh 代表上海）。

域名层级结构如图 3-10 所示。

以 www.cnnic.net.cn 为例，它是由几个不同的部分组成的，这几个部分彼此之间具有层级关系。其中最后的.cn 是域名的第一层，.net 是第二层，.cnnic 是真正的域名，处在第三层，当然还可以有第四层，如 inner.cnnic.net.cn。至此我们可以看出域名从后到前的层次结构类似一个倒立的树形结构，其中第一层的.cn 叫作地理顶级域名。

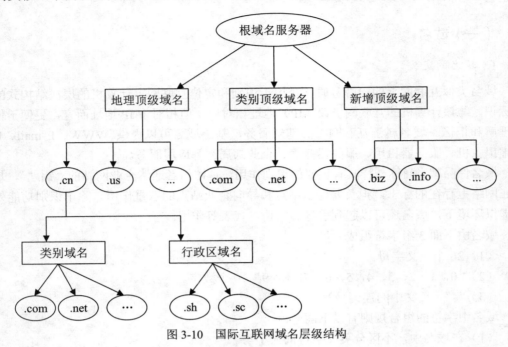

图 3-10　国际互联网域名层级结构

3. 域名策略

（1）分散域名策略。在产品多样化或者产品个性强的时候，公司必须为某些品牌独立注册域名，以培养、尊重和强化消费者的消费忠诚度。分散域名的弊端就是网站建设强度增大，管理力度分散，从而造成网站成本增加。

（2）单一域名策略。单一域名策略最大的好处是使公司有很强的整体感，容易以公司整体的信誉去推动产品的市场占有率，可以节省站点建设开支，既便于管理，也便于统一推广和宣传。

（3）三级域名策略。企业域名的一般形式为"产品名.企业名.com"，即所谓的"三级域名"。"三级域名"最适合公司推出新产品时使用，既可以借助公司信誉推动新产品的市场推广，又可以表示产品的个别性，以试探市场反应，然后再确定是否应该把品牌独立出去。

（4）相关域名策略。由于域名的价格不高，为防止竞争对手注册与自己类似的域名，以致混淆品牌，一般建议用户把常用的后缀全部注册下来，如 www.bcd123.com、www.bcd123.net、www.bcd123.cn、www.bcd123.com.cn 等同时注册。

4. 域名选择

由于域名在全世界具有唯一性，它已经具有类似产品的商标和企业的标志物的作用，因此，尽早注册又是十分必要的。域名和商标都在各自的范畴内具有唯一性，并且随着互联网的发展，从企业形象树立的角度看，域名从某种意义上讲又和商标有着潜移默化的联系。因此，域名与商标有一定的共同特点。许多企业在选择域名时，往往希望用和自己企业商标一致的域名。域名和商标相比又具有更强的唯一性。

在选择域名的时候，要遵循域名应该简明易记和赋予内涵两个基本原则，以下为选择域名的具体做法。

（1）用企业名称的汉语拼音作域名。用企业名称的汉语拼音作域名适合国内企业。例如，红塔集团的域名为 hongta.com，海尔集团的域名为 haier.com，四川长虹集团的域名为 changhong.com，这样的域名有助于提高企业在线品牌的知名度。

（2）用企业名称相应的英文名作域名。用企业名称相应的英文名作域名特别适合与计算机、网络和通信相关的一些行业。例如，长城计算机公司的域名为 greatwall.com.cn，中国电信的域名为 chinatelecom.com.cn，中国移动的域名为 chinamobile.com。

（3）用企业名称的缩写作域名。企业名称的缩写可以是企业名称的汉语拼音缩写或英文缩写。例如，广东步步高电子工业有限公司的域名为 gdbbk.com，中国电子商务网的域名为 chinaeb.com.cn，计算机世界的域名为 ccw.com.cn。

（4）用汉语拼音的谐音形式给企业注册域名。例如，美的集团的域名为 midea.com.cn，格力集团的域名为 gree.com，新浪用 sina.com.cn 作域名。

（5）以中英文结合的形式给企业注册域名。例如，荣事达集团的域名为 rongshidagroup.com，其中"荣事达"三字用汉语拼音，"集团"用英文名。

（6）在企业名称前后加上与网络相关的前缀和后缀。常用的前缀有 e、i、net 等，后缀有 net、web、line 等。例如，中国营销传播网的域名为 emkt.com.cn，联合商情域名为 it168.com，中华营销网的域名为 chinam-net.com。

（7）用与企业名不同但有相关性的词或词组作域名。例如 Best Diamond 公司，这是一家在线销售宝石的零售商，它选择了 jewelry.com 作为域名，这样做的好处显而易见：即使公司不做任何宣传，也有许多顾客会访问其网站。

需要注意的是，不要注册其他公司拥有的独特商标名和国际知名企业的商标名。

5. 域名解析

域名解析就是国际域名或者国内域名以及中文域名等域名申请后，将域名对应到 IP 地址的转换过程。IP 地址是网络上标识站点的数字地址，为了简单好记，采用域名来代替 IP 地址标识站点地址。域名的解析工作由 DNS 服务器完成。

域名解析首先应熟悉 A 记录和 CNAME 记录两个概念。

A（address）记录用来指定主机名（或域名）对应的 IP 地址记录。用户可以将该域名下的网站服务器指向自己的 Web Server，同时也可以设置域名的二级域名。

CNAME 记录，即别名记录，允许网站将多个名字映射到同一台计算机，通常用于同时提供 WWW 和 MAIL 服务的计算机。例如，有一台计算机名为 host.mydomain.com（A 记录），同时提供 WWW 和 MAIL 服务，为了便于用户访问，可以为该计算机设置两个别名（CNAME）：WWW 和 MAIL。这两个别名的全称分别为 http://www.mydomain.com/ 和 mail.mydomain.com。实际上它们都指向 host.mydomain.com。

任何一个一级域名或二级域名，其 A 记录、CNAME 记录、URL 转发记录都只能三选一，不能同时存在。因此，在做指向的同时，先确认在其他两项中是否存在相同记录，以免误删。

以中国数据网（http://www.zgsj.com）网络空间域名解析后台管理页面为例，来讲解域名解析的过程。

域名申请成功之后首先需要做域名解析。下面是域名解析的方法，首先，在浏览器中输入 http://dns.4cun.com/ 登录域名解析控制面板。

（1）输入域名和密码，注意域名前不要加 WWW，如图 3-11 所示。

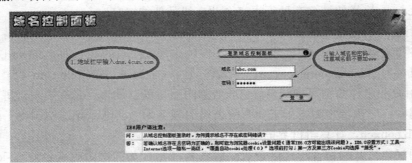

图 3-11　输入域名和密码

（2）进入域名控制面板中，可以看到左侧的"DNS 解析管理"选项卡。

（3）选择"DNS 解析管理"选项卡，然后单击"增加 IP"按钮增加 IP，如图 3-12 和图 3-13 所示。用同样的方法增加别名和邮件 MX 记录。

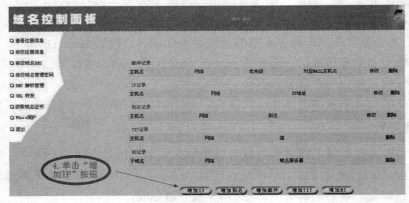

图 3-12　增加 IP

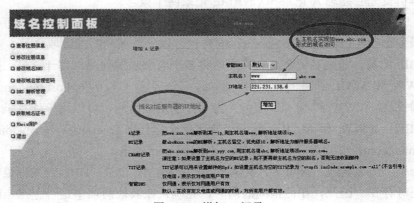

图 3-13　增加 A 记录

（4）如果想要实现去掉 WWW 的顶级域名亦可访问网站，除了要在空间里绑定不加 WWW 的域名外，还要解析，主机名为空。

6. 域名纠纷案例

域名在商业竞争中不只是一个网络地址，还包含着企业的信誉。为什么域名具有价值？请看以下案例。

- ❏ 优酷网：之前域名为 youkoo.com，当优酷做大了，并获得了风险投资时，才花高价回购了 YouKu.com 域名。而在优酷不出名时，该域名仅值几千元人民币。
- ❏ 中关村在线：在成立 10 年之后，该网站花费 100 万元人民币回购了 zol.com 域名，而 zol.com 域名在该网站成立之初仅值几万元人民币。
- ❏ 酷讯：kooxoo.com 在获得风险投资后才花费 60 万元人民币回购了 kuxun.cn 域名，之后又又花重金回购了 kunxun.com，而在酷讯成立之初，仅需几万元人民币就能收购这两个域名。
- ❏ 世纪佳缘回购 jiayuan.com 域名。
- ❏ 天尊 online 斥巨资回购域名 tianzun.com。
- ❏ 如果爱杂志社高价回购 ruguoai.com 拼音域名。
- ❏ 腾讯高价海外回购 QQ.com 域名。

那么，哪些域名具有较高的商业价值呢？下面做一个归类说明。

第一类好域名是全部由字母或全部由数字组成的 3～4 位以内的域名（俗称纯米），这种域名数量少、品相好、直观明了、容易记忆，因此特别受欢迎，在一手市场几乎买不到，在二手市场价格比较高。这一类域名又分为 3 种类型：由常用的英语单词组成的域名（俗称单词米），由常用词的拼音组成的域名（俗称全拼米），由纯数字组成的域名（俗称数字米）。

第二类好域名是由数字和字母混杂组成的 3～4 位以内的域名（俗称杂米），这类域名整体来说比第一类域名的市场价格要低，但也会有例外。有时候，通过数字的谐音或词义借代，可以缩短域名，使域名更加简短、直观，如 35（商务）、15（实务），以及 54（青年）、38（妇女）、61（儿童）、mp3、b2b、b2c 等，这些域名比较受建站者欢迎。

第三类好域名是用来做站或已经做站的域名（俗称终端米）。域名的价值应该在建站应用中体现，但有很多域名已经注册却没有特别明确的终端用户。例如，.cn 域名中 0～9 这 10 个数字中只有 6.cn 做了网站，成为网站域名。这类域名中最常见的是行业域名、产品域名和商标域名。

（二）服务器选择

1. 租用服务器

服务器可以租用互联网上专业的 IDC 公司的。建议选择线路质量优质的公司的服务器，享受高品质的服务。租用服务器的优点在于：一是省去接入费用和前期建设费用，二是减少机房建设环节和维护成本。缺点在于：一是租用的服务器的配置有时无法保证，二是自己人员维护不便且服务器容易受到网络攻击。

2. 自建机房

自建机房前期投入大，具体表现在以下 3 点：一是机房简单装修；二是需要采购硬件，如机柜、服务器、防火墙等设备；三是宽带接入，需要联通、电信双线接入。自建机房的优点在于：便于自己维护前期一次性投入。缺点在于：前期投入较大，后期机房维护等需要一定的成本。

3. 虚拟主机

虚拟主机是使用特殊的软硬件技术，把一台运行在互联网上的服务器主机分成一台台"虚拟"的主机，每一台虚拟主机都具有独立的域名，具有完整的互联网服务器（WWW、FTP、E-mail 等）功能。虚拟主机之间完全独立，并可由用户自行管理，在外界看来，每一台虚拟主机和一台独立的主机完全一样。

虚拟主机用户没有独立的 IP 地址，同一台虚拟主机的若干用户共享一个 IP 地址。这种方式的不便之处在于当一个用户的网站内容违法或违规后，电信运营商就会将 IP 停用，其他没有违规的用户将一起遭殃。

（三）动态网页开发技术

目前，常用的动态网页脚本语言有 Perl、PHP、JSP、ASP、ASP.NET 和 HTML5。

1. Perl

Perl 是一种很古老的脚本语言。最初的 Web 应用大多是用 Perl 编写的，Perl 很像 C 语言，使用非常灵活，对于文件操作和处理像 C 语言一样方便快捷，但可维护性差。

结论：技术已过时，现在很少有人用。

2. PHP

PHP 是一种跨平台的服务器端的嵌入 HTML 页面中的脚本语言，可在 Windows、UNIX、Linux 的 Web 服务器上正常执行，还支持 IIS、Apache 等一般的 Web 服务器。用户更换平台时，无须变换 PHP 代码。它大量地借用 C、Java 和 Perl 语言的语法，并结合 PHP 自己的特性，使 Web 开发者能够快速地写出动态页面。PHP 支持目前绝大多数数据库。

PHP 是完全免费的开源产品，不用花钱，Apache 和 MYSQL 也是同样免费开源的，在国外非常流行。PHP 和 MYSQL 搭配使用，可以非常快速地搭建一套不错的动态网站系统。

PHP 和 Perl 的语法很相似，但是 PHP 所包含的函数却远远多于 Perl。PHP 没有命名空间，编程的时候必须努力避免模块的名称冲突。一个开源的语言虽然需要简单的语法和丰富的函数，但 PHP 内部结构的天生缺陷导致了 PHP 不适合编写比小型业余网站更大的网站。

结论：PHP 因为结构上的缺陷，只适合编写小型的网站系统。

3. JSP

JSP 是 Sun 公司在 Java 应用程序和 Java Applet 基础之上推出的一种动态网页技术。JSP 在 Servlet 和 JavaBean 的支持下，完成功能强大的站点程序。JSP 和 PHP、ASP（下文将详细讲述）有着本质的区别。PHP 和 ASP 都由语言引擎解释执行程序代码，而 JSP 代码却被编译成 Servlet 并由 Java 虚拟机执行。这种编译操作仅在对 JSP 页面的第一次请求时发生，因此普遍认为，JSP 的执行效率比 PHP 和 ASP 都高。

JSP 在技术结构上有着其他脚本语言所没有的优势：JSP 可以实现内容的产生和显示相分离，并且 JSP 可以使用 JavaBeans 或者 EJB（Enterprise JavaBeans）来执行应用程序所要求的更复杂的处理，进而完成企业级的分布式的大型应用。因此，不少国外的大型企业系统和商务系统都使用 JSP 技术。作为采用 Java 技术家族的一部分，JSP 技术也能够支持高度复杂的基于 Web 的应用。

结论：对于脚本语言来讲，JSP 拥有相当大的优势，虽然其配置和部署相对其他脚本语言来说要复杂一些，但对于跨平台的大中型网站系统来讲，基于 JAVA 技术的 JSP（结合 JavaBean 和 EJB）几乎成为唯一的选择。

目前在国内，JSP、PHP 与 ASP 应用最为广泛，而 JSP 应该是未来发展的趋势。

4. ASP

ASP 于 1996 年 11 月由微软公司推出，是用来开发互联网或 Intranet 应用程序的技术。按照微软公司自己的定义："ASP 是一种服务器端的脚本技术，用来创建动态的、交互的网站。"它的特点是，将 HTML 标记以及 Script 程序代码组织在一个网页文件中，代码以 Visual Studio Script 或 JavaScript 脚本语言为基础。当客户访问 ASP 网页时，服务器（PWS 或 IIS）将启动 ASP 文件的解释程序在服务器端执行。执行后，动态地产生 HTML 文件，然后传送到客户端的浏览器中显示。

ASP 采用的脚本语言使用起来比较简单，除此以外系统还提供了几个内建对象，利用它们创建动态网页比较容易，因此 ASP 一出现立即受到普遍的欢迎，一批使用 ASP 技术创建的网站相继出现。

但是近几年来，人们对网站提出了更多、更高的要求。电子商务的出现就是一个典型的例子。在电子商务中，购物的过程不仅需要客户与服务器之间进行多次交互，还涉及各类网站之间的交互和计算。例如，通过认证机构证明双方的身份，通过银行网站付款或转账，通过税务部门纳税，通过保险公司保险，通过物流公司发货，等等。

与此同时，网络本身也有长足的进步，如服务器功能的增强，传输网带的增宽，速度的增快。新标准 XML/SOAP 的诞生，给网络技术的发展提供了更加雄厚的基础。

在这样的形势下，新的要求与新的技术基础呼唤着新技术的诞生。

5. ASP.NET

进入 21 世纪以来，微软公司鲜明地提出了 .NET 的发展战略，确定了创建下一代互联网平台的目标。下一代互联网的主要特征之一就是，它将无处不在，世界上任何一台智能数字设备都有可能通过宽带连接到互联网上。因此，作为下一代互联网的平台应该实现以下几个要求。

（1）为各种类型的客户服务。不仅能为现有的计算机、移动电话等客户服务，还能为未来可能加入互联网的智能设备（如电视机、电冰箱和洗衣机等）提供服务。

（2）强大的交互和运算能力。

（3）跨平台交换数据的能力。

（4）快速设计和部署的能力。

（5）强有力的信息安全保障能力。

在这些思想的指导之下，微软于 2000 年推出了基于.NET 框架的 ASP.NET 1.0 版本，2002 年推出了 ASP.NET 1.1 版本，2005 年年底又推出了 ASP.NET 2.0 版本。ASP.NET 是在 ASP 的基础上发展起来的，但它不但是 ASP 的升级，而且是重新构筑的一个全新的系统。由于 ASP 存在"先天"不足，用修补、增添的办法已经很难满足要求。关键的问题是，ASP 不是一个完全的面向对象的系统，它使用的脚本语言虽然简单、灵活，但属于弱类型语言，功能不强而且容易出错；系统提供的内建对象也只有几十个；同时 ASP 通过解释来执行代码，其效率比较低；等等。

ASP.NET 是建立在.NET 框架平台上的完全面向对象的系统。ASP.NET 与.NET 框架平台的紧密结合是 ASP.NET 的最大特点。有了.NET 框架的支持，一些单靠应用程序设计很难解决的问题，都可以迎刃而解了。.NET 框架平台给网站提供了全方位的支持，这些支持包括以下几个方面。

（1）强大的类库。利用类库中的类可以生成对象组装程序，以达到快速开发、快速部署的目的。

（2）多方面服务的支持，如智能输出（对不同类型的客户自动输出不同类型的代码）、内存的碎片自动回收、线程管理和异常处理等。

（3）允许利用多种语言对应用进行开发。

（4）跨平台的能力。

（5）充分的安全保障能力。

6. HTML5

HTML5 是构建 Web 内容的一种语言描述方式。HTML5 是互联网的下一代标准，是构建以及呈现互联网内容的一种语言方式，被认为是互联网的核心技术之一。HTML 产生于 1990 年，1997 年，HTML4 成为互联网标准，并广泛应用于互联网应用的开发。

HTML5 是 Web 中核心语言 HTML 的规范，用户使用任何手段进行网页浏览时看到的内容原本都是 HTML 格式的，在浏览器中通过一些技术处理将其转换成为可识别的信息。HTML5 在从前 HTML4.01 的基础上进行了一定的改进，虽然技术人员在开发过程中可能不会将这些新技术投入应用，但是对于该种技术的新特性，网站开发技术人员必须有所了解。

HTML5 将 Web 带入一个成熟的应用平台，在这个平台上，视频、音频、图像、动画以及它们与设备的交互都有规范。新一代网络标准能够让程序通过 Web 浏览器运行，消费者从而能够从包括个人电脑、笔记本电脑、智能手机或平板电脑在内的任意终端访问相同的程序和基于云端的信息。HTML5 允许程序通过 Web 浏览器运行，并且将视频等目前需要插件和其他平台才能使用的多媒体内容也纳入其中。这将使浏览器成为一种通用的平台，用户通过浏览器就能完成任务。此外，消费者还可以访问以远程方式存储在"云"中的各种内容，不受位置和设备的限制。由于 HTML5 技术中存在较为先进的本地存储技术，所以其能降低应用程序的相应时间为用户带来更便捷的体验。

（四）网站发布流程

1. 申请域名

当用户购买了空间服务器之后，就可以通过服务器主机 IP 地址来访问了。但是 IP 地址不便于记忆，不利于网站的推广，因此用户可以根据自己的网站类型申请一个域名，然后将该域名解析到服务器主机 IP 上，就可以通过域名来访问网站了。

域名就是网站的网址，每一个网站的域名在网络中都是唯一的，它是一种宝贵的无形资产（被称为"网上商标"）。

申请域名首先要在服务商的网站上注册一个用户，然后登录，登录成功后，选择相应类型的域名产品并生成订单，在支付了域名产品相关费用后，用户就可以在管理面板中对域名进行管理了。

2. 网站备案

自 2005 年 3 月开始，信息产业部开展互联网站备案登记，有独立域名的网站都要进行备案登记，未备案的网站将根据主管部门的有关规定予以关闭。网站备案是免费的，由用户在域名注册处进行备案，域名注册服务单位在本单位网站备案系统中新增、修改、删除域名信息，将在本企业系统中新增、修改、删除的域名信息通过接口提交至网站备案系统。同时可登录信息产业部备案网站 https://beian.miit.gov.cn/#/Integrated/index 进行查询，域名查询网站如图 3-14 所示。

图 3-14 中国国内 ICP 及 IP 备案管理平台

3. 空间申请

申请网站空间的方案主要有以下 3 种。

（1）专线空间。专线空间适用于中型的企业，即向电信部门申请专线，建立一个自己的独立的网站。

（2）服务器托管。服务器托管适用于信息量大、需要较大空间的站点。

（3）虚拟主机。虚拟主机是把一台主机分成多台"虚拟"的主机，每台虚拟主机都具有独立的域名和共享的 IP 地址。一般适合中小型企业和个人使用。

网站在成立之初，数据量一般不会太大，网速要求一般，可以先采用虚拟主机的方式提供 Web 服务。以后随着业务的发展、数据量的增大、客户对网速要求的提高，可以考虑将服务方式改为服务器托管方式，或者自建专线空间。

4. 网站制作

网站制作可以选择自建网站或委托专业制作公司代理制作。自建网站更符合公司实际需求，但需要有专门的网站制作技术人员，门槛较高，一般适合大型企业。因为条件限制，中小企业网站建设一般选择委托专业公司代理制作，这样可以省去招聘专业制作人员等费用。但在选择代理公司时要认真考察，网页设计等较专业，要尽可能地多了解代理公司的设计制作能力和信誉。

5. 网站发布

简单地说，网站发布就是将构成网页和网站的所有文件复制到 Web 服务器的过程。网站发布有以下 4 种形式。

（1）通过 HTTP 方式发布网页。这是很多免费空间经常采用的服务方式。用户只要登录到网站指定的管理页面，填写用户名和密码，就可以将网页一页一页地上传到服务器。这种方法虽然简单，但不能批量上传，必须首先在服务器建立相应的文件夹之后才能上传，对有较大文件和结构复杂的网站来说费时费力。

（2）通过 FTP 方式发布网站。这是最常见的做法，需要提供 Web 服务器的 IP 地址、FTP 登录服务器的用户名和密码、登录后的主目录等信息。发布时可以使用专门的 FTP 工具软件，也可以使用网页制作软件的 FTP 功能。专门的 FTP 软件有 FlashFXP、CuteFTP 等。

（3）通过本地/局域网发布网站。这种方式通常是将服务器上 Web 发布的实际目录设为根据用户名和密码访问的完全共享模式，并通过成功登录，将该目录映射成本地的一个盘符。这样，发布网站时只需要将本地文件复制到这个盘符下的相应位置即可。

（4）通过网页表单发布网站。这是一些个人主页提供商采用的方式，允许用户通过 Web 页进行个人网页管理，其网页上传机制和过程与网页电子邮件夹带附件文件的情形相似。

6. 域名解析

域名申请下来之后，还不能通过域名来访问网站。只有将域名解析，使域名指向网站空间 IP，人们才能通过注册的域名访问网站。在一般情况下，域名申请代理商同时提供域名解析服务。

7. 构思网站栏目，充实网站内容

网站栏目是网站要体现的主要内容，其功能是将网站的主题明确地显示出来。在制作栏目的时候要仔细考虑，合理安排。首先，要紧扣主题，将主题按一定的方法分类，并将它们作为网站的主栏目。其次，设计网站指南栏目，这样做是为了照顾老顾客，同时也可以帮助初来网站的顾客很快地找到他们想要的内容，让主页更人性化和有吸引力。再次，设计可以双向交流的栏目，如论坛、留言本、邮件列表等，可以让浏览者都留下他们的意见、建议和信息。最后，设计常见问题回答栏目，对某方面的常见的、有代表性的问题给出答复，方便浏览者。

在划分栏目时应注意以下 4 点。

（1）尽可能删除与主题无关的栏目。

（2）尽可能将网站最有价值的内容列在栏目上。

（3）尽可能方便访问者的浏览和查询。

（4）突出直接的电子商务主题。

栏目设置好，只是搭建了网站的框架，要想吸引读者还要靠内容。内容新颖和实用，是保持客户黏度的最主要手段。客户黏度是指客户初次浏览网站后，反复浏览网站的频度。频度越大，客户黏度就越大，也可以说客户的忠诚度就越大。

新建网站的每个栏目至少要发布 50 篇以上的文章，以后要定期增加文章（如每天或每周等），要长期坚持，不能半途而废。很多网站在一天之内发布了上百篇文章，而后几个月没有新增文章，这种做法非常不可取。

8. 网站推广

网站在上传到服务器之后，就正式开放了。为了让内容有新鲜感和吸引浏览者，要经常对网站中的信息进行更新，对站内的链接进行检查。网站建好后，如果要提高网站的知名度和访问量，就要对网站进行宣传推广。

推广网站的途径有多种：一种是交换友情链接或交换广告等进行宣传和推广（所谓交换广告就是在用户的主页上显示广告商提供的广告条幅，每显示一次，用户自己的广告条幅就可以在别人的主页上显示 0.5 到 1 次不等）；另一种有效的方式是搜索引擎，注册搜索引擎是目前最成熟的网络营销方法，网站建成后用户到搜索引擎上注册中英文加注和有效的关键字搜索。除上面介绍的以外，还有邮件推广、论坛推广、网络活动宣传、网络广告等途径。

网站推广的方法很多，不同的方法各有自己的优缺点，经常需要多种方法综合使用，不能单纯地只用一种方法，而网络是个虚拟的世界，到底哪些方法的组合最适合自己、最有效，需要进行长期的测试，找到以后再加大这个组合的投资，把效果放大，这样才能达到事半功倍的效果。

任务三 移动 App 相关技术与旅游类 App 功能调研

任务引入

王凯是一家旅行网站 CEO，公司创建十多年来，公司业务快速发展。随着移动电子商务的飞速发展，传统的网站已经不能满足公司客户的需求，为了更好地服务会员，并扩展经营范围，公司决定开始 App 移动的开发建设。开发完成的移动 App 应能够运行在各类移动终端，具有酒店预订、机票预订、旅游咨询、休闲度假、社区、特约商务等功能，在移动互联网的时代，真正实现省力、省钱、省时间。

任务目标

1. 了解不同类型手机操作系统。

2. 了解移动 App 开发的相关技术与流程。

任务要求

1. 下载试运行不同旅行网站的移动 App（如途牛网、携程网、去哪儿网），体验其 App

主要功能。

2．将班级同学分为若干小组，分组讨论途牛网、携程网、去哪儿网移动 App 功能的优劣，对其优点及不足进行分析，提出改进的建议。

3．假如你是公司技术部门的负责人，请你根据公司的实际情况，写出实施方案，包括移动 App 功能开发、运行及调试、打包及部署等过程。

任务分析

随着 5G 互联网的到来，国内手机电子市场的飞速发展以及智能手机的普及化，推动了 App 应用开发市场的发展。随着智能手机在国内各地区的普及，越来越多的网民开始由传统的互联网上网方式转移到了移动终端设备上网。移动终端上网的优势在于方便快捷，不受时间区域的影响，随时随地都可以上网。中国互联网络信息中心（CNNIC）发布的第 47 次《中国互联网络发展状况统计报告》显示，截至 2020 年 12 月，我国网民规模达 9.89 亿户，较 2020 年 3 月增长 8540 万户，互联网普及率达 70.4%。其中，手机网民规模达 9.86 亿户，较 2020 年 3 月增长 8885 万户，网民使用手机上网的比例达 99.7%，这意味着移动互联网开始超越传统互联网，成为以后上网的主流。这是一个相当庞大的数据，给很多移动 App 开发者带来了希望。目前，市场上主流的手机操作系统主要是 Google 公司开发的 Android 系统与苹果公司的 iOS 系统，不同的操作平台，移动 App 开发技术存在差异。在移动 App 开发领域，个人 App 开发者由于自身的技术局限，往往满足不了 App 开发需求，他们只能寻求大型的、比较专业的 App 开发公司或者和 App 开发团队合作，把自己接到的订单外包出去。假如你是公司的负责人，请你根据公司的实际情况，选择合适的移动 App 开发方案，并对其可行性进行系统分析。

第三节　手机 App 开发相关技术基础

一、手机操作系统与 App

（一）手机操作系统

目前，智能手机操作系统主要包括 Symbian OS、Android OS、Windows Phone、iOS、Blackberry 等几种。按照源代码、内核和应用环境等的开放程度划分，智能手机操作系统可分为开放型平台（基于 Linux 内核）和封闭型平台（基于 UNIX 和 Windows 内核）两大类。

1996 年，微软发布了 Windows CE 操作系统，开始进入手机操作系统领域。2001 年 6 月，塞班公司发布了 Symbian S60 操作系统，作为 S60 的开山之作，把智能手机提高了一个档次，塞班系统以其庞大的客户群和终端占有率称霸世界智能手机中低端市场。2007 年 6 月，苹果公司的 iOS 登上了历史的舞台，手指触控的概念开始进入人们的生活，iOS 将创新的移动电话、可触摸宽屏、网页浏览、手机游戏、手机地图等几种功能完美地融合为一体。2008 年 9 月，当苹果和诺基亚两个公司还沉溺于彼此的争斗之时，Android OS，这个由 Google 研发团队设计的小机器人悄然出现在世人面前，良好的用户体验和开放性的设计，让 Android OS 很快打入了智能手机市场。

在 2015 年 9 月时，Android 市场份额已位列第一，达到了 53.54%，而 iOS 紧随其后，市场份额为 38.58%，相比上月的 40.82% 有所下降。第三大手机系统虽然是 Windows Phone，但市场占有率只有 2.48%，与塞班差距并不大，后者市场份额为 2.44%。

截止到 2020 年年底，Android OS 和 iOS 系统在智能手机市场继续领跑，而且它们的优势在不断扩大。Symbian 与 Windows Phone 市场份额已经非常低，几乎可以忽略不计。

（二）手机 App

App 是英文 Application 的缩写，指第三方智能手机的应用程序。我们日常可以使用到的各种不同的手机 App 软件，称为手机 App 或者 App 客户端。正是智能手机和移动互联网的迅速普及和发展，带来了 App 的繁荣。App 作为移动设备功能的扩展，开始受到越来越多用户的关注，甚至有将移动互联网 App 化的趋势。而 App 在一定程度上将碎片化信息和时间高效整合，忽略了空间地域的差异和阻隔，具有便携性、实时性、定向性、定制性的特征，使受众与媒体在接近零成本的互动中得到信息的传播。

App 的出现最早可追溯到 Nokia 手机所内置的贪吃蛇游戏。当时手机都为单色显示屏，依靠导航按键进行操作，因此游戏相对简单，但其带给用户的娱乐性是不容忽视的，并且游戏的本质使得目前市场上所出现的 App 仍以游戏为主。由于是在手机出厂前内置于手机内的，用户无法对其自行修改，这些游戏多被用户认为是手机功能的一部分，但从当今对 App 定义的角度可以看出，当时贪吃蛇之类的游戏就是目前 App 的雏形。随着移动设备进入功能性时代，App 的发展也进入了一个新的平台。随着 Java 等编程技术的发展与普及，出现了许多可供用户自由安装、卸载的应用程序，其中以游戏娱乐类为主，形成了最初的 App。

当智能手机逐渐开始普及，国内的手机 App 开发行业掀起狂潮。经历了将近五年的发展，手机 App 开发已渐渐地遍及世界每一个角落，手机 App 软件的大量出现已经开始悄然改变人们的休闲方式、阅读方式、生活习惯甚至创业模式等。而手机 App 的创新思维开发，始终是用户的关注焦点。同时，商用手机 App 的开发目的更多是获得诸多用户的一致关注与赞许。当我们将广告、互联网整合升级为移动互联网的时候，企业和用户之间就可以非常方便地建立一个良性的闭合环：通过手机看到企业，了解企业，记住企业。这正是企业营销中最理想的状态，也是移动互联网发展到目前所存在的最大的价值，或将成为未来的一种新趋势，影响越来越多的用户和企业主。

如果说功能性时代为 App 指明了新的方向，那么触摸时代就是 App 裂变性发展的时代。iOS、Android 等智能操作系统的出现，促使了更多 App 的诞生，相较于之前以游戏娱乐为主的 App 类型，资讯工具类 App 开始增多。App 作为一种虚拟产品已经被广大用户所接受，用户愿意为 App 所营造的服务与体验去付费。App Store 以及 Android Market 上的 App 数量都已突破百万，其中不乏大量付费 App。

二、手机 App 开发技术 WeX5

（一）WeX5 简介

WeX5 是当前 App 开发最普遍采用的一种技术，它遵循 Apache 开源协议，完全开源免费，上百个组件框架全部开放，对于可视化的组件框架，开发者可自定义组件，集成第三方组件，采用 MVC 设计模式，将数据和视图分离，页面描述和代码逻辑分离，支持浏览器调试、真机调试、原生调试等多种调试模式，开发者可掌握每一行代码。

WeX5 一直坚持采用 HTML5+CSS3+JS 标准技术，一次开发，多端任意部署，确保开发者成果始终通用、不受限制。WeX5 的混合应用开发模式能轻松调用手机设备，如相机、地图、通讯录等，让开发者轻松应对各类复杂数据应用，代码量减少 80%。同时开发出的应用能够媲美原生的运行体验。

WeX5 支持多种类型的后端，包括 Java、PHP 和.NET 等，同时也支持云 API。WeX5 的可视化开发，坚持为开发者提供良好开发体验，拖曳式页面设计，易学易用，拖曳组件、设置属性即可完成复杂技术能力。

（二）WeX5 框架

WeX5 采用 Apache 许可证开源模式，商业友好，完全免费。基于 WeX5 开发出来的应用，发布部署无任何限制，完全自由免费。WeX5 支持主流的技术和标准，WeX5 前端采用 HTML5 + CSS + JS 标准，使用 AMD 规范的 RequireJS、bootstrap、jQuery 等技术；WeX5 手机 App 基于 PhoneGap（cordova）采用混合应用（hybrid App）开发模式。WeX5 框架如图 3-15 所示。

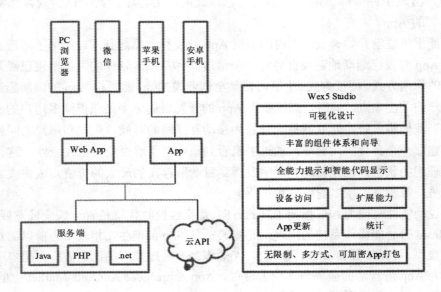

图 3-15　WeX5 框架

1. 支持多种手机操作平台

WeX5 对跨平台多前端支持极好，一次开发，多平台运行。目前，WeX5 支持的前端有以下几种。

（1）移动 App（苹果 App、安卓 App 及微软 Windows App）。

（2）微信应用（包括公众号、服务号和企业应用号）。

（3）计算机浏览器。

（4）其他轻应用。

2. 后端跨"端"

WeX5 走的是开源和开放的道路，WeX5 在支持后端技术和后端部署上，开发性极强。

（1）开放的后端技术支持：WeX5 的后端完全开放，可通过 http 和 WebSocket 等协议连接各种后端中间件或云服务（Java、PHP、.NET 等）。

（2）WeX5 的部署完全开放自由，无任何限制，可以部署在任何公有云或私有云服务器上。

3. 可视化的开发界面

WeX5 的 IDE 基于 eclipse，提供了一个完全组件化、拖曳式、可视化的开发环境，能够做到完全所见即所得。

4. 丰富的组件体系和向导

WeX5 的 UI 组件体系完全基于 HTML5 + CSS + JS，使用 RequireJS、jQuery 和 bootstrap 技术，内置支持大量丰富的 UI 组件；针对一些常用的场景，WeX5 提供了丰富的向导，便于快速构建应用。

5. 全能力调试和智能代码提示

WeX5 技术能提供极强的代码调试功能和全方位代码智能提示，开发手机 App，模拟调试是关键能力，对开发者极端重要，WeX5 对手机 App 开发提供了业务最强大的调试支持，主要包括以下几个方面。

（1）提供全能力、一站集成的模拟调试支持。

（2）WeX5 的模拟调试效果和真机运行效果几乎相同。

（3）支持真机调试。

（4）WeX5 开放所有的 UI 框架和组件源码。

（5）WeX5 开放全部原生 App 框架源码和本机插件源码。

（6）全方位代码智能提示。

6. 轻松实现设备访问

WeX5 采用混合应用的开发模式，可以轻松调用手机设备和硬件能力，如相机、地图、通讯录、语音信息、文件、LBS 定位、指南针、电池容量等，针对设备的本地能力，WeX5 提供了丰富的功能各异的各类插件。

7. 较强的扩展能力

WeX5 一直坚持开放的态度，在 WeX5 上，既可以使用内置的组件、向导和各类插件，也可以根据自己的需要，扩展定义自己的组件、向导和插件；如果你觉得当前样式不是你想要的，那么你也可以在 WeX5 上做出一套基于别的样式库（例如 Semantic UI）的组件和向导。

8. App 更新方式多样

WeX5 支持的 App 更新方式主要包括以下两种。

（1）App 整包更新。当整个 App 发生改变时，WeX5 内置支持整个 App 升级更新。

（2）资源更新。当应用资源发生改变时，只需要将更新的 App 资源上传到服务器端，App 会自动进行资源更新。

9. 自动统计能力

WeX5 开发的 App，具有丰富的 App 运营统计能力，例如可以轻松统计包括新增用户数、留存用户、活跃用户数、用户在线数、升级用户、日使用时常、用户区域分布及单次使用时长等各类信息，能够让你轻松了解自己的 App 的运营情况。WeX5 同时也支持开发者自定义统计信息，帮助管理者搜集统计 App 运行过程中的各种信息。

10. 无限制、多方式、可加密 App 打包

WeX5 应用的每一行代码都在你手里，支持所有的打包模式，无任何限制，保护你的知识产权。

（1）无限制打包多种应用。无任何限制和费用，打包多种应用：Android App、iOS App、微信企业号/服务号和其他轻应用。

（2）支持多种打包模式。

（3）超强加密能力，强力保护。WeX5 打包发布的 App 和应用，支持全部资源（HTML5 + CSS + JS）加密，采用高强度动态密钥，每个 App 每次编译都会采用不同的动态密钥，真正做到一包一秘，给你的源码非常安全的保护，让你可以放心使用。

（三）WeX5 技术 App 开发过程

WeX5 技术 App 开发过程主要分为以下 3 步。

1. 功能开发

功能开发主要包括前端页面开发、后端服务调用与原生插件调用。

2. 运行及调试

运行及调试阶段主要分为以下 3 步。

（1）使用 Chrome 浏览器运行及调试。

（2）生成调试 App，在手机中运行，在计算机上进行真机调试。

（3）使用开发工具中的模拟器或 BlueStacks 运行及调试。

3. 打包及部署

该阶段主要分为以下 3 个步骤。

（1）设置欢迎页、介绍页、App 图标。

（2）获取证书，生成发布 App。

（3）对该 App 进行打包与部署。

三、主要电子商务平台及其 App

（一）微信与微信公众号

微信（WeChat）是腾讯公司于 2011 年 1 月 21 日推出的一个为智能终端提供即时通信服务的免费应用程序，由张小龙所带领的腾讯广州研发中心产品团队打造。微信支持跨通信运营商、跨操作系统平台通过网络快速发送免费（须消耗少量网络流量）语音短信、视频、图片和文字，同时，也可以使用通过共享流媒体内容的资料和基于位置的社交插件"摇一摇""朋友圈""公众平台""语音记事本"等服务插件。

微信提供公众平台、朋友圈、消息推送等功能，用户可以通过"摇一摇""搜索号码""附近的人""扫二维码"方式添加好友和关注公众平台，同时微信将内容分享给好友以及将用户看到的精彩内容分享到微信朋友圈。

2020 年 12 月，iOS 端微信更新至 7.0.20 版本，同时，个人资料页多了一项"微信豆"。2021 年 1 月 21 日，微信更新至 8.0 版本。

2021 年 1 月 21 日，微信迎来上线 10 周年。在此前两天举行的微信公开课活动上，微信公布了最新数据：微信的日活跃用户达到 10.9 亿人；有 7.8 亿人每天翻看着朋友圈，其中的 1.2 亿人还会在朋友圈里发点什么；3.6 亿人每天浏览公众号来获取对外界的认知。

微信公众号是开发者或商家在微信公众平台上申请的应用账号，该账号与 QQ 账号互通，平台上实现和特定群体的文字、图片、语音、视频的全方位沟通、互动，形成了一种主流的线上线下微信互动营销方式。

微信公众号开通流程包括以下几个步骤。

（1）搜索微信公众平台，找到微信公众号官网并打开。

（2）点击网站上的"立即注册"按钮，填写个人基本资料。

（3）系统会发送激活邮件，去你填写的邮箱点击"激活"即可。

（4）激活后，继续下一步资料的填写，选择要建立的账号类型，如图 3-16 所示。

图 3-16　微信公众号开通示意图

（5）选择类型后，需要登记个人信息，填写自己的名字及身份证信息。

（6）信息全部填写完毕后，公众号就创建完成了。

（二）京东

京东是中国的综合网络零售商，是中国电子商务领域受消费者欢迎和具有影响力的电子商务网站之一，在线销售家电、数码通信、计算机、家居百货、服装服饰、母婴、图书、食品、在线旅游等 12 大类数万个品牌百万种优质商品。京东已经建立华北、华东、华南、西南、华中、东北六大物流中心，同时在全国超过 360 座城市建立核心城市配送站。

京东客户端 App 下载平台提供 iPhone、iPad、安卓（Android）手机、安卓（Android）TV、Windows phone 京东官方客户端下载。京东 App 是一款移动购物软件，具有商品搜索、浏览、评论查阅、商品购买、在线支付/货到付款、订单查询、物流跟踪、晒单/评价、返修退还货等功能，涵盖京东超市、机票酒店、京东服饰、京东生鲜和京东到家等多种服务，可满足客户多种需求。

（三）天猫商城

天猫手机客户端是一款天猫特别为手机系统研制出的购物客户端。版本有 Android、iOS、Windows Phone。天猫是阿里巴巴全新打造的 B2C（商业零售）。其整合数千家品牌商、生产商，为商家和消费者提供一站式解决方案。2012 年 1 月 11 日上午，淘宝商城正式宣布更名为"天猫"。具体提供 100%品质保证的商品，7 天无理由退货的售后服务，以及购物积分返现等优质服务。

2014 年 2 月 19 日，阿里集团宣布天猫国际正式上线，为国内消费者直供海外原装进口商品。2016 年 11 月 11 日，天猫"双十一"再刷全球最大购物日记录，单日交易 1207 亿元人民币。2018 年 11 月 26 日，天猫升级为"大天猫"，形成天猫事业群、天猫超市事业群、天猫进出口事业部三大板块。2019 年 9 月 7 日，中国商业联合会、中华全国商业信息中心发布 2018 年度中国零售百强名单，天猫排名第 1 位。2019 年，天猫"双十一"全天成交额为 2684 亿元人民币，超过 2018 年的 2135 亿元人民币，再次创下新纪录；到了 2020 年，天猫"双十一"成交额达 4982 亿元人民币，再次创下新高。

2019 年 12 月 12 日，《2019 胡润品牌榜》发布，天猫以 3200 亿元人民币的品牌价值排名第 3。

（四）拼多多

拼多多是国内移动互联网的主流电子商务应用产品，是专注于 C2M 拼团购物的第三方社交电子商务平台，成立于 2015 年 9 月，用户在拼多多 App 上通过发起和朋友、家人、邻居等的拼团，可以以更低的价格，拼团购买优质商品。拼多多旨在凝聚更多人的力量，让用户用更低的价格买到更好的东西，体会更多的实惠和乐趣。通过沟通分享形成的社交理念，形成了拼多多独特的新社交电子商务思维。

本 章 小 结

本章讲述了计算机网络的原理与分类，网络的工作模式，互联网的各种接入方式，Internet、Intranet 和 Extranet 的不同及相同之处，介绍了电子商务网站建设与规划的基本流程，然后以实际案例形式讲解了信息化实施与建立方案的基本步骤，介绍了域名的有关知识及域名注册的流程，最后介绍了不同类型手机操作系统、移动 App 开发的相关技术、主要电子商务平台及其 App。通过本章的学习，学生能够对计算机网络的结构与原理有所了解，对信息化实施与局域网的组建流程有所掌握，对电子商务平台的建设与推广有更深的认识，使其解决实际问题的能力有所提高。

思　考　题

1. 每个同学设计一个互联网连接与局域网组建方案，包括网络接入方式的选择、网络拓扑结构的设计、网线的制作和链接、网络设备的安装与设置、局域网信息的共享等知识。

2. 将班级同学划分为若干学习小组，小组规模一般是 5～8 人，分组时以组内异质、组间同质的原则为指导，小组的各项工作由小组长负责指挥协调，各项目团队对各个组员提交的方案进行交流、讨论，并点评；各项目团队提交实训报告，并根据报告进行评估。

3. 每个同学从互联网上购买一个域名，建立一个简单的个人站点并发布到互联网上。

第四章 网络营销

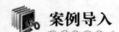 **学习目标**

- ❏ 熟悉网络营销的基本概念和功能。
- ❏ 掌握网络营销常用的工具、方法、适用范围和特点。
- ❏ 掌握新型网络营销的方法及发展趋势。
- ❏ 熟悉网络市场调研的方法及作用。

能力目标

- ❏ 提升对网络营销发展变化的跟踪和快速学习的能力。
- ❏ 明确作为网络营销人的能力及提升方向。
- ❏ 具备对各种营销工具和方法合理运用的能力。

案例导入

天价交易背后的逻辑——38 亿元收购公众号公司

瀚叶股份（600226）是上市公司，2018 年花 38 亿元收购了量子云。量子云拥有 981 个公众号的运营权，虽然瀚叶股份称，寄希望于收购新媒体公司量子云来实现利润增长，但对量子云高达 38 亿元的估值，不免引发市场对其估值合理性的热议：仅有近百个编辑人员运营着 981 个公众号的量子云值 38 亿元吗？

微信公众号是微信平台内唯一的非官方变现途径，商家、写手利用公众号来扩大自身的影响力。交易方案介绍，量子云是一家依托"微信生态圈"专注于移动互联网流量聚集、运营及变现的新媒体公司。工商信息显示，量子云成立于 2014 年，注册资本为 500 万元。量子云是主要依托微信社交平台开展业务的自媒体矩阵，主要提供微信公众号平台广告展示服务，即腾讯根据第三方广告主的投放需求，在量子云所拥有的微信公众号发布的文章底部展示广告内容。量子云从腾讯公司获得相应广告展示服务收入分成，或是量子云通过腾讯社交广告投放平台与客户实现合作，通过给客户提供"广告推荐"或"内容定制"两种广告推广模式获得相应收入。量子云运营的微信公众号共 981 个，涵盖了情感、生活、时尚、亲子、文化、旅游等诸多领域，粉丝数量合计超过 2.4 亿人，其中粉丝数最高的微信公众号为卡娃微卡，粉丝达到 1566.6 万人，粉丝数超过百万人的号达到 86 个，其余 900

多个合计粉丝达 9000 多万人，其中女性用户达到了 70% 以上。瀚叶股份正是看中了量子云微信公众号巨大的商业价值，才花费巨资收购，但这种天价收购仍然让投资者感到了震惊。

公告显示，量子云 100% 股权预估值为 38 亿元，瀚叶股份将以发行股份的方式支付 75% 的整体交易对价，以现金方式支付 25% 的整体交易对价。以此计算，量子云第一大股东浆果晨曦将可获得 29 亿元的股票加现金。

瀚叶股份提供的量子云最近两年未经审计的合并财务显示，量子云截至 2017 年年底，所有者权益为 1.3 亿元，2017 年度营业收入为 2.3 亿元，净利润为 1.53 亿元，2016 年营业收入为 1.3 亿元，净利润 8713 万元。

瀚叶股份称，2017 年 12 月 31 日，账面净资产为 1.3 亿元，预估值约为 38 亿元，较其净资产账面值（合并口径）增值 36.7 亿元，预估增值率 2818.96%。对于增值原因，瀚叶股份解释称，量子云账面价值不能全面反映其真实价值，量子云行业增势强劲且具有较大潜力，量子云业务模式具有差异化竞争力。

瀚叶股份认为，本次交易完成后，量子云将成为上市公司的全资子公司，在原有农药、兽药以及锆系列产品市场较为低迷的背景下，为上市公司带来新的利润增长，有助于提升上市公司价值，更好地回报股东。上市公司的业务类型多元化和协同效应显现，也将有助于提升上市公司的抗风险能力，为公司全体股东，尤其是中小股东利益提供更有力的保障。

一个典型的传统企业，以这种方式进入互联网业务，基于以下几个理由。

一方面，量子云的估值是在两年间从 3 亿元蹿升至 38 亿元的。从交易预案来看，量子云成立以来经过几次股权转让，在 2016 年 10 月整体估值为 3 亿元，在 2017 年 3 月估值达到 6 亿元，至 2018 年 4 月，一位叫李炯的股东将持股全部转让给量子云法定代表人纪卫宁，量子云的估值攀升至 20 亿元。也是在 4 月，瀚叶股份对量子云收购的估值，增加到了 38 亿。

另一方面，量子云的运管模式以及运营能力也饱受质疑。眼下各微信公众大号颇受广告商追捧的情况确实存在，估值也频频创出新高，据媒体报道，电影类公号"毒舌电影"在 2016 年融资时估值就达到 3 亿元，2017 年，微信大号"同道大叔"以 2 亿元被上市公司美盛文化收购。而瀚叶股份，则是 38 亿元一口气买下了 981 个号。

量子云旗下公众号的主要盈利模式也是广告。瀚叶股份称，量子云凝聚了一批优质的客户，涵盖广告推广、付费阅读等在内的多元化的商业变现渠道。客户可结合量子云所运营自媒体矩阵中不同属性公众号粉丝的偏好和阅读习惯，对量子云所运营流量进行采购，以实现推广信息的精准投放。但值得注意的是，预案显示，截至 2017 年年底，量子云及其子公司在职人数为 115 人，其中量子云在 2016 年及 2017 年编辑部门人数仅分别为 16 人与 50 人。

5 月 13 日，上交所向瀚叶股份发来问询函，对交易案标的资产的合规运营风险及政策风险、交易合理性、标的资产的盈利模式及经营风险、标的资产估值较高及业绩承诺无法实现的风险等方面均要求瀚叶股份做出说明。

在关于标的资产的合规运营风险及政策风险方面，问询函称，预案显示量子云在 2016 年及 2017 年编辑部门人数仅分别为 16 人与 50 人。请补充披露微信公众号文章的内容生成方式、原创文章占比、非原创文章的获取方式；非原创文章的发布是否构成对他人知识产权的侵犯；结合同行业情况，说明标的资产员工人数，尤其是编辑人员人数与公众号数量及每日推送文章数量的匹配性以及与公司业务规模的匹配性。

针对有媒体质疑量子云旗下公众号存在低俗内容和标题党的情况，上交所还要求补充披露量子云旗下公众号历史上是否存在违法违规记录，或因内容涉及虚假夸大宣传、色情低俗、诱导分享关注、内容抄袭、冒名侵权、虚假欺诈等被封号的情形，并结合公众号文章内容说明是否存在封号风险及其他违法违规风险，标的公司运营是否可持续，能否持续营利。

关于交易合理性，上交所要求瀚叶股份公司说明主营业务情况及未来战略，本次交易是否属于证监会新闻发布会所称的"三方交易"类型，是否存在被认定为重组上市而无法实施的可能和风险。

关于量子云的盈利模式及风险，上交所要求瀚叶股份补充披露量子云旗下10大公众号的开通时间、成立以来的粉丝增长趋势、活跃用户数、ARPU（每用户平均收入）、ARPPU（每付费用户平均收入）、GMV（成交金额）等情况，量子云资产运营期间微信公众号的死亡率，量子云随机抽取的热门文章12小时点击增长率、点赞率、分享率情况等。

关于量子云资产估值较高及业绩承诺无法实现的风险，上交所要求瀚叶股份说明量子云短期内估值大幅上涨的原因及合理性，是否存在损害上市公司及中小投资者利益的情形，结合粉丝数量变化及估值变化，说明单位"粉丝"估值短期内大幅上涨的原因及合理性。

很多网友对于这981个公众号卖出38亿元感到惊讶，没想到现在的公众号这么值钱。但这件事，打开了内容变现的天花板，为年轻人创业提供了巨大的机会。

另外需要说明的是，瀚叶股份（600226）在2018年收购量子云之后至今，股票价格最高为5.06元，最低为0.98元，目前已经ST，就是说蹭热点没有成功，收购后运营情况不佳，关于后续运营的问题我们就不讨论了。

案例来源：38亿收购981个微信公众号. 瀚叶股份遭上交所问询[EB/OL].（2018-05-13）. http://tech.qq.com/a/20180513/013567.htm.

任务一　搜集我国网络营销服务商的业务范围和成功案例

任务引入

网络营销服务商以互联网为平台，在深入分析企业现状、产品特点和行业特征的基础上，为企业量身定制个性化的高性价比的网络营销方案，全面负责营销方案的有效实施，对网络营销效果进行跟踪监控，并定期为企业提供效果分析报告，让企业真正通过网络营销进行各种推广及宣传，最终达到营销目的。企业或公司遇到的问题多种多样，如同行竞争、不实报道、恶意诋毁、网络水军的舆论操控等，都需要专业的网络营销服务公司或者网络公关公司提供专业的服务。

请你搜集5个网络营销服务商，并为这些服务商进行分类，分析它们各自有哪些特点，有哪些成功的营销案例，以及服务范围有什么差异。

任务目标

1. 了解我国网络营销服务商的主要业务和特点。

2．对网络营销方面的就业方向有所了解。

3．了解网络营销人员应该提升哪几方面的能力。

任务要求

1．搜集 5 个网络服务商，掌握这 5 个服务商的基本情况和业务范围。

2．设计表格对比 5 个网络服务商的异同点。从以下几个方面进行对比：从成功的案例中找出该公司最擅长的营销方法，是完成全部的营销任务还是完成某一部分，是专为某行业进行营销和策划还是只为某事件进行短期策划的事件进行营销，服务商的行业地位，外包式的服务种类，比如代运营商（网店、公众号代运营）的收费价格等各方面的问题。包括但不限于以上几方面，可以按照自己的想法进行设计，最好有数据支持，比如周期、价格及指标等。

任务分析

近十多年来，网络营销在国内风生水起，很多中小企业也因发展网络业务尝到了甜头。从普及的范围看，让人感触最深的是网络营销服务。在计算机时代，百度的竞价排名一直是最重要的服务工具，搜索营销是最精准且中小企业用得最多的网络营销方式之一。大家都知道，除了百度搜索营销外，还有电子商务平台、博客、各种信息发布网站、营销软件、QQ 群推广等，都可以满足中小企业网络营销中的某些需求。到了移动时代，精准服务、内容营销异军突起，正如本章给出的案例，公众号营销达到一个新高度，公众号的广告费用大幅提升。网络是双刃剑，做得不好也会带来各种危机，网络水军的力量谁也不敢忽视，网络公关也成为网络营销服务的方向。从调研这些网络营销服务商开始，可以知道如何选择服务商来进行合作，知道服务商的服务内容和网络营销的发展方向。对电子商务专业的学生来说，通过调研，能在就业方面明确自己努力的方向，作为营销人，通过对网络营销服务商的调研也能明确应该具备什么样的专业技能和素养。

第一节　网络营销概述

一、网络营销的概念

网络营销是以互联网为基础实现的信息构建与发布、信息传递与交互、用户沟通与服务等一系列营销活动。在 20 世纪 90 年代中期诞生的网络营销，现在已经成为企业不可或缺甚至是不可替代的营销手段，网络营销能力已经成为互联网时代每个企业以及每个个体必须掌握的基本技能。

网络跟我们的生活也不可分割。我们每个人都可能是网络营销的对象。比如通过手机查看新产品信息、观看含有广告内容的视频，通过平台订餐、看付费的视频节目以及发布一些信息。我们不一定使用网络营销这个词，但一直处在网络营销环境中。

网络营销（on-line marketing 或 E-marketing）作为一个新生事物，在市场营销中发挥了很多传统营销不具备的作用，并且越来越受到人们的关注。关于网络营销的定义，我们认为：网络营销是企业整体营销战略的一个组成部分，是为实现企业总体经营目标所进行的，以互联网为基本手段营造网上经营环境的各种活动。网络营销的核心思想就是"营造网上经营环境"，核心意义在于通过互联网向用户传递有价值的信息，为用户创造价值并实现营销目标。

互联网的产生为网络营销提供了技术基础，激烈的市场竞争又推动了网络营销的发展，经济全球化趋势为网络营销奠定了现实基础，消费观念的改变也拉动了网络营销的发展。因此，网络营销是借助互联网、计算机通信和数字交互式媒体，运用新的营销理念、新的营销模式、新的营销渠道和新的营销策略，为达到一定的营销目标所进行的经营活动。网络营销贯穿于网络经营的全过程，从信息发布、市场调查、客户关系管理，到产品开发、制定网络营销策略、进行网上采购、销售及售后服务都属于网络营销的范畴。

由于网络环境在一直变化，因此不同时期不同的互联网应用为网络营销带来了不同的体验。几乎每种常用的互联网工具和服务都有一定的网络营销作用，如常用的浏览器、搜索引擎、电子邮件、博客、QQ、微信、视频、直播等，而以每一种工具为基础，相应地都会产生一种或多种网络营销方法，比如视频又分短视频、长视频以及视频直播等多种形式和营销手段。

二、网络营销的职能

网络营销是企业整体营销的一部分，并不仅仅是网上销售，网络营销是手段而不是目的。网络营销有超越时空、表现形式多样、个性化、可以展示丰富的商品类型和详细的商品目录、可以和顾客做双向沟通、可以搜集市场情报、可以进行产品测试与消费者满意调查等特点。如今，无论企业还是个人，网络营销都成为不可或缺的基本素质和能力。

（一）网络营销的八大职能

对企业而言，将网络营销体系进一步具体化，才可以更加容易理解网络营销的实质和全貌。因此，我们将用网络营销的职能来解释网络营销的基本框架。网络营销可以在以下多方面发挥作用：网络品牌建设、信息发布、销售促进、网上销售、顾客服务、顾客关系管理、网上调研、资源合作等。网络营销策略的制定往往也是以这些职能为目的，结合多种网络营销的工具和方法来实现的。

1. 网络品牌建设

网络营销的重要任务之一就是在互联网上建立并推广企业的品牌，可以直接创建网络品牌，知名企业的网下品牌也可以在网上得到延伸，这都得益于互联网提供的便利条件。无论企业、机构还是个人都可以用适合自己的方式展现品牌形象。移动互联网的发展为网络品牌提供了更多展示机会，其通过一系列的推广措施，达到顾客和公众对企业和个人的认知与认可。

2. 信息发布

发布信息是网络营销的主要方法之一，同时，也是网络营销的基本职能。也可以这样理解，无论采用哪种网络营销方式，结果都是将一定的信息传递给目标人群，包括顾客/潜在顾客、媒体、合作伙伴、竞争者等。

信息发布需要一定的信息渠道资源，这些资源包括企业网站、电子邮箱、搜索引擎、供求信息发布平台、企业 App、社交网络、企业微博等。掌握尽可能多的网络营销资源，并充分了解各种网络营销资源的特点，向潜在用户传递尽可能多的有价值的信息，是网络营销取得良好效果的基础。

3. 销售促进

营销的基本目的是为增加销售提供帮助，网络营销也不例外。大部分网络营销方法都有直接或间接促进销售的效果，但促进销售并不限于促进网上销售，事实上，网络营销在线上线下的结合方面有重要的价值。

4. 网上销售

企业已经可以以多种形式拥有网上交易场所。网上销售是企业销售渠道在网上的延伸，网上销售渠道建设如自建网站、建立在综合电子商务平台上的网上商店、社交网络销售及分销的微店、参与团购、加盟 O2O 网络成为供货商等，都能达到网上销售的目的。不同规模的企业甚至个人都有可能拥有适合自己的在线销售渠道，许多新兴的企业甚至完全依靠在线销售。

5. 顾客服务

互联网提供了更加方便的在线顾客服务手段，从形式最简单的 FAQ（常见问题解答），即时信息服务，到邮件、微博及客户端等各种交互形式，同时顾客服务也会直接影响网络营销的效果，因此在线顾客服务成为网络营销的基本组成内容，人工服务和自助服务是主要的服务形式。

6. 顾客关系管理

良好的顾客关系是网络营销取得成效的必要条件，在目前粉丝经济环境下，顾客是社交关系网络中最重要的环节。通过与顾客的交互性、顾客参与等方式在开展顾客服务的同时，也增进了顾客关系。

网络营销的基础是连接，顾客关系是与顾客服务相伴而产生的一种结果，良好的顾客服务能带来稳固的顾客关系。顾客关系对于开发顾客的长期价值具有至关重要的作用，顾客关系是一种泛社交关系，它的范围可以扩展到所有相关的用户以及用户的社交关系网络，在价值观营销的时代，用户关系连接已经是社交电子商务最重要的手段。

7. 网上调研

通过在线调查表或者电子邮件等方式，可以完成网上市场调研。相对传统市场调研，网上调研具有高效率、低成本的特点，因此，网上调研成为网络营销的主要职能之一。

网上调研不仅为制定网络营销策略提供支持，而且是整个市场研究活动的辅助手段之一。合理利用网上市场调研手段对于市场营销策略具有重要价值。

8. 资源合作

资源合作是独具特色的网络营销手段，为了获得更好的网上推广效果，需要与供应商、经销商、客户以及其他内容、功能互补或者相关的企业建立资源合作关系，实现资源共享以达到利益共享的目的。常见的资源合作形式包括交换链接、交换广告、内容合作、客户资源合作等。

网络营销的各个职能之间并非相互独立，而是相互联系、相互促进的，网络营销的最终效果是各项职能共同作用的结果。

企业的网络营销职能的发挥与网络营销人员个人的知识和技能密切相关，个人网络营销能力是在学习和实践活动中表现出来的基本素质，是对网络营销工具、方法、规律的认识以及对网络营销资源的利用。

（二）网络营销人员具备的能力

要想成为一名合格的网络营销人员，应该具备以下几方面的能力。

1. 信息处理能力

信息处理能力是指对网络营销信息的搜集、分析、统计和总结。网络营销是以海量的信息为基础的，一般企业处理的信息包括客户信息、行业信息、竞争对手信息、政策信息以及公司内部的信息，对这些信息的处理就成为网络营销人员的一项基本能力。

2. 网络沟通能力

网络营销的最主要任务是利用互联网的营销手段促成营销信息的有效传播，而交流本身是一种有效的信息传播方式。相比其他沟通方式，互联网上提供了更多交流的机会，合适的沟通方式在一定程度上决定了网络营销中的沟通效果，从而提高网站转化率。

3. 文字表达能力

网络沟通一般都以文字作为信息传递最重要的方式，这就要求网络营销人员具有很强的文字表达能力，要深刻理解各种网络群体的特点和接受信息的方式，了解各种群体的沟通习惯。

4. 网络技术能力

网络营销是技术导向的营销方式，对互联网技术的运用也成为网络营销人员的一项重要能力。网络营销对技术的要求是运用，对各种互联网应用有着比较好的接纳和学习能力，网络营销人员是互联网技术的运用人员，营销才是技术运用的终极目标。

5. 网络推广能力

网络推广是网络营销的核心内容，因此，网络营销人员必须熟练运用各种网络推广手段和工具。

6. 思考总结能力

网络营销现在还没有形成非常完善的理论和方法体系，同时也不可能保持现有理论和方法的长期不变，因此在网络营销实际工作中，很多时候需要依靠自己对实践中发现的问题的思考和总结。

掌握网络营销的知识和技能，对个人而言，是受益终身的资源和能力。网络营销能力已经成为互联网时代每个人竞争优势的重要来源。

三、网络营销与传统营销的区别

在介绍网络营销时，我们常提到传统营销，二者的区别表现在以下几方面。

（一）营销理念不同

我们先看传统营销的 4Ps 理论：product（产品）、price（价格）、place（渠道）、promotion（促销）。网络营销的 4Cs 理论是指先不急于制定产品策略（product），而是以研究消费者的需求和欲望（consumer wants and needs）为中心，不是将自己制造的产品强行推销给顾客，而是销售消费者想购买的产品；暂时把定价策略（price）放在一边，而研究消费者为满足其需求所愿付出的费用（cost）；忘掉渠道策略（place），着重考虑消费者购买产品的方便性（convenience）；抛开促销策略（promotion），着重于加强与消费者的沟通和交流（communication）。4Ps 与 4Cs 的整合就是产品以顾客为中心，以顾客能接受的成本定价，以方便顾客的分销渠道为主，促销转向加强与顾客的沟通。

（二）信息沟通模式和内容的转变

网络营销最主要的特征采用了交互式双向信息传播方式，而传统营销的手段多为单向的信息传播，如电视、杂志、报纸等。网络时代沟通更加充分而及时，客户可及时查询自己需要的信息。

（三）竞争方式的差异

网络营销通过网络虚拟空间进入企业家庭等现实空间，不再是传统的在现实空间中展开竞争。从实物到虚拟市场的转变，使更多的企业尤其是中小企业能与传统的有实力的规模企业站在同一起跑线上，充分利用互联网，比过去拥有了更多的成功机会。

四、网络营销的发展趋势和前景

网络营销的发展，得益于各类专业技术的不断涌现和快速发展，这些新技术和新应用在各自的领域不断创新，使得信息传输更快、交互更灵活、互联网的应用更人性化。我们一般这样划分，过去计算机时代常用的网络营销工具有网站及网站推广、搜索引擎、博客、wiki、社区、邮件以及 QQ 等，随之而产生的网络营销称为传统网络营销；随着移动互联的发展，有了视频网站、微信、公众号、小程序、微博、客户端等互联网的应用，随着这些应用而产生的营销方法称为新网络营销。

2009 年，微博的出现标志着自媒体时代的开始。2011 年，微信的横空出世更是在自媒体基础上将互联网全面推进到移动互联网时代，网络营销的方式变得多姿多彩。

我们不把微信只当成一个 App 看待，就是因为，微信一出现就带有所有的网络营销功能，如信息传递、交互、社区等，把移动互联的大部分应用都能体现在一个微信应用中，移动互联网带来的是技术与传播方式两方面的颠覆式创新。从传播角度来看，与传统互联网（计算机时代）相比，移动互联网的不同体现在以下 3 个方面：一是以语音、图片和影像视频为主打破了以文字内容为主的应用，二是自媒体代替了编辑主导，三是泛娱乐化和碎片化代替了深度思考。"以语音、图片和影像为主"的表现就是视频化趋势，"自媒体代替编辑主导"的表现就是社交化趋势，"泛娱乐化和碎片化"的表现就是内容轻量化趋势，加上移动互联本身的移动化趋势，这 4 大趋势代表了当下移动互联网传播营销的发展方向。

2014 年以前，网络营销以技术创新和流量获取为主，也就是常说的"流量为王""流量换钱"。2014 年以后，在移动网络和新媒体的不断冲击下，网络营销的营销思维产生了颠覆性的改变，技术和流量的重要性逐步淡化，社交与价值观认同成为主要的粉丝转化方式。企业开展网络营销不再只关注如何发布产品，通过什么渠道发布产品，铺天盖地的网络广告不再那么具有轰动性，取代它们的是品牌和"粉丝"，也就是常说的"粉丝经济"，企业主要依靠品牌影响力和"粉丝"忠诚度实现盈利。

可以预见，未来网络营销将"以人为主"。网络营销的核心是人，网络技术、设备以及网页内容起到辅助性的作用，旨在关注客户价值，以客户价值为中心。企业在吸引"粉丝"关注的基础上，进一步建立客户与客户之间、客户与企业之间的价值关系网络，强调客户的价值，以便更好地满足客户多元化、个性化的需求。

案 例

哈根达斯天猫旗舰店在线调查
——通过在线客户行为和态度研究（U&A）提升店铺转化率

哈根达斯在同类企业中，总是走在电子商务的最前沿。作为第一批开通天猫商城官方旗舰店的国际知名企业之一，它在天猫商城的运营过程中也遇到不少问题。店铺开张之初，引来了大批的流量，但是实际的转化率却不高。

通过初步的用户调查，哈根达斯发现，绝大部分访客对哈根达斯的品牌都非常喜爱，并且很多都是慕名而来，为的就是看看哈根达斯的天猫旗舰店。因此，哈根达斯天猫旗舰店每日的 UV 甚至超过了 10 000，但实际的转化率并不理想，于是便借助天会调研宝，展开了客户行为和态度的研究（U&A）。

二维码是导致客户转化率低的主要原因。通过天会调研宝的在线调查，哈根达斯发现，页面中大量使用了二维码，而对消费者没有进行充足的解释，导致消费者迷惑，这是转化率低的罪魁祸首。

由于冰激凌并不便于通过常规渠道运送，故哈根达斯采取了二维码的形式来发货，通过微信或者邮件的形式将二维码发送至访客的手机上，访客凭借手机中的二维码到实体店中兑换冰激凌。

虽然这在一定程度上给访客带来了便利，但由于缺乏充分的沟通和说明，引起了消费者的困惑，使得店铺的转化率低下。哈根达斯设计了一个调查问卷来了解客户的想法，如图 4-1 所示。

根据调研结果，哈根达斯公司制订了以下 3 个改进方案来提升客户转化率。

（1）店铺首页增加详细的二维码说明。

（2）开展仅限网购的促销活动。

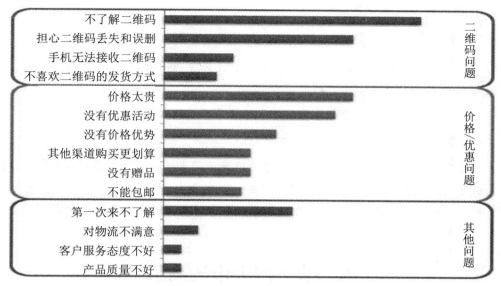

图 4-1 哈根达斯天猫旗舰店转化率低下的原因调查

（3）突出二维码购物"送亲友"概念。

改进后，哈根达斯天猫旗舰店转化率提升了 0.3%（店铺每天 UV＞10 000）。

资料来源：天会调研宝. 哈根达斯天猫旗舰店在线调查-成功案例[EB/OL].（2021-01-20）. http://www.diaoyanbao.com/success-stories-haagendazs-tmall-flagship-store.

任务二 了解网上市场调研公司的现状

任务引入

网上市场调研(又称网络市场调查)，是指基于网络系统地进行营销信息的搜集、整理、分析和研究的过程。网上市场调研的内容主要包括市场可行性研究，分析不同地区的销售机会和潜力，探索影响销售的各种因素、竞争分析、产品研究、包装测试、价格研究，分析特定市场的特征、消费者研究、形象研究、市场性质变化的动态研究、广告监测、广告效果研究等方面。在传统的市场调研中，一方面，要投入大量的人力、物力，如果调研面较小，则不足以全面掌握市场信息，如果调研面较大，则时间周期长，调研费用高；另一方面，被调查者始终处于被动地位，企业不可能针对不同的消费者提供不同的调查问卷，而针对企业的调查，消费者一般也不予以回复。

因此，网络调研公司应运而生，它可以帮助企业完成这些调研任务。请你调研 3 个以上网络调研公司。

任务目标

1. 了解网络调研的调研方式。

2．了解网络问卷的设计思路。

3．掌握调研一手资料搜集的方法。

任务要求

1．搜集至少两个网络调研公司的详细资料，比较免费调研和收费调研的区别。

2．分析在线调研平台的运作方式。

3．就关心的问题做一份调查问卷，试发布在某一调研平台并回收问卷。

任务分析

一次成功的网络调研，得益于问卷的设计以及如何激励人们来主动回答问题。当同学们自己设计调查问卷并发布到网络上进行搜集问卷的时候就会深有体会，如何提高自己的网络积分，如何设计出有趣的问卷，如何奖励参与者，都需要进行策划与营销。

第二节　网上市场调研

一、网上市场调研概述

（一）网上市场调研的概念

市场调研是指以科学的方法，系统地、有目的地搜集、整理、分析和研究所有与市场有关的信息，特别是有关消费者的需求、购买动机和购买行为等方面的市场信息，从而提出解决问题的建议，以作为营销决策的基础。

从市场调研的程序上来说，网上市场调研与传统的市场调研没有区别，一个完整的市场调研过程都从明确调研问题及目标开始，接着进行市场调研设计，搜集市场信息资料、整理分析资料，最后是撰写市场调研报告。但是网上市场调研所采用的信息搜集方式有所不同，因而对市场调研设计中的部分内容（如在线调查表的设计、发放和回收等）也提出了不同的要求。

我们在浏览网站时常常会看到一些小调查，如一些网站对某一问题（如大赛）的一些预测，一般有少数几个选择项目，比如"满意""不满意""一般"等，当你选定一个答案并单击提交后，就参与了一次在线调查，这是最简单的一种网上市场调研。不过，用于企业的市场调研一般不会这么简单，因为市场调查需要了解更多的信息，有时还要在特定人群中选择合适的被调查者，因此调查的手段也相对复杂一些，要涉及问卷设计和测试、问卷投放和回收以及数据处理等多个环节。

（二）网上市场调研的主要内容及优势

网上市场调研的内容主要有市场需求调查（目的在于掌握市场需求量、市场规模、市场占有率，以及如何运用有效的经营策略和手段）、消费者购买行为调查（具体包括消费者的家庭、地区、经济等基本情况和消费者的购买动机）、营销因素调查（包括产品的调查、价格的调查、分销渠道的调查、广告策略的调查、促销策略的调查）等。

网上市场调研虽然也存在一些问题，但其优势也是非常突出的，主要表现在以下三个方面。

1. 网上市场调研的互动性

这种互动不仅表现在消费者对现有产品的发表意见和建议，更表现在消费者对尚处于概念阶段产品的参与，这种参与将能够使企业更好地了解市场的需求，而且可以洞察市场的潜在需求。

2. 网上市场调研的及时性

网络的传输速度快，一方面调研的信息传递到用户的速度加快，另一方面用户向调研者的信息传递速度也加快了，这就保证了网上市场调研的及时性。

3. 网上市场调研的便捷性和经济性

无论是对调查者还是被调查者，网络调查的便捷性都是非常明显的。调研者在其站点或专业调查的网站上发布其调查问卷或通过邮件发送给被调查者即可，而且在整个调查过程中，调查者还可以对问卷进行及时修改和补充，而被调查者只要有一台计算机、一个调制解调器和一部电话就可以快速、方便地反馈其意见，当然前提条件是被调查者愿意参与。对于反馈的数据，调查者也可以快速、便捷地进行整理和分析，因为反馈的数据可以直接形成数据库。这种方便性和快捷性大大地降低了市场调研的人力和物力耗费。

二、网上市场调研的方法

市场调研是针对特定营销环境进行简单调查设计、搜集资料和初步分析的活动。当确定了调研主题之后，最重要的任务就是搜集资料和处理调查数据。调研的方法主要有以下两种。

（一）网上直接市场调研

网上直接市场调研是指利用互联网技术，通过网上问卷等形式调查网络消费者行为及其意向的一种市场调研类型。按调研的思路不同可以分为网上问卷调研和网上论坛调研等方法。

（二）网上间接市场调研

网上间接市场调研主要利用互联网搜集与企业营销相关的市场、竞争者、消费者以及宏观环境等方面的信息。网上间接市场调研使用的渠道有搜索引擎、电子邮件、新闻组公告栏、相关网站、BBS及其他网络媒体。

任务三　搜索引擎百度推广产品及服务分析

任务引入

搜索引擎营销的基本思想是让用户发现信息，并通过（搜索引擎）搜索点击进入网站/网页进一步了解他所需要的信息。在介绍搜索引擎策略时，一般认为，搜索引擎优化设计主要目标有两个层次：被搜索引擎收录、在搜索结果中排名靠前。

作为营销人员，希望网站内容被收录并排名靠前，同时还要被用户点击，要做到这些首先就要了解搜索引擎提供什么样的服务。以百度为例，找到百度推广，分析百度都为网站站长提供了哪些分析工具及广告服务，包括移动端广告及竞价排名与计算机端的差异。图4-2是百度为站长和开发者提供的服务。

图4-2　百度为站长与开发者提供的服务

目前百度提供了大量的工具，为站长提供的工具就有近三十个，如百度指数、风云榜、百度统计、百度推广及百度联盟，在我们这次任务中，要求对百度推广进行深入学习和分析。

任务目标

1．熟悉百度推广提供的产品及服务。

2．掌握百度竞价的规则。

3．掌握百度移动端信息流及广告类型。

任务要求

1．了解百度计算机端竞价排名的各种变化。

2．了解关键词与百度指数的联系。

3．了解移动端信息流广告的规则变化。

任务分析

百度占我国搜索引擎市场份额的 70%以上，熟悉百度，会让我们熟悉搜索引擎营销的基本原理。从了解百度开始，我们从百度首页进入到为站长提供的服务栏，尝试研究百度推广。在百度推广栏中，有产品和服务，对所有百度提供的产品和服务进行分类学习，尤其对竞价排名的规则及定价要深入研究，在关键词的分析中，一般还要与百度指数等工具联合使用。除此之外，还有一个百度联盟产品也与竞价排名有关，是一个重要的推广产品。

第三节　网络环境的营销工具及方法

一、搜索引擎营销

搜索引擎（search engine）是指根据一定的策略，运用特定的计算机程序从互联网上搜集信息，在对信息进行组织和处理后，为用户提供检索服务，将用户检索相关的信息展示给用户的系统。搜索引擎包括全文索引、目录索引、垂直搜索引擎、元搜索引擎、网址大全、集成式搜索引擎、门户搜索引擎与免费链接列表等。百度和谷歌等是搜索引擎的引领者。

（一）搜索引擎的分类

1．全文索引

全文搜索引擎是名副其实的搜索引擎，国外代表有 Google，国内则有著名的百度搜索。它们从互联网提取各个网站的信息（以网页文字为主），建立起数据库，并能检索与用户查询条件相匹配的记录，按一定的排列顺序返回结果。

根据搜索结果来源的不同，全文搜索引擎可分为两类：一类拥有自己的检索程序（indexer），俗称"蜘蛛"（spider）程序或"机器人"（robot）程序，能自建网页数据库，搜索结果直接从自身的数据库中调用，上面提到的 Google 和百度就属于此类；另一类则是租用其他搜索引擎的数据库，并按自定的格式排列搜索结果，如 Lycos 搜索引擎。

如何让搜索引擎收录自己的网站？这就要了解搜索引擎的工作原理。搜索引擎的自动信息搜集功能分为两种：一种是定期搜索，即每隔一段时间（如 Google 一般是 28 天）蜘蛛搜索引擎主动派出"蜘蛛"程序，对一定 IP 地址范围内的互联网站进行检索，一旦发现新的网站，它会自动提取网站的信息和网址加入自己的数据库；另一种是提交网站，即网站拥有者主动向搜索引擎提交网址，它在一定时间内（两天到数月不等）定向向你的网站派出"蜘蛛"程序，扫描你的网站并将有关信息存入数据库，以备用户查询。由于搜索引擎索引规则发生了很大变化，主动提交网址并不保证你的网站能进入搜索引擎数据库，最好的办法是多获得一些外部链接，让搜索引擎有更多机会找到你并自动将你的网站收录。

2. 目录索引

目录索引也称为分类检索，是互联网上最早提供的 WWW 资源查询服务，主要通过搜集和整理互联网的资源，根据搜索到网页的内容将其网址分配到相关分类主题目录的不同层次的类目之下，形成像图书馆目录一样的分类树形结构索引。目录索引无须输入任何文字，只要根据网站提供的主题分类目录，层层点击进入，便可查到所需的网络信息资源。

虽然目录索引有搜索功能，但严格意义上不能称为真正的搜索引擎，只是按层级打开目录分类的网站链接列表而已。用户完全可以按照分类目录找到所需要的信息，不依靠关键词进行查询。目录索引中最具代表性的莫过于大名鼎鼎的 Yahoo!、新浪、搜狐（搜狗）分类目录搜索。图 4-3 所示为 1999 年搜狐的目录索引搜索页面。

图 4-3　1999 年搜狐网站目录索引页面

与全文索引相比，目录索引有许多不同之处。

首先，全文索引属于自动网站检索，而目录索引则完全依赖手工操作。用户提交网站后，目录编辑人员会亲自浏览你的网站，然后根据一套自定的评判标准甚至编辑人员的主观印象，决定是否接纳你的网站。

其次，全文索引收录网站时，只要网站本身没有违反有关的规则，一般都能登录成功，而目录索引对网站的要求则高得多，有时即使登录多次也不一定成功。

3. 垂直搜索引擎

垂直搜索引擎是 2006 年后逐步兴起的一类搜索引擎。不同于通用的网页搜索引擎，垂直搜索专注于特定的搜索领域和搜索需求（如机票搜索、旅游搜索、生活搜索、小说搜索、视频搜索等），在其特定的搜索领域有更好的用户体验。相比于通用搜索动辄数千台检索服务器，垂直搜索需要的硬件成本低、用户需求特定、查询的方式多样。搜索引擎也在向专业化方向发展。

4. 其他搜索引擎形式

在其他如元搜索、集成搜索等众多搜索引擎中，网址大全在我国表现优异。

网址大全是集合较多网址，并按照一定条件进行分类的一种网址站。网址大全方便网民快速找到自己需要的网站，不用记住各类网站的网址就可以直接进到所需的网站。现在的网址大全一般还提供常用查询工具，以及邮箱登录、搜索引擎入口，有的还有热点新闻、天气预报等功能。网址大全从诞生的那一刻起，就凭借其简单的模式和便利的服务以及好的用户体验深得民心，不过也注定其发展与竞争都将成为互联网网站中最激烈的类别。随着网络搜索的不断发展，网址大全无疑成为众多网络巨头争夺搜索市场的重要战略武器。

在我国，目前搜索引擎以百度的市场占有率最高。百度搜索引擎的其他特色包括百度的社区服务、移动服务、游戏娱乐、软件工具、站长与开发者服务等一系列产品，每一个服务中又有多个工具供用户使用，深受网民欢迎。以社区服务为例，如图 4-4 所示，就列有多个服务，如宝宝知道、地图掘金、百度网盘等。高效的站内检索可以让用户在 0.01 秒之内快速、准确地找到目标信息，这种使用习惯是轻易不会改变的。因此，重视搜索引擎营销，能够更有效地促进产品或服务的销售，并有助于对网站访问者搜索行为的深度分析，对于进一步制定更有效的网络营销策略具有重要价值。

图 4-4　百度社区服务提供的工具

（二）搜索引擎优化

在计算机时代，一个网站的命脉就是流量，而大部分人由于记不住网址，因此基本上都要依靠搜索引擎。如果搜索引擎能够更多、更有效地抓取网站内容，那么对于网站的好处是不言而喻的。作为企业网站管理者，理想目标就是流量巨大且免费，同时流量还精准，要达到这一目标，一是进行搜索引擎优化，二是做搜索引擎推广，即关键词广告。

1. 搜索引擎营销的目标

利用搜索引擎进行营销是分阶段和层次的。第一，要做到搜索引擎可见，其目标是在主要的搜索引擎、分类目录中获得被收录的机会，这是搜索引擎营销的基础，离开这个目标，搜索引擎营销的其他目标也就不可能实现。第二，要做到在被搜索引擎收录的基础上尽可能获得好的排名，即在搜索结果中有良好的表现，因而可称为表现。第三，通过搜索结果点击率的增加来达到提高网站访问量的目的。由于只有受到用户关注，经过用户选择后的信息才可能被点击，因此我们也可以称为关注。第四，通过访问量的增加转化为企业的最终收益，可称为转化。转化是在实现前面三个目标的基础上的进一步提升，是各种搜索引擎方法所实现效果的集中体现。要做到网站对搜索引擎友好，搜索引擎优化是一种有效的方法。

2. 搜索引擎优化的概念和目的

搜索引擎优化（search engine optimization，SEO）是一种利用搜索引擎的搜索规则来提高目的网站在有关搜索引擎内的排名的方式。研究发现，搜索引擎的用户往往只会留意搜索结果最前面的几个条目，因此不少网站都希望通过各种方法来影响搜索引擎的排序，其中尤以各种依靠广告维生的网站为甚。所谓"针对搜索引擎做最佳化的处理"，是指要让网站更容易被搜索引擎收录。

SEO 的主要目的是通过增加特定关键词的曝光率增加网站的"能见度"，进而增加销售的机会，它分为站外 SEO 和站内 SEO 两种。SEO 的主要工作是通过了解各类搜索引擎抓取互联网页面、进行索引以及确定其对特定关键词搜索结果排名等技术来对网页进行相关的优化，使其提高搜索引擎排名，从而提高网站访问量，最终提升网站的销售或宣传的效果。对任何一家网站来说，要想在网站推广中取得成功，搜索引擎优化都是尤为关键的一项任务。同时，搜索引擎会不断变换它们的排名算法规则，每次算法上的改变都会让一些排名很好的网站在一夜之间"名落孙山"，而失去排名的直接后果就是失去了网站固有的可观访问量。

3. 搜索引擎优化技术

搜索引擎优化技术可分为两大类：白帽技术与黑帽技术。

（1）白帽技术（whitehat）。在搜索引擎优化行业中，使用正规符合搜索引擎网站质量规范的手段和方式，使网站在搜索引擎中获得良好的自然排名称为白帽技术。

搜索引擎优化应用遵循以下原则。

① 原创的文章内容为王，因此一定要重视文章内容的原创性。

② 外链建设要注重数量的自然增加。

③ 客户体验是实现网络价值的最终追求，一切以客户体验为目的。

（2）黑帽技术（blackhat）。黑帽技术是指通过一些类似作弊的方法或技术手段，以不符合规定的手法来获得短时间内较好的搜索引擎排名的一种技术。黑帽 SEO 获利的主要特点就是短、平、快，即为了短期内的利益而采用作弊方法，同时随时因为搜索引擎算法的改变而面临惩罚。

黑帽常见的 8 种形式为：域名群建，关键词叠加，桥页、跳页，隐藏文字和使用透明文字，障眼法，采用 1 像素的微小的文字，网站毫无意义的灌水，网页劫持。

4. 搜索引擎优化之关键词策略

网站关键词就是一个网站给各网页设定的以便用户通过搜索引擎搜到本网站的词语，它代表了网站的市场定位。网站的关键词至关重要，如果选择的关键词不当，对网站来说就是灾难性的后果，会使得搜索与网站失去关联，也失去了搜索引擎入口的功能。最重要的关键词不是由企业本身决定的，而由用户决定，因为用户的搜索习惯和常用词的抉择决定着网站的关键词及产品的战略。

关键词的选择需要注意以下两个方面。

（1）相关性。网站的关键词一定要和网站的主页及内容高度相关。例如，某网站是人才网，关键词就要选择诸如"人才网""求职""招聘"这一类的关键词。假如该网站没这么做，而是选了"学习培训"作为关键词，那么当搜索"学习培训"时，也许该网站排名很靠前，但网站的效益肯定上不去，因为搜索"学习培训"的人不是来招聘或求职的人员。另外，如果关键词跟网站的内容不相关，还会影响搜索引擎的收录和排名。因此，相关性是关键词选择的根本因素。

（2）地域性和行业特点。如果网站是为某地区服务的，例如人才网，如果定位于全国范围，选择关键词时就选"人才网"；如果定位于河北，就选"河北人才网"；如果仅仅定位于石家庄，那可能就选"石家庄人才网"了，加上地域名称是很好的解决办法。在考虑相关性及地域性的同时，要充分考虑行业特点的不同。例如，从事培训业务，培训的内容和范围太广了，即使自己做的培训涉及面很多，最好也不要把"培训"或"河北培训"作为关键词，最好把自己业务范围内的优势项目拿出来融入关键词里，如"河北英语培训"。当某个行业涉及的范围太大时，如果关键词不具体则很难保证会有好的效果，因此不要用意义太广泛的关键词。

还有很多因素如竞争对手使用的关键词、关键词的热度，以及关键词在网页中的布局，都会影响网站对搜索引擎的友好性。

5．搜索引擎登录

搜索引擎登录是指搜索引擎给用户提供收录该用户网址的入口，用户可根据相关要求输入网站地址等信息，然后由搜索引擎根据规则决定是否收录该网址，这也是用户主动要求搜索引擎收录的方法之一。只有登录搜索引擎，才能搭起自己的网站与搜索引擎的桥梁，才能避免使自己的网站成为信息孤岛，才能使潜在的客户有可能在互联网的信息海洋中找到自己的网站。在几年前，搜索引擎都是免费登录的，但近年来一些搜索引擎开始收取费用，在自己的网站建好后，最好在著名的搜索引擎上都进行登录，按要求填写一些内容。图 4-5 为某些搜索引擎登录入口的网址和要求。

图 4-5　某些搜索引擎登录入口的网址和要求

二、电子邮件营销

电子邮件是直接传递信息的网络工具。电子邮件营销（E-mail direct marketing，EDM）是在用户事先许可的前提下，通过电子邮件的方式向目标用户传递价值信息的一种网络营销手段。电子邮件营销有 3 个基本因素：用户许可、电子邮件传递信息、信息对用户有价值。三个因素缺少一个，都不能称为有效的电子邮件营销。电子邮件营销是利用电子邮件与受众客户进行商业交流的一种直销方式，同时也广泛地应用于网络营销领域。电子邮件营销是网络营销手法中最古老的一种，可以说电子邮件营销比绝大部分网站推广和网络营销手法都要老。例如，某网站有 50 万人的注册用户，将优惠的信息用电子邮件的方式告诉他们肯定比在网站上登广告要直接和容易得多。但这么多年来电子邮件一直没有很好地发挥作用，原因有二：一是受到垃圾邮件的干扰，二是短信、微信等新兴通信工具的兴起和大量运用对其产生了分流。

（一）电子邮件营销的特点

1. 覆盖人群的范围广

随着互联网的迅猛发展，中国的网民规模已接近十亿。面对如此巨大的用户群，作为现代广告宣传手段的电子邮件营销正日益受到人们的重视。只要你拥有足够多的电子邮件地址，就可以在很短的时间内向数千万目标用户发布广告信息（此外，电子邮件营销的范围可以是中国全境乃至全球）。

2. 操作简单，效率高

使用专业邮件群发邮件，单机可实现每天数百万封的发信量。操作人员不需要懂得高深的计算机知识，不需要烦琐的制作及发送过程，发送上亿封的广告邮件一般几个工作日内便可完成。

3. 成本低廉

电子邮件营销是一种低成本的营销方式，所有的费用支出就是上网费，成本比传统的广告形式要低得多。

4. 应用范围广

采用电子邮件营销，其广告内容不受限制，适合各行各业。因为广告的载体就是电子邮件，它具有信息量大、保存期长的特点，具有长期的宣传效果，而且收藏和传阅非常简单、方便。

5. 针对性强，反馈率高

电子邮件本身具有定向性，企业可以针对某一特定的人群发送特定的广告邮件，也可以根据需要按行业或地域等进行分类，然后针对目标客户进行广告邮件群发，使宣传一步到位，这样做可使行销目标明确，达到比较好的效果。

（二）电子邮件营销存在的问题

因为邮件营销的价格低，使得一些公司不注重网络礼仪，随意并大肆群发垃圾邮件，使得邮件营销的信誉越来越低，从用户角度看邮件营销存在的问题有以下 3 个方面。

（1）用户对提供的邮件内容不感兴趣，而且发件人还经常匿名，正文中一般没有规范的公司名称和回邮地址，用户将其称为"垃圾邮件"。

（2）部分商家不尊重用户权利，在用户不知情的情况下强制用户接收邮件，而且用户无法取消订阅和拒收。

（3）主题与内容不相符。有些公司主观上可能并不想发送一些对网民来说无用的信息，只不过不知道如何进行正规营销。

避开以上这 3 条，垃圾邮件营销就会变为许可电子邮件营销。

（三）许可电子邮件营销

许可电子邮件营销是指在用户事先许可的前提下，通过电子邮件的方式向目标用户传递有价值信息的一种网络营销手段。这种电子邮件营销有 3 个基本因素：用户许可、电子邮件传递信息、信息对用户有价值。

由此可见，要进行邮件营销是需要一定的条件的。在许可电子邮件营销的实践中，企业最关心的问题是：许可电子邮件营销怎么得到用户的许可。获得用户许可的方式其实有很多，如用户为获得某些服务而注册为会员，或者用户主动订阅新闻邮件、电子刊物等。也就是说，许可营销是以向用户提供有一定价值的信息或服务为前提，让用户在主动获取这些信息的同时留下邮箱地址等通信方式。

可见，开展电子邮件营销需要解决 3 个基本问题：向哪些用户发送电子邮件、发送什么内容的电子邮件，以及如何发送这些邮件。许可电子邮件营销有以下 5 个特点。

（1）有退订功能。

（2）有真实的联系方式，包括地址、电话、邮箱和网址。

（3）主题与内容一致，不出现虚假信息。

（4）内容有价值，外表美观，有明确的内容，围绕同一主题，邮件每次发送都要有不同的表现形式。

（5）有专人定向搜集和整理邮件地址，也称邮件列表，有详细的发送记录、发送计划、用户资料管理、退信管理、用户反馈跟踪等管理工作。

（四）电子杂志是电子邮件营销常用的手段

电子杂志是定期向订阅客户发送的关于某特定主题的一系列电子邮件。电子杂志可以通过网站发行或者通过电子邮件和网站两个渠道发行，这里只讨论通过电子邮件发行的电子杂志。从许可的角度讲，电子杂志获得的许可要多于简单的电子邮件营销，因此它通常能收到更好的效果，在保持同顾客的关系方面的优势尤其明显。

一般电子商务网站的转化率在 1% 是正常的，也就是说在一般情况下，99% 的潜在客户来到某网站之后没买东西就离开，以后再也不会回来了。这对前期所有网站推广的成效实在是一个浪费。我们再想象另外一个场景：一个浏览者来到某网站，他想买某种商品或有个问题要解决，而该网站刚好能满足他的要求。不过毕竟是第一次来，用户虽然感兴趣，但有 99%的可能并不会马上购买。如果"刚好"该网站提供电子杂志，并且注册电子杂志的用户可以得到 10 元优惠券，外加免费电子书，而电子书讨论的话题正是这个潜在用户想解决的问题，那么该潜在用户就有可能填上名字及邮件地址，得到优惠券及电子书。

网站运营者拿到潜在客户的电子邮件地址，也就抓住了后续沟通的机会，可以不断提醒潜在用户该网站的存在。用户通过订阅的电子书、电子杂志、电子新闻、"收到的"节日问候等会更加信任该网站。由于这些重复的提醒，能使潜在客户记住该网站，当他决定要买这个产品时，该网站就排在他的备选网站的最前面。

如果网站设计以及电子杂志策划得当，注册电子杂志的转化率达到 20%左右也是常见的。相对于 1%的销售转化率，通过电子邮件营销将极大地提高最终销售转化率。电子邮件营销还使网站营销人员能长期与订户保持联系。订阅者连续几年看同一份电子杂志是很常见的。互联网上的信息令人眼花缭乱，多不胜数，能连续几年保持与同一个订户的固定联系，在当今的互联网上是十分难能可贵的财富。以这种方式建立的强烈信任和品牌价值很少有其他网络营销方式能够达到。网站有任何新产品或有打折促销活动，都能及时传达给这批长期订户，销售转化率也比随机来到网站的用户高得多。

三、网络广告

网络广告发源于美国。1994 年 10 月 14 日是网络广告史上的里程碑，美国著名的 *Hotwired* 杂志推出了网络版的 *Hotwired*，并首次在网站上推出了网络广告，这立即吸引了 AT&T 等 14 个客户在其主页上发布广告。10 月 27 日，当一个 468 像素×60 像素的 banner 广告出现在页面上时，标志着网络广告的正式诞生。更值得一提的是，当时的网络广告点击率高达 40%。

网络广告就是利用网站上的广告横幅、文本链接、多媒体等形式，在互联网刊登或发布广告，并通过网络传递到互联网用户的一种高科技广告运作方式。与传统的四大传播媒体（报纸、杂志、电视、广播）广告及户外广告相比，网络广告具有得天独厚的优势，是实施现代营销媒体战略的重要部分。互联网是中小企业扩展影响力的很好的途径，对于有广泛国际业务的公司更是如此。

网络广告的市场正在以惊人的速度增长，其发挥的效用越来越受到重视，以致广告界甚至认为互联网将超越路牌，成为传统四大媒体之后的第五大媒体。因而，众多国际级的广告公司都成立了专门的"网络媒体分部"，以开拓网络广告的巨大市场。

（一）网络广告的任务

1. 准确表达广告信息

广告设计是一门实用性很强的学科，有明确的目的性，准确传达广告信息是广告设计的首要任务。在现代商业社会中，商品和服务信息绝大多数都是通过广告传递的，平面广告通过文字、色彩、图形将信息准确地表达出来，而二维广告则通过声音、动态效果表达信息，通过以上各种方式，商品和服务才能被消费者认识和接受。由于文化水平、个人经历、受教育程度、理解能力的不同，消费者对信息的感受和反应也会不一样，因此设计广告时须仔细把握。

2. 树立企业的品牌形象

企业的形象和品牌决定了企业和产品在消费者心中的地位，这一地位通常靠企业的实力和广告战略来维护与塑造。在平面广告中，报纸广告、杂志广告由于受众广、发行量大、可信度高而具有很强的品牌塑造能力，而结合二维广告，则可以使平面广告的塑造力大大增强。"双十一"就是完全通过网络广告运作的网络节日，已经成为网络最盛大的购物节。

3. 引导消费

平面广告一般可以直接送到消费者手中，而且信息详细、具体，因此，如购物指南、房产广告、商品信息等都可以引导消费者去购买产品。二维广告则可以受动态效果的影响，因其更生动、更有冲击力，因此能更好地激发消费者消费的欲望。

4. 满足消费者的审美要求

一幅色彩绚丽、形象生动的广告作品能以其非同凡响的美感力量增强广告的感染力，使消费者沉浸在商品和服务形象给予的愉悦中，使其自觉地接受广告的引导。因此，在设计广告时要注意物质文化和生活方式的审美再创造，通过夸张、联想、象征、比喻、诙谐、幽默等手法对画面进行美化处理，使之符合人们的审美需求，以激发消费者的审美情趣，从而有效地引导其在物质文化和生活方式上的消费观念。

（二）网络广告的计费方式

1. 按展示计费

CPM（cost per mille/cost per thousand impressions）：每千次印象费用。广告每显示千次（印象）的费用。CPM 是最常用的网络广告定价模式之一。

CPTM（cost per targeted thousand impressions）：经过定位的用户的千次印象费用（如根据人口统计信息定位）。

CPTM 与 CPM 的区别在于，CPM 是所有用户的印象数，而 CPTM 只是经过定位的用户的印象数。

2. 按行动计费

（1）CPC（cost-per-click）：根据广告被点击的次数收费，如关键词广告一般采用这种定价模式。

（2）PPC（pay-per-click）：根据点击广告或者电子邮件信息的用户数量来付费的一种网络广告定价模式。

（3）CPA（cost-per-action）：每次行动的费用，即根据每个访问者对网络广告所采取的行动收费的定价模式。对于用户行动有特别的定义，包括形成一次交易、获得一个注册用户或者对网络广告的一次点击等。

（4）CPL（cost for per lead）：按注册成功支付佣金。

（5）PPL（pay-per-lead）：根据每次通过网络广告产生的引导付费的定价模式。例如，广告客户为访问者点击广告完成了在线表单而向广告服务商付费。这种模式常用于网络会员制营销模式中为联盟网站制定的佣金模式。

3. 按销售计费

（1）CPO 广告（cost-per-order）：也称为 cost-per-transaction，即根据每个订单/每次交易来收费的方式。

（2）PPS 广告（pay-per-sale）：根据网络广告所产生的直接销售数量而付费的一种定价模式。

（三）网络广告的分类

1. 横幅广告

横幅广告又称旗帜广告（banner），是以 GIF、JPG、Flash 等格式建立的图像文件，它在网页中大多用来表现广告内容，一般位于网页的最上方或中部的横幅广告，用户注意程度比较高。同时还可使用 Java 等语言使其产生交互性，用 Shockwave 等插件工具增强表现力，这些都是经典的网络广告形式。横幅广告是目前网络广告中最常见的一种形式，通常是一个大小为 468 像素×60 像素的图片，通过广告语和其他内容表现广告主题。

2. 竖幅广告

竖幅广告位于网页的两侧，广告面积较大、较狭窄，能够展示较多的广告内容。

3. 文本链接广告

文本链接广告是以一排文字作为一个广告，点击链接可以进入相应的广告页面。这是一种对浏览者干扰最少，但却较有效果的网络广告形式。

4. 按钮广告

按钮广告一般位于页面两侧，根据页面设置有不同的规格，动态展示客户要求的各种广告效果。

5. 浮动广告

浮动广告是一种在页面中随机或按照特定路径飞行的广告形式。

6. 插播式广告（弹出式广告）

插播式广告是指访客在请求登录网页时强制插入的一个广告页面或弹出的广告窗口。它们有点类似电视广告，都是打断正常节目的播放，强迫观看。插播式广告有各种尺寸，有全屏的也有小窗口的，而且互动的程度也不同，从静态的到全部动态的都有。

7. 富媒体广告

富媒体广告一般指使用浏览器插件或其他脚本语言、Java 语言等编写的具有复杂视觉效果和交互功能的网络广告。这些效果的使用是否有效，一方面取决于站点的服务器端设置，另一方面取决于访问者浏览器是否能查看。一般来说，富媒体广告能表现更多、更精彩的广告内容。

8. 其他新型广告

其他新型广告主要有关键字广告、视频广告、路演广告、巨幅连播广告、翻页广告、祝贺广告、论坛广告等。

（四）网络广告的实施步骤

成功的网络广告，是在企业网络营销的整体战略指导下的一个重要组成部分。目前，网络广告的价格已经不是人们过去认为的价格洼地，其高昂的价格也不是所有的中小企业所能承受的，因此要根据企业网站建设的整体规划，要求网络广告的效果测定的内容必须与广告主所追求的目的相关。举例来说，倘若广告的目的在于推广新产品或改进原有产品，那么广告评估的内容应针对广告受众对品牌的印象；若广告的目的在于在已有市场上扩大销售，那么应将评估的内容重点放在受众的购买行为上。

实施网络广告可以参考以下几个步骤。

（1）确立网络广告目标。

（2）确定网络广告预算。

（3）广告信息决策。

（4）网络广告媒体资源选择。

（5）网络效果监测和评价。

同传统的广告媒体相比，网络广告的易统计和可评估性、广告受众数量的可统计性都给商家进行广告策略的调整带来便利。根据有效原则，评估工作必须达到测定广告效果的目的，要以具体的、科学的数据结果而非虚假的数据来评估广告的效果。因此，那些掺入了很多水分的高点击率等统计数字用于网络广告的效果评估中是没有任何意义的，这就要求采用多种评估方法，多方面地综合考察，使对网络广告效果进行评估得出的结论更加有效。

四、病毒营销

病毒营销（viral marketing），又称病毒式营销、病毒性营销、基因行销或核爆式行销，是通过用户的口碑宣传，信息像病毒一样传播和扩散，利用快速复制的方式传向数以千计、数以百万计的受众。也就是说，通过提供有价值的产品或服务，"让大家告诉大家"，通过别人为你宣传，实现"营销杠杆"的作用。病毒式营销已经成为网络营销最独特的手段，被越来越多的商家和网站成功利用。

病毒式营销利用的是用户口碑传播的原理。在互联网上，这种"口碑传播"更方便，可以像病毒一样迅速蔓延，因此病毒式营销成为一种高效的信息传播方式。由于这种传播是用户之间自发进行的，因此是几乎不需要费用的网络营销手段。和传统行销相比，受众自愿接受的特点使得病毒式营销的成本更少，收益更多。

（一）病毒营销的运用规则

1. 确定有影响力的个人群体

确定有影响力的个人群体，如论坛版主和博客主人及圈主，与他们取得联系并提供额外的服务。版主、编辑、博主等是网络化所特有的一类网络内行。这些传播人掌握着一些网络热点内容发布和展示的资源，他们有的甚至是网络社会消费观念的风向标。营销经理们应该创建一个工作计划，和适合自己宣传的站点编辑以及论坛版主定时联系，因为这群人天天接触网民，了解网民的习惯和爱好，他们甚至能预测一个文字链接内容如何修改就将增加多少关注，因此咨询专业的编辑能帮助营销人员把握整个营销活动中的各个细节。不要小看这些细节，它很可能让整个活动效果提升 20%以上。版主对于网络社区，就像是社区里的热点人物，他们不仅仅是社区管理员，他们的观点更被一帮人所关注，他们扮演的是相对拥有人格魅力的角色。因此充分与这类有影响力的人沟通并获得他们的支持，将会使活动传播更快、更有效。这也是很多互联网企业喜欢召开版主讨论会的原因。

2. 设计具有较高传播性的内容

要设计具有较强传播性的传播体、有较高谈论价值的信息内容或是幽默的可传播性强的内容。针对某个行业或某个职业的人群，如果能设计出与其职业相关的幽默内容且在同行中广泛传播，那么该广告的投放就会相当精准。这里最关键的是广告内容是否符合以下两个条件：第一，是否体现了产品的特征，即别人是否看得明白；第二，是否有传播欲望，即传播对象是否为准人群和潜在人群。

3. 关注传播细节

关注传播细节是将创意传播给某些人以产生意见带头人或社会团体中有影响力的人，如某些兴趣团体的领头人。这些人有时候在网络上各个兴趣团体中都已经拥有自己的圈子，很容易找到。但让这些人参与进来是需要技巧的，如果仅仅是金钱的引诱，不一定能达到很好的效果。只有他们愿意主动分享，才是被传播者也愿意分享的。企业只有在互联网传播过程中综合考虑这些因素，充分把握网络环境和网络人群的力量，才能真正发挥网络营销的威力。

（二）病毒营销的成功要素

一个有效的病毒营销战略可以归纳为 6 项基本要素，如图 4-6 所示。一个病毒营销战略不一定要包含所有要素，但是包含的要素越多，营销效果可能越好。

图 4-6　病毒营销的 6 要素

五、博客营销

（一）博客与博客营销

要了解什么是博客营销，首先要知道什么是博客。博客最初的名称是 weblog，由 web 和 log 两个单词组成，按字面意思解释就是"网络日记"，后来喜欢新名词的人把这个词的发音故意改了一下，读成 we blog。由此，blog 这个词便被创造了出来。

博客这种网络日记的内容通常是公开的，博主可以发表自己的网络日记，也可以阅读别人的网络日记，因此，博客可以理解为一种个人思想、观点、知识等在互联网上的共享。由此可见，博客具有知识性、自主性、共享性等基本特征。正是博客这种特征决定了博客营销是一种基于包括思想、体验等表现形式的个人知识资源的网络信息传递形式。博客营销是利用博客这种网络应用形式开展网络营销的工具。公司、企业或者个人利用博客这种网络交互性平台，发布并更新企业、公司或个人的相关概况及信息，密切关注并及时回复平台上客户对于企业或个人的相关疑问以及咨询，并通过较强的博客平台帮助企业或公司零成本获得搜索引擎的收录和关注，以达到宣传目的。

与博客营销相关的概念还有企业博客、职业博客、营销博客等，这些也都是从博客具体应用的角度来描述的，主要区别于那些出于个人兴趣甚至以个人隐私为内容的个人博客。其实无论是企业博客还是营销博客，一般来说写博客都是个人行为（当然也不排除有某个公司集体写作同一博客主题的可能），只不过在写作内容和出发点方面有所区别：企业博客或者营销博客具有明确的企业营销目的，博客文章中或多或少会带有企业营销的色彩。

真正的博客营销应靠原创的、专业化的内容吸引读者，培养一批忠实的读者，在读者群中建设信任度、权威度，形成个人品牌，进而影响读者的思维和购买决策。

新浪博客是目前仍在运营的博客，由于微博的冲击，很多博客平台已经停止提供服务，但博客的双向沟通带来的影响一直都在，其运营的技巧和方法对微博营销也适用。

（二）博客营销的技巧

博客的作用与商业价值是建立在一个博客运作成功的基础之上的。试想，如果你的博客粉丝寥寥，关注者非常少，怎么可能达到效果？针对如何经营好企业博客，本书总结了以下企业博客的操作技巧与禁忌，以便帮助企业能够正确、快速地进行博客营销。

1. 塑造个性化

如果一个浏览者觉得你的博客和其他博客差不多，或是别的博客可以替代你的博客，就说明你的博客是不成功的。这和品牌与商品的定位一样，从功能层面就要做到差异化，在感性层面也要塑造个性。这样的博客具有很高的黏性，可以持续积累粉丝与关注，因为此时的你有了不可替代性与独特的魅力。

2. 强化互动性

博客的魅力在于互动，拥有一群不说话的"粉丝"是很危险的，因为他们慢慢会变成不看你内容的"粉丝"，直至离开。因此，互动性是使博客持续发展的关键。首先应该注意的问题就是，企业宣传信息不能超过博客信息的 10%，最佳比例是 3%～5%。更多的信息应该融入"粉丝"感兴趣的内容之中。

3. 提高专业化水平

企业博客定位专一很重要，但是专业更重要。同市场竞争一样，只有专业才可能超越对手，持续吸引关注，专业是一个企业博客重要的竞争力指标。博客不是企业的装饰品，如果不能做到专业，只流于平庸，倒不如不去建设企业博客，因为作为一个"零距离"接触的交流平台，负面的信息与不良的用户体验很容易迅速传播开，并给企业带来不利的影响。

4. 注重方法与技巧

很多人认为，博客就是短信，就是随笔，甚至就是"唠嗑"。对个人博客来说也许的确如此，但是对一个企业博客来说，就不能如此，因为企业开设博客不是为了消遣娱乐，而是以创造价值为己任，担当这样使命的企业博客在经营上自然也更困难与复杂。

（三）企业博客的运作

网络时代提倡全员营销，而博客是最合适的场所。

互联网上有了博客以后，尤其当博客不再是个人日志，而是可以成为一种营销工具以后，它已经具备广告等其他营销方式所不具备的互动功能。很多企业已经意识到博客的妙用，并积极尝试使用博客为自己的企业目标服务。

专业的企业博客一般由以下四类人作为博客写手。

（1）企业家。企业家写博客，许多文章直接表现为写产品文化，是一种在高层次上推介产品的办法。这类博客能够呈现出公司元老的最初见解，他们是真实的人，具有普通人可以亲近的一面，而且都是比较成功的人。如果这类博客经营得当，就能够成功营造出和谐与信赖感，传达公司的重要信息，对产业话题做出回应，让大家了解公司的状况。

（2）企业员工。很多企业的博客是由不同职业的员工或几个员工来当博客写手的，在博客写手中是比较有代表性的。这样的博客写手一般对公司的某一些方面比较专业，如软件开发人员、律师、会计师、营销专家等，因此当他们传播消息时，大家都会仔细倾听。这类博客不仅会传播知识，还会告诉大家消息的真正含义。比如，微软在测试新的搜索引擎以前，MSN 搜索小组的博客写手便使用博客发布产品信息，坦承哪些地方还需要再改进，并告诉大家产品的开发方向，让大家对产品产生信赖感与期待感。

（3）企业聘用的写手。目前有专门使用博客做营销的网络营销公司或称公关公司，由博客写手帮助企业打造企业博客。

（4）消费者。如果能让消费者主动为企业宣传，那将是最难能可贵的事情了，当然企业也在后面推波助澜。例如世界 500 强之一的美国宝洁公司，它的博客在全世界有 2000 万注册客户。宝洁公司投放了大量的优惠券，鼓励老客户在宝洁的博客里为新产品叫好，而奖券让他们在世界各地购买宝洁产品的时候得到折扣和实惠。

把博客当成营销的工具，就是为了让大家在公开的场合呈现真实的自我，从而达到营销的目的。

Papi 酱走红模式分析——原创视频

任务四　短视频拍摄与发布

任务引入

视频和直播有着相似的营销作用，学会拍摄、剪辑及美化视频是一个营销人员必备的技能。制作好的内容、考虑呈现的形式、选择拍摄素材都需要策划准备。短视频即短片视频，是一种互联网内容传播方式，一般是在互联网新媒体上传播的时长在 5 分钟以内的视频；随着移动终端普及和网络的提速，短平快的大流量传播内容逐渐获得各大平台、粉丝和资本的青睐。随着网红经济的出现，视频行业逐渐崛起一批优质 UGC 内容制作者，微博、秒拍、快手、今日头条纷纷入局短视频行业，内容制作者也偏向 PGC（专业生产内容）化专业运作。适合在移动状态和短时休闲状态下观看的、高频推送的视频内容播放时间几秒到几分钟不等，内容可以融合技能分享、幽默搞怪、时尚潮流、社会热点、街头采访、公益教育、广告创意、商业定制等主题。由于内容短，可以单独成片，也可以成为系列栏目。

任务目标

1. 熟悉拍摄及直播的必要设备。
2. 熟悉各视频平台对直播电子商务的上线要求。
3. 掌握以营销为目的的剪辑和美化视频方法。

任务要求

1. 以校园为主，选题角度任意，进行短视频拍摄、剪辑、美化、上传。
2. 找至少两个视频平台，分析推荐机制的异同。
3. 做好直播的准备，熟悉各平台的直播要求。

任务分析

无创意不营销，一个短视频可以完成对一个人的技术、审美、文字组织能力等多方面的考量。

视频平台众多，各平台的推荐机制也不一样，要想把自己制作的内容推荐给更多的人，除地域、点赞等方式，还有很多隐藏的条件，在发布一个视频作品后，后续的跟踪分析才是重要的。同时为直播做好准备，从平台、设备、产品、话术等各个环节进行策划。任务是短视频制作，内容要弘扬正能量。

第四节　新网络营销策略

一、微博营销

（一）微博和微博营销

微博，即微博客（micro blog）的简称，是一个基于用户关系的信息获取分享、传播平台，以 140 字左右的文字更新信息，并实现即时分享。Twitter 是 2006 年 3 月由 blogger 的创始人埃文·威廉姆斯（Evan Williams）推出的，英文原意为"小鸟的叽叽喳喳声"，用户能用手机短信更新信息。Twitter 的出现把世人的眼光引入了一个叫微博的小小世界里。2009年 8 月，中国门户网站新浪推出"新浪微博"内测版，成为门户网站中第一家提供微博服务的网站，微博正式进入中文上网主流人群视野。2013 年上半年，新浪微博注册用户达到5.36 亿人，腾讯微博注册用户也超过 5 亿人，这些数字之间当然是有交叉的。微博已经成为中国网民上网的主要活动之一。

微博是一种通过关注机制分享简短实时信息的广播式的社交网络平台。国内微博的风格与 Twitter 完全不同。国人不爱隐私爱热闹，微博与其说是朋友圈，不如说是粉丝场。微博有 140 个字符的长度限制，对于西文，以英文为例，一个英文单词加上空格平均也要五六个字符，而中文以双字词为主流，这样每条 Twitter 能够传达的信息量就只有一条中文微博的 1/3 左右。如果用信息密度更低的语言（如西班牙语）写微博，所传达的信息量就更少了。微博作为一种分享和交流平台，更注重时效性和随意性。微博更能表达出每时每刻的思想和最新动态，而博客则更偏重于梳理自己在一段时间内的所见、所闻、所感。

微博营销是一种网络营销方式。微博营销以微博作为营销平台，每一个听众（粉丝）都是潜在营销对象，每个企业都可以在新浪、网易等网站注册一个微博账号（也称官微），然后通过更新自己的微博向网友传播企业、产品的信息，树立良好的企业形象和产品形象。每天可以借助更新的内容跟大家交流，这样就可以达到营销的目的。

（二）微博营销的特点

1. 原创性

微博的出现具有划时代的意义，真正标志着个人互联网时代的到来。大量原创内容爆发性地被生产出来。博客的出现，已经将互联网上的社会化媒体推进了一大步，公众人物纷纷开始建立自己的网上形象。然而，博客上的形象仍然是化妆后的表演，博客文章的创作需要考虑完整的逻辑，这样大的工作量对于博客作者成为很重的负担。"沉默的大多数"在微博上找到了展示自己的舞台。140 个字发布信息，远比博客发布容易，可以方便地利用文字、图片、视频等多种展现形式，是完全利用人们的碎片时间的消息集散基地。

2. 传播快

微博网站即时通信功能非常强大，可以在计算机上直接书写，而在没有网络的地方，只要有手机也可以即时更新自己的内容。如果在事发现场发微博，这种现场性也增加了事件的真实性，容易呼吁人们一同参与。

一些大的突发事件或引起全球关注的大事，如果有微博博主在场，利用各种手段在微博平台上发表出来，其实时性、现场感以及快捷性甚至超过所有媒体。微博信息传播的方式具有多样性，转发非常方便。利用"名人效应"能够使事件的传播量被几何级放大。

3. 背对脸

与博客上面对面的表演不同，微博上是背对脸的交流，就好比你在计算机前打游戏，路过的人从你背后看着你怎么玩，而你并不需要主动和背后的人交流。微博可以一点对多点，也可以点对点。移动终端提供的便利性和多媒体化，使得微博用户体验的黏性越来越强。

（三）关于微博应用的注意事项

在微博大范围应用的过程中，也出现了各种值得关注的问题，例如，由于发布信息随意性强，真实性没有保障；微博具有草根性，实质是娱乐化平台，从众心理重；微博在许多的营销组合中起辅助作用，并不是营销的主战场，缺乏有效的盈利模式；面临管理的困境。

二、微信营销

（一）微信营销的产生

微信营销是网络经济时代企业对营销模式的创新，是伴随微信的火爆产生的一种网络营销方式。微信不存在距离的限制，用户注册微信后，可与周围注册微信的"朋友"形成一种联系。因此，微信营销是用户订阅自己所需的信息，商家通过提供用户需要的信息，推广自己的产品的点对点的营销方式。

2011 年 1 月，腾讯推出即时通信应用微信，支持发送语音短信、视频、图片和文字，可以群聊。2012 年 3 月，时隔一年多，腾讯通过微博宣布微信用户突破 1 亿大关，也就是新浪微博注册用户的 1/3。在腾讯 QQ 邮箱、各种户外广告和旗下产品的不断宣传与推广下，微信的用户也在逐月增加。到 2020 年年底，每天有 10.9 亿用户打开微信，3.3 亿用户进行了视频通话；有 7.8 亿用户进入朋友圈，1.2 亿用户发表朋友圈，其中照片 6.7 亿张，短视频 1 亿条；有 3.6 亿用户读公众号文章，4 亿用户使用小程序。

微信一对一的交流方式具有良好的互动性，在精准地推送信息的同时更能形成一种朋友关系。基于微信的种种优势，借助微信平台开展客户服务营销也成为继微博之后的又一新兴营销渠道。微信公众平台是腾讯公司在微信的基础上新增的功能模块。通过这一平台，个人和企业都可以打造一个微信的公众号，并实现和特定群体通过文字、图片、语音进行全方位的沟通和互动。

不同于微博，微信作为纯粹的沟通工具，商家、媒体和明星通过其与用户之间的对话是私密性的，不需要公之于众，因此亲密度更高，完全可以做一些真正满足需求和个性化的内容推送。

（二）微信公众平台

随着腾讯推出微信公众平台，微信营销给网络营销带来了诸多变化。

微博营销本身的曝光率是极低的，发布的广告信息很容易就被淹没在了微博滚动的动态中了，信息的到达率可能是进行微博营销最需要关注的地方。而微信不同，微信在某种程度上可以说是强制了信息的曝光，前提是你先加上了这个公众号。微信公众平台信息的到达率是100%，还可以实现包括用户分组、地域控制在内的精准消息推送。这样营销人员只需把精力花在更好的文案策划上，而不是不厌其烦的推广运营上。如此一来，微信公众平台上的粉丝质量要远远高于微博粉丝，只要控制好发送频次与发送的内容质量，一般来说用户不会反感，并有可能转化成忠诚的客户。

2013年9月，陈坤"微信门"事件受到了央视在内的众多媒体的关注，有人爆料称陈坤公开的微信平台一天净收入就高达700万元，引起外界一片哗然。陈坤成了第一个吃螃蟹的人，因为他是首个开设收费微信账号的明星，从18元包月再到168元包年。会员不仅可以听到他的独家语音，还能看到他的独家私密照。于是有人算了一笔账，按照陈坤微博上5700多万粉丝来推算，微信上的粉丝上百万肯定也不成问题，如果他们都是付费会员，那么陈坤的日收入就可以达到700万元。利用微博和微信，明星很容易就能把粉丝组织起来，获取相应的商业价值。这件事当事人予以否认，无法证实其真实性，但微信的营销能力已经引起了人们的广泛关注，而且能够知道在微博中众多的粉丝中到底忠诚度有多高，有多少人愿意付费得到这些偶像的更详细的信息。

微信的公众平台还能细化营销渠道。利用这种一对一的关注和推送，公众平台可以向"粉丝"推送包括新闻资讯、产品消息、最新活动等消息，甚至能够完成咨询、客服等功能。可以肯定的是，微信在信息的用户推送与粉丝的管理方面要优于微博。尤其是微信立足于移动互联网，更使得它成为重要的营销渠道。微信公众平台的客户关系管理特点明显，管理上可以借鉴传统的客户关系管理，每天实时搜集反馈、回复并整理登记。

虽然微信是不能忽视的营销利器，但是精细化、个性化、一对一的营销无疑在提升成功率的同时也会增加成本。

（三）微信小程序营销

随着微信的不断发展，未来延伸的地方还有很多，有购物、游戏、扫一扫、朋友圈以及视频和直播，但在这些应用中，小程序成为众多应用中的翘楚。微信小程序于2017年1月上线，被称为"移动互联网的下一站"。

小程序实现了不需要下载和安装即可使用，用户扫一扫或者直接搜索就可打开应用，也体现了用完即走的便捷性。

1. 微信小程序的特性

微信小程序井喷式增加，对生活及工作中的基础应用基本全部覆盖，如聊天、视频、购物、游戏类 App 使用频率较高，在生活中偶尔使用或者使用频率不太高且占用了手机资源、体验不佳等的 App 就会被卸载，微信小程序的定位就是"体验比网站好，比下载 App 更便捷"。相比于 App 应用程序，小程序更加适合中频应用服务场景，虽然小程序以应用程序的状态存在，但区别于一般应用程序的形式，拥有灵活的应用组织形态，具有无须安装、触手可及、用完即走和无须卸载 4 大特性。

（1）无须安装。小程序内嵌于微信程序中，使用过程中用户无须在应用商店下载安装外部应用。

（2）触手可及。用户通过扫码等形式可直接进入小程序，从而实现线下场景与线上应用的即时连通。

（3）用完即走。在线下场景中，用户可以根据身边需求直接进入小程序，无须安装及订阅，使用后无须卸载，实现用完即走。

（4）无须卸载。访问过小程序后可直接关闭，无须卸载。

2. 微信小程序的营销策略

微信和朋友圈目前都禁止出现购买链接，而小程序是微信原生的，是社群传播的良好载体，无论是运行速度还是稳定性方面，优势都很明显。这些优势决定了小程序非常适合做营销。作为一种通过扫码就能应用的工具，对企业来说，不仅设置极其简单，而且线下推广极为便利。

（1）通过小程序进行客户引流。小程序拥有二维码扫描、关键词搜索、微信群分享、朋友聊天分享、附近的小程序、公众号关联等入口。利用小程序，企业可以通过多种方式展示想要传递的内容、提供的服务，甚至可以通过小程序商城进行商品售卖、服务预订等。基于微信庞大的用户流量，企业通过小程序的开发与运营，能够便捷地获得更多的用户资源。

（2）小程序的"即时"服务。现阶段，小程序以二维码为主要入口，用户通过微信扫一扫进入应用，可享受随时随地的"即时"服务，省去了 App 等的下载、安装、注册等环节。因此，将有更多用户通过不同的服务场景进入小程序，体验企业提供的线上服务和产品。

（3）公众号与小程序完美结合。对企业而言，可以通过会员系统及公众号，将系统中的消息功能与小程序的"用完即走"的服务特性相结合，进行粉丝和会员的二次开发，创造更多的商业价值。同时在公众号运营中，可结合用户在小程序中的行为数据，为其提供精准的个性化服务，如通过用户在小程序中的行为可辨别用户价值和产品购买倾向，对于有价值的用户，可利用优惠手段在小程序中吸引其关注公众号，并利用公众号实现有针对性的服务，如进行折扣券推送，等等。

小程序以小博大，能够触达用户更加全面的生活版图，通过线上和线下的整合打通行业下沉渠道，将与超级 App 互相产生作用，互利共生、共同进步。微信小程序上线至今主要的导流方式可以分为以下 5 类：推荐机制，用户主动搜索机制，扫码获取，好友或者群分享以及公众号的推荐。微信的导流风格保持了好产品的安静气质，给用户保留了足够的选择空间，以优质的功能体验吸引和打动用户。

三、App 营销

（一）App 的含义

App 是英文 application 的简称，由于智能手机的流行，现在的 App 多指智能手机的第三方应用程序，通常通过应用商城供人们下载。

App 营销思想的具体表现，一方面是可以积聚各种不同类型的网络受众；另一方面是借助 App 平台获取流量，其中包括大众流量和定向流量。由于小程序对 App 的冲击，只有高频次的应用才被用户下载使用，如天气、新闻等。中低频次使用的应用大都移到微信小程序了，如酒店预订、公交查询等。

（二）App 的功能

App 已经不仅仅只是移动设备上的一个客户端那么简单，如今，在很多设备上已经可以下载厂商官方的 App 软件对不同的产品进行无线控制。不仅如此，随着移动互联网的兴起，越来越多的互联网企业、电子商务平台将 App 作为销售的主战场之一。一些数据表明，App 给手机电子商务带来的流量远远超过了传统互联网（计算机端）的流量，通过 App 获得盈利也是各大电子商务平台的发展方向。事实表明，各大电子商务平台向移动 App 的倾斜也是十分明显的，原因不仅仅是每天增加的流量，更重要的是由于手机移动终端的便捷性，为企业积累了更多的用户，更有一些用户体验不错的 App 使得用户的忠诚度、活跃度都得到了很大程度的提升，从而对企业的创收和未来的发展起到了关键性的作用。

用户基数较大、用户体验不错的客户端，本地服务的有大众点评、豌豆荚、去哪儿、墨迹天气、艺龙在线等；网购的有淘宝、京东商城、当当网、乐蜂网等；理财类的主要有同花顺、腾讯操盘手等。当然游戏、阅读等热门应用更是层出不穷。

（三）App 营销的现状及特点

企业 App 应用宣告着中国的移动营销时代已经"燎原"，但使用 App 的风险在于，人们在一分钟内就能决定是否继续使用这款应用，因此很多企业盲目制作的 App 应用刚上线就被人们抛弃了，这也决定了目前 App 的应用和开发都更加有难度。

App 营销的特点有如下 6 个。

（1）成本低。App 营销的模式，其费用相对于电视、报纸甚至网络都要低很多，只要开发一个适合本品牌的应用就可以了，可能还会有一点的推广费用，但这种营销模式的营销效果是电视、报纸和网络所不能替代的。

（2）持续使用。一旦用户将 App 下载到手机成为客户端，那么持续使用便成为必然，因为用户选择下载必然是因为喜欢用并且觉得有价值。

（3）促进销售。App 的竞争优势，无疑增加了产品和业务的营销能力，并且可以直接带来流量，不用消费者再去搜索了。

（4）信息全面。全面展示的信息能够刺激用户的购买欲望。移动应用能够全面地展现产品的信息，让用户在没有购买产品之前就已经感受到产品的魅力，降低了对产品的抵触情绪，通过对产品信息的了解，刺激用户的购买欲望。

（5）提升品牌实力。移动应用可以提高企业的品牌形象，让用户了解品牌，进而提升品牌实力。良好的品牌实力是企业的无形资产，可以为企业形成竞争优势。

（6）随时服务。App 可实现网上订购，通过移动应用了解产品信息，及时地在移动应用上下单或者在链接的移动网站下单。应该说计算机电子商务所具有的优越性，在移动互联中基本都可以实现，而且跨时空、更精准和互动性强等。

四、网络视频营销与视频直播营销

（一）网络视频营销

网络视频营销是主要基于视频网站为核心的网络平台，以内容为核心、创意为导向，利用精细策划的视频内容实现产品营销与品牌传播的目的，是"视频"和"互联网"结合，兼具二者的优点；具有电视短片的优点（如感染力强、形式内容多样、创意新颖等），又有互联网营销的优势（如互动性强、主动传播性强、传播速度快、成本低廉等）；既有由专业团队制作的精美"微电影"，又有中小企业及个人独立制作的宣传片，新颖、有趣、生活化。

视频包含电视广告、网络视频、宣传片、微电影等各种方式。视频营销归根到底是营销活动，因此，成功的视频营销不仅要有高水准的视频制作，还要发掘营销内容的亮点。

在营销市场中，电视的龙头地位依然没有被动摇，但是电视作为视频媒体却有两大难以消除的局限性：一是受众只能是单向接受电视信息，很难深度参与；二是电视内容都有着一定的严肃性和品位，受众很难按照自己的偏好来创造内容，因此电视的广告价值大，但是互动营销价值小。目前年轻人刷手机的时间比看电视的时间多太多，流量的多寡是影响视频营销效果的重要因素。能突破电视这一局限的，就是网络视频。能进行视频互动营销的新平台，如字节跳动、B 站、快手等视频网络平台相继上市，代表着视频网站已成为当下互联网企业中的新贵。随着网络成为很多人生活中不可或缺的一部分，视频营销又上升到一个新的高度，各种手段和手法层出不穷。比尔·盖茨在世界经济论坛上预言，5 年内互联网将"颠覆"电视的地位，这句话在一定程度上说明了互联网视频的良好发展势头。网络视频广告的形式类似电视视频短片，平台却在互联网上。

"视频"与"互联网"的结合，让这种创新营销形式具备了两者的优点：目标精准、传播灵活、互动性强、效果可预测、感观性强。

视频的表现形式包括影视广告、网络视频、宣传片、创意视频、微电影等多种方式，并把产品或品牌信息植入到视频中，产生一种视觉冲击力和表现张力，通过网民的力量实现自传播，达到营销产品或推广品牌的目的。

（二）视频直播营销

网络视频加上时间轴，就是视频直播。视频直播业务是在点播业务的基础上演变而来的，利用互联网及流媒体技术进行直播。视频直播通过真实、生动的传播，营造出强烈的现场感，吸引眼球，达到印象深刻、记忆持久的传播效果，能够真实、直观、全面地宣传。目前视频直播主要包括游戏直播、生活直播、电子商务直播等。由于直播平台具有比传统平台限制少、门槛低、直播内容多样的特点，因而视频直播营销成为众多创业者的首选。

1. 视频直播营销的要素

视频直播营销包括场景、人物、产品和创意 4 个要素。

（1）场景：是指营造直播的气氛，让观众身临其境。

（2）人物：是指直播的主角，可以是主播或直播嘉宾，主要任务是展示内容，与观众互动。

（3）产品：产品要与直播中的道具或互动有关，以软植入的方式达到营销的目的。

（4）创意：有创意的直播可提高直播效果，吸引观众观看，如明星访谈、互动提问等形式就比简单的表演直播更加吸引观众。

2. 视频直播营销的优势

视频直播营销是一种营销形式上的重要创新，也是非常能体现互联网视频特色的板块。对广告主而言，视频直播营销有着以下几点极大的优势。

（1）传播形式本身容易引起关注。在当下的语境中直播营销就是一场事件营销。除了本身的广告效应，直播内容的新闻效应往往更明显，引爆性也更强，一个热门事件或者一个话题，相对而言，可以更轻松地进行传播和引起关注。

（2）能体现用户群的精准性。在观看直播时，用户需要在一个特定的时间共同进入播放页面，但这其实与互联网视频所倡扬的"随时随地性"背道而驰。但是，也正是由于这种播出时间上的限制，才使得视频直播营销能够真正识别并抓住这批具有忠诚度的精准目标人群。

（3）实现与用户的实时互动。相较传统电视，互联网视频的一大优势就是能够满足用户更为多元的需求。用户不仅仅是单向的观看，还能一起发弹幕吐槽，喜欢谁就直接献花打赏，甚至还能动用民意的力量改变节目进程。这种互动的真实性和立体性，也只有在直播的时候能够完全展现。

（4）深入沟通，情感共鸣。在这个碎片化的时代里，在这个去中心化的语境下，人们在日常生活中的交集越来越少，尤其是情感层面的交流越来越浅。直播，这种带有仪式感的内容播出形式能让一批具有相同志趣的人聚集在一起，聚焦在共同的爱好上，情绪相互感染，达成情感气氛上的高度共鸣。如果品牌能在这种氛围下恰到好处地推波助澜，其营销就会有"四两拨千斤"的效果。

视频直播营销应重点关注受众的年轻化、方案有趣且不低俗、主播的选择以及平台的流量支持力度等。

李子柒为什么只做短视频

五、LBS 精准营销

随着 4G/5G 移动网络及各行业应用业务的全面展开，个性化业务的需求以及对高质量信息服务要求的不断提高，对电子商务的营销能力提出了新的挑战。LBS（location based services，基于移动位置服务）与大数据为精准营销提供了保障。未来，精准营销将是网络营销的重要运营思路。

LBS 精准营销思维在营销活动中的普及，也为 LBS 营销提供了巨大的动力。移动互联网使用户在位置不停变换中依然可以保持网络连接，使 LBS 可以为用户提供更加个性化的位置服务。精准营销思维的融入让 LBS 营销在准确性、互动性、经济性、可控性和动态性上发挥了更大的价值。LBS 的移动终端包括移动电话、笔记本电脑和个人数字助理等。

以目前打车软件的应用为例，之所以无须在路边招手就能让司机找到我们就是因为手机定位足够准确，同时精准服务也优化了资源配置，让闲置的车辆可以上路服务以收取费用，不必人人有车，但却可以随时叫车。

（一）LBS 的应用原理与特点

1. LBS 的应用原理

LBS 包括两层含义：一层是确定移动设备或用户所在的地理位置，另一层是提供与位置相关的各类信息服务。总结起来，与定位相关的各类服务系统（简称"定位服务"）主要由移动通信网络和计算机网络组合而成，通过网关实现两个网络间的交互，即移动终端用户通过移动网络发送请求和定位，经过网关传递到 LBS 服务平台，然后服务平台根据用户请求和当前定位进行处理，并将结果通过网关传送回用户终端。例如，用户可通过移动终端打开定位系统，然后在用户当前位置的一定范围内（如 1000 米附近）寻找宾馆、影院、图书馆、加油站等。实际上，LBS 营销就是借助互联网，在固定用户或移动用户之间完成定位和服务功能的一种营销方式。

2. LBS 的特点

与其他营销方式相比，LBS 营销因为定位的特殊性，具有以下几个特点。

（1）精准营销。LBS 营销是一种十分精准的营销，可以将虚拟化社会网络和实际地理位置相结合，运营商通过用户的签到、点评等可以抓取用户的消费行为轨迹、时间和地点等信息。企业通过用户使用的 LBS 服务可分析用户的签到商家数等 LBS 数据，掌握用户的生活方式和消费习惯，从而能够有针对性地为用户推送更精准的销售信息，还可以根据移动用户的消费特质制定更加准确、有效的市场细分策略和营销方式。

（2）注重培养用户习惯。LBS 营销有两个基本前提：一是用户主动分享自己的地理位置，二是允许接收企业的推广信息。进行 LBS 营销时，一定要重视用户的习惯培养，要让用户乐于接收位置营销信息，这样才能更好地发挥 LBS 营销的价值。

（3）保护隐私安全。LBS 营销是基于用户定位的营销方式，不可避免地要涉及用户位置隐私。LBS 营销在为用户提供服务便利的同时，如果不能妥善地处理好用户隐私问题，就会造成用户兴趣爱好、运动模式、健康状况、生活习惯、年龄、收入等信息的泄露，甚至造成用户被跟踪、被攻击等严重后果。因此，LBS 营销必须用严密的手段保护消费者隐私。

（二）LBS+O2O 模式的营销应用

LBS+O2O 模式是传统团购模式的进一步延伸，目前多应用于生活服务方面。基于 LBS 定位服务的线上到线下闭环营销模式可以缩短用户和企业之间的距离，让用户及时看到企业信息并产生消费，多见于本地化产品和服务。它要求对用户的地理位置进行定位，然后根据用户的需求推送周边的企业服务，如外卖订餐、打车等。常见的 LBS+O2O 模式有以下几类。

（1）导航服务。导航服务即电子地图的基本服务，如高德地图的导航功能。

（2）生活服务。餐饮、住宿、娱乐、出行等本地生活服务几乎都需要将地理位置信息推送给用户，如通过百度地图查找附近的酒店并导航。

（3）持续定位。跑步、步行等运动类数据的提供，物流类的车联网、公交换乘等服务也需要借助 LBS 的地理位置服务。

（4）安全设备。现在很多物品具有定位功能，可以方便用户端应用程序实时获取物品的地理位置信息，比如有些儿童手表等。

（5）社交。社交可以说是当前与 LBS 结合最紧密的互联网运营模式。凭借 LBS 技术可实现定位服务和社交功能的组合，从而使网络社交顺利地完成从虚拟社交到现实社交的转变，LBS 顺理成章地成为连接社交和商业的渠道，如很多社交应用具有的"查找附近好友"功能。微信作为一款圈子型的社交工具，也提供了基于 LBS 技术的"摇一摇""附近的人"功能，从而将微信的熟人社交延伸到了陌生人领域，让用户能够基于地理位置扩大好友群体。

移动应用的底层逻辑是地图。LBS 营销离不开实时地图功能的支持。因此，基于智能移动端的"LBS+地图"应用可以说是 LBS 营销的核心模式，也是 LBS 营销的基础。LBS+地图模式几乎可以在所有移动电子商务领域使用。

（1）LBS+O2O 的餐饮模式。LBS+O2O 的餐饮模式是现在常见的一种营销模式。LBS

会根据用户需求，搜索附近或指定区域内的餐厅，然后向用户推送符合搜索条件的餐厅，进行精准营销。利用 LBS 服务，用户不仅可以了解餐厅的基本信息，还可以查看餐厅的口碑和评价，选择优质餐厅，并根据菜单进行订餐，然后在用餐结束后通过 LBS 移动支付功能完成付款，整个交易流程都可在应用平台上完成，提高了用户的服务体验。

（2）LBS＋O2O 的交通模式。该模式是指用户利用打车应用和平台，发送自己的打车请求，平台会对用户进行地理定位并通知附近车主，车主可以通过相应的应用和平台查看用户的位置，接单后前往用户位置，提供本次服务。例如，滴滴出行等打车软件，其模式都是乘客通过 LBS 发布请求寻找司机，平台派单，完成线上需求发布，建立一个从线上至线下、司机与乘客都可以控制的信息流，将打车服务、时间和地点高度结合起来，从而使用户获得良好的服务体验。

本 章 小 结

本章主要讲述网络营销的基本理论和多种网络营销工具与方法等内容，以及它们的特性与适用范围。

网上市场调研主要介绍网上市场调研的基本方法，在线调查设计的步骤。

搜索引擎营销主要介绍搜索引擎的基本原理与目标、搜索引擎的主要模式及操作要点、搜索引擎营销优化的方法及关键词策略。

电子邮件营销强调了邮件在网络营销中的主要作用，是一对一的主要营销工具，许可邮件营销的思想对后来的新网络营销具有重大的意义。

网络广告是一种行之有效的营销方法，介绍了网络广告的形式及传播方法及当下网络广告的计价方式。

病毒营销是一种营销方法，并非真的以传播病毒的方式开展营销，而是通过用户的口碑宣传让信息像病毒一样传播和扩散，利用快速复制的方式传向数以千计的受众。一个成功的病毒营销也有其特点。

微博、微信、小程序、视频营销等方式统称为新网络营销，这种全员网络营销是在网络营销社会化背景下产生的一种网络营销理念，主要强调互动性，用户是传播的主体。

LBS 基于位置服务的营销，能够实现线上线下真正的融合，让我们能更了解客户，进入到精准营销的时代。这些新的网络营销形式影响和改变着人们上网、工作和生活的方式，营销方法多样，变化迅速，是未来主要的网络营销战场。

思 考 题

1. 在本章介绍的网络营销工具和资源中，请选择两种以上你比较感兴趣的常用互联网工具，谈谈这些工具对你的生活和学习产生了哪些影响，如何才能让这些工具发挥更大的价值，以及你的使用心得。

2. 进行微信公众平台运营体验，试述微信公众号的评价指标有哪些。

3. 短视频制作体验：制作一个宣传自己学校或专业的短视频，要求宣传正能量。

4. 对百度为网站管理员提供的近三十个网站管理分析工具进行分类，对用于搜索引擎营销的工具进行分析，掌握其用法，包括网站联盟、百度指数、百度推广、百度风云等。

第五章 电子支付

学习目标

- ❑ 掌握电子支付的特征和类型。
- ❑ 掌握我国电子支付系统的组成。
- ❑ 掌握电子现金的含义和性质。
- ❑ 熟悉常见的 3 种银行卡的用途。
- ❑ 熟悉虚拟货币的类型、特征。
- ❑ 掌握电子钱包的类型和使用。
- ❑ 熟悉我国数字人民币的基础知识。
- ❑ 掌握第三方支付的含义、作用、类型。
- ❑ 掌握移动支付的现状、内涵、分类。

能力目标

- ❑ 具备安全、熟练地使用各种常见电子支付工具的能力。
- ❑ 能够熟悉并识别不同第三方支付使用场景的能力。
- ❑ 具备熟练操作移动支付工具的能力。

案例导入

中国电子支付的战争

中国电子支付行业起源于淘宝。2003 年淘宝推出支付宝服务，解决了消费者网购的信用难题；2009 年，支付宝用户突破 2 亿，成为全球最大的第三方支付平台。在当时的支付宝看来，市场上的对手只有 PayPal 一家，但殊不知另一科技巨头腾讯旗下的财付通正在悄然布局支付市场。

2009 年 7 月，财付通召开"会支付，会生活"发布会。财付通将这一发布会看作财付通新的里程碑，并明确表示：未来会把在线支付渗透到居民生活的方方面面。

2011 年，中国发布首批互联网支付牌照，支付宝与财付通均成为首批牌照拥有者。

在成功获得支付牌照后，财付通很快就与"拳头"产品微信联合推出微信支付，并在 2014 年春节，以"春晚红包"奇袭支付宝。凭借微信红包产品，借助微信超高的渗透率，微信支付瞬间成为全民应用。从此之后，电子支付市场正式进入了"二虎相争"的寡头格局。

微信支付的成功源于腾讯庞大的流量红利，尤其是在移动化方面，社交软件微信和 QQ 是装机必备软件。移动支付偏小额的碎片化线下支付场景十分契合微信支付这种基于社交软件的支付方式。微信支付当时走的是挤占低线城市的路线。无论是乡村青年，还是退休人士，微信都占据着他们大量的时间。支付宝由于缺乏社交基因，在低线下沉市场，很难与微信支付构成强有力的竞争。

微信涉足支付后，支付宝也开始反攻"社交"。"集五福"等社交活动，一度让支付宝渗透率激增，企图用"以彼之道还之彼身"的方式与微信支付"正面硬刚"。

除"双寡头"外，市场中还存在京东支付、百度钱包、壹钱包等多种支付平台。之所以有如此繁多的平台存在，是因为消费者有着各不相同的消费习惯，有的用惯了微信支付，有的更信任支付宝，还有的因为折扣而选择其他平台。

电子支付达到相对长期平衡后，支付宝与微信支付间的竞争已然转变为瞄准小微商家的军备竞赛式"冷战"。

支付宝全面开启本地化战略，利用饿了么、口碑等本地化平台，竭力找寻线下突破口；腾讯支付开启"烟火计划"，面向平台超 5000 万小微商家展开扶持，在线下线上一体化、福利补贴、商家教育指南、经营保障支持方面输出 4 大全新数字化政策。

纵览时间线，支付战争由 2013 年微信支付的诞生开始，到 2016 年年底格局初定，再到 2019 年战场上双方火力终于减弱。这场商业战争曾经声势浩大，无论是当年滴滴、快的的网约车之战，还是摩拜、ofo 的单车之战，背后都在发生支付战争。

经过 7 年战斗，两个巨无霸在国内支付市场的份额合计已超过 90%。从线上到线下，从用户到商户，微信支付与支付宝已经牢牢占据国民移动支付的每个环节。

微信与支付宝在日常生活中不可或缺。因为这场战争，两大巨头完成了势力范围从线上向线下的拓展，无论各自所占市场份额是多少，它们获得的交易笔数和交易额绝对值，都在这几年实现了数十倍的增长。

因为支付的重要，这成为互联网史上一场罕见的漫长对峙。

资料来源：晚点团队会支付战争：互联网最大战役的落幕"新经济"十年盘点[EB/OL].（2020-12-04）. https://www.sohu.com/a/436249066_114778?sec=wd.

阿尔法工场研究院. 移动支付后时代，收单平台的"三国杀"[EB/OL].（2021-01-05）. https://36kr.com/p/1040927322160900. 有改动.

任务一　了解电子支付的发展沿革

任务引入

电子支付是以计算机及网络为手段，以电子数据信息形式完成资金流转，并具有实时支付效力的支付方式。支付产业的发展，需要产业链上各方的合作与发展。电子支付涉及的参与者有以银行为代表的金融机构、第三方支付公司、商户、个人等，它们各自扮演着不同的角色。电子支付在各参与者之间的竞争与合作中发展。请你通过网络或相关书籍查找并总结电子支付的发展沿革，并结合资料思考如下问题：在电子支付发展过程中，各参与者之间的关系如何？它们各自发挥了怎样的作用？出现了哪些有代表性的支付工具？电子支付未来的发展趋势如何？

任务目标

1．了解商品交易的支付过程。
2．掌握电子支付的特征和类型。
3．熟悉我国电子支付参与者及其关系。
4．掌握我国电子支付系统的组成。

任务要求

1．搜集电子支付相关资料，总结电子支付的发展阶段。
2．对比分析电子支付各个参与者的作用及它们之间的关系与在电子支付发展过程中发挥的作用。
3．通过上述案例总结在电子支付发展过程中出现过的支付工具，并思考电子支付未来的发展趋势。

任务分析

支付是经济、金融的基础，是付款人对收款人进行的可接受的货币债权转让。支付系统的安全和效率决定着支付机构的发展方向。电子支付作为一种新兴的支付方式对经济和金融机构的发展产生了重要的影响。越来越多的企业和金融机构看到了电子支付的巨大发展前景，希望能建立自己的系统，发展电子支付业务。通过了解电子支付的发展沿革，了解支付的重要地位，掌握在一个国家的支付系统中各参与者的分工及发挥的作用，体会以银行为代表的金融机构之间的联系，熟悉我国支付系统的特征。

第一节　电子支付与支付系统

一、支付与支付系统

（一）支付的定义

支付（payment），是指为清偿商品交换和劳务活动以及金融资产交易所引起的债权债务关系，由银行所提供的金融服务业务。它来源于银行客户之间的经济交往活动，但由于银行"信用"中介的作用，演化为银行与客户和银行客户的开户银行之间的资金收付关系。而银行之间的资金收付交易，又必须经过银行的银行，即政府授权的中央银行进行资金清算，才能最终完成支付的全过程。因此，支付全过程将在两个层次完成，下层是商业银行与客户之间的资金支付往来与结算，上层是中央银行与商业银行之间的资金支付与清算，如图5-1所示。两个层次支付活动的全过程将经济交往活动各方与商业银行、中央银行维系在一起，构成复杂的系统整体，被称为支付系统（payment system）。在国民经济大系统之中，支付系统发挥着重要的宏观经济"枢纽"作用。

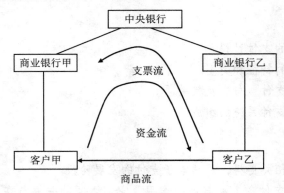

图 5-1　商品交易时的支付过程

（二）支付系统的参与者

我国支付系统的参与者包括直接参与者和间接参与者。

我国支付系统的直接参与者是国有商业银行和中国人民银行。所有直接参与的银行分支机构，既是支付交易的最初发起银行，也是支付交易的最终接收银行。参与的商业银行以其不同层次的管辖银行在其相应层次的央行开设清算账户，央行的上层支付资金清算系统在整个支付系统中占据核心地位，其清算、结算处理中心集中管理各商业银行的清算账户，进行支付资金的最终清算。

我国支付系统的间接参与者是商业银行的广大客户以及通过商业银行代理并参与我国支付系统资金清算处理的其他各种金融机构。

（三）参与者对支付系统的要求

在支付系统中，不同的参与者对系统的要求各不相同。

（1）个人消费者。由于每天都要进行大量的消费支付，金额不大，但支付频繁，要求方便、有效、使用方式灵活。

（2）零售商业部门。使用方便、灵活，所接受的支付工具具有信用担保。

（3）工商企业部门。往往支付金额大，支付时间紧迫，而且应该最大限度地降低流动资金的占用额和占用时间。

（4）金融部门。支付笔数少、金额大，时效性要求高，必须防止风险和不必要的流动资金占用。

（5）外贸部门。由于贸易的国际化发展迅速，金融业的国际化趋势也越来越明显，要求支付能以最良好的方式进入国际支付系统。

（6）政府/公共事业部门。既是经济活动的买方，又是经济活动的卖方，支付需求与工商企业部门类似，且政府部门还有一系列的财政、税务收支和债务管理收支等支付任务，对支付系统的要求更具多样性。

二、电子支付

（一）电子支付的含义

按照 2005 年 10 月中国人民银行《电子支付指引（第一号）》的定义，电子支付是指单位、个人（以下简称"客户"）直接或授权他人通过电子终端发出支付指令，实现货币支付与资金转移的行为。

与传统的支付方式相比较，电子支付具有以下几个特征。

（1）电子支付是采用先进的技术通过数字流转来完成信息传输的，其各种支付方式都是采用数字化的方式进行的；而传统的支付方式则是通过现金的流转、票据的转让及银行的汇兑等物理实体的流转来完成款项支付的。

（2）电子支付的工作环境是一个开放性系统平台（即因特网），而传统支付则在较为封闭的系统中运作。

（3）电子支付使用的是最先进的通信手段，如互联网、Extranet；而传统支付使用的则是传统的通信媒介。电子支付对软、硬件设施的要求很高，一般要求有联网的微机、相关的软件及其他一些配套设施，而传统支付则没有这么高的要求。

（4）电子支付具有方便、快捷、高效、经济的优势。用户只要拥有一台能上网的计算机或者智能终端，便可足不出户在很短的时间内完成整个支付过程。支付费用比传统支付低很多，曾有过统计，电子支付费用仅为传统支付方式的几十分之一，甚至几百分之一。

（二）电子支付的类型

电子支付方式的出现要早于互联网，并且已经建立了 3 种不同类型的支付系统，即预支付（pre-paid）系统、即时支付（instant-paid）系统和后支付（post-paid）系统。在预支付或后支付交易中，对银行的访问是在实际购买程序执行之前或之后才做的。

所谓"预支付"就是指先付款，然后才能购买到产品或服务。预支付系统基本上是通过将电子货币保存到硬盘或一张智能卡上的方式来工作的。这些包含该电子货币的文件叫作虚拟钱包（virtual wallet）。预支付是银行和在线商店首选的解决方案，由于它们要求客户预先支付，因此不再需要为这些钱支付利息，而且可以在购买产品的瞬间将钱传送给在线商店以防止受骗。预支付的工作方式像在真实商店里一样，顾客进入商店并用现金购买商品，然后才得到所需商品。即时支付采用逐笔实时方式处理支付业务，全额清算资金。应用支付系统的目的，就是给各银行和参与支付的企业单位以及金融市场提供快速、高效、安全、可靠的支付清算服务，防范支付风险。

后支付允许用户购买一件商品之后再付款。信用卡就是一种最普遍的后支付系统。

在电子支付方式下，最重要的是保证任何人都不能仿造用户的电子货币或盗走用户的信用卡信息。如果采用电子货币来显示在线支付，为了模仿现有支付方案的特性，还必须满足某些互联网支付系统必须具有的灵活性，而且这些系统应当可以支持不同情况下的不同支付模型（如信用卡现金、支票）。此外，支付的时限也必须得到所涉及的当事人一致同意。

电子支付的一个主要条件就是必须允许将电子货币从一个系统转移到另一个系统。支付系统应接受不同的支付形式和电子货币，而且除此以外，还应能与其他电子货币和实际货币的提供者签订协议，这样就可以形成将这些资金转移到系统中的机制。

按照支付金额的多少，国际上还将支付的等级进行了如下划分。

（1）微支付。价值少于 4 美元的业务。这种支付方案是建立在电子现金的基础之上的，一般认为这些系统的业务费几乎为零。

（2）消费者级支付。价值在 5～500 美元的业务。典型的消费者级支付是以信用卡方式进行的。

（3）商业级支付。价值大于 500 美元的业务。直接借记或电子账单是最合适的解决方案。

三、电子支付系统的组成

（一）电子支付系统的层次

一个国家的电子支付系统一般由支付服务系统、支付清算系统和支付信息管理系统 3 个层次组成。

1. 支付服务系统

支付服务系统主要指完成银行与客户之间的支付与结算的系统，也就是联机采用分布式数据库的综合业务处理系统。它一般在银行的柜台上完成，是银行为客户提供金融服务的窗口，其特点是账户多、业务量大、涉及客户与银行双方的权益，是支付系统的基础，也是金融信息系统的数据源点。根据我国金融电子化二十多年的实践结果，支付服务系统在我国具体包括公司业务系统、储蓄业务系统和新型电子化服务 3 类系统。

2. 支付清算系统

支付清算系统是一种跨行业务与资金清算系统。支付清算系统是国民经济资金运动的大动脉，社会经济活动大多要通过清算系统才能最终完成。该系统一般由政府授权的中央银行组织建设、运营和管理，各家商业银行和金融机构共同参加。这类系统几乎涉及一个地区或国家的所有银行或金融机构，系统庞大而复杂。

3. 支付信息管理系统

支付信息管理系统也就是通常所说的广义的金融管理信息系统，是金融综合业务处理系统，对各子系统所产生的基础数据进行采集、加工、分析和处理，为管理者提供及时、准确、全面的信息及信息分析工具的核心系统。它的建设和完善对提高金融业的经营管理水平具有重要作用，是防范和化解金融风险的必由之路，也是金融现代化的重要标志。

通过上述 3 种支付系统，可以完成金融支付体系的所有支付活动。在金融实际业务中，支付服务系统主要完成客户与商业银行之间的资金支付与结算活动；支付清算系统主要完成中央银行与商业银行之间的资金支付与清算活动；而支付信息管理系统体现的是金融系统的增值服务与监管方面的内容，它是建立在支付服务系统与支付清算服务系统基础之上的。

（二）客户和银行之间的电子支付系统

银行要完成支付与结算活动，必须以客户为中心，提供完善的电子自助服务，通常包括 ATM、家庭银行等银行卡授权支付系统，自动清算所（ACH）等支票支付结算系统，POS等商业支付系统，企业银行系统以及网上支付系统，等等。

（1）ATM 系统。在自动取款机或自动柜员机上，利用银行卡执行存取款和转账等金融交易的自助银行系统。

（2）家庭银行（HB）系统。消费者在家中通过电话、计算机、电视机屏幕等设施和相应的软件系统所进行的现金管理、资金划拨及支付账单等服务的系统。通常，它使用银行卡账户进行支付。

（3）自动清算所（ACH）。用于金融机构的支付，特别是高价值、周期性的小额支付，如工资、抵押、汽车贷款、社会保险等的支付。

（4）POS 系统。持卡人在银行特约商户消费后，通过位于商业网点的 POS 终端和专用网或公共数据通信网，与银行主机相连完成电子转账工作的系统。整个过程包含了商品交易、资金支付、转账和清算等内容。

（5）企业银行系统（CB）。它是服务对象包括大中型公司或政府机构在内的具有法人身份的电子银行系统。它与电子汇兑系统相结合，为企业提供诸如资金管理、财务管理、商务管理、投资功能业务等金融交易和信息增值服务。

（6）网上支付系统。由互联网与电子银行专用网等构成的开放式支付系统。网上支付是电子商务发展的核心。

（三）金融机构之间的电子支付清算系统

这是电子支付体系的高层，也是银行完成客户服务活动的基础。它完成往来银行与金融机构之间、中央银行与商业银行之间的支付与清算活动。该层支付体系主要由自动清算所、电子汇兑系统以及外汇交易结算系统等构成。

任务二　总结生活中见到的各种电子支付工具

任务引入

支付工具是实现经济活动的一种交易方式，它随着商品赊账、买卖的产生而出现。最初的支付工具是货币，随着经济的高速发展，支付工具也越来越多，并向电子化方向发展，出现了新的支付工具。目前，常见的电子支付工具既有完全依靠网络传递的电子货币，也有以银行卡等为介质的支付方式，还有各个不同类型的网站采用的不同的支付方式。结合生活当中的实例，总结你所接触的电子支付工具，并了解这些支付工具是如何应用的，它们的区别在哪里。

任务目标

1．了解电子现金的产生背景。

2．掌握电子现金的含义和性质。

3．熟悉常见的 3 种银行卡的用途。

4．了解电子支票的业务流程。

5．熟悉虚拟货币的类型、特征。

6．了解典型的虚拟货币。

7．掌握电子钱包的类型和使用。

8．熟悉我国数字人民币的基础知识。

任务要求

1．选择 2～3 个电子支付工具进行实践操作，对比分析它们的异同。

2．结合实际思考电子支付工具的出现对你的生活产生了哪些影响。

任务分析

电子支付覆盖领域日趋广泛，并加速向垂直化应用场景渗透，推动数字经济与实体经济融合发展。电子支付工具与大众日常生活的联系日益紧密，不仅重塑了居民个人的消费行为，而且变革了企业的商业模式。通过了解常见的电子支付工具，掌握各种电子支付工具的特点，熟悉电子支付工具的使用流程，选择合适的电子支付方式并提高实践技能。

第二节　常见的电子支付工具

一、电子现金

（一）电子现金的产生

最早的电子现金是由被誉为"电子现金之父"的戴维·乔姆发明的。乔姆于 20 世纪 70 年代末开始研究如何制作电子现金。他认为在互联网上必须有自己的网络货币，这种货币可以在互联网上自由流通，成为互联网上商品交易的媒介，同时又应是一种无纸货币。经过多年的辛勤钻研，乔姆博士终于获得了成功，并于 1995 年开始在互联网上发行电子现金。戴维·乔姆提出的电子现金系统有两项关键技术：随机配序和盲化签名。随机配序产生的唯一序列号保证数字现金的唯一性，盲化签名确保银行对该匿名数字现金的信用背书。戴维·乔姆的理论及其研发的电子现金激发了研究者对数字货币的兴趣。目前，数字货币技术的新概念包括群盲签名、公平交易、离线交易、货币的可分割性等。

（二）电子现金的含义

电子现金也称数字现金，是一种以数据形式流通的货币，它是以电子方式存在的现金货币。它将现金的数值转换为一系列加密序列数，用这些加密序列数来表示各种金额的币值。用户首先需要在开展电子现金业务的银行开设账户，然后把钱存在该账户内，就可以在接受电子现金的商家使用电子现金。目前，多数电子现金系统都能为小额在线交易提供快捷与方便的支付手段。如 2014 年 6 月 24 日，中国农业银行发行了复合电子现金卡"玲珑闪"卡，它是用于快速小额脱机支付，不设置支付密码，卡内资金不计息，不挂失且设定限额的借记卡（卡内最高限额为 1000 元）。

（三）电子现金的性质

电子现金具有如下几个性质。

（1）独立性。电子现金的安全性不能只靠物理上的安全来保证，必须通过电子现金自身使用的各项密码技术来保证电子现金的安全。

（2）不可重复花费。电子现金只能使用一次，重复花费能容易地被检查出来。

（3）匿名性。银行和商家即使相互联手也不能跟踪电子现金的使用情况，即二者无法将电子现金的流向与用户的购买行为联系到一起，从而隐藏电子现金用户的购买行为。

（4）不可伪造性。用户不能造假币，包括两种情况：一是用户不能凭空制造有效的电子现金；二是用户从银行提取若干有效的电子现金后，也不能根据提取和支付这若干电子现金的信息制造有效的电子现金。

（5）可传递性。电子现金像普通现金一样能在用户之间任意转让且无法被跟踪。

（6）可分性。电子现金不仅能作为整体使用，还能被分为更小的部分多次使用，只要各部分的面额之和与原电子现金面额相等，就可以进行任意金额的支付。

二、银行卡

（一）银行卡概述

支持电子支付的银行卡常用的有信用卡、借记卡、智能卡。1978 年，中国银行广州分行首先同香港东亚银行签订了协议，开始代理国外信用卡业务，信用卡从此进入中国。1985 年，中国银行珠海分行发行了我国第一张信用卡——珠江卡。1986 年，中国银行北京分行发行了长城卡，之后中国银行总行指定长城卡为中国银行系统的信用卡，在全国各分行发行。现在我国发行的银行卡有中国工商银行发行的牡丹卡、中国建设银行发行的龙卡、中国农业银行发行的金穗卡、中国交通银行发行的太平洋卡、招商银行发行的一卡通等多种银行卡。

（二）信用卡

信用卡是银行等金融机构发给持卡人为其提供自我借款权的一种银行信用方式。持卡人无须在银行存款或办理借款手续，凭卡就可以在银行规定的信用额度内到指定机构接受服务或购买商品，或者到银行支取现金。如果持卡人在期限内（通常为结账日后一个月左右）结清余额，则无须支付任何利息。信用卡的各项用途和基本功能是由发卡银行根据社会需要和银行内部的承受能力所赋予的。

（三）借记卡

借记卡是指持卡人在发卡银行先存款、后进行交易的银行卡。借记卡便于携带，既可在银行柜台存取款，也可在 ATM 上进行操作，非常方便。借记卡不允许透支。

（四）智能卡

智能卡（smart card 或 IC card）是一种集成电路卡，是将具有微处理器及大容量存储器的集成电路芯片嵌装于塑料等基片上而制成的卡片。智能卡可应用为银行电子付款卡、信用卡和电子钱包等。金融 IC 卡是由商业银行（信用社）或支付机构发行的，采用集成电路技术，遵循国家金融行业标准，具有消费信用、转账结算、现金存取等全部或部分金融功能，并可以具有其他商业服务和社会管理功能的金融工具。金融 IC 卡具有支付安全性高、便利性强、功能整合性广等特点。

案 例

云闪付 App

为使用户及时了解所有可以享受的信用卡和储蓄卡的权益，省去来回切换不同 App 查找权益的烦琐，云闪付 App 近日上线实用功能"权益中心"，一站式汇总银行卡衣、食、住、行、娱等各项礼遇，分类清晰，支持跨行权益查询，将持卡人与银行服务高效连接。

用户在云闪付 App 首页最下端点击"发现"，即可找到"权益中心"板块，能享受的银行卡权益一目了然。用户可以搜索自己需要的权益，一键查看云闪付 App 中已绑定银行卡的所有权益，并可通过跳转链接轻松使用。同时，权益中心可根据用户的定位，就近推荐相关的权益优惠，让消费者能够随时享受银行卡服务。

权益中心已集合了工商银行、农业银行、中国银行、建设银行、交通银行、浦发银行、上海银行等 15 家商业银行的近 100 项权益，并即将上线招商银行、平安银行等银行的丰富权益，涵盖餐饮美食、理财分期、旅游出行、影音娱乐、商超购物等方方面面生活所需，使持卡人用卡更加舒心，生活更加便利。

目前，云闪付 App 已拥有超过 3 亿用户，支持在线申请 40 多家银行的 700 余种信用卡，支持 150 多家银行信用卡零手续费还款、600 多家银行借记卡余额查询，受到越来越多用户的喜爱。同时，云闪付 App 可在境内外超过 2000 万家线下商户使用，基本实现电子账户的联网通用，境外 61 个国家和地区已支持包含银联二维码和银联手机 Pay 在内的银联移动支付服务。

资料来源：移动支付网. 云闪付上线"权益中心"一站式汇总银行卡权益[EB/OL].（2020-12-10）. https://www.mpaypass.com.cn/news/202012/10095526.html.

三、电子支票

（一）电子支票概述

电子支票（electronic check，E-check）是由 FSTC（美国金融服务技术联合会）倡导，作为一种纸基支票的电子替代品存在的，用来吸引不想使用现金而想使用信用方式的个人客户和公司。电子支票仿真纸面支票，不过是用电子方式启动，使用电子签名做背书，而且使用数字证书来验证付款者、付款银行和银行账号。电子支票的安全认证工作是由公开密钥算法的电子签名来完成的。电子支票如图5-2所示。

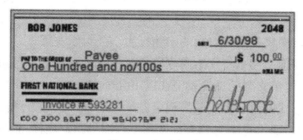

图 5-2　电子支票

电子支票包含三个实体：购买方、销售方及金融中介。在购买方和销售方达成一笔交易后，销售方要求付账。购买方从金融中介那里获得一个唯一凭证。购买方把这个付款证明交给销售方，销售方再交给金融中介。付款证明是一个由金融中介提供证明的电子流。更重要的是，付款证明的传转及账户的负债和信用几乎是同时发生的。如果购买方和销售方没有使用同一家金融中介，则需使用标准化票据交换系统。

（二）电子支票支付的基本流程

电子支票支付的基本流程如图5-3所示。

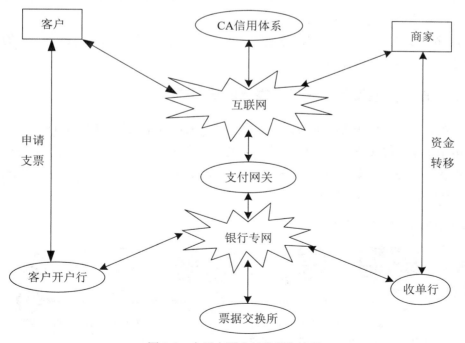

图 5-3　电子支票支付的基本流程

（1）客户到银行开设支票存款账户，存入存款，申请电子支票的使用权。

（2）客户开户行审核申请人资信情况，决定是否给予其使用电子支票的权利。

（3）顾客网上购物，订单填写完毕后使用电子支票生成器和开户行发放的授权证明文件生成支付该笔交易的电子支票，一同发往商家。

（4）商家将电子支票信息通过支付网关发往收单行请求验证，收单行将通过银行专用网络验证后的信息传回商家。

（5）支票有效，商家则确认客户的购物行为，并组织发货。

（6）在支票到期前，商家将支票向收单行背书提示，请求兑付。

在这个流程中，电子支票的优势表现在以下几个方面。

（1）电子支票方式的付款可以脱离现金和纸张进行，购买方通过计算机或 POS 机获得一个电子支票证明，而不是寄支票或直接到柜台前付款，这样可以减少相关的费用而且处理速度会大大加快。

（2）电子支票的即时认证能加快交易的速度，并在一定程度上保障交易的安全性，减少处理传统支票的时间成本和财务成本，对支票丢失后的挂失处理也方便、有效得多。

（3）电子支票可以为新型的在线服务提供便利。例如，它支持新的结算流（收款人可证实付款人在银行里有足够的资金），可以自动证实交易各方的数字签名，增强每个环节的安全性，还可以与基于 EDI 的电子订货集成来实现结算业务的自动化。

（4）电子支票的运作方式与传统支票相同，简化了用户学习的过程。电子支票基本上保留了传统支票的基本特性和灵活性，又加强了其功能，因而易于用户理解和接受。

（5）电子支票可为企业提供结算服务。企业运用电子支票在网上进行结算，可比现在采用的其他方法更方便、更快捷。

（6）电子支票要求把公共网络与金融专用网连接起来，这就充分发挥了现有的金融结算基础设施和公共网络的作用。

（三）电子支票实例——汇丰银行电子支票

汇丰银行推出的电子支票的数码签署采用公开密码匙基础建设技术，防止电子支票被篡改；电子支票一经发出后，任何资料不可更改；收款人不可重复存入电子支票；受网上理财双重认证（2FA）保密；所有已发出的电子支票均有短信提示。汇丰银行发出和存入电子支票的具体流程如图 5-4 和图 5-5 所示。

经商务「网上理财」发出电子支票

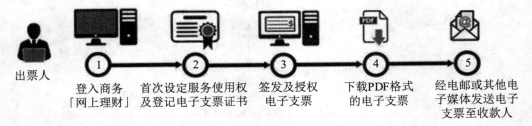

图 5-4　汇丰银行发出电子支票的流程

经汇丰存入电子支票

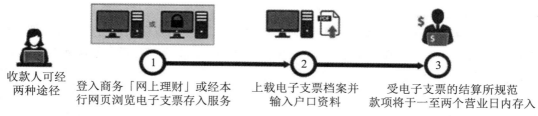

收款人可经
两种途径

① 登入商务「网上理财」或经本
行网页浏览电子支票存入服务

② 上载电子支票档案并
输入户口资料

③ 受电子支票的结算所规范
款项将于一至两个营业日内存入

图 5-5　经汇丰存入电子支票的流程

四、虚拟货币

（一）虚拟货币的含义

虚拟货币是指由一定的发行主体以公用信息网为基础，以计算机技术和通信技术为手段，以数字化的形式存储在网络或有关电子设备中，并通过网络系统（包括智能卡）以数据传输方式实现流通和支付功能的网上等价物。网络虚拟货币是非真实的货币。国际上常见的虚拟货币有比特币、莱特币。国内知名的虚拟货币有百度公司的百度币，腾讯公司的 Q 币、Q 点，盛大公司的点券，新浪推出的 U 币、米票（用于 iGame 游戏）以及其他游戏币。

欧洲央行对虚拟货币的定义为：一种不受监管的数字货币，通常由其开发者发行和控制，为特定虚拟社区的成员接受和使用。

苏宁在《虚拟货币的理论分析》中提出，虚拟货币的界定可分为广义虚拟货币和狭义虚拟货币。广义的虚拟货币是指产生于虚拟世界，可以在虚拟世界中流通，并作为虚拟世界中商品交易的一般等价物的货币；狭义的虚拟货币是指由虚拟世界的中央银行或特定机构发行，在虚拟世界流通的法定货币。

（二）虚拟货币的类型

1. 根据现行虚拟货币的发展情况分类

（1）次级货币。它是指没有正式货币地位，但可以参与正常经济生活的虚拟货币。一般通过电子挖掘获得，可与真实货币进行双向兑换。

（2）商品货币。它是指通过购买获得的虚拟货币，可以在发行方平台内部使用，这种货币只可用真实货币购买，却很难反向兑回。

（3）道具货币。它是指没有实际货币意义的道具、积分或产品，用以增加用户黏性，道具货币通过购买或用户在平台内的使用行为获得，几乎无法兑回。

2. 按照与实体货币的兑换关系分类

（1）虚拟货币与实体货币相互隔绝，不存在兑换关系。这一类型的虚拟货币主要在虚拟社区或者游戏中使用。游戏玩家无法购买或销售这类虚拟货币，只能通过游戏过关或者系统奖励才能获得这些游戏币。例如，各种单机游戏中的"货币"，玩家通过过关或者击杀怪物获得，用于提升自身装备或者参与某些游戏内容。这种虚拟货币的使用范围局限在封闭环境当中，脱离这个环境就不能称为"货币"。

（2）虚拟货币可以与实体货币进行单向兑换，即人们可以用实体货币兑换虚拟货币，从而在虚拟货币使用环境中购买自己需要的产品或服务，但虚拟货币不能换回实体货币。例如，游戏平台的所谓"白金币"，需要用实体货币购买，玩家在游戏平台使用白金币可以购买游戏道具，获得游戏中的优势或特殊效果，没有消费完的白金币不可以换回实体货币。这种类型的虚拟货币本质上是对某种商品或服务的预付款，可以视为对未来需要的产品或服务的购买。

（3）虚拟货币可以与实体货币进行双向兑换，也就是说，这类虚拟货币既可以用实体货币购买，也可以转化为实体货币。如曾经很流行的网络游戏《魔兽世界》，其中的游戏货币"魔兽金币"就可以在玩家之间流通，需要金币的玩家可以向卖家支付实体货币，从而在游戏中获得金币转账。对卖家来说，就是卖出金币获得实体货币。

（三）虚拟货币的特征

1. 价值性

用户消费运营商提供的产品与服务而获得效用价值，虚拟货币通过提供交换来满足消费者的这种效用而具有价值，虚拟货币的数量衡量一般商品的价值量。虚拟货币的发行本质也是信用发行，是持有者对发行者的债权。在一定范围内，这种债权具有的价值就是索取权。

2. 虚拟环境依赖性

虚拟货币的存在以发行商提供的虚拟经济环境及发行商自身持续经营为前提，否则虚拟货币没有任何意义。

3. 近似货币性

货币价值形式作为商品交换过程中的最高价值形式可以被认为是真正意义上的货币。虚拟货币由于其流通范围的有限性，尚不能充当所有商品的一般等价物；但是其在一定范围内具备货币的价值尺度、流通手段等职能。因此可以认为，虚拟货币近似货币价值形式，是货币的一种初级形态，具有近似货币性。

4. 需调控性

虚拟货币的发行与流通虽仅限于有限范围，但会通过货币乘数效应放大货币供应量，影响宏观经济调控的难度和准确度。虚拟货币发行者须将其发行量与流通量等指标报告央行，并随时服从央行的统一管理。

5. 需规制性

货币由央行发行并由央行通过货币政策进行宏观调控，而虚拟货币，由金融体系之外的非金融主体发行，其发行目的是获取商机与竞争优势，是一种市场行为，必然会导致发行者之间的竞争。这种竞争会产生不正当竞争行为，或通过寻租获取竞争优势，这就决定了需要根据法律法规对虚拟货币的市场行为进行规范管理。

6. 虚拟性

虚拟货币作为一种近似货币，若只存在于虚拟世界中并可购买其中的虚拟财产，则表现为虚拟存在；若与主权货币挂钩，可在现实世界存在并购买实体资产，则表现为主权货币的虚拟物。虚拟货币实际上是一串存在于计算机系统中的一段数据文件，仅由发行者对其系统解释后才具有虚拟货币的意义，由此可见，虚拟货币的存在形式具有虚拟性。

7. 应用有限性

一般而言，虚拟货币可以购买发行者提供的产品与服务，也可与发行范围以外的发行者联盟，按一定比率兑换从而可以购买联盟者的产品。对联盟以外的产品，虚拟货币就不具有任何价值。同理，当虚拟货币仅被授权在不同销售周期购买不同产品时，虚拟货币的使用就具有时间与范围的有限应用，而不像主权货币可以完全自由交换。

8. 可分性

虚拟货币不具有实物形态，是数字化的存储信息。它不同于传统纸质货币需要考虑主币与辅币的发行量及各种币值比例的平衡关系，可以无限拆分。

9. 与实体经济的关联性

尽管虚拟货币存在于虚拟世界之中，但新技术革命的进程已将虚拟世界与现实紧密相连，虚拟世界已经成为人们精神生活的重要组成部分，对现实经济的发展有促进作用。例如，大量娱乐活动应用项目为人们提供了丰富的精神财富。但是，在虚拟世界中发生的洗钱、赌博、网络盗窃等会对现实经济带来反作用。

（四）几种流行的虚拟货币

1. 比特币

比特币（bitcoin）是新型虚拟货币中最火爆、最受追捧的典型代表。比特币通过区块链进行工作，其特色就是全球通用。比特币基于开源代码产生，不受中央节点控制。比特币通过复杂的计算来获取，其获取过程叫作"挖矿"。任何人都可以通过名为"挖矿"的电脑运算行为获得比特币，任何通过处理器（CPU）、图形处理器（GPU 卡）进行运算获取比特币的行为都称为"挖矿"，而挖矿的人就叫作"矿工"。

2. 莱特币

莱特币（litecoin）技术原理同比特币一样，是比特币模仿者中最为成功的一种。与比特币相比，莱特币的交易时间更快，货币总量更大。开发者的初始定位是：如果比特币是黄金，那莱特币就是白银。

3. 比特币现金

比特币现金（bitcoin cash）号称新版的比特币。因为比特币现金100%复制了比特币的区块链信息，因此拥有比特币的人就相当于完全拥有了比特币现金。由于完全复制的性质与比特币本身具有的加密性质冲突，因此很多主流交易平台明确规定不支持比特币现金交易。比特币现金是比特币的衍生版，号称交易速度更快。

4. 瑞波币

瑞波币（ripple）是由著名风投机构安德森霍洛维茨基金注资、OpenCoin公司推出的新型虚拟货币。瑞波币是目前全球第四大虚拟货币，其特色是可以快速在全球任何一处转移成为数十种不同的虚拟货币，同时很多专业金融公司认为瑞波币交易更安全，手续费更低。和比特币相比，其优势在于交易迅速、操作简单，但其发行数量不固定，发行机制并不完全去中心化。

5. 以太坊（ethereum）

2013—2014年，程序员维塔利克（Vitalik Buterin）受到了比特币的启发，提出了"以太坊"的概念。维塔利克在2013年写下了《以太坊白皮书》，其中提到了以太坊创立的初衷：去中心化，更开放，使用安全。和比特币一样，以太币同样以区块链为基础，但其中最具特色的一点是以太币采用开源智能合约（smart contract），而以太币是基于以太坊技术衍生出的加密货币，目前已经成为仅次于比特币的全球价值第二高的加密货币。

6. 点点币

点点币是比特币的另一模仿者。开发者的初衷是在比特币的基础上实现一些创新项目，比如不设定固定的货币供应上限、计算能耗更低及用中彩票的方式进行奖励等。

阅读材料

虚拟货币的重要支撑——区块链技术

五、电子钱包

（一）电子钱包的产生与发展

英国国民西敏寺（National Westminster）银行开发的电子钱包Mondex是世界上最早的电子钱包系统，于1995年7月首先在有"英国的硅谷"之称的斯温顿（Swindon）市试用。起初，市场反响并不热烈，不过它很快就在斯温顿打开了局面，广泛应用于超级市场、酒吧、珠宝店、宠物商店、餐饮店、食品店、停车场、电话亭和公共交通工具上。由于电子钱包使用起来十分简单，只要把Mondex卡插入终端，三五秒钟之后，收据便从设备输出，一笔交易即告结束，读取器将从Mondex卡中的余额中扣除本次交易的花销。此外，Mondex卡还具有现金货币所具有的诸多属性，如作为商品尺度的属性、储蓄的属性和支付交换的属性。通过专用终端还可将一张卡上的钱转移到另一张卡上，而且，卡内存有的钱一旦用光、遗失或被窃，Mondex 卡内的金钱价值不能重新发行，也就是说持卡人必须负起管理上的责任。有的卡如被别人捡到照样能用，有的卡写有持卡人的姓名和密码锁功能，只有持卡人才能使用，比现金安全一些。当 Mondex 卡损坏时，持卡人就向发行机关申报卡内所余金额，由发行机关确认后重新制作新卡发还。

Mondex 卡终端支付只是电子钱包的早期应用，从形式上看，它与智能卡十分相似。今天电子商务中的电子钱包则已完全摆脱了实物形态，成为真正的虚拟钱包了。

（二）电子钱包的含义和类型

电子钱包（electronic wallet）是消费者在电子商务活动中使用的一种支付结算工具，是在小额购物或购买小商品时常用的新式钱包。所谓电子钱包，是指装入电子现金、电子零钱、安全零钱、数字信用卡、在线货币、数字货币和数字现金等电子货币，集多种功能于一体的电子货币支付方式。电子钱包有两种类型：一是纯粹的软件，主要用于网上消费、账户管理，这类软件通常与银行账户或银行卡账户连接在一起；二是小额支付的智能储值卡，持卡人预先在卡中存入一定的金额，交易时直接从储值账户中扣除交易金额。

（三）电子钱包的功能

电子钱包的功能和实际钱包一样，可存放信用卡、电子现金、所有者的身份证书、所有者地址以及电子商务网站的收款台上所需的其他信息。

电子钱包具有如下功能。

（1）电子安全证书的管理，包括电子安全证书的申请、存储、删除等。

（2）安全电子交易（SET），进行 SET 交易时辨认用户的身份并发送交易信息。

（3）交易记录的保存（SET），保存每一笔交易记录以备日后查询、持卡人在网上购物时，卡户信息（如账号和到期日期）及支付指令可以通过电子钱包软件进行加密传送和有效性验证。

（四）电子钱包的使用

使用电子钱包的顾客通常要在有关银行开立账户。在使用电子钱包时，将电子钱包通过有关的电子钱包应用软件安装到电子商务服务器上，利用电子钱包服务系统就可以把自己的各种电子货币或电子金融卡上的数据输入进去。在收付款时，如顾客需用电子信用卡（Visa 卡或 Master 卡）等收款时，顾客只要单击一下相应项目（或相应图标）即可完成。

案 例 ●

央行数字货币

2014 年，中国人民银行成立专门团队，开始对数字货币发行框架、关键技术、发行流通环境及相关国际经验等问题进行专项研究，至今已有 6 年。2020 年 8 月，商务部印发《全面深化服务贸易创新发展试点总体方案》，在"全面深化服务贸易创新发展试点任务、具体举措及责任分工"部分提出：在京津冀、长三角、粤港澳大湾区及中西部具备条件的试点地区开展数字人民币试点。人民银行制定政策保障措施，先由深圳、成都、苏州、雄安新区等地及未来冬奥场景相关部门协助推进，后续视情形扩大到其他地区。

从场景使用来看，央行的数字人民币使用方法和纸币差别不大。但是相比纸币，它的优点是并不依托银行账户和支付账户，只要手机中安装了数字货币钱包，就可以使用央行的数字货币。数字人民币采用了最新的双离线技术，即使没有手机信号，只要把装有数字货币钱包的手机在一起碰一碰，就可以方便地完成转账或者支付业务。

央行数字货币和我们常用的支付宝和微信支付等电子支付有什么本质区别呢？数字货币会给我们的生活带来什么样的变化呢？

从价值维度来说是信用货币。一方面，央行数字货币是人民币发展到数字经济时代的新形态，顺应了数字经济潮流。另一方面，央行数字货币仍是中央银行对公众发行的债务，以国家信用为价值支撑，具有无限法偿性。与实物法币如纸钞或硬币相比，央行数字法币变的是技术形态，不变的是价值内涵。支付宝和微信支付等电子支付工具在结算时，大多用的是商业银行存款货币。从理论上讲，商业银行都可能会破产。当然，电子支付机构备付金集中存管以后，情况有所变化。此外，当前一些电子支付机构和平台会设置支付壁垒，比如只支持微信或者支付宝，但对央行数字货币来说，只要是能使用电子支付的地方，就必须接受央行数字货币。总体来说，微信和支付宝等在法律地位、安全性上，没有达到与纸钞、央行数字货币同样的水平。

从技术维度来说使用了加密技术。公众最关心的是货币安全性、隐私性和便利性，加密技术是法定数字货币实现安全性、隐私性和便利性的关键要素。

从安全性来说，央行数字货币将最大限度地保障交易安全性，运用加密技术保证交易过程中端到端的安全，防止被窃取、篡改、冒充，具有无限法偿性。与之相比，互联网支付是基于银行账户的电子支付，难以避免挪用客户备付金、泄露客户信息、虚假交易等问题。

从隐私性来说，央行数字货币可以像纸币和硬币一样易于流通，交易信息和个人隐私不会泄露给其他第三方，只对中央银行披露，实现"匿名可控"。传统的银行卡和互联网支付等，都基于账户紧耦合模式，无法完全满足公众对易用和匿名支付服务的需求。央行数字货币保持了现钞的属性和主要特征，在为用户提供不同于传统电子支付的点对点支付体验的同时，通过隐私保护技术确保用户数据安全，避免敏感信息泄露。

从便利性角度说，央行数字货币只需下载数字钱包就可使用，不需要申请银行账户，且小额场景不需要网络就能支付，支持"双离线支付"，也就是说收支双方都离线时，也能进行支付。只要手机有电，哪怕整个网络都断了也可以实现支付。在极端情况下，比如地震中通信都断了，央行数字货币也能支付。此外，由加密技术等多种技术保障，央行数字货币的流通和防伪成本也大大降低，减少了过去纸钞和硬币的发行、印制、回笼和贮藏等环节成本。

从实现维度来说是算法货币。央行数字货币的出现，使我们可以运用大数据和人工智能算法对货币的发行、流通、贮藏等进行深度分析，了解货币运营规律，为货币政策宏观审慎监管等干预需求提供数据支持。从这个角度来说，央行数字货币未来的发行将受算法影响。从另一个维度来看，在数字货币的实现上采用了多种加密算法来保障安全可信，所以央行数字货币是当之无愧的算法货币。

从应用场景来说，央行数字货币有望成为智能货币。货币形式的数字化将有利于增加货币的可追踪性和可编程性，也有望让货币政策执行变得更加智能。货币的可编程性有非常大的想象空间，我们可以畅想未来的公益捐款，捐出的钱可以指定学校，这些钱在中间过程中不可能被挪用。一旦挪用了，其他机构是不会接收的。因此，央行数字货币还可广泛用于精准扶贫和财政拨款。

中国人民银行副行长范一飞介绍：当前央行数字货币是对 M0 的替代，即承担了价值尺度、流通手段、支付手段和价值贮藏等职能，央行数字货币也不应承担除货币应有的 4 个职能之外的其他社会与行政职能。虽然数字货币的可编程性有很大的想象空间，但在现实应用前还需漫长的探索积累。

资料来源：光明日报. 数字货币与电子支付究竟有何不同？[EB/OL]. （2020-09-09）. http://news.iresearch.cn/content/202009/338052.shtml.

任务三　了解第三方支付的应用

任务引入

第三方支付目前在无人零售行业广泛应用，催生了零售新业态。无人零售场景具体可以分为无人货架、自动贩卖机、无人商超，而以微信支付、支付宝、京东金融为代表的第三方支付平台则为它们提供相应的第三方平台支付服务。

以无人商超为例，一个典型的无人零售消费场景的消费过程主要分为如下几个步骤。[①]

（1）扫描开门二维码智能识别开门。

（2）进店挑选好商品后将其放置到收银台检测区。

（3）利用第三方支付扫描付款专用二维码。

（4）取走付款商品后系统自动打开商超大门。

任务目标

1．了解第三方支付的流程。

2．掌握第三方支付的含义和作用。

3．熟悉第三方支付的类型。

4．了解第三方支付牌照的作用及发放情况。

5．了解国内外知名的第三方支付企业。

任务要求

1．搜集或者实际体验第三方支付的 2～3 个应用（除上述无人零售外），总结第三方支付还有哪些便利生活的新场景。

2．北京首信易支付和上海环迅支付是我国较早诞生的第三方支付企业，但统计数据显示，2020 年上半年，第三方支付企业中支付宝、腾讯金融和银联商务分别以 48.44%、33.59% 和 7.19% 的市场份额位居前 3 位，三者市场份额总和达到 89.21%，试调查并思考这些企业

① 第三方支付场景系列之无人零售[EB/OL]. （2020-04-29）. http://www.100ec.cn/detail--6554208.html.

的不同之处。

任务分析

第三方支付是随着通信技术和信息技术的快速发展而壮大起来的。我国第三方支付交易规模逐年上升。第三方支付企业从提供单一的支付服务向全产业链的数字化升级服务转型，新一轮的优胜劣汰也将拉开序幕，第三方支付市场将面临新一轮洗牌。通过调查去体验和感知第三方支付市场的现状，并思考现有第三方支付企业的发展现状和趋势。

第三节　第三方支付

一、第三方支付概述

（一）第三方支付的含义

第三方支付是指一些和国内外各大银行签约，并具备一定实力和信誉保障的第三方独立机构提供的交易支持平台。它通过与银行的商业合作，以银行的支付结算功能为基础，向政府、企业、事业单位提供中立的、公正的面向其用户的个性化支付结算与增值服务。

（二）第三方支付的流程

第三方支付的一般运行模式为：买方选购商品后，使用第三方平台提供的账户进行货款支付，第三方在收到代为保管的货款后，通知卖方货款到账，要求商家发货；买方收到货物、检验商品并确认后，通知第三方付款；第三方将其款项转划至卖方账户上。这一交易完成过程的实质是一种提供结算信用担保的中介服务方式，其具体流程如图5-6所示。

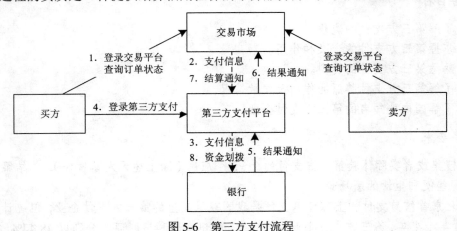

图5-6　第三方支付流程

（三）第三方支付的作用

（1）由于第三方支付服务商的存在，银行降低了发展商户的成本，商家也减少了与多家银行网关连接的开发费用和系统开销，因此，一个好的第三方支付服务商对每家银行来说都是一个"超级商户"，对每一家商户来说都是一家"超级银行"。

（2）第三方支付服务商提供一系列的应用接口程序，将多种支付方式整合到一个界面上，负责交易结算和与银行的对接，使网上购物更加快捷、便利。

（3）提供信用担保的第三方服务商利用自身信用提供交易担保，有效地解决了"拿钱不给货、拿货不给钱"的问题，降低了商品交易中的风险，提高了电子商务网站交易的成功率，促进了电子商务交易量的增长。

（四）第三方支付的优势

首先，对商家来说，通过第三方支付平台可以规避无法收到客户货款的风险，同时能够为客户提供多样化的支付方式，从而提高了客户购买的积极性，也为一些中小商户提供了一种便捷的收款方式。

其次，对客户来说，不但可以使货物质量在一定程度上有保障，增强了客户网上交易的信心，而且也规避了无法收到货物的风险。

最后，对银行来说，通过第三方平台银行可以扩展业务范畴，同时也节省了为大量中小企业提供网关接口的开发和维护费用。

二、第三方支付的类型

（一）根据央行《非金融机构支付服务管理办法》的分类

1. 网络支付

网络支付是指依托公共网络或专用网络在收、付款人之间转移货币资金的行为，包括货币汇兑、互联网支付、移动电话支付、固定电话支付、数字电视支付等。网络支付以第三方支付机构为支付服务提供主体，以互联网等开放网络为支付渠道，通过第三方支付机构与各商业银行之间的支付接口，在商户、消费者与银行之间形成一个完整的支付服务流程。网络支付可以分为支付网关模式和虚拟账户模式。

（1）支付网关模式。支付网关模式又称为网关支付，是电子商务中使用最多的一种互联网支付服务模式。该模式的主要特点是：在网上商户和银行网关之间增加一个第三方支付网关，由第三方支付网关负责集成不同银行的网银接口，并为网上商户提供统一的支付接口和结算对账等服务业务。第三方支付机构把所有银行网关（网银、电话银行）集成在了一个平台上，商户和消费者只需使用支付机构的一个平台就可以连接多个银行网关，实现一点接入，为商户和消费者提供多种银行卡的互联网支付服务。

（2）虚拟账户模式。虚拟账户型模式是指第三方支付机构不仅为商户提供银行支付网关的集成服务，还为客户提供一个虚拟账户，该虚拟账户可与客户的银行账户进行绑定或者对接，客户可以从银行账户等资金源向虚拟账户中充入资金，或从虚拟账户向银行账户注入资金。客户在网上的支付交易可在客户的虚拟账户之间完成，也可在虚拟账户与银行账户之间完成。根据虚拟账户承担的不同的功能，虚拟账户模式又可细分为信用中介型账户模式和直付型账户模式两类。

2. 预付卡发行与受理

预付卡是以先付费后消费为支付模式，以盈利为目的而发行的，可购买商品或服务的有预付价值的卡，包括磁条、芯片等卡片形式。与银行卡相比，它不与持卡人的银行账户直接关联。目前市场上流通的预付卡主要可分成单用途预付卡和多用途预付卡两类。

（1）单用途预付卡。企业通过购买、委托等方式获得制卡技术并发售预付卡，该卡只能在发卡机构内消费使用，主要由电信、商场、餐饮、健身、美容美发等领域的企业发行并受理。

（2）多用途预付卡。多用途预付卡主要由第三方支付机构发行，该机构与众多商家签订协议，布放受理 POS 终端机，消费者可以凭该卡到众多的联盟商户刷卡进行跨行业消费，典型的多用途卡有商通卡、福卡、新生易卡、欢付通卡、连心卡等，可在商场、便利店、餐馆等多个签约客户处使用。

3. 银行卡收单

银行卡收单是指收单机构通过银行卡受理终端为银行卡特约商户代收货币资金的行为。其中，受理终端是指通过银行卡信息读入装置生成银行卡交易指令要素的各类支付终端，包括销售点终端 POS、转账 POS、电话 POS、多用途金融 IC 卡支付终端、非接触式接收银行卡信息终端、有线电视刷卡终端、自助终端等类型；收单机构是指与特约商户签订银行卡受理协议并向该商户承诺付款以及承担核心业务主体责任的银行业金融机构和非金融机构。

（二）按照支付机构本身是否具有独立性分类

（1）独立的第三方支付机构。这类机构本身没有电子商务交易平台也不参与商品销售环节，只专注于支付服务，如快钱、通联支付、汇付天下等。

（2）非独立的第三方支付机构。该支付机构与某个电子商务平台属于集团联盟或者战略联盟关系，主要为该电子商务平台提供支付服务，如支付宝和财付通。

（三）按支付机构的业务范围分类

（1）单一业务支付机构，指只从事某一类别支付业务的支付机构，如只从事银行卡收单的杉德，只从事预付卡的资和信等。

（2）综合业务支付机构，指从事多样化支付业务的支付机构，如快钱、通联支付等。

三、第三方支付牌照

第三方支付牌照，也称《支付业务许可证》，它是为了规范第三方支付行业发展秩序而设立的。2010 年 6 月，中国人民银行正式对外公布《非金融机构支付服务管理办法》，要求包括第三方支付在内的非金融机构须在 2011 年 9 月 1 日前申领《支付业务许可证》，逾期未能取得许可证者将被禁止继续从事支付业务，我国第三方支付行业正式进入牌照监管时代。2016 年 8 月，中国人民银行明确宣布，坚持"总量控制"原则，一段时期内原则上不再批设新机构，并注销长期未实质开展支付业务的支付机构的牌照。

具体来说，中国人民银行将第三方支付牌照分为 7 种类型：预付卡受理、预付卡发行、移动电话支付、互联网支付、固定电话支付、银行卡收单、数字电视支付，不同的业务类型对应着不同的业务开展地域范围。

支付牌照有效期为 5 年，到期时持牌机构续展后方可继续从事支付业务，续展不通过者应迅速退出市场。2016 年 4 月，中国人民银行下发文件对支付机构分级分类监管，且 5 年期满之后续展从严。

截至 2019 年 5 月底，由于业务变动、公司合并、续展不通过等原因，已有 33 家机构的支付牌照被注销，其中 20 家因严重违规被注销，2 家主动注销，另有 11 家因业务合并而注销。2019 年 7 月，央行公布非银行支付机构《支付业务许可证》准予续展公示信息，本次需要续展的支付机构共 19 家，其中 17 家成功续展，续展有效期为 5 年，有效期时间为 2019 年 7 月 10 日至 2024 年 7 月 9 日。

四、典型的第三方支付平台

（一）支付宝

支付宝（中国）网络技术有限公司是我国领先的独立的第三方支付平台，致力于提供"简单、安全、快速"的支付解决方案。该公司在 2004 年由阿里巴巴公司建立，旗下有"支付宝"与"支付宝钱包"两个独立品牌。自 2014 年第 2 季度开始成为当前全球最大的移动支付厂商。支付宝与国内外 180 多家银行以及 VISA、MasterCard 国际组织等机构建立了战略合作关系，业务范围除中国大陆以外已覆盖 38 个国家和地区。

目前支付宝已成为拥有 5.2 亿实名用户的生活服务平台。支付宝已发展成为融合了支付、生活服务、政务服务、社交、理财、保险、公益等多个场景与行业的开放性平台。

除提供便捷的支付、转账、收款等基础功能外，支付宝还能快速完成信用卡还款，充话费，缴水、电、煤气费等上百种生活服务，不仅能享受消费打折，跟好友建群互动，还能轻松理财，累积信用。

（二）微信支付

2013 年 8 月 5 日，财付通与微信合作推出我国领先的第三方支付平台——微信支付。微信支付一直致力于为用户和企业提供安全、便捷、专业的在线支付服务。以"微信支付，不止支付"为核心理念，为个人用户创造了多种便民服务和应用场景，为各类企业以及小微商户提供专业的收款能力、运营能力、资金结算解决方案，以及安全保障。企业、商品、门店、用户已经通过微信连在了一起，让智慧生活变成了现实。

2019 年，微信支付整合智慧经营、门店圈层、小程序会员、扫码购、到家、品牌电子商务小程序等丰富能力，让"连接+智能"成为零售行业标准化的解决方案。在活动现场，微信支付团队宣布将组合商家券、会员支付组件、先享卡、支付即服务四大工具，特别是在时尚行业，有效助力品牌商进行全渠道一体化建设。微信支付已实现刷卡支付、扫码支付、公众号支付、App 支付，并提供企业红包、代金券、立减优惠等营销新工具，满足用户及商户的不同支付场景。以微信支付为核心的"智慧生活解决方案"至今已覆盖数百万门店三十多个行业，用户可以使用微信支付来看病、购物、吃饭、旅游、交水电费等，微信支付已深入人们生活的方方面面。

（三）PayPal

PayPal 所从事的第三方支付是彼得·蒂尔和马克思·列夫琴共同讨论出来的创业方向。这两人创业的最初起因是掌握在移动终端上进行信息加密的技术（FieldLink），但是一时找不到商业应用的合适场景。在华尔街工作过的彼得·蒂尔提出，这种加密技术最好的适用场景就是脱离银行系统的"点对点支付"。当时，彼得·蒂尔发现了支付行业的普遍痛点——在第三方支付出现之前，个人只能使用 ATM 为基础的现金支付和以 POS 机为基础的信用卡交易，但这两种支付基础设施都过于笨重，移动性极差，根本无法满足个人对个人的小额支付需求。因此，这两位天才推测有一种技术可以代替现金，实现个人对个人的支付。PayPal 创立的第三方支付产品极具革命性和颠覆性，对互联网金融和电子商务都产生了深远影响。

PayPal 作为一家金融行业创业公司还承受着与金融相关的严重外部威胁。[①]一是黑产团伙的侵袭。PayPal 一直遭受着金融欺诈团伙的严重威胁，2000 年年中的时候，一个骗子团伙注册了虚假的 PayPal 账户，并转走了近 600 万美元。为此，PayPal 做出了很多改变支付行业历史的重大创新，最重要的就是"高思贝克·列夫琴测试"，即现在常用的动态验证码技术，解决了当时最大的欺诈难题——"区分创建账户的到底是人还是电脑"。二是监管机构的强大压力。由于 PayPal 启动了上市计划，开始走入公共视野的中心，美国的金融监管机构开始密切关注这家金融独角兽。其中，对 PayPal 最大的监管威胁来自路易斯安那州的金融办公室。这些监管机构施压的背后，离不开银行等传统金融机构的联合推动打压。经过漫长的沟通，PayPal 得以躲过一劫。

PayPal 对于当今世界互联网的意义深远而重大，作为一家明星互联网金融公司，它开启了以第三方支付为代表的互联网金融时代。

（四）银联在线

银联在线支付自上线以来，其便捷的支付体验深受广大持卡人青睐。银联在线支付不仅可以订购火车票，支持境内外网上购物、团购等支付功能，还可以为银联卡持卡人提供商旅预订、车票预订、机票预订、信用卡还款等多种网上支付服务。它还能变身"生活小助手"，为持卡人提供水电煤缴费和手机充值等生活服务，可谓一卡在手，支付无忧。目前，银联在线支付接入的银行已达 240 多家，是当前支付最为便捷的互联网支付品牌。银联在

---

① 资料来源：从《支付战争》看 PayPal 的生死时刻[EB/OL]．（2018-10-21）．https://www.sohu.com/a/270084344_371463?_f=index_chan08businessnews_0.

线除了为持卡人提供安全、便捷的网络支付服务，现在又丰富了支付内容，大到商旅预订，小到水电煤、手机话费，银联在线支付在逐渐完善自身的功能和服务，为用户提供更好的支付体验，并以最雄厚的技术支持和金融支持，保障用户的财产安全。据调查，其他支付方式既要求持卡人注册账户，又要求预留个人信息绑定银行卡。如果账户信息发生了泄露，持卡人的个人信息和银行卡信息都会泄露，持卡人的资金很难确保安全。银联在线支付的"快"是建立在多重安全保障之上的快捷。银联在线支付为持卡人提供的不仅是如何更"快"，而是充分预防因支付步骤烦琐而给持卡人造成个人信息泄露的损失，并且，为确保个人信息的安全，银联在线支付的"银联卡支付"方式无须预留持卡人信息，每次交易时均通过发卡行验证付款。在"快捷"和"安全"双管齐下的服务中，用户还能找到不爱银联在线支付的理由吗?①

阅读材料

客户备付金

任务四　了解移动支付的使用方法

任务引入

2020 年第 3 季度，我国移动支付规模达到 65 万亿元人民币。移动支付的兴起实现了支付服务商与商户、用户的互动、互利、互惠，不仅改造了商户的交易行为，还重塑了居民的支付习惯。移动支付便利、快捷、广泛的优势，受到多方欢迎，进一步促进了自身的深度普及。随着移动互联网的发展，新技术产品渗透到移动支付行业，商户移动支付市场及居民移动支付行为也因之变革。

任务目标

1．了解移动支付的现状。

2．理解移动支付的内涵。

3．熟悉移动支付的分类。

---

① 资料来源：银联在线支付变身"生活小助手"[EB/OL]．（2014-06-16）．http://www.100ec.cn/detail--6178687.html.

任务要求

1. 结合实际，总结移动支付对我们生活的哪些方面产生了影响。

2. 调查一下你周围的人都采用什么样的支付方式，有哪些支付习惯。

任务分析

移动支付作为一种电子支付方式，具有高效、快捷、便利、成本低等优点，通过对生活中移动支付方式的体验与熟悉，能对移动支付有更加深入的理解，并结合所学电子支付知识，通过实际生活中的案例，掌握移动支付的技能和技巧。

第四节 移 动 支 付

一、移动支付发展现状

CNNIC 第 46 次《中国互联网络发展状况统计报告》显示，截至 2020 年 6 月，我国移动支付用户规模达 8.02 亿人，较 2020 年 3 月增长 3664 万人，占手机网民的 86.0%。我国移动支付交易规模全球领先，网络支付模式多元发展，支付业务合规化进程加速，整个行业运行态势持续向好。我国移动支付应用场景持续拓展，交易规模连续 3 年居全球首位。一是移动支付应用场景不断丰富。支付机构通过线上线下一体化支付、全国性福利补贴、商户在线培训指南等手段助力"小店经济"蓬勃发展。同时，支付机构利用大数据、人工智能等新技术，推动"信用县域"和"县域普惠金融"建设，拓展更多的"+支付"应用场景。二是移动支付交易规模持续扩大。新冠肺炎疫情期间，线下商户加速向线上转化，移动支付工具发挥惠民信息载体、电子钱包、信用媒介、收银记账等作用，促进移动支付普及。2020 年上半年，我国移动支付金额达 196.98 万亿元，同比增长 18.61%，稳居全球第一。

中国支付清算协会发布的《2020 年移动支付用户问卷调查报告》显示，2020 年，移动支付青年用户占比提升，中老年用户占比有所下降，移动支付快速创新应用可能产生的数字鸿沟问题须进一步引起关注；月收入 3000 元至 10 000 元的用户是使用移动支付最多的群体；城市地区的移动支付用户比例进一步升高，乡镇用户比例略有下降。

用户每天使用移动支付频率逐步增长，较 2019 年提高 4.4 个百分点；用户单笔金额 100 元以下的移动支付较 2019 年提高 23.3 个百分点，移动支付小额特征日渐显著，在地铁、公交日常出行及其他小额便民领域场景使用的频率越来越高。借记卡账户和第三方支付账户仍是用户移动支付首选的账户类型，信用卡账户支付占比较 2019 年提高 14.5 个百分点，使用信用支付产品（蚂蚁花呗等）和货币市场基金（余额宝等）支付的占比较 2019 年有所减少，分别下降 8.2 和 3.9 个百分点，移动支付资金来源回归银行账户趋势明显。

二维码支付是移动支付用户最常使用的支付方式，占比 95.2%，较 2019 年提高 2.6 个百分点；移动支付在文化娱乐场景下发展迅速，使用比例较 2019 年提高 6.9 个百分点，投资理财类、票务类和商旅类场景移动支付使用比例有所下降；停车扫码支付场景增多，被更多的用户接受，用户使用停车扫码支付占比为 8.9%，较 2019 年提高 2.6 个百分点。同时，用户认为在教育、卫生和医疗等公共服务类场景应加强移动支付应用，公共服务需求占比为 71.0%，较 2019 年提高 10.7 个百分点。

移动支付用户对客户权益保障措施的期望较 2019 年有所提高，及时进行支付风险提示、畅通客户投诉渠道、对客户进行必要的安全教育是用户关注的重要问题；用户对移动支付安全的重视程度持续增强，安全隐患依旧是移动支付用户担心的首要问题，商户不支持问题则明显改善，较 2019 年下降 9.8 个百分点；移动支付用户对放宽支付限额的需求较 2019 年大幅提升，提高 30.8 个百分点，主要原因是新冠疫情导致用户使用"非接触式"移动支付频率和需求增多，从而对支付限额提出更高要求。

用户使用移动支付过程中遇到的安全问题主要是个人信息被泄露、手机扫描到伪假条码和账户资金被盗用，其中手机扫描到伪假条码，占比 69.7%，较 2019 年提高 3.3 个百分点；付款码发送给他人，占比 44.6%，较 2019 年提高 3.8 个百分点，利用条码实施欺诈等违法犯罪行为不容忽视。

用户在使用生物识别技术进行移动支付身份识别和交易验证时，最担心个人隐私泄露，占比 79.6%，较 2019 年提高 2.7 个百分点。生物识别技术应用于移动支付可能造成的个人隐私泄露和安全隐患是用户最关心的问题。

二、移动支付的内涵

（一）移动支付的含义

关于移动支付，目前业界还没有被各方所共同接受的统一的定义，不同的参与方和研究机构从各自角度对其进行定义。例如，Gartner 认为，移动支付是在移动终端上使用包括银行账户、银行卡和预付费账号等支付工具完成交易的一种支付方式，并且认为移动支付不包括基于话费账户的手机支付、IVR 支付（结合其他通信手段如 SMS 和 USSD 强化安全的 IVR 支付除外）以及通过智能手机外接插件实现 POS 功能的三种模式。与之相比，Forrester 的定义更为宽泛，认为"移动支付是通过移动终端进行资金划转来完成交易的一种支付方式，但不包括使用移动终端语音功能完成的交易"。德勤认为，移动支付是指用户使用移动终端，接入通信网络或使用近距离通信技术完成信息交互，实现资金从支付方向受付方转移从而实现支付目的的一种支付方式。与其他各方的定义相比，该定义的外延更广，可以囊括目前市场上的主要移动支付形式。

（二）移动支付的特点

1. 时空限制小

互联网时代下的移动支付打破了传统支付对于时空的限制，使用户可以随时随地进行支付活动。传统支付以现金支付为主，需要用户与商户面对面进行，因此，对支付时间和地点都有很大的限制；移动支付以手机支付为主，用户可以用手机随时随地进行支付活动，不受时间和空间的限制，如用户可以随时在淘宝等网上商城进行购物和支付活动。

2. 方便管理

用户可以随时随地通过手机进行各种支付活动，并对个人账户进行查询、转账、缴费、充值等功能的管理，用户也可随时了解自己的消费信息。这给用户的生活提供了极大的便利，也更方便用户对个人账户进行管理。

（1）隐私度较高。移动支付需要用户将银行卡与手机绑定，进行支付活动时，需要输入支付密码或扫描指纹，且支付密码不同于银行卡密码。这使得移动支付较好地保护了用户的隐私，其隐私度较高。

（2）综合度较高。移动支付有较高的综合度，其为用户提供了多种不同类型的服务。例如，用户可以通过手机缴纳家里的水、电、煤气费，通过手机进行个人账户管理，或通过手机进行网上购物等各类支付活动。

三、移动支付的分类

（一）根据移动支付的距离远近分类

1. 近场移动支付

近场移动支付是指消费者在购买商品或服务时，即时通过手机向商家进行支付，支付的处理在现场进行，使用手机射频（NFC）、红外、蓝牙等通道，实现与自动售货机以及POS机的本地通信。近场支付大部分情况下可以离线交易，不需要联网，如谷歌钱包。如果是基于LBS技术的近场支付，则需要网络来配合，典型代表如支付宝的"碰碰刷"，用户双方同时"摇一摇"手机，就能找到对方账号并进行快速支付，不再需要手动输入对方支付宝账号。

2. O2O 移动支付

O2O移动支付模式是介于近场支付与远场支付之间的一种移动支付模式，既包括了远场支付（如网上团购），也包括了近场支付（如自动售货机购物），它是通过支付实现线上与线下的闭环，典型代表是二维码支付。消费者看见心仪的商品，扫一扫二维码，用手机完成支付后即可取走商品，完全自主化。二维码扫描支付既可以实现近场支付（自动售货机购物等），也可以实现远场支付（团购等），目前二维码扫描是连接线上与线下的主要纽带。

O2O移动支付也可以通过手机刷卡器来完成，手机刷卡器是通过手机音频口与手机连接的移动配件。这种终端既可以实现远场刷卡，也可以完成近场支付。此外，Facebook推出的Autofill的移动支付信息自动输入功能，使线上与线下的"互动"变得更加便捷。其运作原理是：如果用户在Facebook上使用信用卡购买商品，那么用户的信用卡信息将会被记录，用户在使用Facebook账户购物时，将会自动导入其信用卡信息，使购物更加方便、快捷。

3. 远场移动支付

远场移动支付亦称线上支付，是指利用移动终端通过移动通信网络接入移动支付后台系统，完成支付行为的支付方式。典型代表有微信支付、手机银行支付、短信支付、语音支付、支付宝支付。

上述 3 种分类方法没有严格的界限，有些支付方式既可以实现近场支付，也可以实现远场支付，还可以是 O2O 移动支付。

（二）根据移动支付的提供主体分类

1. 以移动运营商为主体的运营模式

这种模式的特点是：银行不参与支付活动，用户直接与移动运营商接触；技术成本比较低；移动运营商需要承担金融机构的责任和风险。

2. 以银行为主体的运营模式

这种模式的特点是：各银行只能为自己的顾客办理业务，不受理跨行客户的支付业务；移动服务商为服务提供商，只负责信息的传递，不参与资金的流动；一旦用户转换到其他银行或者改变手机终端，都需要支付较大的转换成本。

3. 以第三方支付服务提供商为主体的运营模式

这种模式的特点是：产业价值链的结构比较灵活，第三方支付服务提供商可以与不同的银行成为战略伙伴，该模式下的顾客可以从属于不同的银行且银行之间也是互联的；用户与银行之间的服务变得很简单，价值链上的企业之间责、权、利明确。

4. 银行与移动运营商合作的运营模式

这种模式的特点是：移动运营商和银行可以用更多的时间和精力来研发自己的核心技术，通过优劣互补来增强产业价值链的竞争力，带动上游和下游企业健康运营；在信息安全、产品开发和资源共享方面联系更加紧密；与移动运营商结成战略联盟的银行可以是多个不同的银行机构。

（三）根据支付金额的大小分类

1. 小额支付

小额支付是指运营商与银行合作，建立预存费用的账户，用户通过移动通信的平台发出划账指令来代缴费用的支付方式。

2. 大额支付

大额支付是指把用户银行账户和手机号码进行绑定，用户通过多种方式用与手机捆绑的银行卡进行交易操作的支付方式。

（四）根据支付账户的性质分类

1. 银行卡支付

银行卡支付是指直接采用银行的借记卡或贷记卡账户进行支付的形式。

2. 第三方支付账户支付

第三方支付账户支付是指为用户提供与银行或金融机构支付结算系统接口的通道服务，

实现资金转移和支付结算功能的一种支付服务。第三方支付机构作为双方交易的支付结算服务的中间商，需要提供支付服务通道，并通过第三方支付平台实现交易和资金转移结算安排的功能。

3. 通信代收费账户支付

通信代收费账户支付是指基于移动话费账户系统的移动电子商务支付服务。这种支付方式目前提供小额、无物流的数字化产品的支付，覆盖范围包括软件付费、邮箱付费、数字点卡购买、手机保险、电子杂志等领域。

（五）根据支付的结算模式分类

1. 即时支付

即时支付是指支付服务提供商将交易资金从买家的账户即时划拨到卖家账户。一般应用于"一手交钱，一手交货"的业务场景（如商场购物），或应用于信誉度很高的 B2C 以及 B2B 电子商务。

2. 担保支付

担保支付是指支付服务提供商先接收卖家的货款，但并不马上支付给卖家，而是通知卖家货款已冻结，要求卖家发货；买家收到货物并确认后，支付服务提供商将货款划拨到卖家账户。支付服务提供商不仅负责资本的划拨，同时还要为互不信任的买卖双方提供信用担保。担保支付业务为开展基于互联网的电子商务提供了基础，特别是没有信誉度的 C2C 交易以及信誉度不高的 B2C 交易。

案 例

机上"双离线支付"，航空互联网场景新玩法

2020 年 1 月，长龙航空与阿里云共同研发的"双离线支付"技术上线，长龙航空也因此成为国内首家实现"双离线支付"技术上线的航司。

"双离线支付"因为数字人民币的测试推广而备受关注，并在广大消费者群体中打开了知名度。但是彼时该技术关注度较低，再加上应用场景放到了比较小众的航空领域，因此并未得到太多的市场反响。

该功能上线后，在长龙航空的航班上，旅客只需挑选好商品，通过扫描乘务员手中的支付宝二维码下单，然后乘务员扫描旅客成功付款凭证二维码，即可完成交易。旅客通过智能手机，即使在万米高空无法联网的客舱中，依然能和在地面一样，完成无现金交易。

这个"双离线"的支付场景实际上是一个先享后付的过程，在特定场景下支付宝根据风控环境和信用等级给予一定可信额度用于离线支付，然后通过扫码进入特定界面进行下单并生成特定付款码，乘务员使用专门设备扫描该付款码完成付款。尽管交易双方完成了交互，但是实际上仅限于两个设备应用之间，相关支付信息和数据并未上传至服务器，需要事后延迟联网清算。

航空场景的"双离线支付"为部分有消费需求又没有携带足够现金的用户提供了更多选择，同时也提升了工作人员的收款与对账效率，有着一定的借鉴意义。

资料来源：2020 年十大移动支付创新应用产品案例[EB/OL].（2020-12-28）. https://www.mpaypass.com.cn/news/202012/28205408.html.

案　例

哈尔滨地铁刷脸支付，首个实现"戴口罩"过闸

2020 年 7 月，哈尔滨地铁"刷脸"乘车系统在 1 号线、3 号线一期全线 27 座车站正式投入使用，乘客可通过手机下载注册"智慧行"App，绑定支付方式，进行人脸识别认证，线上完成注册，即可刷脸乘车。

而值得注意的是，哈尔滨地铁的刷脸系统是全国首个支持戴口罩的人脸识别系统，乘客进出站无须摘戴口罩，直接过闸机，有效降低了疫情期间交叉感染的风险。

在疫情未完全控制的情况下，戴口罩将在很长一段时间成为常态，尤其是在人流密集的公共交通场所，无接触化的"戴口罩"刷脸过闸还是有一定的体验优势的。

本 章 小 结

技术的进步，推动支付方式朝着多样化、便捷化方向发展。第三方支付、移动支付的出现，又逐渐改变着人们的生活习惯和消费习惯。本章介绍了支付系统、各种常见的电子支付工具、我国的支付组织，结合实例阐述了移动支付的现状和手机支付的具体流程。

思 考 题

1. 简述支付的含义和支付系统的构成。
2. 简述电子支付的特征和类型。
3. 比较常见的三种银行卡的不同之处。
4. 简述电子货币的含义、特征。
5. 简述虚拟货币的类型。
6. 试分析电子钱包如何使用。
7. 简述第三方支付的作用和类型。
8. 简述移动支付的含义和分类。
9. 列举第三方支付的使用场景。
10. 简述移动支付的操作步骤。

第六章　电子商务物流与供应链

![] 学习目标

- ❑ 熟悉物流的含义及分类。
- ❑ 掌握物流的功能。
- ❑ 理解物流与电子商务的关系。
- ❑ 了解电子商务物流技术的应用。
- ❑ 理解供应链、供应链管理、电子商务供应链的含义及特征。
- ❑ 了解供应链中"牛鞭效应"产生的原因。
- ❑ 理解供应链、价值链和产业链的联系与区别。

![] 能力目标

- ❑ 能够将电子商务物流与供应链的基本理论应用于实践，具备分析、解决实际问题的能力。
- ❑ 能够对电子商务物流与供应链业务中的难题进行刻苦钻研，并经过学习使其得到解决。

![] 案例导入

立足"最后一公里"体验，构建线上线下一体化仓配体系

一、企业基本情况

江苏苏宁物流有限公司（以下简称"苏宁物流"）创立于 2012 年，是苏宁控股集团旗下八大产业集团之一。在智慧零售变革趋势下，苏宁物流专注于服务零售全渠道、全场景、全客群的发展模式，依托领先的软硬件支持，打造技术驱动的物流基础网络，面向合作伙伴输出高效协同的供应链解决方案。目前已形成涵盖仓配、冷链、即时配、快递、快运、跨境、售后、送装 8 大服务产品群。

苏宁物流的优势体现在以下两方面。

一是自建物流网络。自建有大件、小件、冷链等各类大型仓储中心，建设立体仓、自动化仓、无人仓等高标准仓储设施，创新产地仓、前置仓、小店中心仓等运作模式。截至2019 年上半年，苏宁物流联合天天快递仓储面积达到 1090 万平方米，大件始发中心 60 个，小件始发中心 24 个，冷链物流仓 46 个，海外仓 6 个，干支线网络超过 17 000 条，运营车

辆超过 10 辆。

二是智慧物流平台。苏宁物流自主研发乐高平台、天眼平台、天机平台和指南针四大系统平台。其中，乐高平台是基于零售需求的复杂性和不确定性，为更加敏捷地响应市场而研发的模块化供应链物流管理信息平台；天眼平台是整合苏宁物流数据、参与社会数据置换、实现数字化管理的物流整体运营数据管理平台；天机平台通过精准匹配物流供给与需求、优化物流资源配置等，对全局和全链条作业数据进行智能处理；指南针系统是通过协同场地限制、运营需求、作业效率、运作成本四大因素，实现全自动化运作、人机结合等多种方式的柔性化生产。

二、主要做法与成效

伴随苏宁零售业务的发展，苏宁物流持续推进线上线下一体化融合，完善"最后一公里"布局，拓展社会化服务功能，提升消费者体验。

1. 线上线下一体化融合

苏宁物流在集团线上线下融合总体战略下，持续整合上下游资源，打通线上（苏宁易购平台、苏宁易购天猫官方旗舰店）及线下（苏宁易购门店、苏宁小店等）渠道，打造线上线下一体化融合的仓储配送管理体系，实现门店端、计算机端、移动端和家庭端四端协同，为消费者提供家电、3C、母婴、百货、超市、服装等全品类、全渠道的优质服务。

在动态库存管理方面，通过大数据分析和智能调度系统，形成枢纽分拨和最短配送路由，实现全国范围"一盘货"管理；在货位管理方面，通过 ABC 分区及库存总量预测，缩短 77% 的订单拣选路线，提高拣选效率；在配送路径优化方面，通过建立虚拟模型和导入实际作业数据，形成动态路网规划、高灵敏的路由路线排程、智能调度引擎，平均提高车辆装载率 18%，缩短总配送距离 13%，降低配送成本 22.3%。

2. 完善"最后一公里"布局

苏宁物流充分发挥线上线下零售平台和物流快递设施优势，通过建设快递直营网点、苏宁帮客县镇服务中心、苏宁小店生活帮、零售云门店自提网点，整合旗下天天快递网点等措施，打造智慧零售末端仓配综合服务网点，形成强大的城乡末端配送网络。主要模式有：一是"苏宁快递站点+零售云自提点+天天快递站点"三大基础站点组合，实现全网、全地域覆盖；二是"苏宁生活帮+苏宁小店"深度融合，定位于"快递+"综合服务功能，代寄代收包裹；三是苏宁帮客县镇服务中心，打造集揽、仓、配、装、销、修、洗、收、换等功能于一体的综合服务体，强化县镇农村物流深度布局。

通过上述综合服务网点建设，有效破解城乡网点分布不均、不深、功能少等难题，更好地实现了"最后一公里"全国性布局。目前，苏宁物流已建设 27 744 个末端快递点、480家苏宁县级服务中心，覆盖全国 2858 个区县，其中 40% 的区域已实现半日达配送和售后服务，60% 的区域实现当日达服务。

3. 探索社会共享平台服务

苏宁物流打造开放的第四方综合物流信息服务平台，探索实现社会化服务转型。在社会化服务方面，平台基于物联网、大数据、云计算等技术形成信息化体系，实现支线运输、仓储、配送、自提等各环节供需双方的有效对接，并通过担保交易、信用管理、保险赔付等机制，提高物流交易的安全性与可靠性。在共享服务方面，推动包括美的、奥玛、志高、科捷等多家知名企业和两百余家中小型物流服务需求企业与物流企业开展业务合作；充分发挥共享平台优势，对各地"小""散"物流企业及物流运输车辆资源进行集聚整合，减少车辆返程空载，提高物流资源使用效率。目前，服务平台已入驻商户 2000 余家，在线共享仓储租赁面积超过 10 万平方米，覆盖全国 57 个地区。

资料来源：根据 2020 年 1 月 7 日，商务部等多部委联合发布的《全国城乡高效配送典型案例》整理。

任务一　物流认知

任务引入

随着电子商务的高速发展，传统企业经营方式从线下走向线上，近几年又出现了以京东到家、盒马鲜生等为代表的新零售模式，企业进入线上线下融合发展阶段。随着面向消费者端的物流的出现，人们对物流的认知也在随之发生变化。结合以上苏宁物流案例和生活实际，思考什么是物流，物流有哪几种形式，以及物流对企业发展有哪些影响。

任务目标

1. 了解物流的发展。
2. 熟悉物流的含义、分类。
3. 掌握物流的功能。

任务要求

1. 物流活动涉及多环节，需要多个企业共同完成，结合上述案例分析物流有哪些功能。
2. 搜集你和你的小伙伴最近一个月的网购信息，从物流角度分析这些网购经历的异同。

任务分析

物流存在国民经济和社会生活的方方面面，与人们的生活息息相关。企业已把物流看成是自身发展的第三方利润源，尤其是在电子商务背景下，作为顺利实现电子商务活动的一个重要环节，物流更是越来越多的企业关注的重点。从物流的发展过程中体会物流的价值，从物流的分类中认识物流的不同模式，从实际生活中调查物流的功能，是我们全面认知物流的途径。

第一节　物流概述

一、物流概念及其发展沿革

从人类开始进行商品交易起，物资的物理性流动就伴随而来。社会实践的发展、经济活动的变化，促使人们不断深化对物流的认识，物流自身在不同的经济社会阶段，适应不同的经济活动要求，其概念与内涵也在不断地进化和完善。物流概念的变化反映了不同时期物流理论、物流管理和物流科学化的进步轨迹。

（一）PD 概念的物流

19 世纪末 20 世纪初，美国迎来了大量生产、大量流通、大量消费的时代，出现了直接进入流通领域的制造商，开始涉及"physical distribution"（物资配送或实物配送，简称 PD）活动领域。1915 年，阿奇·萧（Arch W. Shaw）认为，distribution 是与创造需要不同的一个问题，物资经过时间和空间的转移会产生附加价值。1924 年，弗莱德·克拉克（Fred E. Clerk）认为，流通功能是由交换功能、实物供给功能和辅助功能构成的，并指出实物供给功能作为市场营销的一个要素，是由运输和保管组成的。阿奇·萧和弗莱德·克拉克等的研究成果表明，作为经济管理的一个基本功能或基本领域，物流经历了从实物供给到实物配送的过程，这标志着 PD 成为最早的物流概念。

1956 年，日本出于解决战略资源贫乏和发展空间狭窄影响其发展速度及企业运作效率问题的目的，由日本政府组织"流通技术专门视察团"赴美考察，发现 PD 涉及大量的流通技术，对提高流通的劳动生产率很有好处，于是在其 1958 年发表的《流通技术专门视察团报告书》中引入了 PD 的概念，并把它作为"流通技术"来加以理解，随后直接用 PD 表达。1964 年，日本通商产业省把"物的流通"政策作为政府产业政策的一个重要组成部分，第一次把 PD 用"物的流通"来表达，"物流"是"物的流通"的简称。1965 年，日本政府发表的第二次运输白皮书的副标题为"近代化过程中的物的流通"，认为"物的流通是把制品从生产者手里物理性地转移到最终需要者手里所必需的诸种活动，即包装、装卸、运输、通信等活动"。20 世纪 70 年代，日本产业构造审议会对 PD 的定义是"物的流通，是有形、无形的物质资料从供给者手里向需要者手里物理性的流动，具体是指包装、装卸、运输、保管以及通信等诸种活动。这种物的流通与商流相比，是为创造物质资料的时间性、空间性价值做出贡献"。

PD 的物流概念主要考虑从生产者到消费者的"实物配送"问题，物流的作用表现在从时间和空间两个方面支持物权转移，保证顾客在希望进行消费的时间和地点获取商品，创造商品的时间价值和空间价值。PD 的物流概念没有考虑形态价值，即产品生产所需要的从供应商到制造商的原材料流动，制造过程中材料、零部件、制品等的流动。

（二）Logistics 概念的物流

进入 20 世纪 60 年代，人们开始重新探讨与认识物流的概念与内涵，认为物流的范畴应扩大到从原材料产地到最终消费地的物资流动全过程。

于 1963 年成立的美国物资配送管理协会（National Council of Physical Distribution Management，NCPDM）对"physical distribution"进行过多次定义，最后于 1976 年修订为："物流是为了计划、实施和控制原材料、半成品及产成品从起源地到消费地的有效率的流动而进行的两种或多种活动的集成。这些活动可能包括但不仅限于顾客服务、需求预测、交通、库存控制、物料搬运、订货处理、零件及服务支持、工厂及仓库选址、采购、包装、退货处理、废弃物回收、运输、仓储管理。"这个概念的物流范围从销售物流扩大到采购物流，不仅包括产品从生产商的生产组装流水线经过批发、零售最终到消费者手里的终点移动，还包括原材料和零部件等从供应商到生产商生产组装流水线的始点流动。

从物流实践发展的角度来看，第二次世界大战期间，logistics 作为美国军队后勤管理使用的军事术语，指军队的后勤保障系统，包括物资、人员和设备的获得、维护和运输。美国军事领域 logistics 活动的开展引发了人们对 logistics 活动的研究以及实业界对 logistics 活动的重视。20 世纪 50 年代，通用汽车公司在追求从遍布各地的零部件工厂采购运输零部件到组装工厂的物流合理化和效率化过程中，第一次引入"logistics"概念，把军事用语"logistics"作为企业一个新的管理思想、理念和技术引入企业物流管理中。

企业通过 logistics 对物资流动进行系统管理，意味着人们开始关注企业的产品流入和流出活动，力图构建合理的、高效率的物流系统。20 世纪 70 年代开始，logistics 术语大量出现在文献上，不同的学者、专家和研究机构对 logistics 展开研究，并得出了不同的定义。

1985 年，美国物资配送管理协会的名称改为美国物流管理协会，将 Logistics 定义为"为了满足顾客需求而对原材料、半成品、产成品及相关信息从产出地到消费地的有效率、有效益的流动和储存而进行的计划、实施与控制过程"。将其与美国物资配送管理协会 1976 年的 PD 定义相比较，共同点表现为：物流范围从销售物流扩大到采购物流、生产物流和销售物流；物流包括管理与实施两个行为，其中管理由计划和控制构成。这两个定义的不同点表现为：前者强调"有效率、有效益的流动"，后者强调"有效率的流动"；前者的目的是"满足顾客需求"，后者的目的是"有效率的流动"；前者的物流对象不仅包含原材料、半成品、产成品，而且包含信息，后者的物流对象仅仅包含原材料、半成品及产成品；前者的物流一体化扩大到企业内部的各项物流功能的集成，后者的物流一体化仅局限于某几种物流基本功能的集成。

根据美国物流管理协会 1998 年的定义，logistics 是"供应链流程的一部分，是为了满足顾客需求而对物品、服务及相关信息从产出地到消费地的高效率、高效益的正向和反向流动及储存进行的计划、实施与控制过程"。美国物流管理协会在 logistics 的最新定义中提出了"reverse flow"（中文可译为"反向物流""静脉物流"或"回收物流"），进一步拓展了物流的内涵和外延。强调"物流是供应链的一部分"，反映了人们对物流的认识更加深入。Logistics 范围从动脉物流扩大到动脉物流和静脉物流，物流发展进入供应链物流阶段，供应链上的企业成为战略伙伴，彼此进行物流协作，共同追求物流系统整体最优。

Logistics 在物流概念的发展中扮演着重要的角色。物流领域现已涵盖了从原材料产地到最终消费地的物资流动的全过程。

（三）现代物流

Logistics 已经成为世界公认的物流的标准用语。

在现代物流中，"物"是指在现实生活中所有可以进行物理位置移动的物质资料，包括原材料、半成品、产成品、服务、信息和废弃物等，而如建筑设施、土地等固定设施不是物流的对象；"流"是指一切物理性运动，有"移动、运动、流动"的含义，不但涵盖商品流通领域，也涵盖商品生产、商品消费等领域，凡是有物发生物理性运动的领域，都是"流"

的领域。

现代物流是集成化、系统化、网络化、综合服务一体化的物流，已成为跨部门、跨行业、跨地域的社会大系统。

综上所述，可以从以下几个方面来理解物流的概念。

（1）物流是物品的流动。物品具有自然属性和社会属性。自然属性是指它具有实体内容或明确的功能；社会属性包括所有权、使用权、价值等。因此，物流是实体内容的流动，与之相伴的是社会属性的转移，这种社会属性的转移常称为"商流"。

（2）物流包括储存、运输、装卸、搬运、包装、流通加工、配送和信息处理等基本功能活动。

（3）物流包括空间和时间的移动以及形状、性质的变动，因而通过物流活动创造物品的空间效用、时间效用和形质效用。

（4）物流是物品按照预先的计划并在此计划控制下从提供者向接收者流动。在此过程中涉及的要素有人、财、物和相关运输设备、途径、信息。

二、商流和物流

（一）商流

由于商品的生产和消费之间存在各种间隔，因此需要通过"流通"将商品的生产及所创造的价值和商品的消费加以连接，如图 6-1 所示。

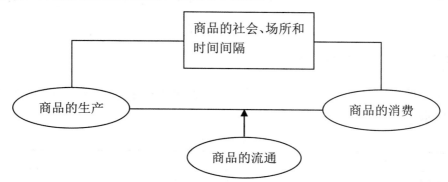

图 6-1　在商品的生产和消费之间存在社会、场所、时间间隔

（1）社会间隔。商品的生产者和商品的消费者有所不同，需要通过商品的交易实现所有权的转移。

（2）场所间隔。商品的生产场所和消费场所不在同一地点，需要商品的运输进行连接。

（3）时间间隔。商品的生产日期与商品的消费日期不尽相同，需要通过商品的保管加以衔接。

人们通过商业或贸易活动来沟通商品的生产与消费之间的社会间隔，这种沟通被称为"商流"。商品从生产者向消费者的转移，即商品的生产与消费的场所间隔和时间间隔需要通过"物流"来进行沟通。

随着社会的发展和社会分工的细化，商品的生产和消费之间的这种间隔越来越大，而商品在通过流通将商品的社会、场所和时间的间隔加以连接的过程中所起的作用也就越来越明显。

综上所述，人们通过"商流"消除了商品的社会间隔，通过"物流"消除了商品的场所和时间间隔，两者共同实施的结果是完成了商品的所有权和商品实体的转移，即商品的流通。"物流"并不先于"商流"存在，而是在"商流"确定以后的具体行为，但如果没有"物流"，"商流"也就无法实现。因此，"商流"与"物流"的关系是相辅相成、互相补充的，是商品流通领域的两大基本要素。

流通活动是由商品的交易活动和物的流通两个基本活动领域组成的。使商品所有权转移，解决所有权更迭问题的活动是商流。商品通过交易活动由供给方转让给需求方，这种转让是按价值规律进行的。商流的研究内容是商品交换的全过程，具体包括商品的订货、签订合同、供销衔接、计价结算和商品信息活动。物流是实物从供给方向需求方的转移，这种转移既要通过运输或搬运来解决空间位置的变化，又要通过储存保管来调节双方在时间节奏方面的差别。物流过程包括商品的运输、存储、装卸、流通加工、包装和物流信息活动。如上所述，流通就是通过买卖消除社会间隔，通过运输消除场所间隔，通过储存和保管来消除时间间隔，以实施所有权和物品的转移，如图6-2所示。

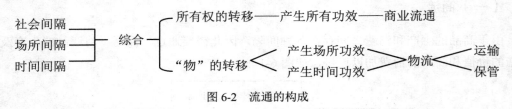

图 6-2　流通的构成

（二）物流与商流的关系

通过前面的介绍可以知道，商流与物流虽然都是流通的内容，但在许多方面各有特点，如表6-1所示。

表 6-1　商流与物流的区别

商　　流	物　　流
商品的买卖活动	商品的物流活动
解决生产和消费之间的社会分隔	解决生产和消费之间的时空分离
实现商品所有权的转移	实现商品空间位置的转移，并克服商品在生产和消费间的时间差异
实现商品的价值	实现商品的使用价值
包括商品的订货、签订合同、供销衔接、计价结算和商流信息等活动	包括商品的运输、存储、装卸、流通加工、包装和流通信息活动

在实际生活中，物流与商流二者相结合才能有效地实现商品由供方向需方的转移。一般在商流发生之后，即就所有权的转移达成交易之后，货物必然要根据新货主的需要进行转移，这就导致相应的物流活动出现。物流是产生商流的物质基础，商流是物流的先导，

二者相辅相成，密切配合，缺一不可。只有在流通的局部环节，在特殊情况下，商流和物流可能独立发生，一般而言，从全局来看商流和物流总是相伴发生的。

（三）商流和物流的分离

尽管商流和物流的关系非常密切，但是它们各自具有不同的活动内容和规律。在现实经济生活中，进行商品交易活动的地点往往不是商品实物流通的最佳路线。如果商品的交易过程和实物的运动路线不完全一致，往往会产生物流路线的迂回、倒流、重复等不合理现象，造成资源和运力的浪费。商流一般要经过一定的经营环节来进行业务活动；而物流则不受经营环节的限制，它可以根据商品的种类、数量、交货要求、运输条件等使商品尽可能由产地通过最少环节、以最短的物流路线、按时保质地送到用户手中，以达到降低物流费用、提高经济效益的目的。因此，在合理组织流通活动时，实行商物分离的原则是提高社会经济效益的客观需要，也是企业现代化发展的需要。

三、物流的分类

（一）按照物流涵盖的范围分类

按照物流涵盖的范围不同，可以将物流分为宏观物流和微观物流。

1. 宏观物流

宏观物流，又称社会物流，是指社会再生产总体的物流活动，其从社会再生产总体的角度来认识和研究物流活动。这种物流活动的参与者是构成社会总体的大产业、大集团，宏观物流也就是研究社会再生产的总体物流，研究产业或集团的物流活动和物流行为。宏观物流也指物流全体，是从总体看物流，而不是从物流的某一个构成环节来看物流。因此，在物流活动中，宏观物流研究的主要特点是综观性和全局性。宏观物流研究的主要内容是物流总体构成、物流与社会的关系、物流在社会中的地位、物流与经济发展的关系、社会物流系统和国际物流系统的建立和运作等。

2. 微观物流

微观物流，又称企业物流，消费者、生产者企业所从事的实际的、具体的物流活动都属于微观物流。在整个物流活动中，一个局部、一个环节的具体物流活动也属于微观物流；在一个小地域空间发生的具体的物流活动也属于微观物流；针对某一种具体产品所进行的物流活动也是微观物流；生产物流、供应物流、销售物流、回收物流、废弃物物流等皆属于微观物流。微观物流研究的特点是具体性和局部性。

（二）按照物流在供应链中的作用分类

按照物流在供应链中的作用不同，可以将物流分为供应物流、生产物流、销售物流、回收物流和废弃物物流，如图 6-3 所示。

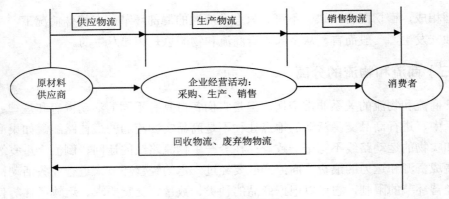

图 6-3　物流的分类

1. 供应物流

生产企业、流通企业或消费者购入原材料、零部件或商品的物流过程称为供应物流，也就是物资生产者、持有者至使用者之间的物流。生产企业的供应物流是指生产活动所需要的原材料、备品备件等物资的采购、供应活动所产生的物流；流通领域的供应物流是指交易活动中从买方角度出发在交易中所发生的物流。对一个企业而言，企业的流动资金十分重要，但大部分被购入的物资和原材料及半成品等所占用，因此供应物流的合理化管理对于企业的成本有重要影响。

2. 生产物流

生产物流包括从生产企业的原材料购进入库起，直到生产企业成品库的成品发送出去为止的物流活动的全过程。生产物流和生产企业的生产流程同步，企业在生产过程中，原材料、半成品等按照工艺流程在各个加工点之间不停地移动、流转形成了生产物流，如果生产物流中断，生产过程也将随之停顿。生产物流的重要性体现在如果生产物流均衡稳定，可以保证在制品的顺畅流转，缩短生产周期；如果生产物流的管理和控制合理，也可以使在制品的库存得到压缩，使设备负荷均衡化。因此，生产物流的合理化对生产企业的生产秩序和生产成本有很大影响。

3. 销售物流

生产企业或流通企业售出产品或商品的物流过程称为销售物流，也是指物资的生产者或持有者与用户或消费者之间的物流。生产企业的销售物流源自售出产品，流通领域的销售物流是指在交易活动中从卖方角度出发的交易行为中的物流。企业通过销售物流，可以进行资金的回收并组织再生产的活动。

4. 回收物流

商品在生产及流通活动中有许多要回收并加以利用的物资，如作为包装容器的纸箱和塑料筐，建筑行业的脚手架，对旧报纸和书籍进行回收、分类再制成生产的原材料纸浆，利用金属废弃物的再生性在回收后重新熔炼成有用的原材料等。上述对物资的回收和再加工过程形成了回收物流，但回收物资品种繁多、变化较大，且流通的渠道也不规则，因此，对回收物流的管理和控制难度较大。

5. 废弃物物流

废弃物物流是指对伴随某些厂矿产品共生的副产品（如物渣），以及消费中产生的废弃物（如垃圾）等进行回收处理过程的物流，如开采矿山时产生的土石，炼钢生产中的钢渣、工业废水以及其他各种无机垃圾等已没有再利用价值的废弃物，但如果不妥善加以处理，就地堆放会妨碍生产甚至造成环境污染，对这类废弃物的处理过程产生了废弃物物流。为了更好地保障生产和生活的正常秩序，有效地遏制物流活动造成的环境污染，对废弃物物流的研究显得十分重要。

（三）按照物流活动的地域范围分类

按照物流活动的地域范围不同，可以将物流分为地区物流、国内物流和国际物流。

1. 地区物流

地区物流是指某一行政区域或经济区域的内部物流。研究地区物流对于提高所在地区的企业物流活动的效率，以及保障当地居民的生活和环境，具有非常重要的作用。对地区物流的研究应根据所在地区的特点，从本地区的利益出发组织好相应的物流活动，并充分考虑利、弊两个方面的问题，要与地区和城市的建设规划相统一，进行妥善安排。例如，某地区计划建设一个大型物流中心，这将提高当地的物流效率、降低物流成本，但也应考虑供应点集中所带来的一系列交通问题。

2. 国内物流

国内物流是指为国家的整体利益服务，在国家自己的领地范围内开展的物流活动。国内物流作为国家的整体物流系统，它的规划和发展应该充分发挥政府的行政作用，具体包括如下内容：物流基础设施（如公路、港口、机场、铁路）的建设以及大型物流基地的配置等；各种交通政策法规的制定，包括铁路、公路、海运、空运的价格规定以及税收标准等；为提高国内物流系统运行效率，进行与物流活动有关的各种设施、装置、机械的标准化；对各种物流新技术的开发和引进以及对物流技术专门人才的培养。

3. 国际物流

国际物流是不同国家之间的物流，是国际贸易的一个重要组成部分，各国之间的相互贸易最终通过国际物流来实现。随着经济全球化的发展，国家与国家之间的经济交流越来越频繁，各国的经济发展已经融入全球的经济潮流之中。另外，企业的发展也走向社会化和国际化，出现了许多跨国公司，使一个企业的经济活动范围遍布世界各地。

（四）按照物流系统的性质分类

按照物流系统的性质不同，可以将物流分为社会物流、行业物流和企业物流。

1. 社会物流

社会物流是指以整个社会为范畴、面向广大用户的超越一家一户的物流。这种物流的社会性很强，涉及在商品流通领域所发生的所有物流活动。因此，社会物流带有宏观性和广泛性，也称为大物流或宏观物流。社会物流研究的内容包括：对再生产过程中发生的物流活动的研究，对国民经济中的物流活动的研究，对如何形成服务于社会、面向社会又在社会环境中运行的物流的研究，对社会物流体系结构和运行的研究。

2. 行业物流

在一个行业内部发生的物流活动称为行业物流。在一般情况下，同一个行业的各个企业往往在经营上是竞争对手，但为了共同的利益，在物流领域中却又常常互相协作，共同促进行业物流系统的合理化。

在国内外有许多行业均有自己的行业协会或学会，并对本行业的行业物流进行研究。在行业物流活动中，有共同的运输系统和零部件仓库以实行统一的集配送；有共同的新旧设备及零部件的流通中心，有共同的技术服务中心对本行业操作和维修人员进行培训，采用统一的设备机械规格、统一的商品规格、统一的法规政策和统一报表等。行业物流系统化的结果使行业内的各个企业都得到相应的利益。

3. 企业物流

企业物流是具体的、微观的物流活动的典型领域，它由企业供应物流、企业生产物流、企业销售物流、企业回收物流和企业废弃物物流几部分组成。企业作为一个经济实体，目的是为社会提供产品或某些服务。一个生产企业的产品生产过程，从采购原材料开始，然后将原材料按照工艺流程经过若干工序的加工变成产品，再销售出去，是一个较为复杂的物流过程；一个商业企业，其物流的运作过程包括商品的进、销、调、存、退等各个环节；一个运输企业的物流活动包括按照客户的要求提货、将货物运送到客户指定的地点并完成交付等环节。

（五）按照线上和线下的关系分类

按线上和线下的关系来进行划分，物流可分为 B2B+O2O 物流和 B2C+O2O 物流。

互联网经济时代，物流共享平台整合车辆和货物信息，商家和消费者在线上下单，平台提供线下的运输、配送等服务。例如，传化的"陆鲸""运满满""罗计物流"提供基于城际之间的共享物流运输服务，传化的"易货嘀""云鸟配送"提供基于城市内的共享物流配送服务，属于 B2B+O2O 物流服务形式；"蜂鸟配送"和"新达达"提供基于城市最后一千米的物流服务，属于 B2C+O2O 物流服务形式。

四、物流的功能

物流的功能也称物流活动的构成要素，是指其具有的基本能力，通过对物流各要素的有机结合，形成物流的总体功能，进而实现物流的经济目标。物流活动的构成要素一般包括运输、储存、包装、装卸搬运、流通加工、配送和信息处理。

（一）运输功能

运输是物流各环节中最主要的部分，是物流的关键，有人把运输作为物流的代名词。运输方式有公路运输、铁路运输、船舶运输、航空运输、管道运输等。没有运输，物品只有存在价值，没有使用价值，即生产出来的产品，如果不通过运输送至消费者那里进行消费，等于该产品没有被利用，因而也就没有产生使用价值。假如产品长期不被使用，不仅资金不能回笼，而且还将造成空间、能源、资源的浪费。没有运输连接生产和消费，生产就失去了意义。

运输也可以划分成两个阶段：一个阶段是生产企业到物流基地之间的运输，该阶段批量比较大、品种比较单一、运距比较长；另一个阶段是从物流基地到用户之间的运输，人们称其为"配送"，就是根据用户的要求，将各种商品按不同类别、不同方向和不同用户进行分类、拣选、组配、装箱送给用户，其实质在于"配齐"和"送达"。

（二）储存功能

储存活动包括堆存、保管、保养、维护等活动。物流系统需要有仓储设施，仓储所承担的是物流系统的储存功能。仓储的基本任务是存储保管、存期控制、数量管理、质量维护。同时，利用物资在仓储的存放、开发和开展多种服务时提高仓储附加值，促进物资流通，提高社会资源效益，也是仓储的重要任务。对仓储活动的管理，要求以高效率、低成本原则组织仓储生产，利用市场经济的手段获得最大效益的仓储资源配置。

（三）包装功能

包装可大体划分为两类：一类是工业包装，或称为运输包装、大包装；另一类是商业包装，或称为销售包装、小包装。

工业包装的对象有水泥、煤炭、钢材、矿石、棉花、粮食等大宗生产资料。用火车运煤和矿石时，只要在车皮上盖上苫布，用绳索固定即可。从国外进口大麦、小麦，只以散装的形式倒入船舱，不必进行装袋。水泥运输也强调散装化，以便节约费用，便于装卸和运输。无包装也好，简单包装也好，要防水、防湿、防潮、防挤压、防冲撞、防破损、防丢失、防污染，同时还要保证运输途中不变质、不变形、不腐蚀、保鲜、保新等。此外，产品包装后要便于运输、便于装卸、便于保管，保质保量，有利于销售。工业发达的国家，在产品设计阶段就考虑了包装的合理性、搬运装卸和运输的便利性、效率性等。

商业包装的目的主要是促进销售，因此包装需精细、考究，以利于宣传和吸引消费者购买。

（四）装卸搬运功能

装卸搬运是物流各个作业环节连接成一体的接口，是运输、保管、包装等物流作业得以顺利实现的根本保证。在通常情况下，产品或制品、半成品在生产线上的移动本身就是一个搬运装卸的过程，包装后有装卸车、出入库等搬运作业，物品的整个运输、保管和包装各个环节都伴随装卸搬运活动。

尽管装卸和搬运本身不创造价值，但会影响商品的使用价值的实现。装卸搬运工具、设施、设备如何，影响搬运装卸效率和商品流转时间，影响物流成本和整个物流过程的质量。由于目前我国装卸搬运作业水平的机械化、自动化程度与发达国家相比还有较大差距，野蛮装卸造成货品破损、丢失现象时有发生。装卸经常是与搬运相伴发生的，装卸、搬运的功能是运输、保管和包装各子系统的连接点，该连接点的作业直接关系到整个物流系统的质量和效率，是缩短物品移动时间、节约物流费用的关键。

（五）流通加工功能

流通加工是产品从生产到消费之间的一种增值活动，属于产品的初加工，是社会化分工、专业化生产的一种形式，是使物品发生物理性变化（如大小、形状、数量等变化）的物流方式。通过流通加工，可以节约材料、提高成品率，保证供货质量和更好地为用户服务，所以对流通加工的功能同样不可低估。流通加工是物流过程中"质"的升华，使流通向更深层次发展，国外早从 20 世纪 60 年代开始就予以高度重视。

（六）配送功能

配送是指在经济合理区域范围内，根据客户要求对物品进行拣送、加工、包装、分割、组配等作业，并按时送达指定地点的物流活动。从物流角度来说，配送几乎包括了所有物流功能要素，是物流的一个缩影或在较小范围内物流全部活动的体现。一般的配送集装卸、包装、保管、运输于一体，通过一系列活动完成将物品送达客户的目的。特殊的配送则还要以加工活动为支撑，所以配送包括的内容十分广泛。

（七）信息处理功能

物品从生产到消费过程中的运输数量和品种、库存数量和品种、装卸质量和速度、包装形态和破损率等信息都是影响物流活动的质量和效率的信息。物流信息是连接运输、保管、装卸、搬运和包装各环节的纽带，没有各物流环节信息的通畅和及时供给，就没有物流活动的时间效率和管理效率，也就失去了物流的整体效率。

物流信息处理包括进行与上述各项活动有关的计划和预测，以及对物流动态信息及其有关的费用、生产、市场信息的搜集、加工、整理和提炼等活动。物流信息的管理总是基于一个或者多个信息系统完成的。对物流信息活动的管理，要求建立信息系统和信息渠道，正确地选定信息点和内容，以及信息的搜集、汇总、统计和使用方式，以确保信息的可靠性和及时性。

任务二　电子商务物流体验

任务引入

电子商务与物流的关系是互为条件、互为动力、相互制约。在实际工作中，电子商务与物流的关系处理得当，措施采取得力，二者可以相互促进，共同加快发展；反之，也可能互相牵制。

任务目标

1. 理解物流与电子商务的关系。

2．熟悉电子商务物流的含义。

3．理解电子商务物流的特征。

4．掌握电子商务物流的模式。

任务要求

以京东商城或苏宁易购为例，描述从用户选择商品到收到商品的各个阶段，分析电子商务和物流是如何发挥作用的。

任务分析

从实际的网购经历中挖掘分析物流和电子商务是如何在不同阶段各自发挥作用的，又是如何相互影响的。可能我们也有不满意的网购经历，可以分析一下是哪里出现了问题，原因是什么，如何来解决。

第二节　电子商务物流

一、电子商务与物流的关系

（一）电子商务对物流的影响

1．电子商务为物流发展提供了新机遇

在电子商务环境下，商务事务处理实现了信息化，物流成了整个市场运行的核心之一。物流企业成了代表所有生产企业、供应商向用户进行实物供应的唯一最集中、最广泛的提供者，是进行市场实物供应配送的唯一主体。电子商务把物流提升到了前所未有的高度，可以说，电子商务为物流的发展提供了新的机遇。

2．电子商务促使物流服务空间拓展

电子商务的发展不仅需要运输和仓储服务，还需要相配套的物流服务。电子商务经营者需要的是包括增加便利性的服务、加快反应速度的服务、降低成本的服务，以及一些延伸的增值性的物流服务。

3．电子商务促进物流技术水平提高

物流技术是指与物流要素活动有关的、实现物流系统目标的所有专业技术的总称。传统物流技术主要是指物资运输技术或者物资流通技术。现代物流技术不仅包括流通加工技术、物品包装技术、物品标识技术、物品实时跟踪技术的各种操作方法、管理技能等，还包括物流规划、物流评价、物流设计、物流策略等。随着电子商务的飞速发展，物流技术涉及许多现代技术，如地理信息系统、全球卫星定位系统、电子数据交换系统、条码技术等。

4. 电子商务影响物流运行模式

在电子商务环境下，物流的运行模式是以信息为核心的，因为信息不但控制物流的运动方向，还影响物流的运行模式。企业利用网络上的信息传输，能够对物流进行有效的把控，进而实现物流管理科学化的目标。在电子商务发展的契机下，客户对于商品的获取性的心理预期会不断地提升，在一定程度上也会加重企业交货速度的负担和压力。物流机制中的配送中心以及相关的设施建设，都会出现一定的变革和优化。信息共享的实时性，让商品生产厂家能够在全世界范围内进行科学化的资源配置，因此组织形式也会出现一定的扩散化。

5. 电子商务促使物流信息化水平提高

电子商务可实现物流网络的实时控制。在电子商务环境下，物流的运作是以信息为中心的，信息不仅决定了物流的运动方向，而且决定了物流的运作方式。在实际运作过程中，通过网络上的信息传递，可以有效地实现对物流的控制，实现物流的合理化。

（二）物流对电子商务的影响

1. 物流是电子商务的重要组成部分

电子商务的本质是商务，商务的核心内容是商品的交易，而商品交易会涉及四个方面：商品所有权的转移，货币的支付，有关信息的获取与应用，商品本身的转交，即商流、资金流、信息流、物流。在电子商务环境下，商流、资金流与信息流这3种流的处理都可以通过计算机和网络通信设备实现。对少数商品和服务来说，物流可以直接通过网络传输的方式进行配送，如各种电子出版物、信息咨询服务等。而对大多数商品和服务来说，物流仍要经由物理方式传输。

2. 物流是实现电子商务的保证

物流作为电子商务的重要组成部分是实现电子商务的重要保证。离开了现代物流，电子商务过程就不完善。

（1）物流保证生产的顺利进行。无论是在传统的贸易方式下，还是在电子商务下，生产都是商品流通之本，而生产的顺利进行需要各类物流活动的支持。生产的全过程从原料的采购开始，便要求有相应的供应物流活动将所采购的材料运输到位，需要有原材料、半成品的物流过程，即生产物流，以实现生产的流动性；部分余料、可重复利用的物资的回收，需要回收物流；废弃物的处理需要废弃物物流。可见，整个生产过程实际上包含了系列化的物流活动。合理化、现代化的物流，能通过降低费用从而降低成本、优化库存结构、减少资金占压、缩短生产周期，保障了现代化生产的高效运行。相反，缺少了现代化的物流，生产将难以顺利进行，无论电子商务是多么便捷的贸易形式，仍将是"无米之炊"。

（2）物流服务于商流。在商业活动中，商品所有权在购销合同签订的同时，便由供方转移到了需方，而商品实体并没有因此而到达需方。在电子商务条件下，顾客通过网络购物，完成了商品所有权的交割过程，但电子商务活动并未结束，只有商品和服务真正到达顾客手中，商务活动才告终结。在整个电子商务中，物流实际上是以商流的后续者和服务者的姿态出现的。没有现代化的物流，轻松的商务活动只会退化为一纸空文。

（3）物流是实现以"顾客为中心"理念的根本保证。电子商务的出现，在最大程度上方便了最终消费者，他们只要坐在家里，上网浏览、查看、挑选，就可以完成购物活动。但如果他们所购商品迟迟不能到货，或商家送货非自己所购，那消费者还会上网购物吗？物流是电子商务实现以顾客为中心理念的最终保证，缺少现代化的物流技术与管理，电子商务给消费者带来的便捷等于零，消费者必然会转向他们认为更可靠的传统购物的方式上。

二、电子商务物流的概念与特征

电子商务物流是建立在信息技术、自动化技术和现代管理模式的基础上，通过电子商务运行环境建立起来的现代物流形式。因此，既可以认为现代物流是电子商务的重要组成部分，也可以认为电子商务是现代物流的重要支撑部分，它们之间是相辅相成、相互依存的。

（1）电子商务最大的成功是将商流处理信息化、信息处理电子化，实现在网上进行商品或服务的买卖。这种买卖是商品或服务所有权的买卖，也就是商流。一般观点认为商流要靠物流支持，所以就有"物流是电子商务的重要组成部分"这一观点。但是物流和商流之间并不只是支持与被支持的关系，如废弃物回收与退货就是两个例子。因此，物流与商流应该是相对应的关系。

（2）网络经济将商流、资金流信息化，将信息流电子化，把商务、广告、订货、购买、支付、认证等实物和事务处理虚拟化、信息化，也就是所谓的虚拟经济，而物流是实体的位置转移，其关系是"虚实相应"。

三、电子商务物流的模式

（一）自营物流

1. 自营物流的含义

自营物流是指由原料、零部件或成品提供者或购买者自主经营物流运输服务。企业自营物流要求企业自备车队、仓库、场地、人员等。该物流模式投入和运营成本很高，因此适合批量生产或大规模定制生产的企业，区域性服务企业（如城市百货公司）等。

2. 自营配送的优点

自营配送模式的优点是有利于企业供应、生产和销售的一体化作业，系统化程度相对较高，既可满足企业内部原材料、半成品及成品的配送需要，又可满足企业对外进行市场拓展的需求。自营配送模式一般只适用于规模较大的集团企业。目前较典型的自营配送模式是连锁企业的配送，这类企业基本上都是通过组建自己的配送中心来完成对内部各卖场、门店的统一配送和统一结算。

3. 自营物流的缺点

（1）一次性投资大，成本较高。由于物流体系涉及运输、仓储、包装等多个环节，因此建立物流系统的一次性投资较大，占用资金较多。

（2）规模较小的企业开展的自营物流规模有限，物流配送的专业化程度较低，不能形成规模效应，还会导致物流成本过高，不利于凸显产品的竞争优势。

（3）对一些企业而言，物流部门只是企业的后勤部门，物流活动并非企业所擅长，因此企业无法利用其优势。

（二）第三方物流

1. 第三方物流的含义

第三方物流是指由买卖双方之外的第三方企业承担交易过程中形成的物流运输任务，即买卖双方将物流业务外包给第三方承担。它有利于买卖双方降低交易成本，而第三方物流公司可通过优化资源配置提高物流运作效率，降低物流成本，并可以满足电子商务交易中的小批量、多品种、高速度和准时供货等物流要求。

2. 第三方物流的优点

（1）有利于企业将有限的人力、物力、财力集中于核心业务。

（2）减少库存。第三方物流可借助其高效、适时适用的物流手段减少企业库存。

（3）提供专业化服务。第三方物流所提供的是专业的物流服务，从物流设计、物流操作过程、物流技术工具、物流设施到物流管理必须体现专门化和专业水平，这既是物流消费者的需要，也是第三方物流自身发展的基本要求。

（4）提供个性化服务。首先，不同的物流需求者存在不同的物流服务要求，第三方物流需要根据需求者在企业形象、业务流程、产品特征、顾客需求特征、竞争需要等方面的不同要求，提供针对性强的个性化物流服务和增值服务。其次，从事第三方物流的物流服务提供者也因为市场竞争、物流资源、物流能力的影响需要形成核心业务，不断强化所提供物流服务的个性化和特色化，以增强自身在物流市场的竞争力。

（5）提升企业形象。第三方物流企业的专业特性使其有能力制定以顾客为导向、低成本、高效率的物流方案，为顾客带来更多的附加价值，提升顾客满意度，进而树立良好的企业形象。

3. 第三方物流的缺点

（1）企业不能直接控制物流职能。

（2）不能保证供货的准确和及时。

（3）不能保证服务顾客的质量和维护与顾客的长期关系。

（三）绿色物流

绿色物流是指在物流过程中防止物流对环境造成危害的同时，实现对物流环境的净化，使物流资源得到最充分、合理的利用。现阶段，由于环境污染问题日益突出，在处理社会物流与企业物流时必须考虑环境问题，尤其是在原材料的取得和产品的分销中，运输作为主要的物流活动，对环境可能会产生一系列的影响，而且废弃物品如何合理回收，减少对环境的污染或实现最大可能的再利用也是物流管理必须考虑的内容。

（四）虚拟物流

虚拟物流是指以计算机网络技术进行物流运作与管理，实现企业间物流资源共享和优化配置的物流方式。虚拟物流最初的应用是为了满足高价值、小体积的货物要求，如航空货物、医疗器械和汽车零部件等。中小企业在大的竞争对手面前经常处于不利的地位，它们从自己的物流活动中不但无法获取规模效益，而且会加大物流成本的消耗。虚拟物流可以使这些小企业的物流活动并入一个大的物流系统中，从而可以在较大规模的物流中降低成本、提高效益。虚拟物流要素包括：一是虚拟物流组织，它可以使物流活动更具市场竞争的适应力和盈利能力；二是虚拟物流储备，它可以集中储备、调度储备以降低成本；三是虚拟物流配送，它可以使供应商将最接近需求点的产品通过运用遥控运输资源实现交货；四是虚拟物流服务，它通过提供一项虚拟服务来降低固定成本。

（五）智慧物流

智慧物流是指以互联网为依托，广泛引用物联网、传感网、大数据、人工智能和云计算等信息技术，通过精细、动态、科学的管理，实现物流的自动化、可视化、可控化、智能化、网络化，使物流系统能模仿人的智能，具有思维、感知、学习、推理判断和自行解决物流中某些问题的能力。智慧物流的出现，一方面能使生产商、批发商、零售商三方通过智慧物流相互协作、信息共享，使整个物流产业链的上下游企业均实现成本下降。另一方面，随着智慧物流的建设，物流企业能有序整合在一块，过去分散于多处的物流资源也可进行集中处理，发挥整体优势和规模优势，实现传统物流企业转型后的现代化、专业化。智慧物流的功能主要包括感知功能、规整功能、智能分析功能、优化决策功能、系统支持功能、自动修正功能、及时反馈功能。

案　例

打造"县域物流+农村电子商务"模式，促进农村物流可持续发展

黑龙江富裕县依托现有农村客运班线系统资源，成立富裕县客运城乡物流有限公司。物流公司建立了网络化运输服务体系，通过整合快递公司、建设分拣中心、降低收费标准、完善业务结构，使物流服务网络遍及全县 10 个乡镇 90 个行政村。

一是整合资源，组建县、乡、村三级业务结构，以县客运总站为中心，乡镇客运站为二级业务站点，在 90 个行政村农村电子商务服务站设立物流网点，确保服务网络覆盖所有村。在农产品上行方面，村电子商务服务站负责收货并安排车辆运至县客运站物流分拣中心，分拣中心将货物安检、包装，再转给快递公司运输；在产品下行方面，由客运站分拣中心负责收货、安检并安排车辆，运达村级电子商务服务站后，由其送到农民手中。

二是高效管控，降低农产品运输成本。客运班线增加小件货运业务，出台了收费标准，区分农产品外销和网购商品下乡，最大限度降低农产品外销的物流成本。同时，富裕县与入驻的农村电子商务企业合作，开发了客运城乡物流信息管理系统，对内管控业务流程，对外与物流公司、电子商务网站对接，实现配送信息的全程追溯。

三是完善城乡短途货物配送、长途货物中转为重点的物流体系，抢占乡村物流市场。目前，富裕县客运站已与神州买卖提（富裕）电子商务有限公司、京东商城（富裕店）等电子商务企业开展了深度合作。双方以"服务外包"形式，承接城乡双向物流配送业务，在县内按照富裕县村级服务站网点及班车线路表配送。在代理外埠货物运输业务时，长途运输与快递企业合作中转运输；中短途采取厢式货车承运业务，按照约定标准收费，这种物流模式迅速占领了县域内乡村物流配送市场。

从经济效益看，富裕县的做法对电子商务企业来说，城乡物流体系的全覆盖，成功打通了"农村物流最后一公里"，使发展农村电子商务成为可能；对快递物流企业来说，有效整合了富裕县快递物流资源，采取合作经营等方式，通过全县统一在乡村两级设置客运站和村级物流代理点，改变了各快递企业自建点而造成的重复投资现象，缓解了快递企业资金压力。从社会效益看，富裕县的做法加速了工业品入村进程，农民以低成本购买到优质的产品，促进农民消费升级；为发展农村电子商务和农产品进城提供支撑，对提高农民生活质量起到积极作用。从企业效益看，富裕县的做法提高客运站运力利用率，盘活了客运班线闲置资源，形成了"城乡统筹、以城带乡、客货并举"的工作格局，形成了以客运为主、货运为补充的盈利模式，客运城乡物流业务成为县、乡客运逐步扭转困难局面、增加收入的一条有效途径，给传统行业带来新的活力。

资料来源：根据 2020 年 1 月 7 日商务部等多部委联合发布的《全国城乡高效配送典型案例》整理。

四、电子商务物流信息技术

（一）条码技术

条码技术诞生于 20 世纪 40 年代，发展于 70 年代，普及于 80 年代。现在世界上的各个国家和地区都已普遍使用条码技术，其应用领域越来越广泛。

1. 条码的概念

条码是一种图形化的信息代码，是由一组规则排列的条、空及其对应字符组成的标记，用以表示一定的信息。常见的条码是由反射率差很大的黑条（简称条）和白条（简称空）组成的。"条"指对光线反射率较低的部分，"空"指对光线反射率较高的部分。这些条和空组成的标记表达物品的名称、单价、规格等各种信息，并能够用特定的设备识读，转换成计算机兼容的二进制或十进制信息条码。

目前条码可分为一维条码和二维条码。一维条码就是通常我们所说的传统条码。一维条码按照应用可分为商品条码和物流条码。商品条码包括 EAN 码和 UPC 码，物流条码包括 128 码、ITF 码、39 码、库德巴码等。二维条码根据构成原理、结构形状的差异，可分为两大类型：一类是行排式二维条码，另一类是矩阵式二维条码。

2. 条码技术的特点

条码作为一种图形识别技术，与其他识别技术相比具有如下几个特点。

（1）简单。条码符号制作容易，扫描操作简单易行。

（2）信息采集速度快。普通计算机的键盘录入速度是 200 字符/分钟，而利用条码扫描录入信息的速度是键盘录入的 20 倍。

（3）采集信息量大。利用条码扫描，依次可以采集几十位字符的信息，并且可以通过选择不同码制的条码增加字符密度，使录入的信息量成倍增加。

（4）可靠性高。采用条码扫描录入方式的误码率仅有百万分之一，首读率可达 98% 以上。

（5）灵活实用。条码符号作为一种识别手段既可以单独使用，也可以和有关设备组成识别系统实现自动化识别，还可以和其他控制设备联系起来实现整个系统的自动化管理。同时，在没有自动识别设备时，也可实现手工键盘输入。

（6）自由度大。条码通常只在一维方向上表示信息，而同一条码符号上所表示的信息是连续的，这样即使是标签上的条码符号在条的方向上有部分残缺，仍可以从正常部分识读正确的信息。

（7）设备结构简单、成本低。条码符号识别设备的结构简单，操作容易，无须专门训练。与其他自动化识别技术相比较，推广应用条码技术所需费用较低。

3. 条码技术的应用

在物流过程中，利用条码技术可以实现数据的自动采集、自动识别。商品在从供应商到消费者的整个过程中，都可以通过条码来实现数据共享，使信息的传递更加方便、快捷、准确，使整个物流系统的经济效益得到提高。

目前，条码技术主要应用在销售点、加工制造业、流通领域等方面。

（1）销售点的应用。销售点中有商品条码的商品经光笔扫描后可自动计价，并同时做销售记录；公司可利用这些记录做统计分析、预测未来需求和制订进货计划。

（2）加工制造业的应用。在加工制造业中，物料监控人员能够准确跟踪带有条码信息的原材料或产成品的搬运、存储、装卸和入库。

（3）流通领域的应用。商品出入仓库的查验处理和在库保管，均可采用条码技术进行识别、贴标签、定位入格等；在物流配送加工中心，采用条码技术进行识别分拣、出货检验等。

（二）射频识别技术

1. 射频识别技术的概念

射频识别技术（radio frequency identification，RFID）是利用无线电波对记录媒体进行读/写并实现非接触双向通信的自动识别技术。它通过射频信号自动识别目标对象并获取相关数据，识别工作无须人工干预，可工作于各种恶劣环境。RFID 技术还可识别高速运动的物体并可同时识别多个标签，操作快捷方便。

2. 射频识别技术的特点

（1）识别速度快。标签一进入磁场，解读器就可以即时读取其中的信息，并能够同时处理多个标签，实现批量识别。

（2）读取方便快捷、工作距离远。数据的读取无须光源，在被覆盖的情况下，RFID 能够穿透纸张、木材和塑料等非金属或非透明的材质，并能够进行穿透性通信。

（3）数据容量大。一维条形码的容量是 50B，二维条形码可存储 2000～3000B，而 RFID 容量以 64～256B 为主流，最大可达数兆字节（MB）。

（4）动态实时通信。只要 RFID 标签所附着的物体出现在阅读器的有效识别范围内，就可以对其位置进行动态的追踪和监控。

（5）体积小型化、形状多样化。RFID 在读取上不受尺寸大小与形状限制，无须为了读取精确度而要求纸张的固定尺寸和印刷品质。

（6）抗污染能力和耐久性强。RFID 对水、油和化学药品等物质具有很强抵抗性，它可以应用于粉尘、油污等高污染环境和放射性环境。

（7）可重复使用。RFID 标签可以重复地新增、修改、删除 RFID 卷标内存储的数据，方便信息的更新。

（8）安全性高。RFID 标签数据的读/写可以设置密码进行保护，使其内容不易被伪造及变造。

3. 射频识别技术的应用

（1）生产环节。RFID 技术应用于生产环节的生产线上，可以实现生产线的自动化和原料、产品的识别定位，这将大大减少人工识读成本和出错率，同时也大大提高了生产的效率和质量。RFID 技术还能够进行产品信息的收集及处理，帮助生产人员轻松掌握整个生产线的运作情况和产品的生产进度。

（2）配送/分销环节。在配送环节，采用 RFID 技术能加快配送的速度和提高拣选过程的效率与准确率，并能减少人工支出、降低配送成本。如果到达中央配送中心的所有商品都贴有 RFID 标签，那么在进入中央配送中心时，阅读器读取托盘上所有货箱上的标签内容。系统将这些信息与发货记录进行核对，以检测出可能的错误，然后将 RFID 标签更新为最新的商品存放地点和状态。这样就确保了精确的库存控制。

（3）运输环节。将标签贴在集装箱和装备上，通过射频识别来完成设备与跟踪控制，在仓库、车站、码头、机场等关键地点安装阅读器，阅读器收到 RFID 标签信息后，连同接收地的位置信息上传至通信卫星，再由卫星传送给运输调度中心，送入数据库中，这样，供应商和经销商就能够比较方便地查阅货物和车辆的状态。

（4）仓储环节。在仓库里，RFID 技术广泛应用于存取货物与库存盘点，它能用来实现自动化的存货和取货等操作。

（三）全球定位系统

1. 全球定位系统概述

全球定位系统（global positioning systems，GPS）是利用若干颗导航定位卫星、地面监控系统和信号接收机对需要导航的对象进行动态定位的系统。GPS 能对静态、动态对象进行动态空间信息的获取，快速、精度均匀、不受天气和时间的限制，是实现对车辆和货物跟踪与监控的关键技术。

目前，全球有 4 大卫星定位系统，即美国的卫星导航系统（GPS）、俄罗斯的全球导航卫星系统（global navigation satellite system，GLONASS）、欧洲的"伽利略"卫星定位系统（galileo positioning system）和中国的北斗卫星导航系统（beidou navigation satellite system）。

美国的卫星导航系统是为军事目的而建立的，它利用导航卫星进行测时和测距，具有海、陆、空全方位实时三维导航与定位能力。俄罗斯的全球导航卫星系统覆盖全部地球表面和近地空间，由卫星星座、地面监测控制站和用户设备 3 部分组成。GLONASS 和美国的卫星导航系统一样也由 24 颗卫星组成，区别在于俄罗斯的卫星轨道要比美国的卫星轨道低一千多千米。欧洲的卫星定位系统是独立的民用全球卫星导航系统，提供高精度、高可靠性的定位服务，实现完全非军方控制，可以进行覆盖全球的导航和定位功能。它的应用范围涉及大地测量和地球动力学服务，以及运输、铁路、航空、农业、海事、工程建设、能源等领域。北斗卫星导航系统是中国自主建设、独立运行，并与世界其他卫星导航系统兼容的全球卫星导航系统，可在全球范围内全天候为各类用户提供高精度、高可靠性的定位、导航、授时服务，并兼短报文通信能力。北斗卫星导航系统除了在我国国家安全领域发挥重大作用外，还服务于国家经济建设，提供监控救援、信息采集、精确授时和导航通讯等服务，可广泛应用于船舶运输、公路交通、铁路运输、海上作业、渔业生产、水文测报、森林防火、环境监测等众多行业。

2. GPS 的应用

（1）车辆跟踪。利用 GPS 和电子地图可以实时显示车辆的实际位置，并可任意放大、缩小、还原、换图；可以随目标移动，使目标始终保持在屏幕上；还可实现多窗口、多车辆、多屏幕同时跟踪。

（2）出行路线规划和导航，包括自动线路规划和人工线路设计。自动线路规划是由驾驶者确定起点和终点，由计算机软件按照要求自动设计最佳行驶路线。人工线路设计是由驾驶员根据自己的目的地设计起点、终点和途经点等，自动建立路线库。路线规划完毕后，显示器能够在电子地图上显示设计路线，并同时显示汽车运行路径和运行方法。

（3）指挥调度。指挥中心可以监测区域内车辆运行状况，对被监控车辆进行合理调度。指挥中心还可随时与被跟踪目标通话，实行远程管理。

（4）信息查询。GPS 为用户提供主要物标，如旅游景点、宾馆、医院等数据库，用户能够在电子地图上根据需要进行查询。

（5）紧急救援。通过 GPS 定位和监控管理系统，可以对遇有险情或发生事故的车辆进行紧急援助。监控台的电子地图可显示求助信息和报警目标，规划最优援助方案，并通过声、光警示值班人员进行应急处理。

（6）货物跟踪管理。采用这项技术，所有被运送货物的物流全过程的各种信息（如货物品种、数量、在途情况、发货地点、到达地点、送货车辆和责任人等）都集中在中心计算机内，业主可以随时查询货物的位置与状态。

（四）地理信息系统

1. GIS 概述

地理信息系统（geographical information system，GIS）是以地理空间数据库为基础，采用地理模型分析方法，适时提供多种空间的和动态的地理信息，为地理研究和地理决策服务的计算机技术系统。它具有以下几个特征。

（1）具有采集、管理、分析和输出多种地理空间信息的能力。

（2）以地理研究和地理决策为目的，以地理模型方法为手段，具有区域空间分析、多要素综合分析和动态预测能力，能产生更高层次的地理信息。

（3）由计算机系统支持进行空间地理数据管理，并由计算机程序模拟常规的或专门的地理分析方法，作用于空间数据，产生有用信息，完成人类难以完成的任务。

GIS 已渗透到各行各业，涉及千家万户，成为人们生产、生活、学习和工作中不可缺少的工具和助手。

2. GIS 的应用

GIS 应用于物流分析，主要利用 GIS 强大的地理数据功能来完善物流分析技术。完整的 GIS 物流分析软件集成了车辆路线模型、最短路径模型、网络物流模型、分配集合模型和设施定位模型等。

（1）车辆路线模型，用于解决一个起始点、多个终点的货物运输中，如何降低物流作业费用，并保证服务质量的问题，包括决定使用多少辆车、每辆车的行驶路线等。

（2）最短路径模型，即在一张网络图上（如公路网），定义出发点和目标点，最短路径模型算法会计算出两点之间的最短路径怎么走。

（3）网络物流模型，用于解决寻求最有效的货物分配问题，也就是物流网点的布局问题。例如，将货物从 N 个仓库运到 M 个商店，每个商店都有固定的需求量，因此需要确定由哪个仓库提货送给哪个商店，总的运输代价最小。

（4）分配集合模型，可以根据各个要素的相似点把同一层上的所有或部分要素分为几个组，用以解决确定服务范围和销售市场范围等问题。

（5）设施定位模型，在物流系统中，仓库和运输线共同组成了物流网络，仓库处于网络的节点上，节点决定线路。如何根据供求的实际需要并结合经济效益等原则，确定在既定区域内设立仓库的数量、每个仓库的位置、每个仓库的规模，以及仓库之间的物流关系等，运用此模型以上问题均能很容易得到解决。

（五）物联网

电子商务物流是物联网技术应用的重要领域。通过物联网的推广及应用，可实现电子商务物流全程监控及信息化、综合化的物流管理，这对促进电子商务物流管理的合理化，从而提高物流效率、降低物流成本具有重大意义。

1. 物联网概述

物联网（internet of things，IoT）是指通过二维码识读设备、射频识别（RFID）、红外感应器、全球定位系统、激光扫描器等信息传感设备，按约定的协议，将任何物品与互联网相连接，进行信息交换和通信，以实现智能化识别、定位、跟踪、监控和管理的一种网络。

物联网的特征主要体现在以下 3 个方面。

（1）全面感知。通过射频识别、传感器、二维码、GPS 卫星定位等技术能够随时随地感知、采集、测量物体信息。

（2）可靠传输。通过无线传感器网络、短距无线网络、移动通信网络等信息网络将感知的各种信息实时准确地传递出去。

（3）智能处理。智能处理是指利用计算机技术，对通过及时分析和处理采集到的海量的物体信息进行信息控制，真正达到人与物、物与物的沟通。

2. 物联网的应用

（1）生产物流环节。基于物联网的物流体系可以实现整个生产线上的原材料、零部件、半成品和产成品的全程识别与跟踪，减少人工识别成本和出错率。通过应用产品电子代码技术，就能通过识别电子标签快速地从种类繁多的库存中准确地找出所需的物品，并能自动预先形成详细补货信息，从而实现流水线均衡、稳步生产。

（2）运输环节。物联网能够使物品在运输过程中的管理更透明，可视化程度更高。通过给在途运输的货物和车辆贴上 EPC 标签，运输线的一些检查点上安装上 RFID 接收转发装置，企业能实时了解货物目前所处的位置和状态，实现运输货物、线路、时间的可视化跟踪管理。此外，还能帮助实现智能化调度，提前预测和安排最优的行车路线。

（3）仓储环节。将物联网技术应用于仓储管理，可实现仓库的存货、盘点、取货的自动化操作，从而提高作业效率，降低作业成本。

（4）配送环节。在配送环节，采用 EPC 技术能准确了解货物存放位置，大大缩短拣选时间，提高拣选效率；通过读取 EPC 标签，与拣货单进行核对，可以提高拣货的准确性；还可确切了解目前有多少货箱处于转运途中、转运的始发地和目的地，以及预期的到达时间等信息。

（5）销售物流环节。当贴有 EPC 标签的货物被客户提取，智能货架会自动识别并向系统报告。通过网络，物流企业可以实现敏捷反应，并通过历史记录预测物流需求和服务时机，从而使物流企业更好地开展主动营销和主动式服务。

任务三 收集国内外的供应链成功案例

任务引入

2020 年以来本来生活网在上海新建了 18 000 平方米的华东大仓。同时，其北京仓库也将原来的低位货架全部换为高位货架，使得华北大仓的储能提升了 4 倍以上。本来生活网还计划于 2021 年在武汉和南京两地筹建仓库，提升仓储能力。

为能够持续强化肉类供应链的确定性，2020 年 8 月，叮咚买菜与全球知名肉类供应商泰森食品签订战略合作协议；12 月，与生仙里品牌猪肉签署战略合作协议。

2020 年 9 月，每日优鲜正式启动"百亿俱乐部"计划，计划在未来 5 年扶持 100 个亿级规模供应商，投资孵化 100 个生鲜新品牌。每日优鲜创始人兼 CEO 徐正表示，过去 5 年，每日优鲜坚持做的事情是打通生鲜到家的"最后一公里"；未来 5 年，每日优鲜将决胜"第一公里"。尽管过去五年是"最后一公里"，但是未来五年是"最前一公里"。

如何强化供应链？寻找生鲜头部品牌合作，无疑是可行之法。叮咚买菜显然热衷于这一点，每日优鲜同样找到了这条"捷径"。众所周知，生鲜产品在物流配送过程中的高损耗率一直是行业一大痛点，但每日优鲜已通过智能补货系统，将损耗率控制在了 1%，可见，技术手段让生鲜电子商务行业看到了根除痛点的曙光。

通过网络搜集这些企业的详细情况并分析如下问题：这些企业有哪些共同特点？在这些企业的发展过程中它们各自有哪些独特之处？对同类型的其他企业来说，可以借鉴它们的哪些方面？

任务目标

1. 了解供应链的含义。
2. 理解企业发展供应链的意义。
3. 掌握供应链管理的特点。
4. 熟悉电子商务供应链管理的含义和优势。
5. 理解价值链、产业链的含义。
6. 理解供应链、价值链和产业链的联系与区别。

任务要求

比较上述案例企业在供应链管理中的特色。

任务分析

通常国内生鲜农产品的供应链分为 3 个阶段：①上游选品采购。原产地的采购一般由产地的采购商完成。我国生鲜生产源头仍以分散的小规模经营户为主，生产地域性明显，机械化水平落后，规模化的农业生产基地占比较少。②中游流转运输。终端零售商难以深入前端进行规模化的采购，产地的采购商收购完成后在当地的批发市场出售，再通过常温物流运至农产品批发市场进行一级和二级批发，最终运至农贸市场、社区超市等零售终端。③下游零售渠道。传统农贸市场仍为主要渠道，超市、电子商务市场份额上升明显。

生鲜农产品的完整供应链环节多、链条长且损耗较大。因此，对供应链的进一步拆解和分析，是生鲜企业研究的重要基础和前提。通过对这些供应链成功案例的了解，理解供应链和供应链管理的含义和特征。

第三节　供应链与供应链管理

一、供应链

（一）供应链的含义

传统意义上的供应链（supply chain，SC）是指围绕核心企业，通过对信息流、物流、资金流的控制，从采购原材料开始，到制成中间产品以及最终产品，最后由销售网络把产品送到消费者手中，将供应商、制造商、分销商、零售商和最终用户连成一个整体的功能网链结构模式。我们可以把供应链描绘成一棵枝叶茂盛的大树：生产企业构成树根；独家代理商是主干；分销商是树枝和树梢；满树的绿叶红花是最终用户；根与主杆、枝与主杆的一个个节点蕴藏着一次次的流通，遍体相通的脉络便是信息管理系统。

现代意义上的供应链则是一个范围更广的企业结构模式，它包含所有加盟的节点企业，从原材料的供应开始，经过链中不同企业的制造加工、组装、分销等过程直到最终用户。它不仅是一条连接供应商到用户的物料链、信息链、资金链，而且是一条增值链，物料在供应链上因加工、包装、运输等过程而增加其价值，给各相关企业带来收益。

（二）供应链的分类

根据不同的划分标准，可以将企业的供应链分为以下 4 种类型。

1. 稳定的供应链和动态的供应链

根据供应链存在的稳定性划分，可以将企业所在的供应链分为稳定的供应链和动态的供应链。基于相对稳定、单一的市场需求而组成的供应链稳定性较强，而基于相对频繁变化、复杂的需求而组成的供应链动态性较高。在实际管理运作中，需要根据不断变化的需求，相应地改变供应链的组成。

2. 平衡的供应链和倾斜的供应链

根据供应链容量与顾客需求的关系，可以把供应链分为平衡的供应链和倾斜的供应链。一个供应链具有一定的、相对稳定的设备容量和生产能力（所有节点企业能力的综合，包括供应商、制造商、运输商、分销商、零售商等），但用户需求处于不断变化的过程中，当供应链的容量能满足用户需求时，供应链处于平衡状态，而当市场变化加剧，造成供应链成本增加、库存增加、浪费增加等现象时，企业不是在最优状态下运作，供应链则处于倾斜状态。

3. 有效性供应链和反应性供应链

根据供应链的功能模式可以把供应链分为有效性供应链（efficient supply chain）和反应性供应链（responsive supply chain）。有效性供应链主要体现供应链的物理功能，即以最低的成本使原材料在供应链中流动，并在每一个环节得到增值。反应性供应链体现供应链的市场中介的功能，即对客户需求做出快速反应。

4. 内部供应链和外部供应链

根据供应链的范围可以把供应链分为内部供应链和外部供应链。内部供应链指企业内部产品市场和流通过程所涉及的采购部门、生产部门、仓储部门、销售部门等组成的供需网络。而外部供应链则是指企业外部与企业相关的产品生产和流通过程中涉及的原材料供应商、生产商、储运商、零售商以及最终消费者组成的供需网络。内部供应链和外部供应链共同组成了企业产品从原材料到成品再到消费者的供应链。可以说，内部供应链是外部供应链的缩小化。例如，对于制造厂商，其采购部门就可看作外部供应链中的供应商。它们的区别只在于外部供应链范围大，涉及企业众多，企业间协调更困难。

（三）供应链的结构模型

供应链的结构可以简单地归纳为供应链由所有加盟的节点企业组成，其中一般有一个核心企业（可以是产品制造企业，也可以是大型零售企业，后者如美国的沃尔玛特），而节点企业在需求信息的驱动下，通过供应链的职能分工与合作（生产、分销、零售等），以资金流、物流或/和服务流为媒介实现整个供应链的不断增值，如图 6-4 所示。

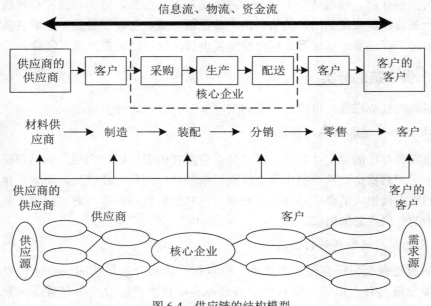

图 6-4　供应链的结构模型

（四）供应链的特征

供应链是一个网链结构，由围绕核心企业的供应商、供应商的供应商和客户等组成。一个企业是一个节点，节点企业之间是一种需求与供应关系。供应链主要具有以下几个特征。

（1）复杂性。因为供应链节点企业组成的跨度不同，供应链往往由多个、多种类型的企业构成，因此供应链结构模式比一般单个企业的结构模式更复杂。

（2）动态性。鉴于企业战略和适应市场需求变化的需要，其中节点企业需要动态地更新，这就使得供应链具有明显的动态性。

（3）面向顾客需求。供应链的形成、存在、重构，都是基于一定的市场需求而发生的，并且在供应链的运作过程中，顾客的需求拉动是供应链中信息流、产品/服务流、资金流运作的驱动源。

（4）交叉性。节点企业可以是这个供应链的成员，同时又是另一个供应链的成员，众多的供应链形成交叉结构，增加了协调管理的难度。

二、供应链中"牛鞭效应"分析

（一）"牛鞭效应"（bullwhip effect）

1995 年，宝洁公司管理人员在考察婴儿一次性纸尿裤的订单分布规律时发现，一定地区的婴儿对该产品的消费比较稳定，零售商那里的销售量的波动也不大，但厂家经销商那里得到的订货量却出现大幅度波动，同一时期厂家向原材料供应商的订货量波动幅度更大，这一现象与我们挥动鞭子时手腕稍稍用力，鞭梢就会出现大幅度摆动的现象相类似。于是，人们将这种现象叫作"牛鞭效应"，也称长鞭效应。"牛鞭效应"是对需求信息扭曲在供应链中传递的一种形象的描述，其基本思想是：在供应链上的各节点，企业只根据来自其相邻的下级企业的需求信息进行生产或者供应决策时，需求信息的不真实性会沿着供应链逆流而上，产生逐级放大的现象。当信息达到最源头的供应商时，其所获得的需求信息和实际消费市场中的顾客需求信息发生了很大的偏差。由于这种需求放大效应的影响，供应方往往维持比需求方更高的库存水平或者说是生产准备计划。

"牛鞭效应"常导致两个方面的后果：一是导致超量库存（大量库存积压在供应链上），增加了整个供应链的成本，甚至因积压导致巨大的经济损失，同时由于需要处理大量的库存积压，从而降低了供应链的敏捷性，这是"牛鞭效应"最主要的负面影响；二是因库存不足无法满足市场需求，导致供应延迟，引起客户不满或使客户转移到竞争者那里购物而失去市场份额。另外，"牛鞭效应"还会打乱企业的生产计划。

（二）"牛鞭效应"产生的原因

1. 更新需求预测

为了安排生产进度、计划产量、控制库存和计划物料需求，供应链中的企业通常都会预测产品需求，而预测通常是基于企业直接接触的顾客的购买历史进行的。当下游企业订购时，上游企业的经理就会把这条信息作为将来产品需求的信号来处理。基于这个信号，上游经理会调整需求预测，同时上游企业也会向其供应商增加订购，使其做出相应的调整。因此，这种需求信号的处理是"牛鞭效应"产生的主要原因。

2. 批量订购

在供应链中，每个企业都会向上游企业订货，并且会对库存进行一定程度的监控。由于入库的物料在耗尽以后，企业不能马上从其供应商那里获得补给，因此，企业经常会进行批量订购，在再次订购之前保持一定的存货。运输费用高也是阻碍企业频繁订货的障碍之一。当卡车满负荷载重时，单位产品运输成本最低，因此当企业向供应商订购时，一般倾向于大批量订货以降低单位运输成本。

通常供应商难以处理频繁的订购，因为处理这些订货所消耗的时间与成本相当大。宝洁公司估计，由于订购、结算和运送系统需要人手运作，处理每笔订货的成本在 35～75 美元。若企业的顾客都采用定期订购模型，则会导致"牛鞭效应"产生；如果所有顾客的订购周期均匀分布，那么"牛鞭效应"的影响就会最小。然而，这种理想状态极少存在。订单通常都是随机分布，甚至是相互重叠的。当顾客的订货周期重叠时，很多顾客会在同一时间订货，需求高度集中，从而导致"牛鞭效应"高峰的出现。

3. 价格波动

价格波动会促成提前购买行为。这里说的价格波动通常指制造商进行的周期性促销，如价格折扣、数量折扣、发放优惠券等，这些措施实质上是一种间接的价格优惠。制造商的价格优惠会促使其分销商提前购买日后所需的产品，而提前购买的结果是顾客所购买的数量并不反映他们的即时需求。

这种促销对供应链来说可能会成本很高。当制造商的价格处于低水平时（通过折扣或其他促销手法），顾客常会购买比自己实际所需要大得多的数量；当制造商的价格恢复至正常水平时，顾客由于有足够库存，因此在其库存消耗完之前，他们不会再次购买。结果，顾客的购买模式并不能反映他们的消耗/消费模式，并且使其购买数量的波动较其消耗量波动大，从而产生"牛鞭效应"。

4. 限量供应和短缺博弈

当产品供不应求时，制造商常根据顾客订购的数量按照一定的比例进行限量供应，客户会在订购时夸大实际的需求量；当供不应求的情况得到缓和时，订购量便会突然下降，同时大批客户会取消他们的订单。对潜在的限量供应进行的博弈，会使顾客产生过度反应。这种博弈的结果是供应商无法区分这些增长中有多少是由于市场真实需求而增加的，有多少是由于零售商害怕限量供应而虚增的，因而不能从顾客的订单中得到有关产品需求情况的真实信息。

因此，为了消除"牛鞭效应"，使整个供应链具有市场竞争优势，必须拥有有效的供应链管理，特别要借助信息技术和电子商务的支持，实现供应链成员之间的信息共享，提高整个供应链的协同能力。

三、供应链管理

（一）供应链管理的含义

供应链管理（supply chain management，SCM）是指人们在认识和掌握供应链各环节的内在规律和相互联系的基础上，利用管理的计划、组织、指挥、协调、控制和激励职能，对产品生产和流通过程中各个环节所涉及的物流、信息流、资金流、价值流以及业务流进行合理调控，以期达到最佳组合，发挥最大的效益，迅速以最小的成本为客户提供最大的附加值。

现代供应链管理把供应链上的各个企业作为一个不可分割的整体，使供应链上的各企业分担采购、生产、分销和销售等职能。它是在现代科技和产品极其丰富的条件下发展起来的管理理念，涉及各种企业及企业管理的方方面面，是一种跨行业的管理，并且企业之间作为贸易伙伴为追求共同经济利益的最大化而共同努力。

供应链管理的本质就是对供应链上成员的各种活动以及这些活动所形成的信息流、物流或服务流以及资金流进行集成管理，从而实现以最快的速度、最低的成本为客户提供最大的价值，从而改善或维持整个供应链的竞争力。这种集成管理思想主要体现在以下3方面。

1. 共享性

供应链上的成员之间实现信息共享，这些信息包括技术、作业、产品价格、库存、运送状态、企业信用和财务信息等，以保证整个供应链的信息可视性。信息共享一方面可以提高整个供应链对客户需求的响应速度，另一方面可以改善需求预测的精度。信息共享是优化供应链管理的基础，需要基于 Web 的信息管理系统的支持。

2. 协同性

供应链伙伴间的协同工作范围很大，从产品设计到需求预测，供应链上的供需双方应共享市场需求的预测信息，并制订支持此需求的供应计划以及基于信息变化的日常变更。供应链成员可以协同开发、设计产品以增加产品投放的成功率、缩短产品投放市场的周期，供应链伙伴如签约组织、测试机构、营销公司、下游的生产和服务商等可以通过安全网络共享设计草图，可以共享设计说明、测试结果、设计变化，还可以使用在线的产品原型获得客户反馈等。协同商务可以降低产品开发成本，缩短产品开发和市场投放时间，降低库存和管理费用，提高整个供应链的敏捷性。协同性需要借助多种协同工具如工作流软件、群件等。

3. 协调性

一般来讲，每条供应链都有一个核心企业，它在整个供应链中起着协调作用。供应链协调性体现在供应链成员具有一致的战略目标；每个供应链成员有明确的责任；供应链企业间有明确的协同规则及冲突解决办法；具有整合的供应链业务流程，消除了其中冗余的、重复的、拖沓的流程，有相关作业标准，使整个供应链作业流程简单、快捷；有明确的供应链性能测评指标，包括功能性、连通性、协同性、敏捷性、质量、客户服务、成本/风险/效益等。协调性更依赖规章制度和供应链文化的建立。

（二）供应链管理的特点

1. 管理目标呈现多元化特征和超常的性质

供应链管理不仅追求问题的最终解决，而且关注解决问题的方式，要求以最快的速度、最优的方式、最佳的途径解决问题。这就使得管理的目标既有时间方面的要求，也有成本方面的要求，同时还有效果的追求。例如，"在最合适的时间内，将合适的产品以最低的价格送到合适的消费者手中"，正说明了供应链管理的目标多元化。在供应链管理的各项目标中，有些目标以常规眼光来看是相互矛盾和冲突的。传统管理目标的定位主要建立在企业自身可以利用的资源基础之上，即企业在确定管理目标时，以当前现有的资源条件作为决策依据，强调目标的现实可行性。但在供应链管理中，企业的管理目标却往往较少受到自身资源实力的限制。这是因为通过内外资源的集成使用，企业可以超越自身实力来进行管理目标定位，从而延伸企业的目标，显示超常的性质。

2. 管理视域极大拓宽

管理视域代表管理主体行为的活动范围。管理视域越窄，管理行为就越受限制，管理的影响力度也就必然越小。在集成思想的指导下，供应链管理的视野得到极大的拓宽，过去那种围绕企业内某具体部门或某个企业或某个行业的点、线或面式的管理疆域，现在已被一种更加开放的全方位、立体式的管理空间所取代。在这里，管理的触角从一个部门延伸到了另一个部门，从企业内延伸到了企业外，从本行业延伸到了其他相关的诸多行业。总之，管理视野是全方位、立体状的，从而为供应链管理提供了充分自由的运作空间。

3. 管理要素更加多样，包容度大大增加

在供应链管理中，管理要素的种类和范围都比以往有更大的拓展，从人、财、物到信息、知识、策略等，管理对象无所不包，几乎涵盖了所有的软、硬资源要素，因而使得管理者的选择余地大大增加，同时管理难度也进一步加大。应引起管理人员注意的是，软性要素在供应链管理中的作用日渐重要，由于供应链管理中知识、智力的含量大大增加，在许多情况下，信息、策略和科技等软性要素常常是决定供应链管理成败的关键。

4. 管理系统的复杂度增加，系统边界日益模糊

供应链管理行为是涉及一系列广泛而又复杂的社会经济行为。它融合了宏观与微观、纵向与横向、外部环境与内部要素的交互作用，并且彼此之间形成了一个密切相关的、动态的、开放的有机整体，其中的各项要素之间又交织成相互依赖、相互制约、相互促进的关系链，从而使得供应链管理行为极其复杂，难以把握。另外，由于供应链管理打破了传统管理系统的边界限制，追求企业内外资源要素的优化整合，即企业的内部资源、功能及优势与外界的可以相互转化、相互协调、相互利用，形成一种"内部优势外在化、外部资源内在化"的态势，从而使管理的系统边界越来越难以确定。

（三）电子商务供应链管理

1. 电子商务供应链管理的概念

电子商务供应链管理，是指电子商务与供应链管理的有机结合，即企业导入电子商务改善其供应链管理的表现，并借供应链管理来拓展电子商务。基于电子商务的供应链管理，以客户为中心，充分利用现代信息技术，集成整个供应链过程，充分利用外部资源，实现快速敏捷反应，极大地降低库存水平。

2. 电子商务供应链管理的优势

具体来说，电子商务供应链管理具有以下几个优势。

（1）有利于保持现有的客户关系。电子商务使竞争从企业间的竞争逐渐演化为供应链之间的竞争。为吸引、保留现有客户，必须为其提供更快捷、成本更低的商务运作模式，保持和发展与客户达成的密切关系，使供应链提供新的业务增值，提升客户的满意度与忠诚度。基于电子商务的供应链管理直接沟通了供应链中企业与客户间的联系，并且在开放的公共网络上可以与最终消费者进行直接对话，从而有利于满足客户的各种需求，留住现有客户。

（2）有利于促进现有业务增长。通过实施基于电子商务的供应链管理，可以实现供应链系统内的各相关企业对产品和业务进行电子化、网络化的管理。同时，供应链中各企业通过电子商务手段实现有组织、有计划的统一管理，减少流通环节，降低成本，提高效率，使供应链管理达到更高的水平，与国外先进企业供应链绩效看齐，促进各相关企业的业务发展。

（3）有利于开拓新的客户和新的业务。实施基于电子商务的供应链管理，不仅可以实现企业的业务重组，提高整个供应链效率，保留现有客户，而且由于能够提供更多的功能、业务，必然会吸引新的客户加入供应链，同时也带来新的业务。本质上讲，通过实施基于

电子商务的供应链管理，无论是企业还是客户都会从中获得利益，产生新的业务增值，降低成本，实现"双赢"目标。

（4）有利于提高营运绩效。实施基于电子商务的供应链管理，不仅能使供应链各个企业降低生产成本，缩短需求响应时间和市场变化时间，还能为客户提供全面服务，使客户能够获得最好品质的产品和服务，同时实现最大增值，而且能为供应链中各个企业提供完整的电子商务交易服务，实现全球市场和企业资源共享，及时供应并递送货物给客户，不断降低运营和采购成本，提高运营绩效。

（5）有利于分享需要的信息。基于电子商务的供应链交易涉及信息流、产品流和资金流。供应链中的企业借助电子商务手段可以在互联网上实现部分或全部的供应链交易，从而有利于各企业掌握跨越整个供应链的各种有用信息，及时了解客户的需求以及供应商的供货情况，同时也便于客户网上订货并跟踪订货情况。

四、供应链、价值链与产业链

信息和网络技术的发展使市场竞争更加激烈，也使企业与供应商、顾客之间的合作成为企业参与竞争的关键因素。越来越多的企业认识到竞争的实质是企业价值链之间的竞争，而供应链则成为企业降低成本的有效切入点，因此，研究价值链、供应链、产业链越来越重要。

（一）价值链的内涵

价值链是管理大师波特提出的，波特认为，"每一个企业都是在设计、生产、销售、发送和辅助其产品的过程中进行种种活动的集合体，所有这些活动可以用一个价值链来表明"。企业的价值创造是通过一系列活动促成的，这些活动可分为基本活动和辅助活动两类。基本活动包括内部后勤、生产作业、外部后勤、市场和销售、服务等；而辅助活动则包括采购、技术开发、人力资源管理和企业基础设施等。这些互不相同但又相互关联的生产经营活动，构成了一个创造价值的动态过程，即价值链。由此可见，价值链体现的是企业通过自身经营的各种活动创造价值的一个过程。其最核心的是生产和销售，辅助活动的核心是企业管理与企业文化。比如某公司，如果想创造价值，必然需要通过大力扩大生产，促进销售，降低成本（采购成本和生产成本等），如果这么做了，最后获得了丰厚的利润。这个创造价值的过程中所涉及的企业或部门构成了一个价值链，如图6-5所示。

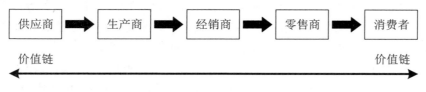

图6-5　价值链

（二）产业链的内涵

产业链是从经济或产业布局的角度来讲的一个概念，是指各产业之间依据一定的经济技术逻辑及特有的时空布局关系而连接起来形成的链式形态。产业链本质上描述的是一个具有某种内在联系的（社会分工不同）企业群落，是个较宏观的概念。产业链的范围是大于供应链的。举个简单的例子，石油产业的上游是勘探和开发，下游是炼制、运输、销售等。半导体产业链的上游是多晶硅的勘探与开发，中游是集成电路晶圆厂和代工厂，下游则是手机电脑等消费电子厂商。对一个产业链的上中下游来说，只有上游厂商做好了，中下游厂商才能继续做，体现的是相互连贯的一个产业过程。

（三）价值链、供应链、产业链的主要区别

（1）从目标导向来看，价值链以提高生产运营效率、增强价值创造能力和提升整体竞争能力为主要目标；供应链以科学管控运行成本、提高供给组织效率和确保循环周转顺畅为主要目标；产业链以优化经济技术耦合程度、提高产业层次水平效益和巩固增强产业发展动力为主要目标。

（2）从运行状态来看，价值链主要受经营管理水平、市场竞争结构等因素左右；供应链主要受企业功能定位、谈判议价能力等因素左右；产业链主要受产业间关联关系、国家宏观政策和国际市场环境等因素左右。

（3）从范围来看，产业链是涵盖了价值链和供应链的。产业链是对企业所在的产业整个上下游关系的描述，如汽车的产业链就包括零部件厂商、整车厂商、销售商、服务商等企业，类似洗车、保养、美容、改装、导航、车辆保险等企业其实都属于服务商。而供应链是对企业上游供应商的关系描述，比如整车厂商的上游包括发动机厂商，而发动机厂商的上游又包括诸如气门供应商、垫片供应商、增压器供应商、火花塞供应商等。价值链一般则是指企业内部产生价值的链条，如从采购到生产装备到销售。因此，产业链概念最大，包括企业和企业的上下游；供应链一般指企业的上游；价值链是指企业内部。当企业主体变换的时候，比如我们观察的视角不再是整车厂商，而是零部件厂商，那么这三个概念中的供应链和价值链就会变化，但产业链则一般不会变化。

（四）价值链、供应链、产业链的相互联系

（1）从内涵来看，价值来源于消费者需求，价值流往往从消费者流向供应商；而供应链中的供应流则与价值流的流向相反，从供应商流向消费者。价值链、供应链与产业链有着天然的"学缘"；产业是一个大的方向，比如汽车制造、物流、金融服务等；产业价值链就是产业的核心部分，比如核心技术、客户体验、资金流转等；供应链是围绕产品或服务的上下游的供应关系，常见的是物流行业以及制造的供应链管理。

（2）从呈现特征来看，产业链与供应链有着更多的"形似"——二者覆盖从最始端的原材料采购到最终端的消费者服务的全过程与所有环节，产业链与价值链则有着更多的"神似"——二者均体现了最核心的价值创造和价值获取活动与环节。价值链更多的是集中在某一条完整产业链中的产品设计研发与销售阶段的创新，而供应链则更多的是集中在产品生产阶段的整合以降低成本。在动态的社会经济环境中，产业链要想有效提高竞争力，使

链内企业产生"1+1>2"的协同效应，使创造的价值最大化，供应链与价值链应该有效整合，既要价值的创造过程，关注消费者迅速变化的各种需求，也要在价值增值既定的情况下，有效地组织供应流程，使成本最小化。产业链更多的是将价值链和供应链关注的重点结合在一起，一条完整的产业链应该是产品研发设计、生产能力、交付过程以及用户需求信息等的有效结合。总的来说，产业链的含义比价值链和供应链更加宽广，它是价值流和供应流的有效结合。

（3）从相互关系来看，价值链在于企业层面通过价值形成机制的培育与构建提升竞争优势，是供应链和产业链的微观基础。在价值链的基础上，通过构建上下游协同配合的供应链，确保生产经营活动持续进行下去。在供应链的基础上，通过构建横向和纵向交叉融合的产业链，进而在宏观层面形成产业集群或企业群落。从价值链、供应链到产业链，遵循的是企业个体、企业之间、产业之间的微观、中观、宏观的大致逻辑。

（4）从演进态势来看，技术和需求的双轮驱动，竞争规则和商业模式的根本重塑，国际化和全球化的跌宕起伏，价值链、供应链、产业链之间日益相互渗透、相互结合、相互交融。因此，把价值链、供应链、产业链作为统一整体推进、融会贯通研究，正是秉持系统、联系、运动的辩证思维，避免片面、孤立、静止，以加快提升价值链、供应链、产业链现代化水平的题中应有之义。

案　例

供应链颠覆

颠覆式创新之父克莱顿·克里斯坦森在《创新者的处方：颠覆式创新如何改变医疗》一书中，提出了"供应链颠覆"概念，并将供应链颠覆总结提炼成为一种颠覆式创新方法。在产业链格局从集中式向分散式演化过程中，以降低成本为目标的业务外包改变了供应链布局、价值链结局，并且随着产业链竞争优势的提升，实现了供应链颠覆式创新。

以华硕和戴尔公司在个人电脑领域合作关系演化为例，戴尔公司拥有自主知识产权的戴尔电脑，基于轻资产归核化发展理念，通过外包将非核心业务委托给华硕公司，最终保留了品牌竞争力；华硕公司从最初的戴尔电脑的电路板供应商变成主板供应商、电脑装配供应商，在获得管理供应链授权后具备了增值服务功能，并最终成为电脑设计服务提供商。从华硕和戴尔公司合作关系演化过程来看，表面上彼此追求不同的价值主张，但是本质上都在追求企业利益最大化，并且共同为终端消费者创造了最大化收益。

犀牛智造以"需求驱动+敏捷制造"为核心业务，是阿里巴巴的"新制造"工厂，被称为"灯塔工厂"。犀牛智造依托云计算、物联网、人工智能等新兴技术，以小单起订、快速反应的云端柔性智能制造模式重构完整的生态体系。基于数字技术和消费者洞察能力，犀牛智造的C2M模式支持基于消费者需求的端到端按需生产，通过缩短交货期、降低库存量助力中小型服装企业提升竞争优势，从而孕育了颠覆供应链管理模式的新动能。

一、颠覆之源

犀牛智造的C2M模式呈现了"新制造"和"新零售"无缝衔接的未来场景，拉近了制造工厂与终端消费者之间的时空距离，推动数据预测算法基础上的供需匹配实现智能化、精准化目标，从根本上解决服装行业的痛点问题。以犀牛智造为代表的"新制造"、以盒马鲜生为代表的"新零售"成为颠覆供应链之源，颠覆供应链管理模式持续创新，以更好地满足新产业、新技术发展的需要。

颠覆供应链之源来自多源涌入的未来场景创造过程，诸如重构、重组制造逻辑、商业逻辑的过程，数据、平台和体验等新型生产要素融入的过程，需求侧与供给侧智能化、精准化匹配的过程。智慧供应链兼具数字化、智能化、个性化和集成化特点，推动着供应链向着可视化、可感知和可调节的方向演化，在智慧供应链形成演化过程中集聚的内生动力必将成为内在的颠覆力量。

二、颠覆之果

以产业链、供应链和价值链深度融合为基础的颠覆供应链管理模式，不仅带来了新型商业模式、运营模式，而且带来了新型服务模式、协同模式，从而使供应链融入多产业链一体化场景之中创造更大的附加值。从微观的制造业与供应链融合的场景观察，网格化地延迟生产边界客户订单分离点能够满足小批量、多品种产品订制需求，供应链弹性、柔性和鲁棒性持续提高，进一步实现数字化3A供应链管理目标。

颠覆供应链之果展现了数字经济、平台经济和体验经济等多种经济形态共荣共生的成果，具备了智慧供应链可视化、可感知和可调节属性，能够真实感知知识发现、信息发现和数据发现能力。在一个全员可信、全程可视、全要素优化配置的生态环境中，颠覆供应链担负着直连生产与消费、共建"资源节约型，环境友好型"社会的重要使命。颠覆供应链成为产业链、供应链和价值链一体化的动力，三链融合成为集成化、一体化体系，支撑整个社会经济可持续健康发展。

资料来源：赵林度. 供应链颠覆与颠覆供应链[EB/OL].（2021-01-22）.http://www.logclub.com/articleInfo/MzEyMDAtYzc3OTg2ZjA=.

本 章 小 结

本章从介绍国内知名的电子商务企业的物流活动开始，对物流、电子商务物流、供应链等方面进行了简要阐述。通过一些案例的引入和知识的介绍，让学生能够结合实际来了解物流、供应链和协同商务间的关系，理解企业间竞争与合作的微妙关系。

思 考 题

1. 简述物流的含义、分类。
2. 举例说明物流的功能。

3. 简述物流和流通的关系。

4. 举例说明物流与电子商务的关系。

5. 简述供应链、供应链管理的含义及特征。

6. 分析供应链中的"牛鞭效应"。

7. 举例说明电子商务物流技术的应用。

8. 简述电子商务供应链管理的含义和优势。

9. 试述供应链、价值链和产业链的联系与区别。

10. 实地考察一家电子商务公司，分析该公司的货物配送流程，完成调查报告。

第七章　电子商务安全

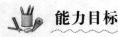 **学习目标**

- ❑ 了解网络安全面临的威胁，掌握电子商务信息安全的内容。
- ❑ 熟悉电子商务安全需求。
- ❑ 了解加密的基本原理，掌握数字签名的应用，熟悉身份认证的相关技术。
- ❑ 熟悉数字证书的内容、格式，掌握数字证书的申请流程，熟悉国内主要认证机构（CA）。

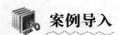 **能力目标**

- ❑ 具备分析企业电子商务安全问题的能力。
- ❑ 具备申请数字证书，安装、使用数字证书的能力。

案例导入

携程旅行网 2014—2015 年电子商务安全事件

携程旅行网创立于 1999 年，总部设在中国上海，员工超过 30 000 人，于 2003 年 12 月在美国纳斯达克成功上市，目前是全球市值第二的在线旅行服务公司。作为中国领先的综合性旅行服务公司，携程成功整合了高科技产业与传统旅行业，向超过 3 亿会员提供包括无线应用、酒店预订、机票预订、旅游度假、商旅管理及旅游资讯在内的全方位旅行服务，被誉为互联网和传统旅游无缝结合的典范。

2014 年 3 月 22 日，漏洞报告平台乌云网披露了携程网安全漏洞信息，漏洞发现者称，由于携程开启了用户支付服务接口的调试功能，支付过程中的调试信息可被任意黑客读取。安全日志包含的信息包括持卡人姓名、持卡人身份证、所持银行卡类别（如招商银行信用卡、中国银行信用卡）、所持银行卡卡号、所持银行卡 CVV 码以及所持银行卡 6 位 BIN 码（银行标识代码）。晚间 21 时 45 分，携程做出官方回应称，在该消息发布后，携程旅行网立即展开技术排查并在消息发布两个小时内修复漏洞。携程表示，可能受此影响的是 3 月 21 日与 3 月 22 日的部分客户，目前并没有发现有用户因该漏洞遭受财产损失。携程将对提供漏洞信息者给予重奖，对于此次漏洞事件如果有新的进展将持续通报。携程承诺在交易完成后立即删除用户的敏感信息，并会加强内部排查，消灭所有可能存在的漏洞，以及邀请国内知名网络安全专家对携程系统进行会诊。

2015年5月28日11时许，携程服务器遭到不明攻击，酒店数据库出现故障，导致携程官网出现大面积瘫痪，机票、酒店、度假等频道无法提供服务，App和官方网站均出现无法访问的现象，直至5月29日凌晨1点多携程官网才全面恢复正常，这时距离服务器崩溃已经超过12小时。

对携程用户来说，他们无法知道自己是否已经成功下单，也不能确定已经在途的旅行是否会受到影响，更不能及时进行退改的操作，只能无休止地拨打客服电话和在携程的官方微博、微信账号留言。对携程网来说，一方面需要组织人员紧急解决技术故障；另一方面还要布置公关工作，安抚受影响的用户，承诺数据没有丢失。受此次安全事故的影响，携程股价盘前暴跌11.67%。根据携程2014年第2季度财报和2015年第1季度财报公布的数据粗略估计，携程平均每小时的损失约为106.48万美元，12小时总的营收损失折合人民币8305万元。

资料来源：携程网今日瘫痪官方称遭到不明攻击[EB/OL].（2015-05-28）. https://www.sohu.com/a/16763715_115318.

任务一 搜集近两年国内网络安全事件

任务引入

随着电子商务的不断发展，网络安全事件层出不穷，既有中国银行等网上银行网站仿冒事件，又有电子商务网站被黑客入侵事件，等等，最著名的当属发生在美国的"电子珍珠港事件"。在电子商务充分发展的今天，网络安全事件直接影响电子商务交易。请你搜集近一两年网络交易的安全案例，不少于3个，并分析这些网络交易安全事件有哪些特点，属于什么类别，思考需要怎样的安全保障。

任务目标

1．了解近年来网络安全事件的基本情况和特点。
2．了解电子商务交易面临的安全威胁。
3．思考网上交易需要哪些安全保障。

任务要求

1．搜集3个网络交易存在安全问题的案例，掌握这3个案例中影响商务交易的主要因素。
2．从以下几个方面对所搜集案例进行对比：网络安全事件背景、对商务交易的影响、采用的技术方法。

任务分析

网络安全是企业开展电子商务业务的核心问题，也是影响消费者进行网上购物的重要因素之一。正如导入案例中旅游电子商务的优秀企业携程在2014—2015年连续两次发生网络安全问题，造成客户和企业的巨大损失，可以说，电子商务的安全问题不仅关系个人的资金安全、商家的货物安全、企业的交易安全，还关系国家的经济安全。因此，防范好安全问题是电子商务成功的关键所在。通过调研网络安全事件，切实了解网络安全的特征，同时提高对网络安全事件的认识，进而提高网络安全防范的能力。

第一节　电子商务安全问题与安全需求

一、网络安全概述

（一）网络安全问题

电子商务是利用计算机通过网络来实现的，因此，电子商务安全问题不但与计算机安全问题相关，而且与网络安全问题有着千丝万缕的联系。有关计算机的安全问题早已引起人们的担忧，大部分使用过计算机的人都可能遇到过计算机病毒的侵扰。它可能会令你辛苦一天做出的文档不翼而飞，或者使你的系统莫名其妙地崩溃。而对于网络安全问题，目前来自黑客的攻击已越来越多，有关企业网站被"黑"的新闻时有发生。

1996 年，北京某科技陶瓷公司聘请了加拿大工程师丹先生，但丹先生为了保住自己的饭碗和日后能进行要挟，在公司引进的注浆机控制程序中安放了两个逻辑炸弹，一枚炸弹将使生产线在 1997 年 11 月 29 日全面瘫痪，另一枚炸弹将使生产线运行 6000 次后瘫痪。

2000 年 2 月 8 日，美国的电子商务网站遭到攻击，当天股市的网络销售公司购买网站"死机"，随后世界最著名的网络拍卖行网站（eBay）、著名电子商务网站亚马逊也被迫关闭数小时。

在 2003 年 1 月的 SQL 杀手蠕虫事件中，我国有两万多台数据库服务器受到影响，某骨干网的国际出入口基本瘫痪；在当年 3 月的口令蠕虫事件中，当时我国大部分骨干网络中有四万多台计算机受到感染；在当年 8 月的冲击波蠕虫病毒事件中，我国受感染的主机近两百万台。

2004 年，重庆某银行工程师发现银行客户利率的计算精确到小数点后两位，小数点第 3 位将按照四舍五入的方式处理。于是，该工程师自己设计并编制一套软件安装在计算机网络上，此软件将客户利率小数点第 3 位后的款额转入自己的账户，获利 20 多万元。

2004 年 12 月，被告人朱某利用北京某公司网站的漏洞，非法进入该网络销售系统，盗取"传奇 120 小时秒互换"等多种游戏充值卡并非法销售 4880 张，获利 17 万多元。

2004 年，犯罪分子为了窃取合法银行客户的账号和密码，开设了 www.956666.com，并谎称这是中国银行的新服务网，其页面和内容与中国银行官网十分相似。如果客户输入合法的账号和密码，则客户信息将被窃取。

2006 年 9 月 21 日下午 5 点，中国用户数最多的域名注册公司新网遭到猛烈的黑客攻击，近五万个中国网站的站点同时遭遇了网络域名无法正常解析、网站无法登录的情况；新网被"黑"20 个小时，直到次日中午才恢复了 80% 的客户网站的正常访问。

2018 年 4 月，纳斯达克数据中心被攻击，北欧交易全线中断。由于火灾报警系统释放灭火气体产生的巨大声响导致瑞典 Digiplex（是北欧地区规模最大的数据中心之一，其位于瑞典斯德哥尔摩附近的韦斯比，在 2000 平方米面积之内部署有数百台服务器）数据中心磁盘损坏，引发近 1/3 的服务器意外关机，进而中断了整个北欧范围内的纳斯达克（NASDAQ，美国电子证券交易机构）业务。

2019 年，酒店连锁巨头喜达屋母公司万豪国际酒店表示，经过取证和分析团队缜密调查后发现，因其大数据泄露事件受影响的客户数量从 5 亿减少到了 3.83 亿，其中有超过 500 万个未加密的护照号码和大约 860 万个加密信用卡号码被盗。

（二）网络安全问题分类

网络安全问题主要包括以下几种。

1．物理安全问题

物理安全是指保护计算机网络设备、设施以及其他媒体免遭地震、水灾、火灾等环境事故，以及人为操作失误或错误及各种计算机犯罪行为导致的破坏过程。它主要包括 3 个方面：环境安全、设备安全和媒介安全。

2．网络安全问题

网络安全是指网络系统的硬件、软件及其系统中的数据受到保护，以防因偶然的或者恶意的原因而遭到破坏、更改、泄露，以保证系统连续、可靠、正常地运行，网络服务不中断。

随着计算机技术的迅速发展，在计算机上处理的业务也由基于单机的数学运算、文件处理，基于简单连接的内部网络的内部业务处理、办公自动化等发展到基于复杂的内部网、企业外部网、全球互联网的企业级计算机处理系统和世界范围内的信息共享和业务处理。在系统处理能力提高的同时，系统的连接能力也在不断地提高。但在连接能力、流通能力提高的同时，基于网络连接的安全问题也日益突出，整体的网络安全主要表现在以下几个方面：网络的物理安全、网络拓扑结构安全、网络系统安全、应用系统安全和网络管理的安全等。

3．网络病毒

在网络环境下，计算机病毒有不可估量的威胁性和破坏力。1988 年 11 月 2 日，年仅 23 岁的美国康奈尔大学的学生罗伯特·莫瑞斯用远程命令将自己编写的蠕虫程序送进互联网，一夜之间攻击了互联网上约 6200 台 VAX 系列小型机和 Sun 工作站，造成包括美国 300 多所大学、研究中心、国家航空航天局和几个军事基地的计算机停止运行，事故经济损失达 9600 万美元。这是世界上首例公开披露的网络病毒攻击案。

随着互联网的迅速发展，病毒的数量和破坏力得到前所未有的提高，而且攻击目的正逐渐转为具有经济目的的系统侵入和信息盗取。

4．黑客攻击

黑客攻击是指黑客破解或破坏某个程序、系统及网络安全，或者破解某系统或网络以提醒该系统所有者的系统安全漏洞的过程。黑客攻击手段可分为非破坏性攻击和破坏性攻击两类。非破坏性攻击一般是为了扰乱系统的运行，并不盗窃系统资料，通常采用拒绝服务攻击或信息炸弹；破坏性攻击以侵入他人计算机系统、盗窃系统保密信息、破坏目标系统的数据为目的。

5. 系统漏洞

系统漏洞是在硬件、软件、协议的具体实现或系统安全策略上存在的缺陷，从而可以使攻击者能够在未授权的情况下访问或破坏系统。不论采用什么操作系统，在缺省安装的条件下都会存在一些安全问题，只有专门针对操作系统安全性进行相关的和严格的安全配置，才能达到一定的安全程度。即使如此，系统仍然不能被认为是绝对安全的，漏洞和缺陷会不断地被攻击者发现（图7-1是2020年CNVD漏洞趋势情况）。用户只有养成良好的安全操作习惯，才能最大限度地避免安全问题。

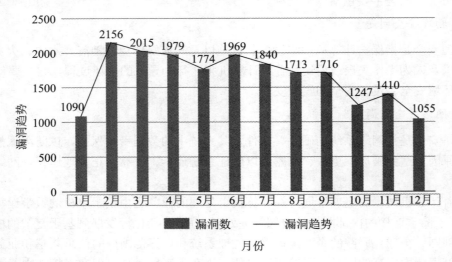

数据来源：https://www.cnvd.org.cn/.

图 7-1   2020 年 CNVD 漏洞趋势情况

二、电子商务安全问题

电子商务作为一种全新的业务和服务方式，为全球客户提供了丰富的信息、简捷的交易过程和低廉的交易成本。但是电子商务在给人们带来方便的同时，也把人们带进了安全陷阱。目前，影响电子商务广泛应用的首要的也是最大的问题就是安全问题。

分析电子商务面临的安全问题，主要依据对电子商务整个运作过程的考察，确定电子商务流程中可能出现的各种安全问题，分析其危害性，发现电子商务过程中潜在的安全隐患和安全漏洞，从而使电子商务安全的管理做到有的放矢。

以电子商务交易活动中的商家、客户和银行为例，可能会遇到以下安全问题。

第一，商家可能面临的安全问题。中央系统安全性被破坏；入侵者假冒合法用户来改变用户数据（如商品送达地址）、解除用户订单或生成虚假订单；竞争者检索商品的销售情况；恶意的竞争者以他人名义来订购商品，从而了解有关商品的递送状况和货物的库存情况；客户资料被竞争者获悉；被他人冒名而损害企业的名誉；消费者提交订单后不付款。

第二，客户可能面临的安全问题。虚假订单，假冒者可能会用另一个客户的名字来订购商品且有可能收到商品，而被假冒的客户却被要求付款或返还商品；付款后收不到商品；机密性丧失，客户可能将秘密的个人数据或自己的身份数据（如 Pin 口令等）发送给冒名为销售商的机构，同时，这些信息在传递的过程中也有可能存在被窃听的风险；拒绝服务，攻击者可能向销售商的服务器发送大量的虚假订单来挤占它的资源，从而使合法的用户得不到正常的服务。

第三，银行可能面临的安全问题。电子商务活动中的安全风险，还有很大一部分来自攻击者对银行专用网络的破坏，包括系统中断（攻击系统的可用性）、窃听（攻击系统的机密性）、篡改（攻击系统的完整性）、伪造（攻击系统的真实性）等。

概括起来，电子商务的安全问题主要涉及信息的安全问题、信用的安全问题、安全的管理问题以及安全的法律保障问题。

（一）信息的安全问题

从买卖双方自身的角度观察，网络交易中的信息风险来源于用户以合法身份进入系统后，买卖双方都可能在网络上发布虚假的供求信息，或以过期的信息冒充现在的信息，以骗取对方的钱款或货物。另外从技术上看，电子商务面临的信息安全问题主要来自以下 3 个方面。

1. 冒名偷窃

黑客为了获取重要的商业秘密、资源和信息，常常采用源 IP 地址欺骗攻击。入侵者伪装成源自一台内部主机的一个外部地点传送信息包（这些信息包中包含有内部系统的 IP 地址），在 E-mail 服务器上使用报文传输代理冒名他人，窃取信息。

2. 篡改数据

攻击者未经授权进入电子商务系统，使用非法手段，删除、修改、重复发送某些重要信息，破坏数据的完整性，损害他人的经济利益或干扰对方的正确决策，造成电子商务交易中的信息风险。

3. 信息丢失

交易信息的丢失可能有 3 种情况：一是因为线路问题造成信息丢失，二是因为安全措施不当而丢失信息，三是因为在不同的操作平台上转换操作而丢失信息。

（二）信用的安全问题

1. 来自买方的信用风险

对个人消费者来说，可能存在在网络上使用信用卡进行支付时恶意透支，或使用伪造的信用卡骗取卖方的货物的行为；对集团购买者来说，存在拖延货款的可能，卖方需要为此承担风险。

2. 来自卖方的信用风险

卖方不能按质、按量、按时地寄送消费者购买的货物，或者不能完全履行与集团购买者签订的合同，造成买方的风险。买、卖双方都存在抵赖的情况。

（三）安全的管理问题

严格管理是降低网络交易风险的重要保证，特别是在网络商品中介交易的过程中，客户进入交易中心，买卖双方签订合同，交易中心不仅要监督买方按时付款，还要监督卖方按时提供符合合同要求的货物。在这些环节上，都存在大量的管理问题。防止此类问题的风险需要有完善的制度设计，形成一套相互关联、相互制约的制度群。

人员管理常常是在线商店安全管理上最薄弱的环节。近年来，我国计算机犯罪大都呈现内部犯罪的趋势，主要是因为人员职业道德素养不高、安全教育缺乏和管理松懈。

（四）安全的法律保障问题

电子商务的技术设计是先进的、超前的，具有强大的生命力。但必须清楚地认识到，在目前的法律中是找不到现成的条文保护网络交易方式的，在网上交易可能会承担由于法律滞后而造成的风险。

三、电子商务安全需求

电子商务面临的威胁导致了对电子商务安全的需求，也是真正实现一个安全电子商务系统所要求的各个方面。电子商务交易实质上是消费者利用电子客户端通过网络和企业服务器展开的信息传输与交换，针对这个过程所面临的安全问题，可以提出电子商务安全的需求，如图 7-2 所示。只有提供了以下 5 个方面的安全性，才能满足电子商务安全的基本需求。这 5 个方面分别是保密性、完整性、认证性、可控性和不可否认性。

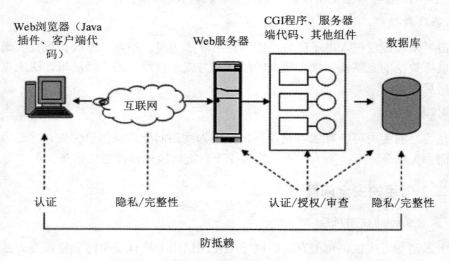

图 7-2　用户与企业交易过程的安全需求

1. 保密性

保密性（security）是指保护机密信息不被非法存取以及信息在传输过程中不被非法窃取。以 B2C 电子商务为例，分别从消费者和商家的角度来看看他们对保密性的具体需求。消费者考虑除了自己制定的接收方外是否还有其他人能读取其信息，商家考虑信息或机密数据是否会被那些未经授权者看到，由于信息在开放、共享性的互联网上传播，为了不让他人知道传播中信息的内容，或者即使信息被截获也无法识别，可以采用加密技术保证信息的保密性。

2. 完整性

完整性（integrity）是指防止信息在传输过程中丢失和重复以及非法用户对信息的恶意篡改。以 B2C 电子商务为例，消费者考虑自己发出或收到的信息是否被篡改了，商家考虑网站上的数据是否未经授权就被改变了，数据是否来自合法的消费者，例如，在交易过程中，某个未经授权者截取并改变了某条网上信息的内容，重新定向某条银行的转账信息，使钱款划入其他账户，或者在传播过程中更改了商务数据，将订单数量由 1 变成 100，则信息的完整性就遭到了破坏，因为该信息已经不再代表原信息发送方的初衷了，而且有可能使买卖双方产生巨大的损失，所以还应当通过数字签名等技术来确保数据的完整性。

3. 认证性

认证性（authenticity）是指确保交易信息的真实性和交易双方身份的合法性。网络是个虚拟的世界，有个经典的说法就是在网上和你聊天的也许是条狗。消费者如何能知道网站的运营者就是其所声称的那个人呢？商家又如何确信消费者真是他自己所说的那个人呢？有些声称自己是某某人或某某商家，其实是在欺骗消费者或商家，其身份是伪造的。电子商务活动是需要诚信的，但如何来确定交易双方的身份呢？目前，认证性是通过认证中心（CA）发放数字证书来实现的。

4. 可控性

可控性（access control）是指保证系统、数据和服务能由合法人员访问。以 B2C 电子商务为例，消费者的疑虑是自己是否能访问该网站，自己是否能控制电子商务商家对自己提交的个人信息。对电子商务商家来说，必须保证网站的正常运营，必须建立内部的政策来管理自身对消费者信息的使用，必须保护消费者的信息不被非法或未经授权使用。通过授权的方式，可以保护信息资源不被未经授权者使用、修改等，并可通过相关的技术，如防火墙，将病毒代码程序隔绝，以此达到可控性的目的。

5. 不可否认性

不可否认性（non-repudiation）是指有效防止通信或交易双方对已进行的业务的否认。交易抵赖行为在现实中也屡见不鲜，更何况是在虚拟的网络世界。以 B2C 电子商务为例，消费者要考虑与其做生意的商家以后是否会否认曾经的交易，商家要考虑消费者是否会否认曾订购过的产品，因此，不可否认性成为电子商务安全的基本需求之一，它可以通过对所发送的消息进行数字签名来获得。

任务二　网上招投标信息机密性及身份认证方式分析

任务引入

所谓网上招标，是指在互联网上利用电子商务基础平台提供的安全通道进行项目招标。

招标企业通过网络完成信息的传递和处理，包括招标信息的公布、标书的发放、应标书的搜集、投标结果的通知以及项目合同或协议的签订等完整的过程。网上招标有公开招标和邀请招标两种招标方式，对招标方提供发布招标公告、发布招标邀请、发布中标信息、电子标书管理等功能；对投标方提供招标信息查询、在线投标、在线购买标书等功能。网上招标采用电子文档的形式代替传统的纸上文档，通过网络实现了跨地域、全天候的安全、快速的传输，具有传统招标方式不可比拟的高效、方便、准确和低成本等特点。网上招标在开展电子商务过程中具有广阔的应用前景。

但是，用户会有很多疑问：招投标双方的身份如何确认？如何保证报价书在公网传送而不会被其他人窃取？如果投标方否认自己的报价，招标方该如何处理？如何防止发布恶作剧式的招标信息？

请你：（1）调查相关资料，了解如何在网络上保护机密信息不被泄露，如何确认双方身份。

（2）搜集网上身份认证的相关方式，详细了解各身份认证的应用方式及作用。

任务目标

1．了解数据加密的作用和特点、数字签名的方式及作用。

2．了解网上身份认证的原理及应用。

任务要求

1．了解加密的应用，掌握数字签名应用，熟悉特殊的数字签名算法。

2．比较各种身份认证方式的异同，查看并对比不同认证方式的获得权限。

任务分析

网络上的信息传输是通过安全通道来保证信息的机密性的。它所采用的主要技术原理就是加密原理，通过加密技术进行信息隐藏以及相关的信息保护。招投标双方在服务器端和客户端建立 SSL 安全通道，这样用户在网站中的每一个操作系统均可记录，而且数据通过加密在公网上传输，可最大限度地保证其安全。同时，投标用户需要通过口令等方式登录系统，将投标书进行数字签名后发送给招标方，可以保证通信的内容不被他人篡改，同时投标方也无法抵赖。

第二节 加密与身份认证

一、加密技术概述

数据加密技术是网络中最基本的安全技术，主要通过对网络中传输的信息进行数据加密来保障其安全性。这是一种主动的安全防御策略，用很小的代价即可为信息提供有效的安全保护。

（一）加密的基本概念

加密是一种限制对网络上传输数据的访问权的技术。所谓加密，就是用基于数学方法的程序和保密的密钥对信息进行编码，把计算机数据变成一堆杂乱无章难以理解的字符串，也就是把明文变成密文。加密技术与密码学紧密相连，以下为密码学的基本术语。

- ❑　明文（plain text）：作为加密输入的原始信息。
- ❑　密文（cipher text）：明文变换结果。
- ❑　密钥（key）：参与变换的参数。
- ❑　密码算法：用于加密和解密的数学函数。
- ❑　加密算法：密码员对明文进行加密操作时所采用的一组规则。
- ❑　解密算法：接收者对密文进行解密时所采用的一组规则。

数据加密/解密的一般模型如图 7-3 所示。加密的过程就是用加密算法和加密密钥将明文编码成密文，到了接收端，利用解密算法和解密密钥解出明文。

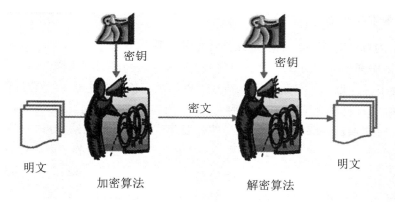

图 7-3　数据加密/解密的一般模型

加密的基本功能包括以下 4 个方面。

（1）防止不速之客查看机密的数据文件。

（2）防止机密数据被泄露或篡改。

（3）防止拥有特权的用户查看私人数据文件。

（4）使入侵者不能轻易地查找一个系统的文件。

早在几千年以前，人类就已有了通信保密的思想和方法。但直到 1949 年，信息论创始人 C. E. Shannon 经论证得到一般经典加密方法得到的密文几乎都是可破的这一观点。这引起了密码学研究的危机。但是从 20 世纪 60 年代起，随着电子技术、计算机技术、结构代数、可计算性技术的发展，产生了数据加密标准（data encryption standard，DES）和公开密钥体制（public key crypt-system，PKCS），它们成为近代密码学发展史上两个重要的里程碑。

（二）对称加密技术

1. 对称加密的概念

对称加密系统早在 20 世纪 70 年代就开始在商业网络中运用了。对称加密采用了对称密码编码技术，它的特点是文件加密和解密使用相同的密钥，即加密密钥也可以用作解密密钥。这种方法在密码学中叫作对称加密算法，即发送方和接收方使用相同的对称密钥对明文进行加密和解密运算。在电子商务中，贸易双方采用相同的加密算法作为共享的专用密钥。在进行加密和解密时双方都必须知道密钥，在双方首次通信时把密钥发送给对方。

对称加密模型如图7-4所示。

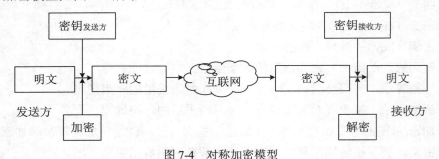

图7-4　对称加密模型

2. 对称加密的算法

对称加密的算法有很多，下面是几种常见的对称加密算法。

（1）数据加密标准（DES）。DES于1977年被采纳为美国联邦标准，又于1981年被采纳为金融业标准，是近二十年来用于保护不加密的政府信息和金融业交易信息的主要算法。

（2）高级加密标准（AES）。基于对DES存在的某些缺陷的认识，1997年美国商务部开始了AES研究项目，该研究项目的目的是要建立更强大的算法标准来代替DES。AES是一种密码块加密方法，可以对28位的密码块进行处理，密钥的长度可以是128、192和256位。AES算法是根据比利时密码专家Joan Daemen博士和Vincent Riijmen博士设计的Rijndael密钥系统来定义的，目标是希望能成为被正式采纳的政府标准，并希望最终能够被广泛地应用。

（3）三重DES。使用多重加密方法可以增加DES的有效密钥长度。三重DES加密首先用密钥a对64位的信息块进行加密，再用密钥b对加密的结果进行解密，然后用密钥c对解密结果再进行加密，其中使用了两个或三个56位的密钥（密钥a和密钥c有时是相同的）。通常人们认为这种算法要比DES更强大，但是三重DES也有一个缺点，那就是需要使用相对较多的处理器资源，尤其是在使用软件进行处理时更是如此。

阅读材料

DES 的产生

对称加密算法在电子商务交易过程中存在以下 4 个问题。

（1）要求提供一条安全的渠道使通信双方在首次通信时协商一个共同的密钥。因为是在互联网上，双方不可能直接面对面地进行协商，所以双方可能需要借助电话和电子邮件等其他相对不够安全的手段来协商出共同的密钥。

（2）密钥的数目难以管理。因为每一个合作者都需要使用不同的密钥，多人通信时密钥的组合的数量会出现爆炸性增长。

（3）对称加密算法一般不能提供对信息完整性的鉴别。它对发送者和接收者的身份无法验证。

（4）对称密钥的管理和分发工作是一件具有潜在危险的、烦琐的过程。对称加密是基于共同保守秘密来实现的，采用对称加密技术的贸易双方必须保证采用的是相同的密钥，保证彼此进行密钥的交换是安全、可靠的，同时还要设定防止密钥泄密和更改密钥的程序。

（三）非对称加密技术

1. 非对称加密技术的概念

1976 年，美国学者 Diffie 和 Hellman 为解决信息公开传送和密钥管理问题，提出一种新的密钥交换协议，允许在不安全的媒体上的通信双方交换信息，安全地达成一致的密钥，这就是"公开密钥系统"。相对于"对称加密算法"，这种方法又叫作"非对称加密算法"。与对称加密系统相比，公开密钥加密技术需要使用一对相关的密钥：一个用来加密，另一个用来解密。该技术的设想是，密钥对是与相应的系统联系在一起的，其中私有密钥是由系统所保密持有的，而公开密钥则是公开的，并且掌握了公开密钥是不可能推断出私有密钥的。

依据公开密钥是用作加密密钥还是解密密钥，公开密钥加密系统有两种基本的模式：加密模式和验证模式。

（1）加密模式。在加密模式中，公开密钥系统对于信息的加密和解密过程如图 7-5 所示。在这一过程中，只有真正的接收方才能解开密文，因为私有密钥在接收方的手中。这一点似乎和对称加密很相似，但不同之处在于任何拥有该接收方公开密钥的发送方都可以向该接收方发送信息，而不是只有与接收方拥有同一把密钥的发送方才可以发送。

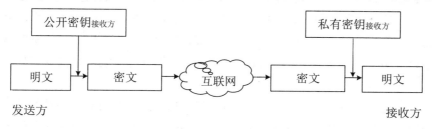

图 7-5　公开密钥系统：加密模式

（2）验证模式。在验证模式中，公开密钥系统对于信息的加密和解密过程如图 7-6 所示。在这个过程中，任何能够成功地解密接收到的密文的接收方，都能肯定该信息确实来自发送方，因为只有发送方才拥有与解密公钥相对应的加密私钥，从而验证了该信息确实来自发送方。

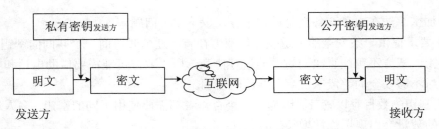

图 7-6　公开密钥系统：验证模式

2．非对称加密技术的算法

与对称密钥加密系统相比，公开密钥加密系统的功能更强大。但公开密钥加密系统对算法的设计提出了更高的挑战，因为公开密钥代表了在攻击该算法时所要用到的额外信息。现有的公开密钥系统依赖的是假设某个特定已知的数学问题是很难解决的。

（1）RSA 算法。RSA 算法是目前著名的公开密钥加密系统，是 1977 年由美国麻省理工学院的三位教授 Ronald Rivest、Adi Shamir 和 Leonard Adleman 联合发明的，RSA 是三位教授姓的首字母结合。

RSA 算法是一种可逆的公开密钥加密系统。它是通过一个称为公共模数的数字来形成公开密钥的，公共模数是通过形成私人密钥的两个质数的乘数来获得的。RSA 算法是建立在"大数分解和素数检测"的理论基础上的。

阅读材料

RSA 算法的应用

（2）背包加密体制。背包公钥体制是 1978 年由 Merkle 和 Hellman 基于求解背包问题的困难性而提出的一个公开密钥密码体制。Merkle 和 Hellman 提出背包体制时曾认为它是安全的、不可攻破的，但 5 年之后，Shamir 完全破译了背包体制，目前背包体制一般不再使用了。

（3）EIGamal 加密算法。EIGamal 公钥体制是基于离散对数问题的难解性：求解离散对数是模指数运算的逆过程，如求 x，使得 x 满足 $3x \pmod{17}=15$，对于素数域上寻求离散对数的复杂性等同于对整数 n 进行因子分解的复杂性。

3．非对称加密技术的优点

（1）密钥少，便于管理。网络中的每一用户只需保存自己的解密密钥，则 n 个用户仅需产生 n 对密钥。

（2）密钥分配简单。加密密钥分发给使用者，而解密密钥则由自己保管。

（3）不需要秘密的通道和复杂的协议来传送密钥。

（4）可以实现数字签名和数字鉴别。

（四）加密的应用——安全套接层协议

1. SSL 协议概述

安全套接层协议（secure socket layer，SSL）最初是由 Netscape 公司研究制定的安全通信协议，是在互联网基础上提供的一种保证机密性的安全协议。随后 Netscape 公司将 SSL 协议交给 IETF 进行标准化，在经过了少许改进后，形成了 IETF TLS 规范。

SSL 协议能使客户机与服务器之间的通信不被攻击者窃听，并且始终保持对服务器进行认证，还可选择对客户进行认证。SSL 协议被大部分 Web 浏览器和 Web 服务器所内置，比较容易被应用。SSL 建立在 TCP 协议之上。它的优势在于与应用层协议独立无关，应用层协议能透明地建立于 SSL 协议之上。SSL 协议在应用层协议通信之前就已经完成加密算法、通信加密的协商以及服务器的认证工作。在此之后，应用层协议所传送的数据都会被加密，从而保证了在互联网上通信的机密性。SSL 协议是目前在电子商务中应用最广泛的安全协议之一。

2. SSL 协议的功能

SSL 协议工作在 TCP/IP 体系结构的应用层和传输层之间。在实际运行时，支持 SSL 协议的服务器可以向一个支持 SSL 协议的客户机认证它自己，也可以向服务器认证它自己，同时还允许这两个机器间建立加密连接。这些构成了 SSL 协议在互联网和其他 TCP/IP 网络上支持安全通信的基本功能。

（1）SSL 服务器认证。允许客户机确认服务器身份，支持 SSL 协议的客户机软件能使用公钥密码技术来检查服务器的数字证书，判断该证书是否是由在客户所信任的、认证机构列表内的认证机构所发放的。例如，用户通过网络发送银行卡卡号时，可以通过 SSL 协议检查接受方服务器的身份。

（2）确认用户身份。使用同样的技术，支持 SSL 协议的服务器软件能检查客户所持有的数字证书的合法性。例如，银行通过网络向消费者发送秘密财务信息时，可以通过 SSL 协议检查接受方的身份。

（3）保证数据传输的机密性和完整性。一个加密的 SSL 连接要求所有在客户机与服务器之间发送的信息由发送方软件加密和由接受方软件解密，这就提供了高度机密性。另外，所有通过 SSL 连接发送的数据都被一种检测篡改的机制所保护，这种机制自动地判断传输中的数据是否已经被更改，从而保证了数据的完整性。

3. SSL 协议的体系结构

设计 SSL 是为了利用 TCP 提供可靠的端到端的安全传输。SSL 不是一个单独的协议，而是两层协议：SSL 记录协议和在记录协议之上的 3 个子协议，如图 7-7 所示。其中，最主要的两个 SSL 子协议是记录协议和握手协议。

应用层		
SSL 握手协议	SSL 更改密码规程协议	SSL 报警协议
SSL 记录协议		
TCP		
IP		

图 7-7　SSL 的体系结构

记录协议定义了要传输数据的格式。它位于 TCP 协议之上，从高层 SSL 子协议收到数据后，对它们进行封装、压缩、认证和加密。

SSL 握手协议是位于 SSL 记录协议之上的最重要的子协议，被 SSL 记录协议所封装。该协议允许服务器与客户机在应用程序传输和接收数据之前互相认证、协商加密算法和密钥，SSL 握手协议包括在初次建立 SSL 连接时使用 SSL 记录协议在支持 SSL 协议的服务器与支持 SSL 协议的客户机之间交换一系列信息。这些信息交换可实现如下操作。

（1）向客户机认证服务器。

（2）允许客户机与服务器选择它们都支持的加密算法或密码。

（3）可有选择地向服务器认证客户。

（4）使用公钥加密技术生成共享密码。

（5）建立加密 SSL 连接。

4．基于 SSL 协议的银行卡支付过程

基于 SSL 协议的银行卡支付系统使用 SSL 协议、RSA 加密算法、数字签名和防火墙等保证交易的安全。系统的参与者有持卡人、商户、支付网关和发卡银行。通常基于 SSL 协议的银行卡支付流程包括如下步骤。

（1）持卡人登录商品发布站点，验证商户身份。

（2）持卡人决定购买，向商户发出购买请求。

（3）商户返回同意支付等信息。

（4）持卡人验证支付网关的身份，填写支付信息，将订购信息和支付信息通过 SSL 协议传给商户，但支付信息被支付网关的公开密钥加密过，对商户来说是不可读的。

（5）商户用支付网关的公开密钥加密支付信息等，传给支付网关，要求支付。

（6）支付网关解密商户传来的信息，通过传统的银行网络到发卡行验证持卡人的支付信息是否有效，并即时划账。

（7）支付网关用它的私有密钥加密结果，把结果返回商户。

（8）商户用支付网关的公开密钥解密后返回信息给持卡人，送货，交易结束。

由于 SSL 协议提供了两台机器间的安全连接，支付系统经常通过在 SSL 连接上传输银行卡卡号的方式来构建。虽然基于 SSL 协议的银行卡支付方式促进了电子商务的发展，但如果想要电子商务得以成功地广泛开展的话，必须在 SSL 协议的基础上采用更先进的基于 PKI 体系结构的银行卡支付系统，因为 SSL 协议仅为通信双方提供了安全通道，并没有解决持卡人的身份认证和交易的不可抵赖等问题。

二、数字签名的应用

电子商务如何确定要进行交易的贸易方正是进行交易所期望的贸易方，这一问题是保证电子商务顺利进行的关键。在传统的纸面贸易中，贸易双方通过在交易合同、契约或贸易单据等书面文件上手写签名或印章来鉴别贸易伙伴，确定合同、契约、单据的可靠性并预防抵赖行为的发生。这也就是人们常说的"白纸黑字"。在无纸化的电子商务方式下，通过手写签名和印章进行贸易方的鉴别已是不可能了。因此，要在交易信息的传输过程中为参与交易的个人、企业或国家提供可靠的标识预防抵赖，即要求商务流转数据具有不可抵赖性。不可抵赖性也称不可否认性（non-repudiation），是指信息的发送方不能否认已发送信息，接收方不能否认已收到信息，这是一种法律有效性要求。不可抵赖性可通过对发送的消息进行数字签名来保证。

（一）数字签名的原理

对文件进行加密只解决了传送信息的保密问题，而防止他人对传输的文件进行破坏，以及如何确定发信人的身份还需要采取其他的手段，这一手段就是数字签名。在电子商务安全保密系统中，数字签名技术有着特别重要的地位。在电子商务安全服务中的源鉴别、完整性服务、不可否认服务中，都要用到数字签名技术。

所谓数字签名，就是只有信息的发送者才能产生的别人无法伪造的一段数字串，这段数字串同时也是对信息的发送者发送信息的真实性的一个有效证明。数字签名的过程如图 7-8 所示。

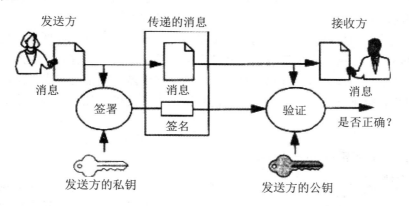

图 7-8　数字签名的过程

在该过程中，发送方用自己的私有密钥进行签署由此产生签名，接收方则用发送方的公开密钥进行验证操作。借此，接收方能确信所收到的信息确实是由发送方发出的而且在发送方发出该信息后相应的内容未被篡改过。在电子商务中，利用这样的数字签名机制，交易中接收订单的一方可以对发送方发出的订购要求进行验证，确认该订单不是由不怀好意的其他方伪造的。

1. 数字签名的要求

传统商务过程中的文件、单证和契约，以及个人之间的书信等，都采用手书签名或印章，以便在法律上能认证、核准和生效。在书面文件上签名是确认文件的一种手段，其作用有两点：第一，因为自己的签名难以否认，从而确认了文件已签署这一事实；第二，因为签名不易被仿冒，从而确定了文件是真的这一事实。随着计算机通信网的发展，人们希望通过电子设备实现快速、远距离的交易，数字（或电子）签名法便应运而生，并开始用于商业通信系统，如电子邮递、电子转账和办公自动化等系统中。

数字签名与书面文件签名有相同之处。数字签名就是用来确认电子信息的发送方和电子信息的内容未被更改的一种电子手段。数字签名可用来防止电子信息因易被修改而有人作伪，或冒用别人名义发送信息，或发出（收到）信件后又加以否认等情况发生。

在电子商务中，完善的数字签名应具备签字方不能抵赖、他人不能伪造、在公证人面前能够验证真伪的能力。数字签名应满足以下几个要求。

（1）签名者事后不能抵赖自己的签名。

（2）其他任何人不能伪造签名。

（3）接收者能够核实发送者对报文的签名。

（4）如果当事人双方关于签名的真伪发生争执，能够在公正的仲裁者面前通过验证签名来确认其真伪。

2. 数字签名与手写签名的区别

数字签名与手书签名的区别在于，手书签名是模拟的，因人而异。数字签名是 0 和 1 的数字串，因消息而异。数字签名与信息认证的区别在于，信息认证使收方能验证信息发送者及所发信息内容是否被篡改过。当收发者之间没有利害冲突时，这对于防止第三者的破坏来说是足够了。但当收者和发者之间有利害冲突时，单纯用信息认证技术无法解决他们之间的纠纷，此时须借助满足前述要求的数字签名技术。

为了实现签名的目的，发方须向收方提供足够的非保密信息，以便使其能验证信息的签名，但又不能泄露用于产生签名的机密信息，以防止他人伪造签名。因此，签名者和证实者可公用的信息不能太多。任何一种产生签名的算法或函数都应当提供这两种信息，而且从公开的信息很难推测出用于产生签名的机密信息。此外，任何一种数字签名的实现都有赖于精心设计的通信协议。

（二）常见的数字签名方案

广泛应用的数字签名方法主要有 RSA 数字签名、DSS 数字签名。此外，也可以使用对称密码算法实现数字签名。数字签名是通过密码算法对数据进行加、解密变换实现的，用 DES 算法、RSA 算法都可实现数字签名。

1. RSA 数字签名

RSA 方法的加密算法和解密算法互为逆变换，所以可用于数字签名系统。RSA 是最流行的数字签名方法，许多产品内核中都有 RSA 的软件和类库。RSA 算法在上一节已有介绍，这里不再赘述。

RSA 签名技术实际上是通过一个哈希函数来实现的。数字签名的特点是代表了文件的特征，文件如果发生改变，数字签名的值也将发生变化，不同的文件将得到不同的数字签名。一个最简单的哈希函数是把文件的二进制码相累加，取最后的若干位。哈希函数对数据通信的双方都是公开的。RSA 数字签名过程如图 7-9 所示。在这一过程中，利用哈希函数可以对要签名的信息内容生成一个固定长度的数据项，即数字摘要。摘要具有这样的特性，即只要信息内容发生了任何改变，所形成的摘要就是不同的。

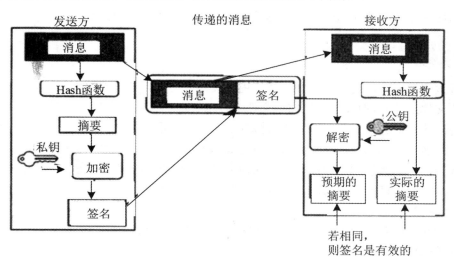

图 7-9　RSA 数字签名

以下为利用哈希函数的数字签名过程。

（1）发送方对要发送的信息运用哈希函数形成数字摘要。

（2）发送方用自己的私有密钥对数字摘要进行加密，形成数字签名。

（3）发送方将数字签名附加在信息后通过网络传送给接收方。

（4）接收方用发送方的公开密钥对接收到的签名信息进行解密，得到数字摘要。

（5）接收方运用同样的散列函数对接收到的信息形成数字摘要。

（6）发送方对两个数字摘要进行比较，若两者相同，则说明信息未被篡改过。

阅读材料

散列函数的应用

2．DSS 数字签名

1994 年，美国国家标准与技术研究院（NIST）公布了数字签名标准（digital signature standard，DSS），DSS 标准采用的算法是美国国家安全局主持开发的数字签名算法（digital signature algorithm，DSA），DSA 算法是 ElGamal 算法的改进，该算法只能用于数字签名而不能用于加密。DSS 数字签名由美国政府颁布实施，主要用于与美国政府有合作关系的公司，其他公司则较少使用。

（三）特殊的数字签名应用

根据电子商务具体应用的需要，形成了许多特殊的数字签名应用，如盲签名、多重签名等。

1. 盲签名

一般数字签名中，总是要先知道文件内容而后才签署，这是通常做法。但有时需要某人在一个文件上签名，但又不让他知道文件内容，这就是盲签名。盲签名是由 Chaum 于 1983年最先提出的，在选举投票和数字货币协议中通常会使用盲签名。

对盲签名有一个形象的比喻，就是先将要签名的文件放到一个信封里，文件在信封中无人可读，去除盲因子的过程就是打开信封的过程，实现对文件签名就是在信封里放一张复写纸，签名者在信封上签名后，就得到了他对文件的签名。

以下为盲签名的过程。

（1）Alice 将文件 M 乘以一个随机数得 M'，这个随机数通常称为盲因子，Alice 将盲消息 M'送给 Bob。

（2）Bob 在 M'上签名后，将其签名 Sig（M'）送回 Alice。

（3）Alice 通过除去盲因子，可从 Bob 关于 M'的签名 Sig（M'）中得到 Bob 关于原始文件 M 的签名 Sig（M）。

盲签名有两个要求：第一，消息内容对签名者不可见；第二，签名被接收者泄露后，签名者无法追踪签名。

2. 多重签名

在办公自动化、电子金融和 CA 认证等方面的签名过程中，有时需要多个用户对同一消息进行签名和认证。能够实现多个用户对同一消息进行签名的数字签名称为多重数字签名。根据签名过程的不同，多重数字签名方案可分为两类：一类为有序多重数字签名方案，另一类为广播多重数字签名方案。无论是有序多重数字签名方案，还是广播多重数字签名方案，都包含消息发送者、消息签名者和签名验证者。在广播多重数字签名方案中还包含签名收集者。

在有序多重数字签名方案中，由消息发送者规定消息签名顺序，然后将消息发送到第一名签名者，除了第一名签名者外，每一位签名者收到签名消息后，首先验证上一个签名的有效性。如果签名有效，则继续签名，然后将签名消息发送到下一个签名者；如果签名无效，拒绝对消息签名，则终止整个签名。当签名验证者收到签名消息后，验证签名的有效性，如果有效，多重签名有效；否则，多重签名无效。

在广播多重数字签名方案中，消息发送者同时将消息发送给每一位签名者进行签名，然后签名者将签名消息发送到签名搜集者，由搜集者对签名消息进行整理并发送给签名验证者。签名验证者验证多重签名的有效性。

3.　代理签名

在现实世界里，人们经常需要将自己的某些权力委托给可靠的代理人，让代理人代表本人去行使这些权力。在这些可以委托给他人的权力中包括人们的签名权。委托签名权力的传统方法是使用印章，因为印章可以在人们之间灵活地传递。在电子化的信息社会，同样会遇到委托签名权力的问题。代理签名的目的就是当某签名人（这里称为授权人）因公务或身体健康等原因不能行使签名权力时，委派其他人替自己行使签名权。

代理签名的基本要求是：签名容易验证，原签名者与代理签名者的签名容易区分，签名事实不可否认。代理签名方案有一次性代理签名、代理多重签名、盲代理签名。

4.　双联签名

在商务活动中经常出现这种情形，即持卡人给商家发送订购信息和自己的付款账户信息，但不愿让商家看到自己的付款账户信息，也不愿让处理商家付款信息的第三方看到订货信息。双联签名技术可以解决这个问题。

以下为双联签名在持卡消费中的应用。

（1）持卡人将发给商家的信息 M1 和发给第三方的信息 M2 分别生成报文摘要 MD1 和 MD2。

（2）持卡人将 MD1 和 MD2 合在一起生成 MD 并签名。

（3）持卡人将 M1、MD2 和 S（MD）发送给商家，将 M2、MD1 和 S（MD）发送给第三方接收者，根据收到的报文生成报文摘要，再与收到的报文摘要合在一起，比较结合后的报文摘要和收到的报文摘要，确定持卡人的身份和信息是否被修改过。

双联签名主要用于解决三方参加电子贸易过程中的安全通信问题。

三、身份认证技术

认证是在远程通信中获得信任的手段，是安全服务中最基本的内容，因为必须通过可靠的认证来进行访问控制、决定谁有权接收或修改信息（从而影响机密服务）、增强责任性、实现不可否认服务。在进行认证时，一般将某个身份的合法拥有者称为当事人，需要进行认证的当事人可以是人、设备，也可以是计算机系统中的在线应用。

身份认证即鉴别认证，是指在揭示敏感信息或进行事务处理之前先确定对方身份。进行认证的方法有很多种，有的与加密技术有关，也有的与此无关。一般来讲，验证通常基于以下因素来进行。

❑　申请人表示所知道的某些事物，如口令。

❑　申请人出示一些所有物，如实际的密钥或卡。

❑　申请人展示一些不可改变的特征，如指纹。

❑　申请人展示在某些特定场所或网络地址上的证据。

在实际的认证工作中，往往会将上述因素结合起来使用，进行多因素验证。

（一）口令的认证

用户识别的问题也就是用户怎样向计算机系统证明自己的真实身份。在数字化的世界中，通常通过用户是否持有正确的钥匙（口令）来判断其身份。几乎所有的个人验证机制都在一定程度上依赖口令，但口令也是电子商务系统的主要弱点之一，而且是许多系统不安全的根源。

1. 口令认证面临威胁的种类

对基于口令的认证来说，主要会面临以下威胁。

（1）外部泄露。攻击者通过电子系统或网络以外的手段来获得口令。例如，某些用户可能会将口令写在自己的卡上或用户在银行终端操作时被攻击者偷窥等。

（2）猜测。攻击者不断地试验不同的口令直到成功为止。如果口令是从大量的可能值中产生的，那么这种猜测一般不可能成功。

（3）通信窃取。如果用户通过通信线路或网络传递口令时未加保护，则攻击者就可以通过监听通信内容来窃取口令。

（4）重放。即使口令是经过加密的，攻击者也很可能记录加密的口令，然后伪装成合法的当事人重放。

（5）危及主机安全。攻击者入侵到含有口令数据库的计算机系统中。

2. 不安全口令的来源

不安全口令主要来源于以下几个方面。

（1）使用用户名（账号）作为口令。很明显，这种方法在便于记忆上有着相当的优势，可是在安全上几乎不堪一击。

（2）使用用户名（账号）的变换形式作为口令。使用这种方法的用户自以为聪明，将用户名颠倒或者加前后缀作为口令，既容易记忆又可以防范许多黑客软件。但是一个真正优秀的黑客软件是完全有应对办法，只要是你想得到的变换方法，它也会想到。

（3）使用自己或者亲友的生日作为口令。这种口令有着很大的欺骗性，很难得到破解。但是，由于口令中表示月份的两位数字只有 1～12 可以使用，表示日期的两位数字也只有 1～31 可以使用，而 8 位数的口令作为年份的 4 位数是 19××年或 20××年。经过这样推理，使用生日作为口令尽管有 6 位甚至 8 位，但实际上可能的表达方式只有 $2×100×12×31=74\,400$ 种，而一台普通的计算机每秒可以搜索 3～4 万个口令，仅仅需要 11.16 秒就可以搜索完所有可能的口令。

（4）使用学号、身份证号、单位内的员工号码等作为口令。使用这种口令，对完全不了解用户情况的攻击者来说的确不易解除，但如果攻击者是某个集体中的一员或对要攻击的对象有一定的了解，则破解这种口令也不需要花费多少时间。

（5）使用常用的英文单词作为口令。这种口令比前几种口令要安全一些。一般来说，黑客大多配备一个很大的字典库，一般包含 10 万～20 万个英文单词及相应词组，如果你不是研究英语的专家，那么你选择的英文单词恐怕十之八九可以在黑客的字典库中找到。

（二）验证协议

要防范如通信窃取及重放等威胁，主要依靠的是对验证协议的认真设计。验证协议用来对与系统有关的被验证方（通常指客户端系统）和系统本身之间的与验证有关的数据通信进行管理，还常常要依靠验证决策（通常指服务器系统的验证决策）。验证协议一般建立在环境通信协议之上，如网络层协议或应用层协议。

假定服务器要对客户端的用户进行验证，可以使用以下因素来建立验证协议。

（1）变换后的口令。用户给出的口令在客户端通过单向函数的处理成为变换后的口令形式，然后传送给服务器。服务器用同样的函数对其所存储的口令进行处理，若两个变换后的口令是相同的，则结论就是用户提供的是正确的口令值。

（2）一次性口令。一次性口令类似变换后的口令，但它可以防止重放攻击和窃取。在 20 世纪 80 年代初，美国科学家 Leslie Lamport 首次提出了利用哈希（Hash）函数产生一次性口令（简称 OTP）的设想，即用户在每次同服务器连接过程中所使用的口令在网上传输时都是加密的密文，这些密文在每次连接时都是不同的，也就是说，口令密文是一次有效的。

阅读材料

S/Key 系统的一次性口令

（3）数字签名。数字签名是许多现代验证协议的基础。客户端通过签署某个协议信息，或在信息的某个字段中使用密钥来证明拥有某个特定的私人密钥。签名数据可以包含提问值或时间戳，由此来防止重放攻击。

（4）零知识技术。零知识技术是以交互证明系统为基础的加密技术。该技术是一种不需要给出与信息有关的任何内容就能验证拥有该信息的方法。零知识技术的加密强度要比常规的加密技术强得多，而所需要的处理资源则少得多。

（三）生物测定验证

生物测定验证是指利用个人的某些生物特征或行为特性来电子化地验证其身份。生物测定阅读器测量生理特征，并将测得的数值与规定值进行比较。常用的生物测定技术包括指纹识别、声音识别、书写识别、面容识别、视网膜扫描和手形识别等。

（四）基于地址的验证

基于地址的验证机制是依据某个呼叫的发送地址来对用户进行验证。在大多数的数据网络和在一定范围的电话网络中，都能显示出呼叫的地址。若不能显示呼叫地址，则可以通过自动的呼叫—应答处理来实现。基于地址的验证系统为每个当事人保留一个合法呼叫地址的文件，在进行验证时，验证系统检查呼叫地址的合法性或清除原先的寻呼并给合法的地址发出应答。

任务三　CA 调研与数字证书应用

任务引入

随着网络的应用和电子商务的不断发展，认证机构也越来越多。我国有 3 种形式的认证机构：行业认证机构，如 CFCA；区域认证机构，如北京 CA；商业认证机构，如天威 CA。不同的认证机构提供不同类型的数字证书。请你调研各类认证机构数字证书的类型和应用条件，下载至少 3 份不同认证机构的同一类数字证书，登录建设银行网上银行，验证是否这 3 份数字证书都支持，并分析这些认证机构的数字证书都有哪些特点以及它们存在的问题。

任务目标

1．了解不同认证机构的特点及提供的服务。
2．了解数字证书的格式，比较不同数字证书的证书策略及应用。

任务要求

1．了解数字证书的应用，掌握数字证书的下载、安装流程。
2．访问相关数字证书网站（如上海认证中心），详细了解该认证中心的业务模式、提供的服务及相关数字证书的要求。

任务分析

认证机构是保障网上交易安全的重要基础设施。它通过提供数字证书为参与网上商务活动的各方提供身份证明。中国金融认证中心于 2007 年 5 月 28 日发布的 CFCA 数字证书服务协议提供网上数字证书的应用服务，同时对提供的数字证书做出最高 80 万元的赔偿承诺。通过对相关认证机构及其所提供的数字证书的调研，能对这些认证机构有初步的了解，熟悉各类不同用途的数字证书，为以后参与网上交易及保障网上商务安全打好基础。

第三节　数字证书与安全认证机构

一、数字证书

（一）数字证书的概念

数字证书是一个由使用数字证书的用户群所公认和信任的 CA 签署了其数字签名的信息集合。在电子商务应用中，不同的数字证书有着不同的用途，其中最重要的一种数字证书是公钥数字证书。该证书是将证书持有者的身份信息及其所拥有的公钥进行绑定的文件，通过签名保障了证书的合法性和有效性。证书包含的持有者公钥和相关信息的真实性与完整性也是通过权威机构认证中心的签名来保障的。在该类数字证书中，一个公钥值与一个特定的人、角色、设备或其他实体安全地联系在一起。数字证书是由称为认证机构的人或实体在确认了相应的私钥持有者的身份或其他属性后用数字方式签名的，其中私钥持有者可以是人、设备或其他实体。如果说公开密钥技术和数字签名是电子商务安全的基础，那么数字证书则是将这些技术广泛地应用于大型的、全球性的电子商务的关键。

数字证书系统通过认证机构为公—私密钥对的持有者发放和管理数字证书。每一个数字证书包含了数字证书主体的一个公钥值和对其所做的无二义性的身份确认信息。其中，数字证书主体是指持有相应私钥的个人、设备或其他实体，而认证机构则用自己的私钥给数字证书进行数字签名。

数字证书系统主要包括以下几个功能。

（1）生成公钥/私钥。按照 RSA 公钥算法生成公钥和私钥，并将私钥加密保存在硬盘或加密设备中。

（2）证书的申请。由申请人或登记员输入申请证书的相关资料，将这些资料与申请人的公钥按照 PKCS（公钥加密标准）规定的格式打包生成证书签发申请书（以下简称"申请书"），同时使用申请人的私钥签名以保证此文不被他人修改。登记审核员接到证书申请表后，首先用申请人的公钥验证签名，接着查对申请人的身份是否属实并确定申请的用途是否合适，即完成对申请书的审核。

（3）证书的签发。签发员接到经过审核的证书申请表后签发证书，并同时更新证书数据库。证书的内容包括证书申请表的全部内容和发证机关的信息，证书的用途在扩展域中标明，最后使用发证机关的私钥签字。证书格式遵照 X.509 标准。

（4）证书的验证。数字证书系统既可以对其颁发的证书进行验证，也可以对其他发证机关颁发的证书进行验证。

（5）证书的查询。用户可以通过互联网直接访问系统的 LDAP 证书库查询数字证书和证书撤销表。

（6）证书的撤销。数字证书系统可以根据用户提出的证书撤销请求（以下简称"撤销请求"）对指定证书予以撤销，并同时更新证书库和证书撤销表。

（二）数字证书的分类

按照数字证书的使用对象来分，目前的数字证书主要包括个人数字证书、单位数字证书、服务器证书、安全邮件证书、代码签名证书等。

1. 个人数字证书

个人数字证书是用户使用此证书来向对方表明个人身份的证书，同时应用系统也可以通过证书获得用户的其他信息。个人数字证书支持现在主流的浏览器产品（包括 Microsoft IE、Netscape 等）和电子邮件客户端软件（包括 Microsoft Outlook 等）。

2. 单位数字证书

单位数字证书是颁发给独立的单位、组织，在互联网上证明该单位、组织身份的证书。

3. 服务器证书

服务器证书主要颁发给 Web 站点或其他需要进行安全鉴别的服务器，用于证明服务器的身份信息。服务器数字证书支持目前主流的 Web Server，包括 IIS、Apache、iPlant 等 Web 服务器。

4. 安全邮件证书

安全邮件证书结合使用数字证书和 S/MIME 技术，对普通电子邮件做加密和数字签名处理，确保电子邮件内容的安全性、机密性，发件人身份的确定性和不可抵赖性。

5. 代码签名证书

代码签名证书为软件开发商提供对软件代码做数字签名的技术，可以有效地防止软件代码被篡改，使用户免遭病毒与黑客程序的侵扰，同时可以保护软件开发商的版权利益。

（三）数字证书的格式

在数字证书的格式方面，被人们普遍接受并使用得最广泛的是 ITU 的 X.509 标准数字证书格式。ITU X.509 标准也称为 ISO/IEC 9594—8 标准。X.509 数字证书格式有 3 个不同的版本：版本 1，在 1988 年的第一版中定义；版本 2，在 1993 年的第二版中定义；版本 3，在 1997 年的第三版中定义，并在 2000 年的第四版中对其进行了改进。

数字证书的基本格式中包含以下几方面内容。

（1）版本号。代表数字证书的版本格式是版本 1、版本 2 或版本 3，将来还可能是其他版本。

（2）数字证书序列号。由认证机构发放的代表该数字证书的唯一标识号。

（3）签名算法标识符。认证机构用来对数字证书进行签名所使用的数字签名算法的算法标识符。

（4）数字证书发放者。发行数字证书的认证机构的 X.500 名称。

（5）有效期。数字证书的起始和终止的日期与时间。

（6）主体。与相应的被验证公钥所对应的私钥持有者的 X.500 名称。

（7）主体的公钥信息。主体的公钥值以及该公钥被使用时所用的算法标识符。

（8）数字证书发放者的唯一标识符。这是一个可选项，当不同的实体具有相同的名称时，利用该标识符可使发放数字证书的认证机构的 X.500 名称不具有二义性。

（9）主体的唯一标识符。这是一个可选项，当不同的实体具有相同的名称时，利用该标识符可使主体的 X.500 名称不具有二义性。

（四）数字证书的申请、生成、分发、撤销

1. 数字证书的申请

在电子商务环境中，数字证书可以发放给各种不同类型的实体，包括个人、组织和设备。一般来讲，数字证书的申请注册从数字证书申请人提出请求发放数字证书的申请开始。在互联网环境中，数字证书的申请注册大多是通过在线注册的方式来进行的。例如，用户可以利用 Web 浏览器与充当认证机构服务前端的服务器进行在线注册，但是，注册机构必

须对用户进行合法性验证，以确定公钥值及其他的用户信息确实来自该用户且在传送的过程中未被篡改过。

2. 数字证书的生成

数字证书的生成通过下列步骤实现。

（1）数字证书申请人将申请数字证书所需要的数字证书的内容信息提供给认证机构。

（2）认证机构确认申请人所提交信息的正确性，这些信息将包含在数字证书中。

（3）由持有认证机构私钥的签证设备给数字证书加上数字签名。

（4）将数字证书的一个副本传送给用户，如果需要，用户在收到数字证书后返回一条确认信息。

（5）将数字证书的一个副本传送到数字证书数据库或目录服务，以便公布。

（6）作为一种可供选择的服务，数字证书的一个副本可以由认证机构或其他实体存档，以加强档案服务、提供证据服务以及不可否认性服务。

（7）认证机构将数字证书生成过程中的相关细节，以及其他在数字证书发放过程中的原始活动都记录在审计日志中。

3. 数字证书的分发

在电子商务中，为了加密数据或验证数字签名，用户需要相应通信方的数字证书，还需要相应认证机构的数字证书，以此来完成相应的验证，这就涉及数字证书的分发问题。由于数字证书具有自我保护能力，所以不需要通过具有安全性保护的系统和协议来传送。常用的数字证书分发方法有通过数字签名来分发和通过目录服务来分发。

利用数字签名可以方便地进行数字证书的分发。签名者通常拥有自己的数字证书的一个副本，可以将该副本附加在数字签名中。这样，任何想检验数字签名的人都可以拥有该数字证书的副本。

在线的目录服务模型及其支撑协议标准是由国际电信联盟（ITU）和国际标准化组织（ISO）共同制定的。信息的发送方可以通过目录检索来获得接收方的数字证书及其他的信息。

4. 数字证书的撤销

数字证书的撤销是由认证机构根据被授权人的请求来决定的。谁有权撤销数字证书主要取决于认证机构的政策，包括认证机构用户在内的通信各方都要了解这些政策。一般来说，认证机构用户有权请求撤销自己的数字证书。在做出撤销数字证书的决定后，认证机构必须通知所有可能涉及到的数字证书用户。

撤销数字证书可以有很多方法，如由认证机构定期公布数字证书撤销表，广播数字证书撤销表，进行数字证书的在线状态检查，或者发放短期数字证书，等等。

二、数字证书实训应用

（1）打开浏览器，输入 VeriSign 公司的域名，即 http://www.verisign.com，登录 VeriSign 的主页，如图 7-10 所示。

（2）选择 Products & Services 菜单中的 Identity and Authentication Services 选项，进入如图 7-11 所示的界面。

图 7-10　VeriSign 的主页　　　　　　　　　　图 7-11　身份认证界面

（3）选择左侧菜单的 Digital IDs for Secure Email 选项，进入安全邮件数字服务界面，如图 7-12 所示。

（4）单击 BUY NOW 按钮，进入浏览器选择界面，如图 7-13 所示。

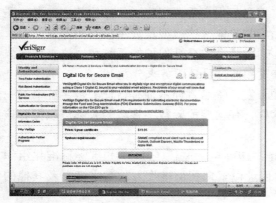

图 7-12　邮件数字服务界面　　　　　　　　　图 7-13　浏览器选择界面

（5）根据系统的浏览器软件选择，选择 IE 浏览器，进入申请步骤界面，如图 7-14 所示。

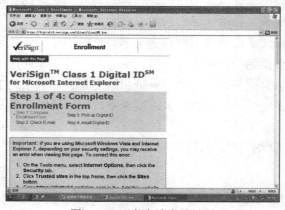

图 7-14　证书申请步骤界面

（6）申请证书分为四步，分别为填写资料、检查邮件、验证邮件、证书下载。

第一步，填写资料。

首先，填写所要申请证书的邮箱地址，如图 7-15 所示。

其次，选择 60 天的免费试用，如图 7-16 所示。

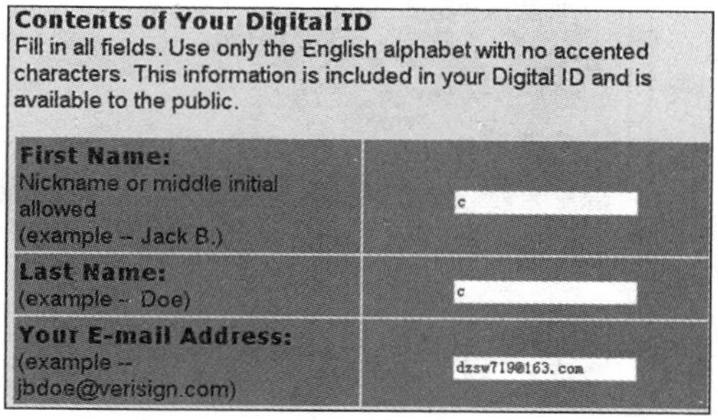

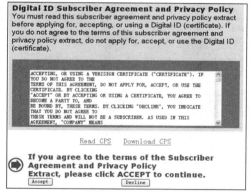

图 7-15　证书申请邮箱地址

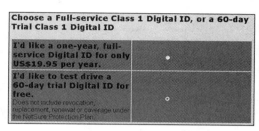

图 7-16　免费试用填写界面

最后，接受证书策略，如图 7-17 所示。

单击 Accept 按钮，进入如图 7-18 所示界面，第一步完成。

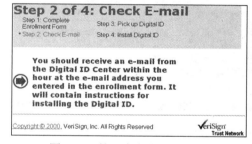

图 7-17　证书策略界面

图 7-18　第一步完成界面

第二步，检查邮件。

首先，打开你所填写的邮箱，收到来自 VeriSign 公司的新邮件，如图 7-19 所示。

图 7-19　来自 VeriSign 公司的新邮件界面

其次，打开邮件，如图 7-20 所示。

第三步，验证邮件。

根据邮件提示，返回申请界面，进入申请第三步界面，输入邮件所给 PIN 码，如图 7-21 所示。

图 7-20　VeriSign 公司发来的邮件的内容

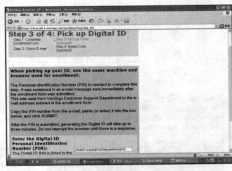

图 7-21　PIN 码验证界面

第四步，证书下载。

单击"submit"按钮，进入申请第四步界面。

单击 INSTALL 按钮，安装数字证书，如图 7-22 所示。

单击"是"按钮，出现安装成功的界面，如图 7-23 所示。

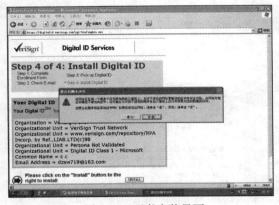

图 7-22　证书安装界面

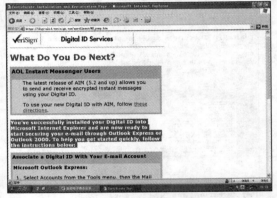

图 7-23　安装成功界面

（7）查看数字证书。数字证书安装成功后可以在 IE 浏览器上查看证书，在浏览器的"工具"菜单中选择"互联网选项"命令，选择"内容"选项卡中的"证书"选项，则可以看到刚申请到的个人安全邮件数字证书出现在列表中，如图 7-24 所示。

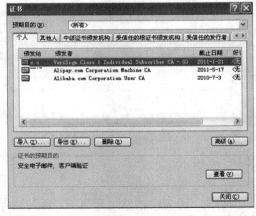

图 7-24　个人（CC）安全电子邮件数字证书列表

三、安全认证机构

开放网络上的电子商务要求为信息安全提供有效的、可靠的保护机制。这些安全机制必须提供机密性、身份验证特性、不可否认性。证书机制是目前被广泛采用的一种安全机制，使用证书机制的前提是依靠一个可靠的第三方机构验证，如认证机构（certification authority，CA）以及配套的注册审批机构（registration authority，RA）系统。

CA 是电子商务和网上银行等应用中所有合法注册用户所信赖的具有权威性、可信赖性及公正性的第三方机构，负责为电子商务环境中各个实体颁发数字证书，以证明各实体身份的真实性，并负责在交易中检验和管理证书。CA 作为电子商务交易中受信任的第三方，专门解决公钥体系中公钥的合法性问题。CA 中心的数字签名使得攻击者不能伪造和篡改数字证书。

RA 系统是 CA 证书发放、管理的延伸。它负责证书申请者的信息录入、审核以及证书发放等工作；同时，对发放的证书完成相应的管理功能。RA 系统是整个 CA 中心得以正常运营不可缺少的一部分。RA 只对唯一的 CA 负责，但一个 CA 可以拥有多个 RA。

CA 就是一个负责发放和管理数字证书的权威机构。对于大型的应用环境，CA 往往采用多层次的分级结构，类似各级行政机关，上级 CA 负责签发和管理下级 CA 的证书，最下一级的 CA 直接面向最终用户。

CA 的主要功能有：接收验证最终用户数字证书的申请，确定是否接受最终用户数字证书的申请，向申请者颁发数字证书，接收、处理最终用户的数字证书更新请求，接收最终用户数字证书的查询、撤销，产生和发布证书撤销表（CRL），数字证书的归档，密钥归档，历史数据归档。

从全球角度来说，目前世界上最大、最权威的认证中心是美国的 VeriSign 公司。VeriSign 公司成立于 1995 年 4 月，是全球数字信任服务的主要提供商。VeriSign 的数字信任服务通过 VeriSign 的域名登记、数字认证和网上支付三大核心业务，在全球范围内建立了一个可信的虚拟环境，其数字信任服务每天可以处理超过 50 亿次的网络连接和在线交易。世界 500 强企业无一例外都在使用 VeriSign 的网络服务。2010 年 5 月，VeriSign 被 Symantec 公司收购。

电子商务在我国发展迅猛，为了给电子商务一个安全的空间，我国 CA 建设的步伐也日益加快。从我国 CA 的建设情况来看，现有的 CA 大致可以分为以下 3 类。

（1）行业性 CA。中国电信安全认证系统（CTCA）和中国金融认证中心（CFCA）是行业性 CA 最典型的代表，然而经过规范化后，只有 CFCA 获得了电子认证服务资质，成为目前我国仅存的一家行业性 CA。

中国金融认证中心（China Financial Certification Authority，CFCA）是由中国人民银行于 1998 年牵头组建，经国家信息安全管理机构批准成立的权威电子认证机构，作为中国最早一批完成 Webtrust 国际标准审计并获得苹果、微软、谷歌、火狐等主流根证书库全入根，而且是目前中国内地唯一获得 LEI（全球法人机构识别编码）验证代理资格的电子认证机构。CFCA 打造电子认证、网络安全产品与服务、第三方支付、互联网财经媒体等多个业务板块，搭建了电子合同签署、证据保全与司法服务等核心平台，先后培育出无纸化、安心签、云证通、App 检测等旗舰产品。

行业性 CA 的特点是规模比较大，由一个行业内的多家企业共同参与组建，为行业内的企业提供安全认证服务，同时也向非本行业企业提供安全认证服务。

（2）区域性 CA，如上海 CA（SHECA）。区域型 CA 在中国 CA 中占了很大一部分比例，它们通常由政府授权建立，以公司机制运行，按照行政区域名称来命名。除西藏、内蒙古、青海、甘肃等电子商务相对不发达的区域，全国其他各省（区、市）都已建立本区域内从事数字证书制作、颁发和管理的第三方电子认证服务机构，负责该区域电子认证服务的建设和运营工作。

（3）商业性 CA，如天威诚信 CA 等。北京天威诚信电子商务服务有限公司是中国第一批获得电子认证服务行政许可的公司之一。天威诚信公司是中国唯一一家由 DigiCert 直接授权且由中国工信部批准的 CA 认证机构，拥有极高的行业准入标准。天威诚信公司与 DigiCert 在中国积累了长达 20 年的战略合作经验，是 DigiCert 认证业务全球最大的合作伙伴，专业提供数字证书等技术和产品服务，服务于阿里巴巴、百度、腾讯、京东、联想、金山、中行、工行、建行等全行业超 95% 的大客户，覆盖超 10 亿网民。

本 章 小 结

本章针对电子商务面临的相关安全问题与安全需求进行了简要阐述，讲述了加密、数字签名、身份认证与数字证书的相关技术，包括从电子商务面临的安全问题到相关技术在互联网商务环境下的应用，以此来提升学生对电子商务安全的认知程度，并进一步阐述了各种安全技术应用等方面的内容，让学生的学习更接近实际。

思 考 题

1. 电子商务的安全需求有哪些？
2. 简述数字签名的基本原理。
3. 身份认证可以根据哪些因素来进行？
4. 数字证书的撤销方法都有哪些？
5. CFCA 提供的数字证书有哪几类？

第八章　电子商务法规

 学习目标

- ❑ 掌握电子商务立法指导思想与原则。
- ❑ 了解在线交易当事人及在线交易服务提供者的权利和义务。
- ❑ 了解电子签名的条件及法律效力。
- ❑ 掌握电子合同成立的条件及成立时间、地点的确认方法。
- ❑ 了解电子商务中的知识产权的界定及法律特征。
- ❑ 了解电子商务法律规范对个人资料的保护。
- ❑ 了解电子商务消费者具有的基本权利。
- ❑ 了解对网络不合理格式合同进行网络规制的方法。

能力目标

- ❑ 能够在掌握在线交易的权利和义务的基础上解决网络纠纷。
- ❑ 能够利用电子商务法律规范保护网上个人资料。
- ❑ 能够合理使用网络著作权的内容对网络合法权利采取有效保护。

案例导入

天下有免费的午餐吗

2014年7月16日，蒋某在某团网上以0元的价格，团购了500份渝北某酒楼原价522元的6~8人餐。蒋某到酒楼消费时，却被告知酒楼没有这项0元团购的活动。蒋某找到北京某某科技有限公司，要求对方履行义务。这家公司回应称，是系统错误将团购价格改成0元，拒绝履行义务，随即在网上删除了0元团购的订单。蒋某认为，该公司是在评估了商业价值与投资回报率的基础上，自愿在网上以0元价格销售餐券的，其不履行兑现的行为严重违背诚实信用原则，侵犯了消费者的合法权益，遂将北京某某科技有限公司诉至法院。

蒋某的诉讼请求是：7月16日团购的500份消费券有效期为2个月，要求被告履行义务，顺延消费时间，在法院判决生效后开始计算2个月的消费时间。被告方要求法院驳回原告诉讼请求，理由是：原告无法证明其主体适格，某团网并非实名制注册，无法确定原告系团购账号的合法使用者。被告代理律师称，某团网作为一个平台，经酒楼授权要求，6~8人餐的团购价为268元每份，价格降为0元并非人为所致。团购是从每日0时开始，被

告方于团购开始 21 分钟后发现错误，并第一时间做了下线处理。被告代理律师表示，从 268 元降为 0 元，并非被告方的真实意思表达，同时，原告方有恶意购买的行为，在 2 个月消费时间内，就算原告一日三餐都使用消费券用餐，那么在 2 个月时间内也只能消费 180 份，这种行为不应受法律保护。根据某团网的用户协议，某团网有权单方变更消费，也可以退款，解除合同。经过法庭调查，法官将本案焦点归结为三点：①原告蒋某是否系团购 500 份消费券的主体？在本案中是否主体适格？②原告与被告形成的是何种合同关系？③本案审理的合同关系是否存在因重大误解应予撤销的情形？经过质证环节，原告对"主体不适格"的说法表示认可，团购使用的手机号码并非自己所有，系朋友文先生所有，申请撤诉。法官口头裁定：原告申请撤诉系其真实意思表达，现本案终结，本案撤诉。

资料来源：李晓秋．电子商务法案例评析[M]．2 版．北京：对外经济贸易大学出版社，2015.

任务一　淘宝网开店要办证吗

任务引入

海宁盐官的刘先生在淘宝网开了一个网店，经营的商品有手机贴膜、手机挂件、手机充值卡等。工商人员在查实刘先生没有进行工商登记注册后，对其进行了查处。海宁工商局有关人员指出，依照国务院《无照经营查处取缔办法》，任何单位和个人不得违反法律、法规规定从事无照经营；而《浙江省取缔无照经营条例》重申了从事生产、经销、服务等经营活动的单位和个人，应在依法向工商部门申请登记、注册，领取营业执照后方可从事经营活动。营利性的网店从事的是"经销、服务等经营活动"，当然适用这两个规定。

任务目标

1．能够理解电子商务法的调整对象。

2．能够理解在线交易主体的认定和市场准入相关立法。

3．能够运用我国新版电子商务法的相关条款解决现实问题。

任务要求

1．学生依据新版电子商务法关于在线交易主体认定和市场准入的相关立法，分小组讨论分析在淘宝网开设的营利性网店是否需要办证，每小组要求提供 3 个以上佐证观点的论据。

2．如何改进目前这种不规范的局面？每小组要求提出 3 个改进建议。

任务分析

在网络消费越来越成为时尚的同时，其暴露出来的不规范行为引发的消费纠纷日益增多。针对网络消费环境，国家工商总局称，网上开店要办理工商营业执照，北京将首先试点，今后将进行全国范围推广。北京市工商局明确规定，营利性网店必须先取得营业执照后才能开展经营，否则将按无照经营查处。有观点认为，如果要求每家网店都去工商局登记注册，特别是众多小网店，转换成个体经营户和缴纳相关环节上的费用，不利于电子商务的发展；还有的观点认为，从规范和发展电子商务的长远考虑，网店应该进行工商登记注册，但是，国家相关部门应配套出台一个无实体网店的相关注册制度或者政策。

第一节　电子商务法律概述

一、电子商务立法的指导思想和原则

电子商务法属于商法范畴，商法存在的基础和必要性是确保交易安全，同样，电子商务立法的主要目的也应当是交易安全的保护。具体来说，电子商务立法旨在为电子商务提供一套透明的、稳定的、有效的行为规则，以使在线经营者有一个稳定和安全的预期，在公平的条件下开展竞争；同时，电子商务立法旨在为电子商务提供一个和谐统一的法律环境，以维护交易安全，保护消费者权益，保护知识产权，保护个人隐私。当然，在制定强制性规范的同时，也应当依据当事人意思自治留有余地，或者鼓励在电子商务领域行业自治和当事人自治，鼓励商界探索新的规则，使限制性的规定建立在维护交易安全合理的基础上。从上述指导思想出发，我国电子商务立法应采纳以下 5 个基本原则。

（一）与国际电子商务规范接轨原则

电子商务是无地域界线或超国界的商业方式，因此，它比传统商业活动更需要采取统一规则。在这方面，《联合国国际贸易法委员会电子商务示范法》（以下简称《电子商务示范法》）率先确立了一些基本原则，为统一电子商务立法的基本原则奠定了基础。事实上，之后许多国家立法均采纳了《电子商务示范法》的基本原则。因此，我国电子商务立法也应当尽量与联合国《电子商务示范法》保持一致，以利于我国电子商务规范与世界接轨。与此同时，吸收其他国际组织和发达国家成熟的立法经验，既可以避免走弯路，也可以减少摩擦和规则冲突，使我国电子商务立法一开始就融入全球电子商务大环境中。

（二）技术中立原则

技术中立原则是指政府或立法机构对于各种有关电子商务的技术、软件、媒体等采取中立的态度，由实际从事电子商务者或信息服务中介商自己根据技术发展选择新的和国际社会接轨的技术，政府应当不偏不倚，鼓励新技术的采用和推广，只有这样才能建立开放的、全球性的适合电子商务运行的法制环境。

电子商务法旨在提供必不可少的程序和原则，以利于在各种不同情况下使用现代技术记录和传递信息。但是，在电子商务法的起草过程中不应偏重任何技术手段。例如，电子商务法不应当确定一种相当于任何一种书面文件的计算机技术等同物；相反，电子商务法只需提出书面形式要求中的基本作用，将其作为标准，任何数据电文，不管采用什么技术，一旦达到这些标准，即可与起着相同作用的相应书面文件一样，得到同等程度的法律认可。电子商务立法必须考虑信息技术的高速发展趋势，为新技术的采纳留有余地，或者不应排斥新技术的采纳，以适应电子技术和电子商务模式的新发展。

（三）促进交易原则

从政策的角度理解，即采取适当的鼓励措施，促进电子商务交易形式的普及和运用。电子商务需要法律规制，电子商务也需要政府管制，但是，所有这些强制性规制只是为了给电子商务创造一个良好的法律环境和制度保障。尤其是电子商务还是一种新生事物，许多规范尚需要探索和实践，国家应当鼓励商界自觉探索。在市场准入方面，应当降低市场准入门槛，规范交易行为；在税收方面，应鼓励企业采取电子商务，同时积极寻找课税的新途径和新方法。

从法律规范的角度，促进原则表现为尽可能地为当事人自治和行业自治原则留有余地，在某些交易领域的法律规范仍然强调引导性、任意性，为当事人全面表达与实现自己的意愿预留充分的空间；在法律实施领域坚持私法自治原则，只要现行法律没有禁止的，就是允许的或者不视为违法，只要法律没有强制规定，那么当事人之间的安排就是合法的。这种态度有利于商家不断地探索电子商务运行的经验和习惯，有利于形成成熟的行为规范。可以说，促进交易是任意性规范的法理基础之一。

（四）安全原则

电子商务法是在虚拟的环境中运行的，在线交易给人们带来效率的同时，也带来不安全因素。因为在线交易是全球性的、非面对面的交易，是以电子信息或数据通信为手段的，这里不仅有传统法律环境下的不安全，如对方丧失履约能力，还存在特有的风险，比如交易当事人是否真实存在、资信如何等。因此，电子商务法具有特有保障其交易安全的规范，如数字签名、身份认证制度等。安全原则也是电子商务立法中的强制性规范立法的基础。在民商事交易领域，法律之所以存在对主体资格、契约形式、契约效力等的强制性规范，其目的就是保障交易安全。例如，对认证程序和认证机构的强制性规定、对网上交易格式条款的监督、对网上广告的监督、对缔结过程的提示义务的规定等强制性规定均是为了保护交易的安全和公平。

（五）保护消费者权益原则

电子商务的繁荣最终要依赖消费者的参与，如果在电子商务活动中，消费者利益得不到保护，就不可能有持续发展的电子商务。而且，电子商务是在虚拟环境（网络环境）下运行的，其交易环境的非透明度、交易过程的非直接性、交易手段的非纸质性等特征，不仅增加了消费者受损害的机会，而且会导致消费者的不信任。为此，世界各国普遍把保障交易安全、增加消费者的信任作为发展电子商务首先要解决的问题。对网络交易的消费者权益维护除了适用传统的消费者保护法外，还要针对网上交易的特点对消费者实施特殊的保护。因此，除了制定专门的针对网上消费者权益保护的特殊法外，还应在网上交易的各个环节的规定中注重保护消费者的利益。

二、《中华人民共和国电子商务法》规定的电子商务经营者主体资格和一般义务

电子商务经营者是指通过互联网等信息网络从事销售商品或者提供服务的经营活动的自然人、法人和非法人组织，包括电子商务平台经营者、平台内经营者以及通过自建网站、其他网络服务销售商品或者提供服务的电子商务经营者。

阅读材料

《中华人民共和国电子商务法》立法情况

（一）电子商务经营者的主体资格

电子商务经营者应当依法办理市场主体登记。但是，个人销售自产农副产品、家庭手工业产品，个人利用自己的技能从事依法无须取得许可的便民劳务活动和零星小额交易活动，以及依照法律、行政法规不需要进行登记的除外。对于个人开设的网店，如果开设的网店属于上述不需要主体登记的情形，就不需要进行登记，反之则需要。电子商务经营者从事经营活动，需要取得相关行政许可的，应当依法取得行政许可。

（二）电子商务经营者的一般义务

1. 履行依法纳税及开具凭证（单据）义务

电子商务经营者应当依法履行纳税义务，并依法享受税收优惠。不需要办理市场主体登记的电子商务经营者在首次纳税义务发生后，应当依照税收征收管理法律、行政法规的规定申请办理税务登记，并如实申报纳税。电子商务经营者销售商品或者提供服务应当依法出具纸质发票或者电子发票等购货凭证或者服务单据。电子发票与纸质发票具有同等法律效力。

2. 履行消费者人身、财产安全保障义务和环境保护义务

电子商务经营者销售的商品或者提供的服务应当符合保障人身、财产安全的要求和环境保护要求，不得销售或者提供法律、行政法规禁止交易的商品或者服务。电子商务平台经营者知道或者应当知道平台内经营者销售的商品或者提供的服务不符合保障人身、财产安全的要求，或者有其他侵害消费者合法权益行为，未采取必要措施的，依法与该平台内经营者承担连带责任。对关系消费者生命健康的商品或者服务，电子商务平台经营者对平

台内经营者的资质或资格未尽到审核义务，或者对消费者未尽到安全保障义务，造成消费者损害的，依法承担相应的责任。

3. 履行信息公示义务

电子商务经营者应当在其首页显著位置持续公示营业执照信息、与其经营业务有关的行政许可信息、属于依照本法第十条规定的不需要办理市场主体登记情形等信息，或者上述信息的链接标识。信息发生变更的，电子商务经营者应当及时更新公示信息。电子商务经营者自行终止从事电子商务的，应当提前30日在首页显著位置持续公示有关信息。电子商务经营者应当全面、真实、准确、及时地披露商品或者服务信息，保障消费者的知情权和选择权。电子商务经营者不得以虚构交易、编造用户评价等方式进行虚假或者引人误解的商业宣传，欺骗、误导消费者。

4. 履行对消费者的诚信义务

电子商务经营者应当按照承诺或者与消费者约定的方式、时限向消费者交付商品或者服务，并承担商品运输中的风险和责任，但是，消费者另行选择快递物流服务提供者的除外。电子商务经营者应当全面、真实、准确、及时地披露商品或者服务信息，保障消费者的知情权和选择权。电子商务经营者不得以虚构交易、伪造用户评价等方式进行虚假或者引人误解的商业宣传，欺骗、误导消费者。

电子商务经营者根据消费者的兴趣爱好、消费习惯等特征向其提供商品或者服务的搜索结果的，应当同时向该消费者提供不针对其个人特征的选项，尊重和保护消费者的合法权益。电子商务经营者搭售商品服务，应当以显著方式提醒消费者注意，不得将搭售商品或者服务作为默认同意的选项。电子商务经营者应当按照承诺或者与消费者约定的方式、时限向消费者交付商品或者服务，并承担商品运输中的风险和责任，但是，消费者另行选择快递物流服务提供者的除外。

5. 履行消费者个人信息保护义务

电子商务经营者搜集、使用其用户的个人信息，应当遵守法律、行政法规有关个人信息保护的规定。电子商务经营者应当明示用户信息查询、更正、删除以及用户注销的方式、程序，不得对用户信息查询、更正、删除以及用户注销设置不合理条件。电子商务经营者收到用户信息查询或者更正、删除的申请时，应当在核实身份后及时提供查询或者更正、删除用户信息的服务。用户申请注销时，电子商务经营者应当立即删除该用户的信息，依照法律、行政法规的规定或者双方约定保存的，依照其规定。

6. 履行商务数据提供义务

有关主管部门依照法律、行政法规的规定要求电子商务经营者提供有关电子商务数据信息的，电子商务经营者应当提供。有关主管部门应当采取必要措施保护电子商务经营者提供的数据信息的安全，并对其中的个人信息、隐私和商业秘密严格保密，不得泄露、出售或者非法向他人提供。

（三）电子商务平台经营者的行为规范

制定平台服务协议和交易协议，应当遵循公开、公平、公正原则。公示平台服务协议和交易协议，是保障平台内经营者、消费者知情权、监督权的最佳方式。平台服务协议和交易规则公开征求意见，是保障平台内经营者、消费者意见表述、退出自由的内在要求。

电子商务平台经营者应当在其首页显著位置持续公示平台服务协议和交易规则信息或者上述信息的链接标识，并保证经营者和消费者能够便利、完整地阅览和下载。电子商务平台经营者修改平台服务协议和交易规则，应当在其首页显著位置公开征求意见，采取合理措施确保有关各方能够及时充分表达意见。修改内容应当至少在实施前 7 日予以公示。平台内经营者不接受修改内容，要求退出平台的，电子商务平台经营者不得阻止，并按照修改前的服务协议和交易规则承担相关责任。商务平台经营者不得利用服务协议、交易规则以及技术等手段，对平台内经营者在平台内的交易、交易价格以及与其他经营者的交易等进行不合理限制或者附加不合理条件，或者向平台内经营者收取不合理费用。电子商务平台经营者依据平台服务协议和交易规则对平台内经营者违反法律、法规的行为实施警示、暂停或者终止服务等措施的，应当及时公示。

案 例

向旋、易彬等破坏计算机信息系统案

被告人向旋、易彬、王某某、潘某某等人为谋取利益，帮助商家删除京东网上商城差评。2016 年 10 月 6 日，陈某与余某在王某某供职的湖南省常德市临澧县京东乡村服务中心使用被告人向旋提供的 ERP 账号，违规操作删除京东商城差评信息 1000 余条，商家将删除差评的款项 29 000 余元支付给易彬。2016 年 10 月 7 日，向旋联系吴某某删除京东网上商城差评。向旋提供京东商城 ERP 账号、联系商家，吴某某在其供职的湖南省吉首市京东乡村服务中心，使用向旋提供的京东商城 ERP 账号违规操作删除京东商城差评信息 1000 余条，违法所得共计 70 000 余元。

任务二　未成年人用家长账号在淘宝上买东西，合同是否有效

任务引入

许某喜欢通过网络订购商品。某日，某商家将一台价值近万元的电视机送到许某家中，但许某表示自己并未上网订购过这种商品，后来才知是许某不在家时，其未成年的儿子在网上订购的。平时许某上网购物时其子时常在旁观看，因此知道许某的账号和密码，也了解一些网上购物的知识，一次在浏览网页时觉得这款电视机特别适合用来玩游戏，就在没有和家人商量的情况下下了订单。许某认为，儿子作为未满18周岁的限制民事行为能力人不具有完全的民事行为能力；商家认为，下单的客户是许某自己的账号。双方引发争执。

任务目标

1．能够理解《中华人民共和国民法典》(以下简称《民法典》)中合同订立的基本要件。

2．能够理解 B2C 交易合同条款应满足的条件。

3．能够运用《民法典》的相关条款解决网络交易现实问题。

任务要求

1．学生依据《民法典》涉及的电子合同订立效力的条款和下面任务分析当中提出的两种争议观点，分小组讨论并提出所支持的观点，每小组要求给出3个以上解释依据。

2．针对未成年人网络购物引发的争议，每小组要求提出3个避免争议的方案。

任务分析

关于未成年买家与商家之间的纠纷愈发普遍，网络购物中电子合同当事人缔约能力仍应适用《民法典》的相关规定。由于无民事行为能力人与限制民事行为能力人本身认知的局限性，导致了他们缺乏进行民事行为所要求具备的意识能力，他们在民事交易中无法准确地预见自己行为的性质与后果。案件中许某之子作为限制民事行为能力人，其做出的购买行为并未得到其监护人的事后追认，此时为了保护买方的合法民事权益，他们订立的合同因存在瑕疵而应认定为无效。也有观点认为，卖方并不能像在现实交易中那样清楚地辨别购买者的年龄，如果因为买方是未成年人就可以随意地认定合同无效，那么对卖方来说无疑加重了其风险，这不利于保护网络交易中卖方的利益。

第二节　电子商务交易的法律规范

一、数据电文及电子签名的法律效力

联合国国际贸易法委员会制定的《电子商务示范法》实际上是一部关于数据电文效力的法律制度。它主要就数据电文的概念、书面功能等价标准、法律效力、发送与接收及其归属等基本问题做出了规定。我国2005年生效的《中华人民共和国电子签名法》（以下简称《电子签名法》）也对数据电文做出了规定。

（一）数据电文的法律效力

《民法典》也将传统的书面合同形式扩大到数据电文形式。其第四百六十九条规定："书面形式是合同书、信件、电报、电传、传真等可以有形地表现所载内容的形式。以电子数据交换、电子邮件等方式能够有形地表现所载内容，并可以随时调取查用的数据电文，视为书面形式。"也就是说，不管合同采用什么载体，只要可以有形地表现所载内容，即视为符合法律对"书面"的要求。

案　例

微信截图等电子证据被法院采纳

2015年4月9日，广东省东莞市某光电科技有限公司向倪先生的微信号（微信头像照片显示为上海某实业公司字样）发送了水滴标（挂在红酒瓶上的一种酒标）照片 2 份和报价单 1 份，协商水滴标采购事宜。4 月 17 日，双方通过微信约定，上海某实业公司向广东某光电科技公司采购水滴标 6000 只。随后，上海某实业公司转账支付 3.1 万元到广东某光电科技公司，其中包含定金 3 万元，其余 1000 元用来支付之前业务的打样费，并向广东某光电科技公司明确了收货人。5 月 12 日，广东某光电科技公司按约定将货物发往收货人地址。然而，上海某实业公司一直没有支付剩余货款 7.5 万元。广东省东莞市某光电科技有限公司因此向上海市浦东新区人民法院起诉。

原告提交的微信截图、网上银行电子回单、物流单和网上查询单等证据，以及微信截图中的报价单上显示的采购数量对应的采购单价等电子证据，都被法院采纳。法院认为，倪先生在上海某实业公司成立前后，即 2015 年 4 月 9 日和 4 月 17 日，均以头像为其公司名称的微信号与原告协商涉案业务。显然，倪先生以被告名义与原告约定了具体采购事宜，而且倪先生确实是被告上海某实业公司的股东兼法定代表人，审理中倪先生也承认，该批货物系转售山东客户而不是自己使用的，因此，法院对被告主张涉案业务的采购方为倪先生个人的意见不予采信。上海市浦东新区人民法院自贸区法庭审理后，对这起买卖合同纠纷案做出判决，倪先生的公司应该支付欠款。

审查数据电文作为证据的真实性，应当考虑以下因素：生成、储存或者传递数据电文方法的可靠性，保持内容完整性方法的可靠性，用以鉴别发件人方法的可靠性，其他相关因素。

（二）电子签名的法律效力

1. 电子签名的概念

电子签名也称"数字签名"，是指用符号及代码组成电子密码进行"签名"来代替书写签名或印章。它采用规范化的程序和科学化的方法，用于鉴定签名人的身份以及对一项数据电文内容信息的认可；它还能验证文件的原文在传输过程中有无变动。简单地讲，电子签名就是通过密码技术对电子文档所做的电子形式的签名，并非是书面签名的数字图像化，它类似手写签名或印章，也可以说它就是电子印章。

2.《电子签名法》的主要内容

我国 2005 年实施的《电子签名法》的主要内容包括：总则、数据电文、电子签名与认证、法律责任四大部分。其中，总则指出了制定电子签名法的宗旨、目的及其使用范围；数据电文部分定义了什么是数据电文，并明确规定电子文件与纸介质书面文件具有同等效力，以使现行的民商事法律同样适用于电子文件；电子签名与认证部分为本法案的重点，它规定了电子签名的法律效力及电子签名的安全条件以及对第三方认证机构的要求及市场准入的条件；法律责任部分则规定了参与电子签名活动中各方所应享受的权利和需要履行的义务。

3. 电子签名的条件和法律效力

电子签名同时符合下列条件的，视为可靠的电子签名：电子签名制作数据用于电子签名时，属于电子签名人专有；签署时电子签名制作数据仅由电子签名人控制；签署后对电子签名的任何改动都能够被发现；签署后对数据电文内容和形式的任何改动都能够被发现。当事人也可以选择使用符合其约定的可靠条件的电子签名。

案　例

手机短信能否作为证据

2004 年 1 月，杨先生结识了女孩韩某。同年 8 月 27 日，韩某发短信给杨先生，向他借钱应急，短信中说："我需要 5000 元，刚回北京做了眼睛手术，不能出门，你汇到我卡里。"杨先生随即将钱汇给了韩某。一个多星期后，杨先生再次收到韩某的短信，又借给韩某 6000 元。因都是短信来往，两次汇款杨先生都没有索要借据。此后，因韩某一直没提过还款的事，而且又再次向杨先生借款，杨先生产生了警惕，于是向韩某催要。但一直索要未果，于是起诉至海淀法院，要求韩某归还其 11 000 元钱，并提交了银行汇款单存单两张。但韩某却称这是杨先生归还以前欠她的欠款。

法院经审理认为：依据 2005 年 4 月 1 日起施行的《电子签名法》中的规定，经法院对杨先生提供的移动电话短信息生成、储存、传递数据电文方法的可靠性，保持内容完整性方法的可靠性进行审查，可以认定该移动电话短信息内容作为证据的真实性，其载明的款项往来金额、时间，与中国工商银行个人业务凭证中体现的杨先生给韩女士汇款的金额、时间相符，且移动电话短信息内容中也载明了韩女士偿还借款的意思表示，两份证据之间相互印证，可以认定韩女士向杨先生借款的事实。根据证据规则的相关规定，录音、录像及数据电文可以作为证据使用，但数据电文直接作为认定事实的证据，还应有其他书面证据相佐证。据此，杨先生所提供的手机短信息可以认定为真实有效的证据，法院对此予以采纳，对杨先生要求韩女士偿还借款的诉讼请求予以支持。

《电子签名法》第十四条规定，可靠的电子签名与手写签名或者盖章具有同等的法律效力。这是《电子签名法》的核心，确立了可靠的电子签名的法律效力。当一个电子签名被认定是可靠的电子签名时，该电子签名就与手写签名或者盖章具有了同等的法律效力。电子签名获得法律效力，意味着互联网上用户的身份确定成为可能。使用电子签名业务的用户将不再对与其交流信息的对方一无所知，在这个基础上，网络才有可能真正跃出媒体之外，充分运用到商务、政务、科学研究、日常生活等诸多方面，从而使"虚拟空间"真正全面地与现实世界接轨。

电子签名人应当妥善保管电子签名制作数据，电子签名人知悉电子签名制作数据已经失密或者可能已经失密时，应当及时告知有关各方，并终止使用该电子签名制作数据。

二、电子合同相关法律规定

1996 年 6 月 14 日通过的《电子商务示范法》允许贸易双方通过电子手段传递信息、签订买卖合同和进行货物所有权的转让，为实现国际贸易的"无纸操作"提供了法律保障。我国 2021 年 1 月 1 日开始实施的《民法典》也在合同中引入了数据电文形式，从而也在法律上确认了电子合同的合法性。

（一）收到和发出数据电文的时间和地点

"收到"这一概念，在电子商务贸易过程中，具有相当重要的法律意义。在国际货物销售合同公约和大陆法中，不论是发盘还是接收，均以抵达接收人或发盘人作为生效的条件之一。而英美法则规定，信件或电报一经发出，立即生效，生效的时间以投递邮件收据上邮局所盖邮戳为准，而不管对方是否收到。联合国《电子商务示范法》第十五条详细规定了收到和发送数据电文的时间和地点。

（1）除非发端人与收件人另有协议，一项数据电文的发出时间以它进入发端人或代表发端人发送数据电文的人控制范围之外的某一信息系统的时间为准。

（2）除非发端人与收件人另有协议，数据电文的收到时间按下述办法确定：如收件人为接收数据电文而指定了某一信息系统，则以收件人检索到该数据电文的时间为收到时间；若收件人并未指定某一信息系统，则以数据电文进入收件人的任一信息系统的时间为收到时间。

（3）即使设置信息系统的地点不同于根据第四款规定所视为收到数据电文的地点，第二款的规定仍然适用。

（4）除非发端人与收件人另有协议，数据电文应视发端人设有营业地的地点为其发出地点，而视收件人设有营业地的地点为其收到地点。就本款的目的而言：如发端人或收件人有一个以上的营业地，应以与基础交易具有最密切关系的营业地为准，又如果并无任何基础交易，则以其主要的营业地为准；如发端人或收件人没有营业地，则以其惯常居住地为准。

我国《民法典》第五百一十二条规定："通过互联网等信息网络订立的电子合同的标的为交付商品并采用快递物流方式交付的，收货人的签收时间为交付时间。电子合同的标的为提供服务的，生成的电子凭证或者实物凭证中载明的时间为提供服务时间；前述凭证没有载明时间或者载明时间与实际提供服务时间不一致的，以实际提供服务的时间为准。电子合同的标的物为采用在线传输方式交付的，合同标的物进入对方当事人指定的特定系统且能够检索识别的时间为交付时间。电子合同当事人对交付商品或者提供服务的方式、时间另有约定的，按照其约定。"因此，按照我国立法，采用数据电文形式订立合同，收件人指定特定系统接收数据电文的，该数据电文进入该特定系统且能够检索识别的时间，视为到达时间。该法第四百九十二条同时规定："采用数据电文形式订立合同的，收件人的主营业地为合同成立的地点；没有主营业地的，其住所地为合同成立的地点。当事人另有约定的，按照其约定。"

（二）电子合同订立要约和承诺生效的时间

关于生效时间的立法有两种：一是大陆法系，采用到达主义，即以信件到达接收人处为生效；二是英美法系，采用发送主义，只要发出人将信件投邮即生效。到达主义侧重于维护交易安全，发送主义则侧重于维护交易迅捷。从科技迅速发展的角度来看，发送与到达的时间差越来越小，到达主义与发送主义的差别所产生的利弊也大大淡化，二者的实际效果越来越接近。从国际公约的立法例来看，较多采用到达主义。美国《统一计算机信息交易法》对于电子信息的生效时间也采用了到达主义，而放弃了普通法的"邮箱规则"。美国统一州法委员会对此的正式评论是："之所以放弃'邮箱规则'是为避免收到与否的不确定性，采用到达主义是考虑到电子信息传输的迅捷性，而把没有收到的风险置于发送人。"电子交易本身具有以往任何时代无法比拟的快捷性，因而，安全成了每个国家立法者考虑的第一要素。到达主义正好符合了这一要求，而发送人的风险可以通过"确认收讫"加以避免。

（三）点击合同的法律效力

点击合同（click-wrap contract）指由商品或服务的提供人通过计算机程序预先设定合同条款的一部分或全部，以规定其与相对人之间法律关系，相对人必须点击"同意"后才能订立的合同。由于点击合同与相对人利益密切，且相对人处在被动的地位，为保障合同生效对相对人带来的合法利益，在排除违法点选条款或格式条款之时，并不否定合同的效力，除非继续维持合同效力对当事人过于苛刻。

点击合同的效力受多种因素的影响，这里仅探讨合同条款本身对效力的影响。我们认为，影响合同效力的主要因素在于当事人的意思表示是否一致。由于点击合同的电子化形式，合同的订立必须由相对人点击"同意"才能得以完成。表面上看是意思一致了，但问题的实质在于合同中的格式条款是否具备了让相对人知晓的条件。我们根据 B2C 和 B2B 两种交易类型来分析。

1. B2C 交易合同条款应满足的条件

（1）合理提醒消费者注意。点击合同的提供人必须提醒消费者注意合同的格式条款，以明确的、直接的方式告知消费者，不得在合同之外另行规定其他条款。提醒消费者注意应达到合理的程度，这可以从文件的表现形式、提醒注意的方法、提醒注意的时间和程度 4 方面来考察。

第一，文件的表现形式。应使相对人知道它是合同条款。在浏览页面购买商品时，卖方以合同文本的形式表现订立合同的内容，供消费者点选和点击同意。这种表现形式应是符合要求的。但是，页面上的某些规定或提示是以声明、通知等形式发布的，是否能成为合同条款，则要具体分析。该提示如能明确表明它是合同条款，与消费者所要订立的合同是一个整体，则可以作为格式条款。否则，合同的提供方不能将该提示作为合同的条款。

第二，提醒注意的方法。应使相对人知道它的存在。提醒注意的方法可以是多样的，但必须能引起具有合理注意能力的消费者的注意。提醒的方式应以个别提醒和明示提醒为主。在消费者购买过程中，合同条款的全部内容应当出现在页面上，提醒注意的语言文字要清晰明白，标志醒目。

第三，提醒注意的时间。应当在合同订立之前或订立之时做出。在消费者做出点击"同意"之前，所有条款均应告知。因此，某些网络商家在消费者做出承诺之后，又告知消费者若干义务，该义务不能作为合同内容，因为在合同成立之后，未经相对人同意，单方不能变更合同。

第四，提醒注意的程度。应当能引起相对人的注意。是否能引起相对人的注意应以客观合理性为准，即能使一个具有一般注意能力之自然人产生注意，且不能根据个体的不同而不同，如在消费者购买页面上出现合同的内容或是购买的必经程序等。

（2）保证消费者有审查机会。合同的提供人应保证相对人有充分的时间了解合同的内容，这里强调相对人有审查的机会，至于消费者是否去了解则不在提供人的考虑范围。消费者是否具有这样的机会应从以下几点判断。

第一，合同条款能引起相对人的注意并允许其审查。引起消费者的注意是条件，允许其审查是结果。所谓允许审查，是指消费者能看到合同的内容并有权做出是否缔约的决定。

第二，合同的提供人应保证相对人有审查的合理时间。例如，商家在有关页面上有"法律声明"之类的栏目，允许消费者在浏览页面时查看或将合同内容设置为消费者购物的必经环节，以保证消费者有充分的时间去审查。

第三，相对人审查合同的时间。合同的提供人应保证相对人在订约之前或订约之时有审查的机会；如果某一条款只有在当事人负有付款义务或履约之后才能审查，则只有在相对人如拒绝该条款时有退还请求权的情况下，视为具有审查机会。例如，在订立合同时规定相对人须保守商业秘密，但只有在相对人付款后，才能了解涉及商业秘密条款的具体内容，此时若相对人拒绝接受应有退款请求权，否则，应认为合同提供方未给予审查机会。

2. **B2B 交易合同条款应满足的条件**

在 B2B 交易中，由于当事人都是商人，在商业经验和交涉能力方面大致相当，因而在立法政策上，无须给予任一方特殊的保护，根据一般合同理论即可。但是，格式条款仍应满足下列几个条件。

（1）由双方当事人在多次交易中使用。这一要件要求交易双方必须在一个较长的时间里持续使用，每一次的使用，都以相对人知悉该格式合同的存在为前提，并且语义相同。

（2）符合行业惯例或商业习惯。由于商业习惯被交易人所了解并长期使用，可以得到法律的认可。

（3）对于初次使用的格式条款，应给予相对人了解的机会。在此，并不要求相对人了解其内容，只需知晓其存在即可。

三、电子支付相关法律规定

电子支付是指以电子计算机及其网络为手段，用负载有特定信息的电子数据取代传统的支付工具用于资金流程，并具有实时支付效力的一种支付方式。电子支付是电子商务活动的核心，国际通行的网上支付工具和支付方式主要有银行卡、电子现金、电子支票以及电子资金转账支付等。

（一）《电子支付指引（第一号）》

为了规范电子支付业务，防范支付风险，维护银行及其客户在电子支付活动中的合法权益，促进电子支付业务健康发展，2005 年 10 月 26 日，中国人民银行发布了《电子支付指引（第一号）》（以下简称《指引》）。《指引》的发布为时机成熟后出台相应的部门规章或法律法规奠定了基础。《指引》的规范主体主要是银行及接受其电子支付服务的客户，主要涉及以下 5 个方面的内容。

1. 电子支付活动中客户与银行的权利和义务

《指引》明确要求，客户申请电子支付业务，必须与银行签订相关协议。银行有权要求客户提供其身份证明资料，有义务向客户披露有关电子支付业务的初始信息并妥善保管客户资料。客户应按照其与发起行的协议规定，发起电子支付指令；要求发起行建立必要的安全程序，对客户身份和电子支付指令进行确认；要求银行按照协议规定及时发送、接收和执行电子支付指令，并回复确认。

2. 信息披露制度

为维护客户权益，《指引》要求办理电子支付的银行必须公开、充分披露其电子支付业务活动中的基本信息，尤其强调对电子支付业务风险的披露，并明示特定电子支付交易品种可能存在的全部风险；建立电子支付业务运作重大事项报告制度；提醒客户妥善保管、妥善使用、妥善授权他人使用电子支付交易存取工具。

3. 电子支付安全制度

《指引》要求银行采用符合有关规定的信息安全标准、技术标准、业务标准；建立针对电子支付业务的管理制度，采取适当的内部制约机制；保证电子支付业务处理系统的安全性，以及数据信息资料的完整性、可靠性、安全性、不可否认性。《指引》对于应用电子签名、签署书面协议、交易限额、日志记录、指令确认、回单确认、信息披露和及时通知都做出了一系列的要求，这些制度都是围绕防止欺诈设计的。《指引》还针对不同客户，在电子支付类型、单笔支付金额和每日累计支付金额等方面做出了合理限制。

4. 电子证据的合法性

《指引》以《电子签名法》为法律依据，进一步确认了电子支付中电子证据的法律效力和实际可采性。《指引》规定，电子支付指令与纸质支付凭证可以相互转换，二者具有同等效力。《指引》要求银行认真审核客户申请办理电子支付业务的基本资料，妥善保存客户的申请资料，保存期限至该客户撤销电子支付业务后5年，从制度上保证了诉讼期间相关证据的可采纳性。

5. 差错处理

《指引》不仅明确了电子支付差错处理应遵守的据实、准确和及时的原则，还充分考虑用户资料被泄露或篡改，非资金所有人盗取他人存取工具发出电子支付指令，客户自身未按规定操作或由于自身其他原因造成电子支付指令未执行、未适当执行、延迟执行，接收行由于自身系统或内控制度等原因对电子支付指令未执行、未适当执行或迟延执行致使客户款项未准确入账，因银行自身系统、内控制度或为其提供服务的第三方服务机构的原因造成电子支付指令无法按约定时间传递、传递不完整或被篡改等多种实际情况，明确了处理差错的原则和相应的补救措施。

（二）电子资金划拨的无因性

电子资金划拨或网上支付具有无因性，即无论某笔资金交易的基础原因法律关系成立与否、合法与否，银行在按照客户以正常程序输入的指令操作后，一经支付即不可撤销，而无论交易的原因是否合法，哪怕是犯罪分子的洗钱活动，也不能否定电子资金划拨行为本身的有效性。指令人不得以其支付指令有误或支付的原因不合法为由要求银行撤销已完成的支付行为，而只能向收款人就错收的款项主张不当得利返还。但须注意的是，这里的不当得利返还请求权只能向与自己有基础关系（债权债务关系）的收款人主张，而不能向没有基础关系的收款人主张。

电子资金划拨的无因性是与维护网上银行的快捷、方便和稳定性密不可分的。若因为基础关系不合法而否定整个电子资金划拨行为，将致使划拨行为所涉及的多方当事人的行为无效，从而使网上支付失去其快捷、方便、稳定的特点，丧失存在的根基。

（三）电子货币法律问题

目前，国际上对电子货币的发行主体的认识尚存在较大分歧。部分欧洲国家接受这样的观点：电子货币机构和传统的信用机构都可以发行电子货币，但电子货币的发行应该包含在现行金融机构的业务中，其发行主体应属于金融监管的对象。而在美国和英国，对电子货币的发行主体是否应加以严格监管和限制，存在两种不同的观点。占上风的观点是对电子货币的发行主体加以严格监管和限制会损伤民间机构的技术开发和创新精神，现在就得出结论将电子货币的发行主体限定于金融机构，尚为时过早。

但是，由于电子现金等较先进的电子货币在相当程度上有着类似现金的特征，这些电子货币的发行无疑将减少中央银行货币的发行量。纸币及硬币的一个重要特征是它不产生利息，因而其发行产生的债务也是无息的。货币的发行对中央银行来说，意味着它能够用无息的债务融资生息资产并由此产生收益。货币发行量的减少将不可避免地影响中央银行的铸币税收入。因此，电子货币的发行将减少法定货币的使用，影响国家货币政策的实施，同时影响中央银行发行货币的特权。如果不加以控制，电子货币将会使税收、法律、外汇汇率、货币供应和金融危机等方面产生大量的潜在问题。因此，有必要制定严格的电子货币的发行管理制度，保证电子货币的正常运作。

我国对货币发行实行严格管理制度。根据《中华人民共和国中国人民银行法》，人民币是我国的法定货币，人民币由中国人民银行统一印制、发行，其年度供应量由国务院批准；该法第二十条特别规定："任何单位和个人不得印制、发售代币票券，以代替人民币在市场上流通。"根据这些规定，显然，只有中国人民银行或经人民银行批准的金融机构，才有权发行电子货币。其他金融机构在获得批准发行电子货币后，人民银行还有权对电子货币的运行实行严格的监督管理。

案 例

腾讯公司和淘宝网有关 QQ 号和低价 Q 币的官司

2006 年 11 月末，腾讯公司在深圳向淘宝网发出律师函，指责淘宝网上有卖家在出售腾讯公司提供的 QQ 号和低价 Q 币，腾讯公司认为淘宝网应删除网络卖家出售 QQ 号码和低价销售 Q 币的页面，并避免再次出现此类情况，否则，淘宝网将与卖家构成共同侵权。2006 年 12 月初，淘宝网在杭州状告腾讯公司，认为出售 QQ 号和 Q 币的行为属用户合理处理自己的虚拟财产，淘宝不能删除或禁止此类信息的发布。腾讯公司则于 2007 年 1 月在深圳反诉淘宝，称淘宝网卖家销售 QQ 号的行为侵犯其财产所有权、计算机软件著作权；淘宝公司明知淘宝网上卖家销售 QQ 号属违法行为却不禁止，请求法院判令淘宝停止在淘宝网上为卖家提供 QQ 号网络交易的平台。

资料来源：谁来保护我们的"虚拟财产"[EB/OL]．（2007-01-25）．http://money.zjol.com.cn/05money/system/2007/01/25/008129746.shtml.

虚拟货币是虚拟世界的特殊客体，它充当一般等价物，主要用于购买虚拟物品。玩家持有的虚拟货币主要是通过游戏升级（杀怪）获得的。从这个角度看，虚拟货币可以在虚拟世界中不断"生产"出来。这与现实中的纸币不同，纸币必须由政府发行，不可能在民间生产。虚拟货币本身具有虚拟价值，也具有交换价值，禁止虚拟货币的交易是不可能的，因为它代表了支付手段的一个变革方向，对活跃经济有很多好的作用。但同时也应看到虚拟货币管理的困难。因为在信息技术迅速发展的今天，伪币和欺诈的出现难以避免，低价虚拟货币的出售也可能引起市场的混乱，从而引发法律纠纷。这就需要电子商务公司与央行的共同努力，公司应该严格自律，加强对虚拟货币的技术管理和业务管理，限制虚拟货币的使用范围，保持虚拟货币的性质不变；中国人民银行则应该关注类似 Q 币这样的货币替代物的发展，对于虚拟货币的私下交易不能放任自流，应该通过管理私下交易加以控制。对于虚拟财产的盗窃必须严厉打击，这样才能控制虚拟货币的泛滥交易，杜绝虚拟货币对人民币流通秩序造成的不良影响。此外，还需要明确的法律条文对其进行规范。

任务三　搜集电子商务领域的"霸王条款"

任务引入

国家工商总局于 2012 年 1 月发出通知，要求进一步遏制消费领域"霸王条款"现象，将在全国组织开展"整治利用合同格式条款侵害消费者合法权益专项行动"。这次专项行动主要针对网络商品交易及服务等消费者反映问题集中的行业，整治经营者利用合同格式条款免除自身责任、加重消费者的责任、排除消费者权利 3 类违法行为。工商总局要求，将集中并曝光一批典型案例，并根据《合同违法行为监督处理办法》进行查处，视其情节轻重对不法商家给予警告，处以违法所得额 3 倍以下、最高 3 万元的罚款。

任务目标

1．了解消费者保护法对电子商务消费者的保护。
2．了解网络格式合同给消费者权益带来的损害。
3．了解电子商务对消费者知情权的影响。

任务要求

1．搜集 5 条不同网络公司或网店的不合理格式条款，指出其不合理的原因。
2．搜集 5 条同类型合理格式合同条款，与上述不合理格式条款做对比。可以从有不公平的规定、减轻或免除其损害消费者合法权益应当承担的民事责任等方面对比，包括但不限于以上方面，可以按照自己的想法设计。

任务分析

如果网上的格式条款得不到合理控制的话，消费者权益受到侵害的可能性增加，而最终将导致消费者拒绝这种交易方式。因此，对网上格式合同进行规制也是保护消费者权益、促进电子商务健康发展的重要手段。对于所有的格式合同而言，其中的格式条款违反法律的强制规定则该条款无效，如果存在不合理的格式条款，则消费者权益很容易受到侵害。以下为几种常见的不合理的情形。

1. 限制或剥夺相对人的权利，如规定买受人在标的物有瑕疵时，只能要求更换标的物，不得解除合同或减少价金，也不得请求损害赔偿。

2. 不合理地分配合同风险，如限定不可抗力的因素减免格式合同提供方责任的情形。

3. 转移法定的举证责任。

4. 缩短法定瑕疵担保期间。

5. 约定有利于己方的管辖法院或约定仲裁条款。

第三节　电子商务中的权益保护

电子商务发展要求建立清晰的、有效的网上知识产权保护体系，解决网上著作权、专利权、商标权和域名的保护问题，制止盗版行为。同时，要给予消费者包括隐私权在内的充分保护。

一、知识产权保护

（一）域名

我国于 2017 年颁布了新版《互联网域名管理办法》。由于商标制度的地域性，在全球大市场中可以有不止一家公司在不同的国家拥有相同的注册商标，而域名的唯一性和全球性决定了域名在全球范围必须是唯一的，不能存在完全相同的域名。域名的这一特点与商标分类制度的差别已决定了域名与商标发生冲突的可能，即同一商标的两个合法拥有者都试图以其商标做域名，同时域名注册的不审查政策，且与知识产权制度相互独立，分别注册、登记，各成体系的特点，在客观上形成了域名与他人商标会出现相同或近似的情形。域名的唯一性与商标的相对不唯一性，即多个商标文字可能与同一域名发生冲突的特性，又加大了这种冲突的范围和强度。一些"聪明人"就利用这些制度上的缺陷专门抢注、囤积域名，然后转卖给商标权人。在域名与商标权的纠纷中，还包括网络域名中包含他人文字注册商标的单词、字母等而引起的纠纷，网络使用人所享有的三级域名与他人著名域名（二级域名）相同而引发的纠纷，等等。

我国于 2006 年 2 月 14 日颁布的《中国互联网络信息中心域名争议解决办法》适用于

因互联网络域名的注册或使用而引发的争议，只要所争议的域名限于由中国互联网络信息中心负责管理的 CN 域名和中文域名且注册期限不满两年的，均可向中国互联网络信息中心认可的域名争议解决机构进行投诉。该部门规范性文件在第九条明确规定了恶意注册或使用域名行为的认定方式，即被投诉的域名持有人具有下列情形之一的，投诉应当依法得到支持。

（1）注册或受让域名的目的是向作为民事权益所有人的投诉人或其竞争对手出售、出租或者以其他方式转让该域名，以获取不正当利益。

（2）多次将他人享有合法权益的名称或者标志注册为自己的域名，以阻止他人以域名的形式在互联网上使用其享有合法权益的名称或者标志。

（3）注册或者受让域名是为了损害投诉人的声誉，破坏投诉人正常的业务活动，或者混淆与投诉人之间的区别，误导公众。

（4）曾要约高价出售、出租或者以其他方式转让该域名获取不正当利益的。

（5）其他恶意的情形。

鉴于此，权利人一旦发现自己的域名被恶意注册或使用，即可根据该规范性文件与 2006 年 3 月 17 日实施的《中国互联网络信息中心域名争议解决办法程序规则》寻求维权途径。

案　例

因域名抢注引起的不正当竞争和商标侵权案

英特艾基公司在中国已拥有 IKEA、中文宜家商标。当该公司准备在中国互联网上注册以 IKEA 为标志的域名时，却发现国网公司已先注册了域名"ikea.com.cn"。英特艾基公司将国网公司告上法庭，北京市第二中级人民法院判决国网公司注册的域名"ikea.com.cn"无效，并立即停止使用，撤销该域名。（参见 2000 年 7 月 1 日《人民法院报》的报道）

美国杜邦公司拥有文字商标"DUPONT"，美国宝洁公司拥有"TIDE"商标（如汰渍洗衣粉）均为我国公众所熟知，这两个商标均属于驰名商标。因此，被告北京国网信息有限责任公司和北京天地电子集团将这两个驰名商标分别注册域名的行为，均构成了侵犯注册商标权和不正当竞争。北京市第一中级人民法院判决北京国网信息有限责任公司注销"dupont.com.cn"的域名，赔偿杜邦公司诉讼付出的合理支出人民币 2700 元；判决北京天地电子集团注销及停止使用"tide.com.cn"的域名。

资料来源：英特艾基系统有限公司与北京国网信息有限责任公司不正当竞争、商标侵权纠纷案[EB/OL]．（2011-07-20）．https://china.findlaw.cn/info/cpws/mscpws/228319.html.

（二）版权领域

计算机技术、网络技术和电子商务的发展，对知识产权保护提出了新的要求。

1. 网络著作权的法律保护

受著作权保护的网络作品包括以下两类。

（1）上网作品。上网作品是指作品的数字化，是指依靠计算机技术把一定的由文字、数值、图像、声音等形式表现的信息输入计算机系统并转换为二进制数字编码，并以这种数字形式存储或者在网络上传播。

（2）网上作品。网上作品是指直接以数字化形式表现并在网络上传播的作品。根据内容和表现形式的不同，网上作品亦可分为单一的网上数字作品与多媒体作品两类。

2. 网络环境著作权的主要内容

上网作品的著作权属于原作者，网上作品的著作权属于网络上的原作者。在《中华人民共和国著作权法》中，规定了汇编若干作品、作品的片段或者不构成作品的数据或者其他材料，对其内容的选择或者编排体现独创性的作品，为汇编作品，其著作权由汇编人享有，但行使著作权时，不得侵犯原作品的著作权。

阅读材料

著作权法定权利

案 例

韩寒诉百度文库侵犯著作权案

韩寒是当代知名青年作家，其在百度文库中发现有多位网友将其代表作《像少年啦飞驰》上传至百度文库，供用户免费在线浏览和下载，其多次致函经营百度文库的北京百度网讯科技有限公司协商处理未果。韩寒认为，百度公司侵犯了其关于这本书的信息网络传播权，向北京市海淀区人民法院提起了诉讼，请求立即采取有效措施制止侵权，关闭百度文库，赔礼道歉，赔偿经济损失 25.4 万元，等等。海淀区人民法院经审理，判决百度公司赔偿韩寒经济损失 3.98 万元。

本案广受各界关注。判决肯定了百度公司为文库这一商业模式预防侵权所做的积极努力，但也指出其制止侵权应注重规范化管理，而不能依赖应急措施和尚不完善的技术措施。本案判决意在平衡文化产品创作者、传播者以及公众的利益，促成权利人与网络企业的合作，实现互联网文化的繁荣。

二、网络个人资料的保护

（一）个人资料的不当利用

现代社会越来越强调对人格权的保护，但同时，社会各项活动（公务活动或营利性活动）的开展都离不开个人资料。因此，个人资料的公开和利用是一种非常普遍的事情，问题在于这种利用应当在一个合理范围之内。大致说来，对个人资料的不正当利用主要有以下几种情形。

1. 未经当事人知晓或同意搜集个人资料

为了网上购物或接受其他信息服务，消费者必须提供个人信息，如姓名、电话、地址、邮编、身份证号、信用卡号等，甚至与消费无直接关系的购物偏好、健康记录等。更严重的是，消费者可能在上网时其个人信息被网站毫无声息地搜集。

2. 个人数据二次开发利用

在提供服务或交易中提供必要信息只允许用于其本身目的，而不能用于其他目的，更不能不当散发或传播甚至出卖个人资料。未经当事人同意，个人资料被用于与搜集的个人资料事由无关的目的即为不正当的利用。不当利用表现之一即为个人数据的二次开发利用，即商家利用自己所搜集和掌握的个人资料建立起种种类型的资料库，从中分析一些个人并未透露的信息，进而指导其营销战略。

3. 个人数据交易

个人数据被不当利用还表现为个人数据被擅自用于交易。个人数据交易有两种形式，一种是商家之间相互交换各自搜集的信息，或者说是与合作伙伴共享信息。这种共享使个人数据用于交易以外的目的，使个人数据有可能被更多的商家知晓和利用，无异于变相侵害个人隐私。另一种是将个人数据作为"信息产品"销售给第三人或转让给他人使用，第三人可能用于其他目的。商家将个人资料商品化是对个人隐私侵犯最为严重的一种侵权行为。

4. 个人对自身资料的失控

在网络环境下，个人对于自己信息的控制能力和抗干扰能力下降，在许多情形下，无法逃避信息检索用户的干扰，无法拒绝未经请求的垃圾信息；当事人无从发现谁为了什么目的拥有他们的什么资料，更无法从已经获得自己信息的人那里撤回这些信息。所有这些均意味着网络环境下个人隐私保护面临着新问题。

案 例

互联网用户信息泄露事件频发

2017年，用户信息泄露是上半年电子商务行业较为敏感的话题之一。"小红书"出现用户信息大面积泄露事件，被泄露信息的用户接到诈骗电话，诈骗分子以退款为诱饵，通过蚂蚁借呗、来分期、马上金融等借贷平台进行诈骗，用户遭受不同程度经济损失。中国电子商务投诉与维权公共服务平台近年来接到的用户投诉案例表明，近年来互联网电子商务行业"泄密"事件频频出现，重大典型的包括：5173中国网络游戏服务网数次被"盗钱"、"小红书"疑似信息泄露致用户被骗、"当当网"多次用户账户遭盗刷、"1号店"员工内外勾结泄露客户信息、腾讯7000多万QQ群遭泄露、携程技术漏洞导致用户个人信息及银行卡信息等泄露、微信朋友圈小游戏窃取用户信息、快递单贩卖成"灰色产业链"、13万12306用户信息外泄事件等。

（二）搜集和使用个人资料的规则

对一般从事在线交易或网上经营活动的企业而言，搜集和使用个人资料应当遵循以下几个规则。

1. 目的特定化原则

在线经营者采集个人信息或资料时必须明确并限定其用途或目的。如果没有明确其他用途或领域，消费者在接受服务或缔结某项交易时所填报的个人资料只能用于这一服务或商品买卖。当然，各国均允许在线企业搜集信息，但事先必须明确搜集信息的特定用途，且这种用途不能超出在线企业业务范围或所从事的交易或服务。

2. 公告或告知原则

个人资料虽然受法律保护，但绝对不能使许多商业和其他社会活动无法开展。一般来讲，搜集他人信息者应当向被征集人说明为什么要搜集该信息，该信息将用于何处，将采取哪些步骤来保护信息的秘密性、完整性和质量等。现在，这种公告可能包含在一个网站的隐私权政策中，也可能包含在网站或其他公司搜集个人信息时就专项个人资料搜集所发出的声明中。通告必须明确告诉消费者他们需要做出选择，即在阅读这些信息后，决定是否接受或同意使用所提供的服务。

3. 当事人事先同意原则

世界各国对于个人资料的搜集大多要求事先征得当事人的同意或者让当事人知道其个人资料被搜集用于特定目的。这便是事先同意原则。为防止当事人反悔或以后难以举证其同意，这里的同意应当理解为事先书面同意。

4. 合理、合法使用个人数据

对于搜集的个人资料，资料搜集者应当按照明确的目的和范围使用，并履行法律规定的义务。除非经事先授权或同意，不得将资料为商业利益转让给他人。

三、网上消费者权益保护

消费者权益是指消费者依法享有的权利及该权利受到保护时给消费者带来的应得利，即消费者权利和消费者利益，其核心是消费者的权利。在线交易消费者权益保护首先适用于已有的消费者保护法，也就是说，在线交易的消费者仍然是普通的消费者，他们应当与普通消费者受到同样的保护。因此，传统的消费者保护法仍然适用于在线消费者。但是，在线交易的特殊性决定了必须存在一些特殊规则，以保证在线交易消费者得到同样的保护，这些规则需要结合在线交易的特点来进行设计。

（一）我国现行法对网上消费者的保护

我国法律特别重视消费者保护，并于 2013 年修订了《中华人民共和国消费者权益保护法》（下称《消保法》）等法律法规，对消费者权益保护尤其是网络权益保护做出特别规定。

1. 消费者知情权

消费者的知情权，是指消费者享有知悉其购买、使用的商品或者接受的服务的真实情况的权利。根据商品或者服务的具体情形不同，对商品或服务的信息的要求也会有所差别，在选择、购买、使用商品或服务过程中，与消费者做出正确的判断有直接联系的信息，消费者都应有权了解。消费者知情权的内容包括商品或者服务的基本信息、技术信息和销售信息 3 个方面。

《消保法》第八条规定："消费者享有知悉其购买、使用的商品或者接受的服务的真实情况的权利。消费者有权根据商品或服务的不同情况，要求经营者提供商品的价格、产地、生产者、用途、性能、规格、等级、主要成分、生产日期、有效期限、检验合格证明、使用方法说明书、售后服务，或者服务的内容、规格、费用等有关情况。"第二十八条规定："采用网络、电视、电话、邮购等方式提供商品或者服务的经营者，以及提供证券、保险、银行等金融服务的经营者，应当向消费者提供经营地址、联系方式、商品或服务的数量和质量、价款或者费用、履行期限和方式、安全注意事项和风险警示、售后服务、民事责任等信息。"

生产者、经营者违反法律法规的规定，没有向消费者公开或宣告商品、服务相关信息的，应该受到处罚。我国《电子商务法》第十七条规定："电子商务经营者应当全面、真实、准确、及时地披露商品或者服务信息，保障消费者的知情权和选择权。电子商务经营者不得以虚构交易、编造用户评价等方式进行虚假或者引人误解的商业宣传，欺骗、误导消费者。"第十九条规定："电子商务经营者搭售商品或者服务，应当以显著方式提请消费者注意，不得将搭售商品或者服务作为默认同意的选项。"

2. 消费者退货权

消费者的退货权，是指消费者按照法律规定或者约定，在期限内对所购买商品无条件要求退货，而经营者应当无条件予以退货的权利。退货权是消费者的一种特殊权利，其实质是消费者知情权和选择权的延伸，有人称之为"反悔权"，是对处于弱势地位的消费者的保护方法。

《消保法》第二十四条规定："经营者提供的商品或者服务不符合质量要求的，消费者可以依照国家规定、当事人约定退货，或者要求经营者履行更换、修理等义务。没有国家规定和当事人约定的，消费者可以自收到商品之日起七日内退货；七日后符合法定解除合同条件的，消费者可以及时退货，不符合法定解除合同条件的，可以要求经营者履行更换、修理等义务。依照前款规定进行退货、更换、修理的，经营者应当承担运输等必要费用。"第二十五条规定："经营者采用网络、电视、电话、邮购等方式销售商品，消费者有权自收到商品之日起七日内退货，且无需说明理由，但下列商品除外：（一）消费者定做的；（二）鲜活易腐的；（三）在线下载或者消费者拆封的音像制品、计算机软件等数字化商品；（四）交付的报纸、期刊。除前款所列商品外，其他根据商品性质并经消费者在购买时确认不宜退货的商品，不适用无理由退货。消费者退货的商品应当完好。经营者应当自收到退回商品之日起七日内返还消费者支付的商品价款。退回商品的运费由消费者承担；经营者和消费者另有约定的，按照约定。"

案　例

打折"福袋"遭遇退货难

小赵是某网店的忠实粉丝，几乎每个季度都会在这家网店买一批衣服，对商家的质量很有把握。某日，他看到对方挂出"福袋"活动，十分惊喜。"每个福袋 300 元，里面有店老板随意放置的 3 件衣服，我看了老板挂出的福袋，每件衣服单价都超过 100 元，买了自己穿或送朋友都可以。"小赵在向老板报了自己身高、体重后，一口气买了 3 个福袋。10月 6 日，小赵购买的福袋被送到，可小赵挨个上身试过后，才发现这些衣服的号码都"缩水"了。于是，小赵和店老板沟通，想换下衣服的尺码，但对方却表示这些属于打折商品，不退不换，而且这一条在网店宣传页上明确标注，小赵购买前已经默认了。"以前店家推荐的尺码一直是对的，只有这次全部'缩水'，还不给换，这明显是在欺骗消费者。"对此，山东众成清泰（德州）律师事务所律师黄鹏表示，"打折商品概不退换"本身就属于霸王条约，是对消费者退货权的侵害。小赵可以将这些商品退回，至于投诉迟迟没有得到解决，属于平台管理问题。

资料来源：2017 年度电子商务领域十个失信典型案例[EB/OL].（2017-11-02），https://www.sohu.com/a/201859645_100010411.

3. 消费者索赔权

消费者索赔权，是指消费者购买、使用商品或者接受服务，合法权利受到损害时享有依法获得赔偿的权利。在《消保法》和相关法律法规中规定的消费者的索赔权利主要包括：消费者安全权（人身损害和财产）受到损害的索赔权，超时服务的索赔权（事后索赔、事中索赔），产品存在缺陷造成损害的索赔权，等等。

《消保法》第五十五条规定："经营者提供商品或者服务有欺诈行为的，应当按照消费者的要求增加赔偿其受到的损失，增加赔偿的金额为消费者购买商品的价款或者接受服务的费用的三倍；增加赔偿的金额不足五百元的，为五百元。法律另有规定的，依照其规定。经营者明知商品或者服务存在缺陷，仍然向消费者提供，造成消费者或者其他受害人死亡或者健康严重损害的，受害人有权要求经营者依照本法第四十九条、第五十一条等法律规定赔偿损失，并有权要求所受损失二倍以下的惩罚性赔偿。"

《消保法》第四十八条规定："经营者提供商品或者服务有下列情形之一的，　除本法另有规定外，应当依照其他有关法律、法规的规定，承担民事责任：

（一）商品或者服务存在缺陷的；

（二）不具备商品应当具备的使用性能而出售时未做说明的；

（三）不符合在商品或者其包装上注明采用的商品标准的；

（四）不符合商品说明、实物样品等方式表明的质量状况的；

（五）生产国家明令淘汰的商品或者销售失效、变质的商品的；

（六）销售的商品数量不足的；

（七）服务的内容和费用违反约定的；

（八）对消费者提出的修理、重作、更换、退货、补足商品数量、退还货款和服务费用或者赔偿损失的要求，故意拖延或者无理拒绝的；

（九）法律、法规规定的其他损害消费者权益的情形。

经营者对消费者未尽到安全保障义务，造成消费者损害的，应当承担侵权责任。"

《消保法》第四十四条规定："消费者通过网络交易平台购买商品或者接受服务，其合法权益受到损害的，可以向销售者或者服务者要求赔偿。网络交易平台提供者不能提供销售者或者服务者的真实名称、地址和有效联系方式的，消费者也可以向网络交易平台提供者要求赔偿；网络交易平台提供者做出更有利于消费者的承诺的，应当履行承诺。网络交易平台提供者赔偿后，有权向销售者或者服务者追偿。网络交易平台提供者明知或者应知销售者或者服务者利用其平台侵害消费者合法权益，未采取必要措施的，依法与该销售者或者服务者承担连带责任。"

（二）网上不合理格式条款的规制

不合理格式条款并不是违反法律的无效条款，因此，立法不可能完全禁止，只能进行必要的规制。不合理格式条款的规制的方式通常有 3 种：第一种是要求格式条款的提供方事先以合理的方式提示，以让消费者在订立合同之前知晓格式合同的全部条款和含义；第二种是限制不合理条款的效力或限制其列入格式合同；第三种是在司法救济上更加倾向于保护消费者利益。

1. 合理方式提示

含有格式条款的合同订立与普通合同订立最重要的不同点在于，它不存在谈判或商议过程，消费者只能接受或拒绝；网上购物合同更是如此，一旦点击确认，合同即告成立。因此，让消费者在接受或确认之前充分地了解网上格式合同的内容就显得尤其重要。而这一点正是靠法律强加给网上格式合同提供方合理的提示义务来实现的。这种提示义务也可以说是网上经营者缔约前的义务范畴的东西。

就网上格式合同的内容而言，经营者的提示义务指立法强制经营者（或格式条款的提供方）向消费者提供相关信息，以使消费者在知情的情况下做出真实意思表示（选择）；至于提示的内容，应当因合同的类型或内容而定，法律也可以做出一般的规定。就提示的合理方式而言，立法一方面应当规定提示的方式，另一方面应当规定提示的程序。比如，在提示的方式上，可以要求网上经营者以醒目的标识或字框提示网站交易的标准条款，在提示程序上，可以要求设置"关口"，只有消费者阅读了全部或关键性的格式条款，才能继续下一步或完成合同的缔结。

2. 免责条款限制

《民法典》第五百零六条已经明确规定了格式合同中免责条款无效的情形："造成对方人身损害的；因故意或者重大过失造成对方财产损失的。"但是，仅仅这些还不足以保护消费者权益，因此可以运用诚实信用原则、公平原则等私法的基本原则，限制一些格式条款的效力。这实际上就是要扩大无效免责条款的范围或适用范围。有两种途径可以实现这一目的：一种是制定网上消费者的保护法，对于某些格式合同进行限制；另一种是在司法实践中，法官行使自由裁量权，裁决某些条款无效。前者在于确定规则或标准，而后者在于执行规则。除了合同法已有规定的无效条款外，一般可以认定以下违反诚信原则和公平原则的情形无效。

（1）违反平等互利原则的格式合同条款无效，主要表现在给付与对待给付间违反平等原则、欠缺等值性和不合理分配合同风险等显失公平情形。例如，网上银行以格式合同条款规定，存款人对存款单上的电子签名真伪负责，即使该电子签名经任何第三人伪造、变造或涂改，都不能使存款人免责。该条约定因违反银行应尽的注意义务，将该风险全部转移给存款人，因此无效。

（2）违背合同目的的格式合同条款无效。如果格式条款使合同目的落空，那么，此类条款应当认定为无效。目的落空可以表现为合同法已经规定的对合同当事人所享有的主要权利或应承担的主要义务做出了实质性的限制，也可能表现为格式条款导致合同目的的难以达成。

3. 网上格式条款的行政规制

就一般格式条款的行政规制而言，大致有以下几种方式。

（1）条款使用人在使用格式合同条款之前，先提交相关行政机关进行审核，经核准之后才能允许其作为与相对人之间缔约的基础，否则不得根据该条款出售商品或者提供服务。

（2）由行政机关主动草拟合同范本，或指导公正中立之第三人拟订合同范本，供企业在制定格式合同条款时参考，并通过市场竞争法则以及消费者压力，使该范本为企业所采用。

（3）由主管机关直接制定格式合同条款的主要内容，强制企业使用。

（4）由行政机关公告各种格式合同中的应记载事项或者不得记载的事项，作为企业制定格式合同条款时应当遵守的准则。

（5）行政机关行使监督检查权，在发现有不符合诚信原则的事情时，要求改正或要求消费者保护机构提起诉讼禁止该条款的使用。

（6）要求企业将其格式条款在行政机关进行登记备案。这些行政规制方式，有的我国现行法中已经有所体现，如保险法中规定保险条款和保险费率，应当报金融部门备案，但对于整个格式合同进行行政规制的法规尚未出台。

对于网上格式合同的行政规制问题，行政机关的作用主要在于监督，而不是事先拟订条款或者进行备案登记，因为几乎所有在线交易都有可能采取格式合同形式或者存在格式条款，采取主管机关制定合同或备案的方式是不现实的。较为适当的是在立法上对于网上格式条款进行限制，并赋予工商机关行政监督的职责，更重要的是，通过消费者的自律组织或消费者自身行使法律赋予的权利，通过自律组织、行政手段或司法手段维护自己的权益。

4. 行业自律和消费者自律组织

相对现实交易而言，网上交易更具有难以用行政手段控制的特点。因此，除了立法和司法手段外，更需社会力量的参与。在这方面主要有行业自律和消费者权益的保护组织两种组织力量。

所谓行业自律，是指格式合同条款的提供方或网上经营者组成团体，制定业内的一些交易规则，自觉平衡商家与消费者的利益，同时建立惩处业内坑害消费者利益行为的机制。这就需要提供网上交易服务的商家和从事网上交易的经营者，特别是同行业的经营者采取切实的行为，从消费者利益出发，设计交易规则。

消费者自律组织，在我国就由消费者保护协会（以下简称"消协"）承担消费者保护组织的职责，它既可以接受消费者的投诉，也可以代表消费者与商家谈判或交涉，参与拟订某些格式条款，维护合同内容的公平合理。在网络环境下，消协当然可以继续发挥其应有的作用。

综上所述，就整个消费者保护而言，存在立法、司法、行政和自律组织四种保护途径，但是，立法规范无疑是最为根本的规范方式，它确定了评判网上格式合同的基本规则和原则。这些规则和规范既是网站经营者制定格式条款的合理性界限和消费者维护自身权益的依据，也是进行行政规范和司法控制的法源基础。

网上交易的特殊性决定了需要制定相应的特殊规范，同时引导网上经营者自律和消费者积极行使权利，起到应有的监督作用。

本 章 小 结

本章介绍了电子商务参与者买卖双方、中介机构和认证机构的法律关系，简要叙述了电子签名、电子合同与电子支付制度，并着重介绍了电子商务的知识产权保护及交易中的法律规范，其中详细阐述了网上隐私保护及网上消费者权益保护。

思 考 题

1. 结合自身上网经历，用电子商务法律相关知识分析某一对你影响较大的事件。
2. 分析我国网络著作权的侵权情形，结合自身实际探讨如何保护个人资料。
3. 怎样规制网上格式合同中的不合理格式条款？
4. 讨论电子支付结算的安全控制。
5. 传统合同和电子合同有何区别？论述电子合同违约的主要方式。
6. 简述7天无理由退货制度，讨论在线交易消费者权益保护的难点。

第九章 网络创业

学习目标

- ❑ 理解创业和创业思维。
- ❑ 掌握网络创业的基础知识。
- ❑ 理解网络创业机会的识别与选择。
- ❑ 理解网络创业的商业模式开发过程。
- ❑ 了解网络创业中的社会资本、资金、技术、人才等资源的管理过程。
- ❑ 了解风险投资相关知识。

能力目标

- ❑ 能够对网络创业机会有基本的认识和判断，激发创业热情。
- ❑ 能够科学地进行网络创业商业模式开发。

案例导入

大学生网络创业——那些关于"后浪"的故事

互联网商海浮沉中，总有数不清的传奇故事。长江后浪推前浪，在这些故事中，大学生创业的故事尤为亮眼和特别，国外的 Facebook、国内的饿了么等，都是大家耳熟能详的大学生创业故事。如今回头看，受到风险投资人眷顾的那批年轻创业者，有的走到了纽交所（比如 B 站），有的公司被巨头收购（比如脸萌、顺顺留学），有的还在创业路上，当然也有不少人离场。

总有人正年轻。眼下，更多的"90 后""95 后"新生代年轻创业者加入创业阵营（比如回形针）。那波最早开始创业的"90 后"，经历了怎样的创业过程？

郭列，生于 1989 年，FaceU 创始人。郭列于 2013 年 5 月成立 MT（management trainee）团队，同年 11 月上线 App 产品——脸萌。2014 年，脸萌登顶 App 排行榜第一名，接着在海外登顶包括英国在内的十多个国家排行榜，用户过亿。但是，很快形势急转直下，由于盈利模式不清晰，用户黏性和留存较差，仅仅几个月后，脸萌甚至成为一个见光死和流行现象的代名词。而脸萌团队重新出发，做了 FaceU 这款新产品，成为脸萌团队的第二款爆款产品。2018 年，脸萌公司被字节跳动以 3 亿美元收购，郭列和团队加入字节跳动。2019 年 10 月，郭列从字节跳动产品 FaceU 一线离开，担任字节跳动顾问，参与字节跳动产品、项目、人才等方面的事务。郭列说："如果让我总结，从开始创业到现在的一些感悟，我觉得精神财富是最重要的：你找到一件事情，愿意为之努力，这段充满期待、努力的过程，是我最宝贵、最富有的一段时间，这是我创业以来最大的感悟。"

刘靖康，生于1991年，Insta360影石创始人。刚创业时做的是"名校直播"App，从视频采集、编辑到直播，有一套系统的方案。两年前，Insta360的全景相机上线全球苹果商店，成为全球首个入驻苹果商店的全景相机品牌。目前，Insta360影石已获得多轮风险投资。对于创业，刘靖康的感受很深刻："可能创业或者做产品这件事，没有什么东西可以一直做下去，做个十几年二十几年。随着经济周期、消费习惯的变化，每隔一段时间，你做的事情是要变化的。对于创业者特别重要，也最难的事情，就是不断延展自己的能力栈（stack）。原来不能做的，就逼着自己去做。只有这样，才会有机会做新的业务去转型。"

张都，生于1995年，顺顺留学创始人、CTO。顺顺留学是一个C2C留学顾问平台，用户可以在在线上挑选顾问，同时申请过程中材料制作、网申、签证办理、行前辅导等工作都将在线上完成，且平台方承诺不收取交易佣金。其前身是Appliter，在成立之初获得IDG资本数百万元天使投资。顺顺留学团队创业一年半之后，2016年被好未来收购。张都说："在我看来，你做不做得成这件事情是'1'，这件事情多大，或者你自己占多少份额是'0'。没有那个'1'，后面那些'0'就没有任何价值。"

吴松磊，生于1994年，回形针PaperClip创始人兼CEO。回形针PaperClip是一个泛科普类短视频自媒体，成立于2017年年底，它致力于打造"当代生活说明书"。回形针制作的视频通常以严谨而活泼的风格，对于与每个人日常生活息息相关的"硬核"内容进行可视化讲解，同时具有商业性质，主要通过广告植入或为品牌制作视频获得收入，并通过视频创收来投入下一个高质量的视频制作。2020年新型冠状病毒肺炎疫情期间，该自媒体制作的视频《关于新冠肺炎的一切》受到公众欢迎。同年3月，因《自来水从哪来》中的地图使用问题引发争议，回形针制作人吴松磊向观众致歉。吴松磊坦言："我们要做的事情，就是知识类短视频。固然我们做的事情有可能出现各种各样的错误，有可能会遭到各种各样的误解，但是，这仍然是我们想做的事情，是我们不做，就不会有人做的事情。"

对于"90后"的创业者们，一切的一切，从他们选择创造性的思维，从他们选择迈出创业的第一步，每个人独特的精彩故事已经开启。正如亚马逊创始人Jeff Bezos（杰夫·贝索斯）在演讲中所说："在大家80岁追忆往昔的时刻，一个人静静对内心诉说人生故事时，其中最为充实、最有意义的那段故事，会是大家做出的一系列选择。最后，是选择塑造了我们。为自己塑造一个伟大的故事吧。"迈出创业的第一步，然后还要认识到，创业是一个有太多内容、规律值得去推敲、研究、总结的领域。怎样才能成为一个创业者？如何让一个创意变成一个创业机会，再由一个创业机会变成一个可以获得持续成长的企业？

资料来源：峰小瑞.第一波创业的90后，今天变成了什么样？[EB/OL].（2020-09-09）. https://www.huxiu.com/article/381115.html.

任务一　搜集近五年国内成功的网络创业项目案例

任务引入

早期，我国不乏网络创业成功的鲜活案例，如阿里巴巴的马云、腾讯的马化腾等。但互联网环境发展到今天，在大数据、云计算、物联网、人工智能、区块链等技术驱动下，发生了巨大变化。在过去的 5 年，还有哪些人网络创业成功了？请搜集具有代表性的案例，举出至少 5 个实例，并且分析这些创业者有哪些特点，他们的创业项目有何特点，并评价这些创业企业未来的发展前景。

任务目标

1．了解近年来网络创业的基本情况和特点。

2．了解网络创业者和创业团队的共同特质。

3．了解各网络新创企业的发展趋势。

任务要求

1．搜集近五年来至少 5 个网络创业成功的案例，掌握案例中主要创业项目、创业者和创业团队的基本情况。

2．用表格的形式对比 5 个创业者和创业项目间的相同和不同之处，主要从以下几个方面进行对比：创业项目行业特征、服务群体特征、盈利模式特征、发展方向，创业者年龄段、教育背景、行业背景、个人素质、项目选取与其经历的关联程度，创业团队的组成特点及现状。分析时需要包括但不仅限于以上方面，可以自行设计。

任务分析

网络创业是目前创业非常重要的方式，其中不乏成功先例。但网络创业并不是建设空中楼阁，创业者要有一定的网络基础和行业基础，创业项目要符合互联网当前的发展环境以及未来的发展趋势，创业团队的组成要稳定，要有商业思维。对网络创业成功案例的了解，能够让学生对网络创业项目、创业者和创业团队的特征有一定了解，为今后形成网络创业思路提供参考，同时能够提高创新创业意识，帮助学生提高专业素质，进而帮助学生提高综合素质和就业能力。

第一节　网络创业知识

一、创业与商业思维

（一）创业

1．创业的定义

创业的研究起源于美国，20 世纪 70 年代末 80 年代初，美国大工业经济的增速在经历了第二次世界大战带来的繁荣之后，开始减缓，此时，位于 128 号公路两侧和硅谷的创业型企业得到关注，这些企业快速成长，为美国经济的增长注入了新的活力，创业也成为经济与管理类学者研究的重点。人们对创业的认识是：创业是一个新企业的产生过程，如英特尔、思科、惠普、网景等公司的创立。

进入 20 世纪 90 年代，尤其是 21 世纪以来，创业的概念逐渐被广泛而深入地应用，不只局限于创办一个企业，而被赋予了越来越多的新内涵，如创新、变革、创造价值、企业重构、业务重组等。正如美国创业学研究者 Low 所言：创业的定义很难界定，因为创业是由管理变革、技术创新、环境动荡、新产品开发、小企业管理、个人或行业革命等一系列错综复杂、交叉重叠的事情扭结在一起形成的一种社会现象，创业涉及的内容多、学科领域广，以至于很难形成一个公认的定义和清晰的研究范围。

尽管现代创业学很难给出一个精确的创业定义，但这并不影响学者们对创业的研究和实践，他们结合国内外学者对创业的研究，对创业形成的主要观点有以下几种。

（1）创业是一种能力。这种能力能预见并发现市场机会，为企业带来利润，超越竞争对手。

（2）创业是一种行为。这种行为是被机会所驱动的，而不是被现有资源所控制的。

（3）创业就是创办一个新企业。创业活动具有开拓性、自主性和功利性等基本特征，创业的目的在于获得利润。

（4）创业是一种价值创造过程。这种过程是创业者通过发现和识别商业机会、组织各种资源提供产品或服务，创造财富与新价值的过程。

（5）创业就是创新。创新者就是创业者，创业者通过创新使自由市场经济的内在矛盾得以克服，从而使经济得以增长。

综合上述观点，可以认为创业是一个过程，是创业者通过发现、捕捉甚至创造机会来整合资源、获取商业利润、创造个人价值与社会价值的活动过程。创业的本质是一种新价值的创造过程。

本书所给出的创业的定义是："个人或团体，依据自己的想法（即创意）利用某种平台或者载体，通过努力，整合资源，开创事业并获得财富的过程。在这个过程中，创业者需要发现商机，承担风险。"这一定义中包含几个要素：创业者、创意、事业、财富、商机和风险。

2. 创业的核心要素

创业的核心要素包括创业机会、创业项目、创业者的个人素质和能力。

（1）创业机会。创业机会主要是指具有较强吸引力的、较为持久的有利于创业的商业机会。创业者据此可以为市场提供有价值的产品或服务，同时使创业者自身获益。还有人将创业机会定义成是可以引入新产品、新服务、新原材料和新组织方式并能以高于成本价出售的情况。相关行业的政府政策和工作程序的繁简程度会影响创业机会。

（2）创业项目。创业项目根据功能，可划分为贸易型创业项目、生产型创业项目和服务型创业项目等；根据时间，可划分为传统创业项目和新兴创业项目；根据方法，可划分为实业创业项目和网络创业项目；根据投资额，可划分为无本创业项目、小本创业项目和高额创业项目。创业项目选得好，不仅有利于获得资金、人才和技术等方面的支持，也有利于事业的可持续发展。选择创业项目的思路要清晰：首先，从自己擅长的领域寻找；其次，从市场空白处寻找；最后，从经济社会发展趋势中寻找。

（3）创业者的个人素质和能力。根据众多创业成功的案例可知，创业者都具备基本的创业素质和能力，包括强烈的创业意识、良好的心理素质、广博的知识和较强的创业能力等。

3. 创业的本质

创业的本质是创造。创业活动的本质可归纳为 6 种创造活动，即创造财富、创造新企业、创造新价值、创造就业机会、创造增长、创造变革。

（1）创造财富。创业成功则创业企业可以获取合理的利润，创业者和创业团队可以获取一定的个人财富，进而为社会创造财富。

（2）创造新企业。创业可以是创造一个前所未有的企业，也可以是开创新的事业，我们都可以将其称为创造了"新的"企业。

（3）创造新价值。创造新价值有两个层面的含义：一方面，是对已有生产方式或者资源进行创新性整合并产生新价值；另一方面，是找到新的市场机会，以创新性产品或者服务为顾客创造新的价值。

（4）创造就业机会。创业过程所建立的新企业或新事业需要大量劳动力，这些劳动力将被雇用并接受企业的管理以及提供个人成长的支持。

（5）创造增长。无论是创造新企业还是开创新事业，企业在市场规模、销售收入、公司资产、人力资源等方面都能取得全面增长。

（6）创造变革。伴随着高风险，创业能带来更多的创造性的变革并推动社会进步，具体主要体现在技术、产品、服务、商业模式、管理等方面。

4. 创业与创新的关系

美籍奥地利人、著名经济学家约瑟夫·阿罗斯·熊彼特（Joseph Alois Schumpeter）于 1912 年首次提出"创新"的概念，即"创新是个体根据一定目的和任务，运用一切已知的条件，产生出新颖、有价值的成果的活动"。创新是以新思维、新发明和新描述为特征的一种概念化过程。它有 3 层含义：第一，更新；第二，创造新的东西；第三，改变。创新是人类特有的认识能力和实践能力，是人类主观能动性的高级表现形式，是推动社会发展的不竭动力。从企业的角度看，创新就是一个从新思想的产生到新产品的设计、生产、营销和市场化的一系列行动，是一种可以使企业资产再增添新价值的活动，目的是提升企业的竞争力，增加获利。

创新不是创业，但是创新与创业是密切相关的实践活动。对于创业与创新的关系，可以总结为以下两个方面。

（1）成功的创业离不开创新。创业者要么通过创新进入一个新的领域，获得先机，要么进入一个既有的行业，面对大大小小的进入门槛和形形色色的竞争对手，也只有通过创新才能谋求到竞争优势。创业活动只有不断创新，才能更有活力，才能走得更远。

（2）创新也需要创业。创新的成果经过创业的产业化发展才能更加彰显其价值，从而也更加能激励企业和个人不断创新。创新为创业成功提供了可能性和必要的准备，但如果脱离创业实践，缺乏一定的创业能力，创新也就失去了价值。

创新与创业两者之间相互促进又相互制约，是密不可分的辩证统一体。创业的本质在于创新，创业必备的素质就是创新，创业的基础必须建立在有目的的创新上；创业是创新的载体和表现形式。

（二）商业思维

创业过程离不开商业思维，甚至可以说，不同的商业思维在很大程度上决定了创业项目的成与败。商业思维包括机会思维、资源思维、价值思维 3 个方面。

1. 机会思维

创业过程首先就是围绕着机会进行识别、摄取、开发的过程，即机会思维包括机会识别、机会摄取和机会开发。

（1）机会识别。如何正确地识别创业机会是创业者应当具备的重要技能。在互联网带来的时代变革背景下，创业机会日益增多，但竞争也越发激烈。创业者要在复杂多变的环境中发现机会，并识别出哪个或哪些机会适合自己的发展。

（2）机会摄取。在创业初期，创业者要学会快速估计某种机会是否存在商业潜力，以及决定该在其上面花费多少时间和精力，这是一项重要的技能。

（3）机会开发。机会开发可以分为创新型机会开发和均衡型机会开发两种。创新型机会开发是开拓新市场的过程，而均衡型商业机会开发是对现有市场的拓展。开发创新型机会是打破平衡创造新市场的过程，而开发均衡型创业机会是充分利用现有市场的供求关系建立平衡的过程。例如，成立于 1999 年的当当网创造性地拉开了中国网络发行渠道的大幕，可以认为是开发创新型机会的典型实例。但其成长为 100 亿元的销售规模，用了 14 年。京东图书频道于 2010 年上线，在网络发行渠道成熟的情况下，可以作为开发均衡型创业机会的实例。京东图书频道到 2017 年仅用了 7 年就以 36.2% 的市场份额超越当当的 35.1%，成为行业第一。可见，创新型机会开发过程相比均衡型机会开发过程要长且不确定性更大。

2. 资源思维

创业需要资源。彼得·德鲁克认为："企业家就是赋予资源以生产财富的能力的人。"

首先，企业家必须聚集资源，根据商业概念确定资源需求及其潜在的供应者。其次，企业必须参与摄取必要资源的交易过程，整合看中的资源，推动商业概念转换成可销售的产品或服务。在这个阶段，企业家拥有的不再是一个商业概念，而是一种现实产品或服务。同时，新创企业的成功依赖于企业家控制必要的关键技能、关键资源和关键关系的能力。

网络创业者需要学会如何聚集互联网资源（这个资源往往是用户数量），利用自身拥有的价值，与社会、其他商业机构甚至个人交换资源，可以采用免费服务或者免费试用等方式快速获得用户认可，以聚集人气资源，最终利用这些用户的需求为用户提供增值服务，获得超额利润。例如，腾讯公司的 QQ 基本服务是免费的，但要获得更多服务就需要付费。这种看似简单的模式为众多的互联网企业带来源源不断的利润。

3. 价值思维

优秀的创业应该是价值定位，不应该是成本定位。在价值定位的基础上，好的创业及其产品溢价可以非常高。创业者应当关注的是使产品和服务具有超出各部分总和的价值，这样自然就能获得高利润。一个成功的商业模式应该建立在一个核心价值之上，如"改变生活"或者"改变世界"。例如，阿里巴巴公司的成功就在于它的核心价值是为中小企业开展电子商务提供服务，改变中小企业开展电子商务难的现状。

二、网络创业

（一）网络创业的概念

网络创业，就是在互联网上进行的创业活动。网络创业与其他环境下的创业基本是一样的，有独立的公司，有经营项目，有员工，也有特定的商务活动，但也有其独特性。

网络创业为现代人提供了事业发展的另一片广阔的空间，提供了实现财富增值的良机，也提供了实现人生理想、创造人生价值的重要途径。

（二）网络创业的优势

网络创业与普通创业相比有其独特的优势，这些优势也正是现代网络创业大潮形成的驱动力之一，具体包括以下 8 种优势。

1. 门槛低、投资少、成本少、风险小

网络创业相比传统创业而言不需要投入庞大的资金，不必承担所谓的投资风险，更没有经营事业的诸多压力。有时一根网线、一台计算机、一个人，就构建了创业的基础。在网络日益普及的现代社会，网络创业的门槛因素几乎可以忽略。网络创业可以利用现成的网络资源，像阿里巴巴、淘宝网、天猫商城等知名商务平台，它们有较完善的交易系统、交易规则、支付方式和成熟的客户群，利用这些平台开网店或加盟商家，创业者要支付的仅仅是少许会员费、加盟费，而如果自建网站则需要支付租用服务器、购买域名等费用，费用会相对高一些，但与对实体的投资相比，成本仍然很低，产品或服务推广和营销的成本也几乎为零。此外，网络创业的进入、退出都很方便，方式灵活多样，创业者承担的风险较少。

2. 市场大

由于网络创业以互联网为载体，因此客户可能来自全球任何地方，而在传统创业中，客户来源则容易受创业地理位置的限制。

3. 周期短

网络创业通常 3 个月的时间即可以获得稳定的收入，这对很多实业创业者来讲是梦寐以求的事，但是，成功的前提是一定要找到正确的网络创业项目。

4. 运营不受时间限制

在时间、空间方面，网络创业与传统创业有着巨大的区别。网络商店可以说是 24 小时都处于营业状态，顾客可以在任何时间浏览网站、发出购货订单，这与传统店铺相比是很大的优势。另外，在传统店铺中，可摆放商品的数量极大地受到商店规模的限制，而在网络上根本不存在这个问题，一个淘宝网上的小店铺就可以轻松地展示上万件商品。

5. 无条件限制

网络创业没有传统就业市场存在的诸多难以跨越的门槛，也没有创业环境的重要障碍，只要立志于网络创业，它将会是一个发掘自身无限潜力的非常好的创业平台。比如利用内

容进行网络创业，只要有创新，有想法，持之以恒，就可以通过成功运营互联网自媒体获得成功。

6. 无发展空间障碍

网络创业发展空间既取决于自身的愿望，也取决于自身愿意为这个事业付出的努力。

7. 无特权、免交际应酬

网络拥有一个公正、公平、合理的创业环境，只要是符合国家法律规定的创业活动，便能分享互联网带来的无限商机。

8. 人员组成简单

网络创业更注重创新、创意，因此在创业初期，对于人力资源的需求并不大，不需要过于担心员工工资这方面的成本问题。

（三）网络创业的发展趋势

1. 主流化、大众化

由于网络创业方式越来越被人们认可，通过网络创业成功的人士也越来越多，网络创业已经逐步发展成为创业的一种主流方式，不再是新奇的事物。另外，随着互联网普及率的不断提高，中国电子商务稳步发展，移动电子商务用户规模不断扩大。新媒体营销、直播带货、跨境电子商务、社区拼团，新的电子商务行业热点层出不穷，网络创业已经越来越大众化。

2. 专业化分工

电子商务是一种以商务活动为目的、电子技术为手段的复合型商务模式，涉及各种技术技能、各种商务技能。随着互联网创业方式的大众化发展，创业者不可能技术、商务样样精通，为了解决这一问题，各种专门为创业者提供服务的服务外包公司应运而生。它们既解决了创业者的现实问题，又能够使创业者把精力集中到自己擅长的领域，提高资源的有效利用。例如，随着短视频、直播等内容塑造电子商务的新生态形成，相应地，MCN（multi-channel network）机构也多了起来。

3. 投入最小化

成本是互联网创业与传统创业最大的区别。利用互联网创业需要支付的费用非常低，并且根据摩尔法则，随着技术手段的不断进步与更新，价格会不断降低。这种不断降低的价格也不断减少创业投入，使创业成本进一步降低。

三、网络创业者与创业团队

（一）创业者

1880年，法国经济学家萨伊（Say）首次给出了创业者的定义，他将创业者描述为将经济资源从生产率较低的区域转移到生产率较高的区域的人，并认为创业者是经济活动过程中的代理人。著名经济学家熊彼特（1934）则认为创业者应为创新者。这样，创业者概念中又加了一条，即具有发现和引入新的、更好的赚钱的产品、服务和过程的能力。

1. 创业者的个人素质

（1）心理素质。所谓心理素质是指创业者的心理条件，包括自我意识、性格、气质、情感等心理构成要素。作为创业者，他的自我意识特征应为自信和自主，他的性格应刚强、坚持、果断和开朗，他的情感应更富有理性色彩。成功的创业者大多不以物喜，不以己悲。

（2）身体素质。创业者应该身体健康、体力充沛、精力旺盛、思路敏捷。现代小企业的创业与经营是艰苦而复杂的，创业者工作繁忙、时间长、压力大，如果身体不好，必然力不从心、难以承担创业重任。

（3）知识素质。创业者的知识素质对创业起着举足轻重的作用。创业者要进行创造性思维，要做出正确的决策，必须掌握广博的知识，具有一专多能的知识结构。具体来说，创业者应该具有以下几个方面的知识：掌握与本行业、本企业相关的科学技术知识，依靠科技进步增强竞争能力；具备市场经济方面的知识，如财务会计、市场营销、国际贸易、国际金融等；了解科学的经营管理知识和方法，提高管理水平；掌握一定的法律知识，能运用法律武器维护自身合法权益。

2. 创业者的能力

创业者至少应具有创新能力、分析决策能力、经营管理能力和公关能力。

当然，这并不是要求创业者必须完全具备这些素质和能力后才能去创业，而是说创业者本人要有不断提高自身素质的自觉性和实际行动。提高素质一靠学习，二靠改造自我。要想成为一个成功的创业者，就要做一个终身学习者和自我改造者。

哈佛大学拉克教授讲过这样一段话："创业对大多数人而言是一件极具诱惑的事情，同时也是一件极具挑战的事。不是人人都能成功，也并非想象中那么困难。但任何一个梦想成功的人，倘若他知道创业需要策划、技术及创意，那么成功已离他不远了。"

3. 创业者需要掌握的知识

（1）网络技术知识。网络技术的不断突破，对网商提出了新的更高的要求。获取、分析和使用网络信息，推广自己的网站，对产品或服务进行网络营销，与客户沟通，建设和完善自己的网站等，这些工作都需要创业者掌握一定的网络专业知识和技术来进行操作。要成为一个网络创业者，应该掌握的基本技术知识包括：网站的基本概念，如域名、空间、程序、内容等；网页制作技能；网站推广技能；等等。

（2）法律知识。网络创业者所面临的仍然是一个需要遵守法律法规的创业环境，所以必须了解有关的法律法规，尤其应该重点了解电子商务方面的法律法规，包括国外电子商务方面的法律、国内电子商务方面的法律法规和政策、电子商务领域的知识产权的法律保护（如网络作品著作权的法律保护、信息网络传播权的法律保护、域名的法律保护、对消费者的法律保护等）和网络犯罪及法律制裁等方面的知识。

（3）财务知识。企业的一些工作，如经营管理、资金运作、财务风险控制与防范、税务等，都需要管理者懂得财务知识。

（二）创业团队

创业团队是指在创业初期（包括企业成立前和成立早期），由一群才能互补、责任共担、愿为共同的创业目标而奋斗的人所组成的特殊群体。

一般而言，创业团队由3大要素组成：一是目标，目标是将人们的努力凝聚起来的重要因素，从本质上来说创业团队的根本目标都在于创造新价值；二是人员，任何计划的实施最终还是要落实到人的身上去，人作为知识的载体，所拥有的知识对创业团队的贡献程度将决定企业在市场中的命运；三是团队成员的角色分配，即明确每个人在新创企业中担任的职务和承担的责任。

1. 创业团队组建的基本原则

（1）目标明确合理原则。目标必须明确，这样才能使团队成员清楚地认识到共同的奋斗方向是什么。与此同时，目标也必须是合理的、切实可行的，这样才能真正达到激励的目的。

（2）互补原则。创业者之所以寻求团队合作，其目的就在于弥补创业目标与自身能力间的差距。只有当团队成员相互间在知识、技能、资源、想法、关系网络、才智、目标、经验等方面实现互补时，才有可能通过相互协作发挥出"1+1>2"的协同效应。

（3）精简高效原则。为了降低创业期的运作成本、使团队成员最大比例地分享成果，创业团队的人员构成应在保证企业能高效运作的前提下尽量精简。

（4）动态开放原则。创业过程是一个充满了不确定性的过程，团队中可能因为能力、观念等多种原因不断有人离开，同时也有人要求加入。因此，在组建创业团队时，应注意保持团队的动态性和开放性，使真正完美匹配的人员能被吸纳到创业团队中来。

2. 创业团队组建的主要影响因素

创业团队的组建受多种因素的影响，这些因素相互作用、共同影响组建过程并进一步影响团队建成后的运行效率。

（1）创业者。创业者的能力和思想意识从根本上决定了是否要组建创业团队，团队组建的时间表以及由哪些人组成团队。创业者只有在意识到组建团队可以弥补自身能力与创业目标之间存在的差距时，才有可能考虑是否需要组建创业团队，以及对什么时候需要引进什么样的人员才能和自己形成互补做出准确的判断。

（2）商机。不同类型的商机需要不同类型的创业团队。创业者应根据创业者与商机间的匹配程度，决定是否要组建团队以及何时、如何组建团队。

（3）团队目标与价值观。共同的价值观、统一的目标是组建创业团队的前提，团队成员若不认可团队目标，就不可能全心全意为此目标的实现而与其他团队成员相互合作、共同奋斗。而缺乏相同的价值观将直接导致团队成员在创业过程中容易脱离团队，进而削弱创业团队的战斗力。没有一致的目标和共同的价值观，创业团队即使组建起来，也无法有效地发挥协同作用，这样的团队也会缺乏战斗力。

（4）团队成员。团队成员的能力的总和决定了创业团队的整体能力和发展潜力。创业团队成员的才能互补是组建创业团队的必要条件，而团队成员间的互信是形成团队的基础。

互信的缺乏，将直接导致团队成员间协作障碍的出现。

（5）外部环境。创业团队的生存和发展直接受到制度性环境、基础设施服务、经济环境、社会环境、市场环境、资源环境等多种外部要素的影响。这些外部环境要素从宏观上间接地影响对创业团队组建类型的需求。

3. 创业团队的组建程序及其主要工作

创业团队的组建是一个相当复杂的过程，不同类型的创业项目所需的团队不一样，创建步骤也不完全相同。

创业团队组建的主要工作包括以下 6 个方面。

（1）明确创业目标。创业团队的总目标就是通过完成创业阶段的技术、市场、规划、组织、管理等各项工作实现企业从无到有、从起步到成熟。总目标确定之后，为了推动团队最终实现创业目标，再将总目标加以分解，设定若干可行的、阶段性的子目标。

（2）制订创业计划。在确定了一个个阶段性子目标以及总目标之后，紧接着就要研究如何实现这些目标，这就需要制订周密的创业计划。创业计划是在对创业目标进行具体分解的基础上，以团队为整体来考虑的计划，创业计划确定了在不同的创业阶段需要完成的阶段性任务，通过逐步实现这些阶段性目标来最终实现创业目标。

（3）招募合适的人员。招募合适的人员也是创业团队组建最关键的一步。关于创业团队成员的招募，主要应考虑两个方面：一是考虑团队成员的互补性，即考虑团队成员能否与其他成员在能力或技术上形成互补。这种互补性形成既有助于强化团队成员间彼此的合作，又能保证整个团队的战斗力，更好地发挥团队的作用。一般而言，创业团队至少需要管理、技术和营销 3 个方面的人才。只有这 3 个方面的人才形成良好的协作关系后，创业团队才可能实现稳定、高效。二是考虑团队的规模，适度的团队规模是保证团队高效运转的重要条件。团队成员太少则无法实现团队的功能和优势，而过多又可能会产生交流的障碍，团队很可能会分裂成许多较小的团体，进而大大削弱团队的凝聚力。一般认为，创业团队的规模控制在 2~12 人最佳。

（4）职权划分。为了保证团队成员执行创业计划、顺利开展各项工作，必须预先在团队内部进行职权的划分。创业团队的职权划分就是根据执行创业计划的需要，具体确定每个团队成员所要担负的职责以及相应所享有的权限。团队成员间职权的划分必须明确，既要避免职权的重叠和交叉，也要避免某些工作无人承担造成的工作上的疏漏。此外，由于还处于创业过程中，面临的创业环境是动态复杂的，会不断出现各种新的问题，团队成员也可能不断地更换，因此，创业团队成员的职权应根据需要不断地进行调整。

（5）构建创业团队制度体系。创业团队制度体系体现了创业团队对成员的控制和激励能力，主要包括团队的各种约束制度和各种激励制度。一方面，创业团队通过各种约束制度（主要包括纪律条例、组织条例、财务条例、保密条例等）指导其成员，避免其做出不利于团队发展的行为，实现对其行为进行有效的约束，保证团队的稳定秩序。另一方面，创业团队要实现高效运作，必须要有有效的激励机制（主要包括利益分配方案、奖惩制度、考核标准、激励措施等），以使团队成员看到随着创业目标的实现，其自身利益将会得到怎样的改变，从而达到充分调动其积极性、最大限度发挥其作用的目的。要实现有效的激励首先就必须把团队成员的收益模式界定清楚，尤其是关于股权、奖惩等与其利益密切相关的事宜。需要注意的是，创业团队的制度体系应以规范化的书面形式确定下来，以免后期带来不必要的混乱。

（6）团队的调整融合。完美组合的创业团队并非创业一开始就能建立起来的，很多时候是在企业创立一定时间以后随着企业的发展逐步形成的。随着团队的运作，团队组建时在人员匹配、制度设计、职权划分等方面的不合理之处会逐渐暴露出来，这时就需要对团队进行调整融合。由于问题的暴露需要一个过程，因此团队调整融合也应是一个动态、持续的过程。在完成了前面的工作步骤之后，团队调整融合工作专门针对运行中出现的问题不断地对前面的步骤进行调整直至满足实践需要为止。在进行团队调整融合的过程中，最重要的是要保证团队成员间经常进行积极有效的沟通与协调，培养与强化团队精神，提升团队士气。

4. 网络创业团队的配置

网络创业团队的组建原则与传统创业团队的组建原则基本相同，一般创业团队所必须具备的素质基础包括"资源、想法、技能、知识、才智、关系网络、目标"，而对于某个具体的创业团队而言，经常以具备某一项条件或某个因素为基础。对于网络创业团队，一般的团队配置模式为：创意＋技术＋服务。创意是创业的前提，其具备两个特征：一是应具有市场价值，能在一定时期内产生利润；二是具有现实可行性，能付诸实践。创业应具有新意，有创新，能抓住市场空间。技术是指创业所需要的互联网相关技术，比如以网站建设为盈利点的创业，就需要网站建设相关的技术等。服务是一种才智，也是一种资源，只有具备了这种才智，才能够拥有客户资源和关系网络资源。

5. 网络团队的管理

（1）确定清晰的创业目标。创业团队在实践中要不断总结和吸取教训，形成一致的创业思路，勾画共同的目标，以此作为团队努力的目标和方向，鼓励团队成员积极掌握工作内容和职责，竭诚与他人合作交流并贡献个人能力。

创业团队的目标必须清晰明确，能够集中体现团队成员的利益，与团队成员的价值趋向一致，并保证所有团队成员都能正确理解，这样才能发挥鼓励和激励团队成员的作用。此外，创业团队的目标还必须切实可行，既不应太高，也不应太低，而且能够随着环境和组织的变化及时更新和调整。

1998 年成立于北京的交大铭泰，主要从事研究、开发及销售以翻译软件为主的四大系列软件产品。其在创业初期就确定了 3 年内成为我国最大应用软件和服务提供商的目标以及具体的发展战略。明确的创业目标保证了团队成员的稳定性，其成员自创业以来基本上没有太大变化，这决定了企业拥有强大的凝聚力，而且也使交大铭泰在企业创新方面取得了较大突破。交大铭泰很快成为国内第一个通用软件上市公司，亚洲首只"信息本地化概念股"，2004 年香港股市第一家上市企业。

（2）制定有效的激励机制。正确判断团队成员的"利益需求"是有效激励的前提。实际上，不同类型的人员对于利益的需求并不完全一样，有些成员将物质追求放在第一位，而有些成员则希望能够获得荣誉、发展机会、能力提高等其他利益。因此，创业团队的领导者必须加强与团队成员的交流，针对各成员的情况采取合理的激励措施。

创业团队的利润分配体系必须体现个人贡献价值的差异，而且要以团队成员在整个创业过程中的表现为依据，而不是仅考虑某一阶段的业绩。利润的具体分配方式要具有灵活性，既包括诸如股权、工资、奖金等物质利益，也包括个人成长机会和相关技能培训等内容，并且能够根据团队成员的期望进行适时调整。

（3）有一个好的团队领导。创业者是创业团队的灵魂，他的一个重要的任务就是引导团队建立共同的愿景或价值观，并带领团队共同奋斗实现创业目标。

领导者应该具备卓越的领导素质，具体包括以下 3 个方面。

第一，崇高人格。领导者的崇高人格特质，对于创业成败影响至巨。因为领导者在资源上需要依赖投资股东，在实践创业理想方面又要依赖其团队成员，如果在人格情操上无法获得充分的信任，那么必会大幅降低创业团队的中心凝聚力。

第二，价值观念。企业成立之初，可能主要由同学、校友、同事、朋友或同乡合伙投资组建。而随着企业成长，领导集体构成逐渐改变。领导集团成员的去留，主要取决于其是否认同核心领导者确定的企业发展目标及价值观。其实，企业发展目标在创业初期不必特别远大，但却要很明确，而这其中的关键是主要领导者的价值观要很明确。领导者的价值观明确，就能够让和他一起工作的员工做出明确的选择，与之产生共鸣，方便企业文化的形成和发展。共同的价值观和追求的目标，是领导团体成员的主要"黏合剂"。核心领导者树立的企业目标、其自身的价值观和道德感召力不仅在形成领导集体中起着决定性的作用，而且为形成企业的核心理念奠定基础，对企业的长期发展起着举足轻重的作用。

第三，行为典范。我们常说某某领导者很有领袖风范、个人魅力，我们也经常可以发觉一个企业的风格往往包含并体现着其高层管理团队的风范，这就是所谓的魅力型领导者。他们是企业的一号模范榜样，他们的行为为企业全体员工所共同瞩目和效仿。因此，如果企业希望来自不同领域的员工协同工作来完成一个目标，那么高层管理者的示范行为就是鼓励他们的首选招数。

领导者必须履行的领导职能具体包括以下 4 个。

第一，决策职能。企业需要有权威的主管，同样地，创业团队要成功也必须有强势的领导者。但大家一同创业，谁应该是主导者？谁来做最后决定？当发生严重利害冲突或彼此意见不一致时，由谁来仲裁决定？答案就是有较强决策能力的领导者。

第二，指挥职能。在建立远大抱负的过程中，领导者的任务是了解自己和员工的动机与价值观，把不同动机驱动的员工安排在相应的职位。对高效的团队而言，应识别团队成员的优势和劣势，并把他们安排到最能发挥其潜能的位置上。在团队中，一般有 9 种角色定位：创造者、倡导者、开发者、组织者、生产者、核查者、支持者、建议者和联络者。

第三，教练职能。高效团队领导者往往担任的是教练和后盾的角色，他们给团队提供指导和支持，但并不试图去控制它。很多管理者已开始发现这种新型的权力共享方式的好处。在新创企业业务略有起色时，领导者要对自身角色进行重新定位，考虑起用专业人员来分担自己的任务。即使创业成功，领导者也不能简单沉溺于做老板，而要不断给自己充电。

第四，沟通职能。领导要保证与团队成员之间存在通畅的沟通渠道，能进行持续不断的沟通。团队开始工作时要沟通，遇到问题时要沟通，解决问题时也要沟通，有矛盾时更要沟通。沟通的时候要多考虑团队的远景目标和远大理想，多想有利于团队发展的事情。

领导者必须采取适当的领导方式进行领导，如协作领导、文化领导、学习领导。有的人认为，关系导向的领导者比较适合于协作性团队，因为他们善于分享经验和知识，能够营造一种信任与和谐的团队氛围。也有人说，任务导向的领导者更适合复杂的团队，因为他们能够清晰地规划愿景和目标、界定各自的工作范围，更重要的是能为团队成员提供指导和反馈。然而，实际情况是能够胜任的团队领导者介于二者之间，两个方面都具备。他们能够在一个项目中，根据项目进展阶段的不同而调整转换领导方式。例如，在项目开始阶段，他们展现出任务导向的一面，明确目标，做出承诺，界定每个团队成员的个人职责。当项目进行到一定阶段，团队成员认同了组织目标，担当起各自的职责，并且随着知识分享的蔓延，最初的紧张气氛缓和下来时，领导者就会转向关系型。总之，成功的领导者会根据项目的进展程度随机应变，采取适合进度的领导方式。

任务二　通过调研网络创业案例分析其商业模式特点

任务引入

在本章任务一你所搜集的网络创业案例中，选择你最感兴趣的两个典型案例，进行深入调研，调查内容包括该创业项目采用的商业模式、选择的创业时机、运用了何种资源、目标客户的选择以及能够创造什么样的价值等信息。此外，尝试分析你所选择的案例中创业者是如何发现创业机会的，商业模式的设计又是什么思路，机会、资源和价值对创业的成功与否有什么作用，其成功的关键因素是什么，等等。

任务目标

1．了解网络创业机会的识别和评价过程。
2．了解网络创业商业模式的开发思路。

任务要求

1．搜集网络创业中的两个典型案例，掌握案例中创业机会识别、商业模式的基本情况。
2．根据两个案例的商业模式，详细了解其业务模式、运营模式、盈利模式和竞争模式。
3．分析案例中创业者或者创业团队是如何对创业机会进行识别和开发的，创业资源是如何获得并加以利用的，以及创业者定位的价值与商业模式的选择有何关系。

任务分析

网络创业需要"新的创意"，并且能够开发这种创意。创意的产生源于对资源的充分认识和有效利用，并能够把握适当的时机，为客户、市场创造价值。对所选网络创业成功案例的深入调研，能够让学生切实了解网络创业机会识别的过程，熟悉商业模式的基本内容，了解创业者的商业思维，能为自己以后进行网络创业提供参考。

第二节 网络创业机会与商业模式

一、网络创业机会

（一）创业机会概述

机会不会上门来找人，只有人去找机会。机会不仅可以通过偶然因素产生，也可以通过主观意愿去发掘和创造。创业者需要积极主动地结合自身的经验，采取一定的方法在多变的环境中慧眼识珠，敏锐地发现有利情况，捕捉甚至创造具有真正价值的创业机会，开创新事业。

创业机会识别包括 3 个阶段，即机会发现、机会识别、机会评价，其中发现机会是基础，识别机会是关键，评价机会是核心。3 个阶段是一个连续渐进的过程，是创业者发掘创业机会实现成功创业的部分。图 9-1 为创业机会形成的理论模型。

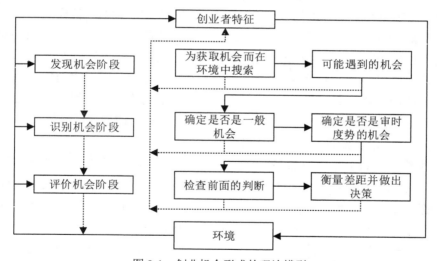

图 9-1 创业机会形成的理论模型

资料来源：LINDSAY N J，CRAIG J B. A framework for understanding opportunity recognition: entrepreneurs versus private equity financiers[J]. Journal of private equity, 2002, 6(1):13-24.

1. 发现机会阶段

创业机会的发现是创业机会识别过程的第一个阶段，是创业者运用自身的经验、认知、社会关系网络创造性地从繁杂多变的环境中搜索好的创意或想法。创意一旦被创业者识别就有可能成为潜在的商业机会，因此创业机会的发现首先需要知道创业机会从何而来，其次是如何发现创业机会。创业机会的来源主要包括问题、变化、创造发明、竞争和意外之事。

2. 识别机会阶段

创业机会的识别是开展创业活动的前提。只有当创业者发现并识别了有价值的创业机会并将其付诸实践时，创业才能够成为一种可能。机会识别要求从若干的创意中发现极具商业价值的创业机会，或者针对单一的创意，对有无需求或能否满足特定需求两个方面进行识别，形成一个创业机会。创业机会的有效识别是创业机会评价的前提和基础，它将对创业机会的评价产生很大的影响。

3. 评价机会阶段

创业机会评价是指对识别出来的创业机会进行全面系统的评价，是创业机会识别与创业机会开发之间的中间过程。创业者在完成对创业机会评价后便可决定是否可以组织相关资源对其进行开发。创业机会的评价主要从 4 个方面进行：一是创业机会的可行性评价，二是创业机会的市场状况评价，三是创业机会的盈利能力评价，四是创业机会的风险评价。创业者通过综合的评价从众多的机会中找到最具价值的创业机会。

（二）网络创业机会的变化

"互联网+"行动计划的提出，标志我国迎来了"互联网+"时代，也迎来了"互联网+"环境下的创业大潮。互联网思维渗透各行各业，改变着企业的经营模式。互联网与其他领域的互相渗透和融合成为一种新常态，使得传统行业在新技术的支持下不断焕发新的生机从而带来更多的创业机会。放眼时下，通过互联网创业已成为低成本、低门槛的创业手段。Facebook 的 CEO 扎克伯格说："历史上我们从未有过如此巨大的机会，一个人、一间屋，创造一种服务，数十亿人受益，这令人诧异，在此之前不曾有过创造这类业务的能力。现在有很多人在做这样的事。这是一个激发创造、专注爱好的创业好时代。"

与传统环境下的创业机会相比，网络创业机会有以下几个变化。

（1）网络创业机会来源更加多元化。传统环境下的创业机会多数属于发现型创业机会，多为因市场需求满足不充分而产生的创业机会，或者是技术的革新带来某个新的产品。互联网环境下的创业机会不仅来自未满足的市场需求和技术进步，还来自互联网与传统行业融合、行业间跨界合作、市场更加细分下的个性化需求等。

（2）网络创业机会贯通性更强。借助互联网原本孤立的各传统产业相连，通过大数据完成行业间的信息交换，其深层目的则是实现产业升级和经济转型。传统产业依托互联网数据实现用户需求的深度分析，调整产业模式，形成以产品为基础，以市场为导向，为用户提供精准、个性化的服务，改变了原有的创业模式，在产业融合中带来了新的机会。

（3）网络创业机会时机性更强。在这快速发展的互联网时代，创业机会瞬息万变，转瞬即逝。今天的创业机会也可能不再是机会或已被其他创业者捷足先登，因此需要创业者具备更强的洞察力和行动力。

（4）网络创业机会挑战性更强。在互联网环境下，信息的透明在使创业机会倍增的同时也使抓住创业机会变得更具挑战性。机会只会青睐那些及时发现并有能力开发它的创业者。在机会和挑战并存的环境下，创业者需要马不停蹄，积极寻找并抓住创业机会。

（5）网络创业机会需要不断发掘。在传统环境下，创业者拥有好的创业机会并一直做好就能"称霸一方"。但在互联网环境下，创业者靠一个机会就想"永存"几乎是天方夜谭，创业者需要在开发创业机会的同时不断发掘更多的创业机会，在机会的发掘上始终走在别人前面，才能在创业中立于不败之地。诞生于 21 世纪第一天的百度，其产品项目一直在推陈出新，从搜索、贴吧、知道、百科等明星产品，到有啊、糯米、百度外卖等电子商务平台。2020 年 11 月，中国共产党第十九届五中全会上提出了"十四五"时期经济社会发展主要目标，同时明确了"把科技自立自强作为国家发展的战略支撑"。而百度自主研发 AI 智能产品飞桨作为国内首个开源开放、技术领先、功能完备的产业级深度学习平台，则是随着创业环境变化百度对于创业机会不断发掘与开拓的产物。

二、商业模式构建

（一）商业模式构建的基本原则

商业模式构建，就是根据商业模式中各个板块的任务属性、任务目标，对该板块中各类活动进行架构塑造。对创业者来说，商业模式（business model）构建的重要性不言而喻。巴黎商学院关于企业经营管理的黄金法则中提到最重要的一条是："经商最重要的不是资金，不是人才，而是模式。"创业过程是否成功，真正的决定性因素为是否构建了清晰的商业模式，以及是否有明确可执行的盈利模式。那么，商业模式构建需要遵循哪些基本原则呢？

（1）构建商业模式要以资源和能力为基础。创业企业构成的基本元素是资源和能力，交易的标的物也是资源和能力。资源包括财产、能力、竞争力、组织程序、企业特性、信息、知识等。企业的资源主要有以下几类：金融资源、实物资源、人力资源、信息、无形资源、客户关系、公司网络（关系网络）、战略不动产，而能力则包括组织能力、物资能力、交易能力、知识能力。

（2）构建商业模式要有用户思维。创业企业要具备构建满足用户需求的产品和服务体系，形成拥有想象力和估值能力的商业模式设计力。例如，支付宝、小米手机等，均针对用户的需求将用户的体验做到极致，从而取得了成功。

（3）构建商业模式要有创新思维，像滴滴出行、拼多多、哈罗单车、小米、roseonly、三只松鼠等都凭借创新性地构建独特的商业模式而取得巨大成功。对创业者来说，最需要关注的就是如何从商业的高度创新一套好的模式进入市场。而最近"短视频"应用的出现推动了像"网红+直播"等电子商务流量暴增的商业现象，迎面而来的"AI+"时代为我们打开了"智能化时代"的新世界，涌现了一大批凭借新的商业模式成功的创业者。

（4）构建商业模式要注意柔性化。商业模式必须具备柔性，商业模式的可调整就体现在最大化地利用和分担前期各种固定资产投入的成本。Google 是全球最大的"互联网在线广告商"，因为当用户免费使用 Google 搜索、邮箱、地图等服务时，所有的痕迹都会被反馈到 Google 的数据中心。日积月累，用户对哪类资讯感兴趣，Google 都掌握得清清楚楚了。然后，Google 在用户享受这些免费服务的同时，把最适合的广告推送到用户面前，恰好是用户也正想了解的。对广告商来说，这种广告更加精准，效果更好，价值更高。这种盈利模式，至少在 1998 年开始创建 Google 时，创始人佩奇和布林并没有想到。

（二）商业模式的要素

Osterwalder（2004）在综合了各种概念的共性的基础上，提出了一个包含 9 个要素的商业模式的参考模型。

（1）价值主张（value proposition）。价值主张即公司通过其产品和服务所能向消费者提供的价值。价值主张确认了公司对消费者的实用意义。

（2）消费者目标群体（target customer segments）。消费者目标群体即公司所瞄准的消费者群体。这些群体具有某些共性，从而使公司能够针对这些共性创造价值。定义消费者群体的过程也被称为市场划分（market segmentation）。

（3）分销渠道（distribution channels）。分销渠道即公司用来接触消费者的各种途径。这里阐述了公司如何开拓市场，涉及公司的市场和分销策略。

（4）客户关系（customer relationships）。客户关系即公司与其消费者群体之间所建立的联系。通常所说的客户关系管理（customer relationship management）即与此相关。

（5）价值配置（value configurations）。价值配置即资源和活动的配置。

（6）核心能力（core capabilities）。核心能力即公司执行其商业模式所需的能力和资格。

（7）价值链（value chain）。价值链即为了向客户提供产品和服务的价值，相互之间具有关联性的支持性活动。

（8）成本结构（cost structure）。成本结构即所使用的工具和方法的货币描述。

（9）收入模型（revenue model）。收入模型即公司通过各种收入流（revenue flow）来创造财富的途径。

（三）商业模式的结构

一个完整的商业模式由业务模式、运营模式、盈利模式、竞争模式 4 个层级结构组成。

业务模式的视角是外向视角，主要考虑企业与企业之间的关系，是指企业在所处行业产业链中的位置，以及与产业链其他各环节在整个产业生态中的相互关系。从价值链角度来看，业务模式往往以围绕价值链单一优势环节和整体整合两种方式展开。拥有创新型业务模式的企业，其价值链围绕企业核心能力，与行业中传统的价值链存在显著差异。业务模式主要分为复制型创业、安定型创业、模仿型创业和冒险型创业。业务模式的核心目的在于建立创业的价值定位。

运营模式是对企业经营过程的计划、组织、实施和控制，是与产品生产和服务创造密切相关的各项管理工作的总称。从另一个角度来讲，运营管理也可以指对生产和提供公司主要的产品与服务的系统进行设计、运行、评价和改进。运营模式阐述的是企业提供产品和服务的方法与特点，涉及做什么、如何做、怎么做好的问题，其实质是一种创新形式。运营模式的核心目的是实现创业的价值创造。

盈利模式决定一个企业的生死，决定企业财富价值的等级，决定企业核心竞争力价值的高低。盈利模式就是企业赚钱的渠道，即通过怎样的模式和渠道来赚钱。盈利模式的核心目的是赢得创业价值的回报，获取利润。

竞争模式的核心目的在于建立创业价值的持续优势，好的竞争模式往往能够使企业经营达到事半功倍的效果，且更容易获得资本市场的青睐。

（四）商业模式的设计

成熟公司和新创企业都可以进行商业模式的设计，只不过设计重点不同。成熟公司主要着眼于业务组合、业务生态和技术的创新，如腾讯公司进行了大规模的架构调整，通过合作伙伴的共赢扩大了业务版图。而新创企业商业模式设计的重点主要在于价值创造方面。

应用较为广泛的商业模式设计工具是商业模式画布（the business model canvas）。商业模式画布是 Osterwalder 等（2010）在《商业模式新生代》（*Business Model Generation*）中提出的一种用来描述商业模式、可视化商业模式、评估商业模式以及改变商业模式的通用语言。商业模式画布由客户细分（CS）、价值主张（VP）、渠道通路（CH）、客户关系（CR）、收入来源（RS）、核心资源（KR）、关键业务（KA）、重要伙伴（KP）、成本结构（CS）9个基本板块构成，对应前文中提到的商业模式9大要素，涵盖了客户、提供物（产品/服务）、基础设施和财务生存能力4个方面，可以方便地使用商业模式来构建新的战略性替代方案，如图9-2所示。

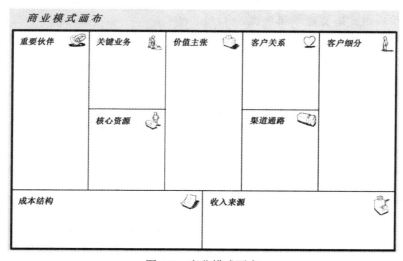

图 9-2　商业模式画布

商业模式设计需要关注解决问题、价值定位和竞争优势3个方面。

（1）解决问题，对于创业公司在设计商业模式的时候，最重要的价值是解决了一个真实存在的问题，并且需要区分，这个问题是否是用户认为急需解决的问题，而不是自己想象需要解决的问题，如打车 App 很好地解决了出行者和出租车司机资源匹配的问题。

（2）价值定位。进入一个竞争非常激烈的市场，怎样能够脱颖而出，在用户心目中占据一席之地？在价值定位的时候更多要从用户的角度来思考问题。

（3）竞争优势。形成竞争优势包括3个关键点：一是无形资产，包括品牌、技术专利、牌照。二是成本，在相同的产品或者服务的交付基础上，做到成本效率提升，成本比别人低。三是网络效应，尤其对互联网产品来说，网络效应可以帮助企业稳定市场地位及扩张。比如微信，用户的社交网络都在这个平台，就不会轻易更换其他社交软件。

任务三　了解网络创业公司资源获取过程

任务引入

网络创业的过程是与资本"共舞"的过程。纵观近几年网络创业大潮中的热点行业和事件，可以发现资本在其中扮演的角色越来越重要，后者的意志甚至能最终影响公司的走向。巨量资本能够迅速支撑起一个行业，在极短时间内创造数家独角兽公司，如 IDG 资本、红杉资本、日本软银、阿里巴巴等。对创业者来说，了解资本背后的投资逻辑可能关乎生死。你最感兴趣的网络创业成功的企业有没有风险投资的介入呢？创业者或创业团队又是如何管理所拥有的社会资本、资金、技术、人才等各项资源的？新创企业创业初期，创业团队成员可能多是同学、同事、朋友甚至亲戚，又是如何形成自己的创业文化的？

任务目标

1．了解近年来风险投资所关注的网络创业领域。
2．了解新创企业的资源管理现状。
3．了解新创企业的创业文化对管理的影响。

任务要求

1．从任务一中你所选取的 5 家网络成功创业企业中，选取资本运作方面你认为最具代表性的两家企业，掌握这两家新创企业的资本运作与管理情况。
2．设计表格对比以上两家创业企业的资本运作、管理情况和创业文化。
3．从以下几个方面进行对比：企业规模、融资途径、融资规模、人员管理、客户管理、营销理念等分析时需要包括但不限于以上几个方面，可以按照你自己的想法进行设计。

任务分析

对网络创业企业来说，风险投资正如一根能够点石成金的魔术棒，它能够把创意变成一个实实在在的企业。纵观互联网多年的发展历史，风险投资在推动新创企业由小到大的成长过程中，起到了不可替代的推动作用。除了风险投资对企业发展的推动作用，企业管理和企业文化在其中也起着重要作用。新创企业的管理与传统企业的管理相比，管理水平往往更低，多为松散式管理。这种管理既有其灵活之处，也存在诸多弊端，如何能够平衡这种灵活与弊端就成为新创企业管理者的必修课。通过对这些网络创业新创企业的分析，应能够切实了解新创企业在资金和管理方面所面临的课题，这样既能为以后进行网络创业提供参考，也能够提高对自我的认识，提升专业素质，进而提高就业能力。

第三节　网络创业资源管理

对新创企业而言，企业所拥有的能力和资源一般都非常有限，创业者头脑中最根本、最直接的想法首先就是"如何生存下去"。对创业者而言，新创企业市场生存期的核心主题是"管理"，关键是"控制"，要着力于新创企业的有效运转，确保市场生存。要保证企业正常有效的运转，从管理角度看，至少要保证有合适的人才、充足的资金和合理的创业文化，也就是要善于管理创业资源。

企业资源基础理论的主要代表人物巴尼（1986）认为，创业资源是指企业在创业的整个过程中先后投入和使用的企业内外各种有形的和无形的资源总和。再具体一些讲，创业资源是指新创企业在创造价值的过程中所需要的特定资产，包括有形与无形的资产，诸如创业人才、创业资本、创业机会、创业技术和创业管理等。

按照资源的表现形态，创业资源可以分为有形资源、无形资源和人才资源 3 类。有形资源即实体资源，指可见的、能量化的资产，主要包括创业者的固定资产和金融资产。无形资源即虚拟资源，指能够创造价值，但不具有独立实物形态的资源。无形资源可归为两大类：技术资源和商誉资源。人才资源包括创业者或创业团队及其雇员的知识、能力、经验以及个人社会关系网络。与无形资源相比，有形资源越用越少，边际效应递减；无形资源不会越用越少，且边际效应递增，所以无形资源更具价值创造的潜力，无形资源往往是撬动有形资源的重要杠杆，能够为创业者带来无可比拟的竞争优势。

一、人才机制

知识经济时代，人才是经济和社会发展的第一资源。科技迅猛发展，全球化竞争越来越激烈，任何技术都可能落伍，任何资源都可能被取代，技术、产品的竞争实质上就是人才的竞争，只有人才资源是任何时代都不能缺少的，人才是企业的创业、创新和持续发展的基础，也是企业永葆活力的坚强后盾。因此，专业人才是企业创业的根本，是创业企业最重要的人力资本。

新创企业的人力资源管理具有自己的特点，尤其是企业此时的人力资源使用受到很多方面的约束，缺少优秀雇员往往是新创企业成功实施某项战略的首要障碍。许多新创企业无法吸引一流的员工，创业者只能自己承担多数关键任务，并尽自己所能招募雇员来帮忙。因此，新创企业的人力资源管理具有更大的挑战性。

雇员失败，创业一定失败。创业者不善于识别人才、使用人才、激发人才与培养人才，创业不可能成功，更不可能创造优秀的企业。基于新创企业的特质可建立人力资源的管理层级机制，如图 9-3 所示。

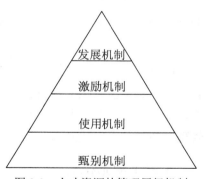

图 9-3 人才资源的管理层级机制

（一）甄别机制

成功的管理者都应是伯乐，伯乐的责任在甄选、招揽"比他更聪明的人才"，但绝对不能挑选名气大但妄自标榜的员工。团队成员有忠诚心是基础，但更重要的是要挑选既有忠诚心又有能力、道德水平高的人，这样才能够使企业更好地发展。

1. 价值观察

用企业家用人的眼光看待人才，大致可以将人才分为 3 类：一是可以信任但不可大用之人，即那些忠厚老实但本事不大的人；二是可用但不可信之人，这是那些有本事但私心过重，为了个人利益而不择手段之人；三是可信又可用之人。作为企业家都想找到第三种人，但是如何才能识别他们？要从 4 个方面进行考察：行为细节、价值观念、品德素养和领导才能。

2. 才智面试

人才的重要内涵是聪明才智和延展性。一个人或许对某一行以前的状况非常有经验，而且做得很好，但是这并不能代表他同样具备优秀的拓展性，所以一个人可挖掘的潜力对公司来说更加重要。因此，在选择人才时需要借助才智面试的手段。

3. 试用考察

人才本身的内在气质是否契合新创企业的现状与文化需要企业试用考察予以判定。任何一个大型公司都不会希望公司中充斥一些所谓的"异类"，与整个大环境格格不入。因此，挑选人才时需要对人才进行划分，可以分为实干人才、内在人才、经验人才、个性人才和创新人才。

（二）使用机制

基于新创企业的特点，人才的使用必须有原则。

1. 业务导向

新创企业的战略核心是业务，一切行为均体现出明显的业务导向。由于规模和实力的限制，生存是新创企业最紧要的问题。因此，新创企业的人力资源管理必须基于并坚持业务导向和战略目标导向，围绕企业安身立命之本——业务展开，而不是专注于智能和专业的细化操作。业务导向的机制需要对员工进行能力匹配和职业规划。

2. 绩效管理

所有新创企业的管理者都必须具备的第一项技能就是绩效管理——为员工设定清晰的目标，时刻关注员工的绩效表现并适当地给予反馈。首先，要制定一个良好的绩效管理体系，以此反映企业独特的经营战略与管理方式；其次，为员工设置合理的绩效目标；最后，管理者要与其下属建立沟通机制，发挥绩效教练的作用，使他们能够更好地完成绩效目标。

（三）激励机制

用人不在于如何减少人的短处，而在于如何发挥人的长处。在最出色的企业中，个人的成长和公司的发展互为补充，相辅相成。新创企业最突出的特征在于，它是雇员经历成长的场所。某咨询公司所做的全球员工调查发现，只有 20% 的员工在工作中全心投入。也就是说，80% 的人没有尽力。这是人类能力的浪费，因此可以解释为什么拥有很多能人的组织却业绩不佳。

在网络经济中，员工的想法和创造力至关重要，而它们只能从愿意奉献的员工身上得到，所以需要制定合理的激励机制，只有给予员工足够多的激励，才能从他们那里得到公司所需的想法和创造力。这些激励可以从薪酬、股权、文化、成长、创新等几个方面来进行。

（四）发展机制

在企业的人才发展体系中，要按照不同的职业特点及个人特长，为不同岗位的员工规划完善而又个性化的职业发展路径，鼓励员工选择最适合自身发展的职业通道，为企业的发展做出个人的最大贡献。为合理利用人才，留住人才，必须为选定的人才制订相应的发展计划，尤其是核心员工、管理团队，同时还要为元老级员工制定退出机制，否则将影响企业的健康发展，从而导致企业面临缺乏创新、任人唯亲等方面的问题。

二、风险投资

"巧妇难为无米之炊。"创业需要资金，无论是有形资源、无形资源还是人才资源的构建与购置都需要资金的投入，否则只能是纸上谈兵。绝大多数创业者往往由于资金缺乏而在创业之初就陷入困境。

从投资行为的角度来讲，风险投资是把资本投向蕴藏失败风险的高新技术及其产品的研究开发领域，旨在促使高新技术成果尽快商品化、产业化，以取得高资本收益的一种投资过程。从运作方式来看，风险投资是指由专业化人才管理下的投资中介向特别具有潜能的高新技术企业投入风险资本的过程，也是协调风险投资家、技术专家、投资者的关系，利益共享、风险共担的一种投资方式。

所谓风险投资，就是由职业金融家投入新兴的、迅速发展的、有巨大竞争潜力的企业中的一种权益资本。近年来，互联网领域、电子商务领域一直是受风险投资青睐的投资场所，很多电子商务企业也都希望得到风险投资的帮助，但风险投资并不是成功的前提条件。

（一）风险投资的类型及运作阶段

新的风险投资方式在不断出现，对风险投资的细分也就有了多种标准。根据接受风险投资的企业发展的不同阶段，我们一般可将风险投资分为 4 种类型：种子资本（seed capital）、导入资本（start-up funds）、发展资本（development capital）、风险并购资本（venture capital）。

风险投资的运作包括融资、投资、管理、退出 4 个阶段。

（1）融资阶段解决"钱从哪儿来"的问题。在通常情况下，提供风险资本的来源包括养老基金、保险公司、商业银行、投资银行、大公司、大学捐赠基金、富有的个人及家族等。在融资阶段，最重要的问题是如何确定投资者和管理人的权利义务及利益分配机制。

（2）投资阶段解决"钱往哪儿去"的问题。专业的风险投资机构通过项目初步筛选、尽职调查、估值、谈判、条款设计、投资结构安排等一系列程序，把风险资本投向那些具有巨大增长潜力的创业企业。

（3）管理阶段解决"价值增值"的问题。风险投资机构主要通过监管和服务实现价值增值。"监管"主要包括参与被投资企业董事会、在被投资企业业绩达不到预期目标时更换管理团队成员等手段；"服务"主要包括帮助被投资企业完善商业计划、公司治理结构以及帮助被投资企业获得后续融资等手段。价值增值型的管理是风险投资区别于其他投资的重要方面。

（4）退出阶段解决"收益如何实现"的问题。风险投资机构主要通过 IPO、股权转让和破产清算 3 种方式退出所投资的创业企业，实现投资收益。退出完成后，风险投资机构还需要将投资收益分配给提供风险资本的投资者。

（二）风险投资的六要素

风险资本、风险投资人、投资对象、投资期限、投资目的和投资方式构成了风险投资的六要素。

1. 风险资本

风险资本是指由专业投资人提供的快速成长并且具有很大升值潜力的新兴企业的一种资本。风险资本通过购买股权、提供贷款或既购买股权又提供贷款的方式进入这些企业。

2. 风险投资人

风险投资人大体可以分为以下 4 类。

（1）风险资本家。风险资本家是向其他企业家投资的企业家，与其他风险投资人一样，通过投资来获得利润，但不同的是风险资本家所投出的资本全部归其自身所有，而不是受托管理的资本。

（2）风险投资公司。风险投资公司的种类有很多种，但是大部分公司通过风险投资基金来进行投资，这些基金一般以有限合伙制为组织形式。

（3）产业附属投资公司。这类投资公司往往是一些非金融性实业公司下属的独立风险投资机构，它们代表母公司的利益进行投资。这类投资人通常主要将资金投向一些特定的行业。和传统风险投资一样，产业附属投资公司也同样要对被投资企业递交的投资建议书进行评估，深入企业做尽职调查并期待得到较高的回报。

（4）天使投资人。这类投资人通常投资于非常年轻的公司以帮助这些公司迅速启动。在风险投资领域，"天使投资人"这个词指的是企业家的第一批投资人，这些投资人在公司产品和业务成型之前就把资金投入进来。

3. 投资对象

风险投资的产业领域主要是高新技术产业。以 2019 年的一项调查为例，人工智能成为当年风险投资最青睐的领域，在众多行业中投资额度占比达到了 21%。

4. 投资期限

风险投资人帮助企业成长，但他们最终会寻求渠道将投资撤出，以实现增值。风险资本从投入被投资企业起到撤出投资为止所间隔的时间长短就称为风险投资的投资期限。作为股权投资的一种，风险投资的期限一般较长。其中，创业期风险投资通常在 7~10 年内进入成熟期，而后续投资大多只有几年的期限。

5. 投资目的

风险投资虽然是一种股权投资，但是投资并不是为了获得企业的所有权，不是为了控股，更不是为了经营企业，而是为了通过投资和提供增值服务把投资企业做大，然后通过公开上市（IPO）、兼并收购或其他方式退出，在产权流动中实现投资回报。

6. 投资方式

风险投资的方式有 3 种：一是直接投资，二是提供贷款或贷款担保，三是在提供一部分贷款或担保资金的同时投入一部分风险资本购买被投资企业的股权。但不管是哪种投资方式，风险投资人一般都附带提供增值服务。

（三）风险投资的特点

风险投资是由资金、技术、管理、专业人才和市场机会等要素所共同组成的投资活动，它具有 6 个特点：以投资换股权方式，积极参与对新兴企业的投资；协助企业进行经营管理，参与企业的重大决策活动；投资风险大、回报高，并由专业人员周而复始地进行各项风险投资；追求投资的早日回收，而不以控制被投资公司所有权为目的；风险投资公司与创业者的关系是建立在相互信任与合作的基础之上的；投资对象一般是高科技、高成长潜力的企业。

技术拥有者在将具有潜力的技术创新与产品构想经由具体的经营活动加以商品化的过程中，还须具备资本与管理两项资源条件，而这两者往往又是技术拥有者所欠缺的，尤其是高科技投资本质上具有高风险的特征，在常态融资市场上筹集资金将有很大困难。在技术未转化成效益之前，既无法从银行获得贷款，又很难去发行股票或债券，因此许多科技含量高的产品构想常因此而被扼杀于萌芽中，而风险投资恰好解决了这一难题。

三、网络创业风险识别与规避

创业风险是指在创业过程中，由于创业环境的不确定性，创业机会与创业企业的复杂性，创业者、创业团队的能力与实力的有限性，而导致创业活动偏离预期目标的可能性及后果。相对于线下传统创业，网络创业具备模式灵活、创业风险小、创业团队组建容易的优势。但我们依然要善于识别和规避网络创业中的风险。

虽然不确定性的存在是创业企业必然面对的环境，但创业风险规避仍然有章可循。在新创企业面临的诸多风险中，目前最主要、影响最大的 3 类风险是客户风险、创新风险和法律风险。

（一）客户风险识别与规避

客户风险指的是新创企业并不确定自己的创新产品是否拥有市场。这是当前中国大多数创业公司面临的最主要的风险。创业企业的产品或服务到底是否存在真正的客户和市场？换言之，即客户和市场对新创公司的产品和服务是否"买账"？例如 2016 年，一直靠亏损、烧钱博用户的 B2C 模式的生鲜电子商务大批倒闭，有人说当时这些创业者看到的是虚假的客户需求。

规避客户风险则需要客户参与到产品价值创造过程当中。这不同于以往的"先生产—再销售"的产品开发模式，这一模式的重点是根据消费者的体验和反馈完善产品和服务。

（二）创新风险识别与规避

创新风险指的是新创企业将技术成果商品化的过程中技术创新失败的可能。技术创新涉及将具有商业价值的新思想变成可商品化、规模化的产品或服务并实现商业利益的一整套活动，在此过程中，产品最终能否创造出客户价值、为客户提供解决方案都充满不确定性。但技术创新一旦取得成功，将会有高投资回报。创新风险的特点是研发周期长、投资成本高、产品性能不确定性大、投资成功回报率高。

规避创新风险需要创业企业无论是客户开发，还是技术创新，都遵循一条"摸着石头过河"的渐进式道路，具体说来，就是在摸索实践中进行客户开发，而不是执行既定的商业计划书；通过不断调整来完善技术创新，只要新技术达到了解决方案的最低限度就可以考虑推向市场，然后在实际运用中不断趋近完美。

（三）法律风险识别与规避

新创企业由于财力有限，规模尚小，往往难以顾及法律规范和法律咨询。实际上这是新创企业面临的最隐秘的风险。新创企业所面临的法律风险主要包括：新创企业在确定经营领域、获取经营资格和市场准入、争取政府扶持与优惠政策等过程中涉及大量法律问题；实施品牌战略、申请、购买或使用专利成果等过程中涉及大量知识产权问题；由于创业者往往不具备专业的法律知识，易于陷入法律纠纷；新创企业在进行决策权力行使、产权和收益分配、公司建章建制、引入天使投资或风险投资、进行并购或上市等诸多环节都应该涉及大量法律合同，难以做出科学决策。2019 年 1 月 1 日《电子商务法》开始实施，但网络创业者往往难以深刻理解法律条款。

规避法律风险需要新创企业增强法律意识，规避法律风险。第一，新创企业必须具备将企业经营法制化的观念，养成做出重大决策前咨询律师，经营过程中坚持合法经营的习惯。第二，创业者必须厘清新创企业与政府及职能部门之间的关系，熟悉相关规定和准则。第三，创业者须建立针对法律风险的防范机制和预案。第四，新创企业需要定期进行法律风险评估，审查企业内部各种结构、环节和业务流程中的法律风险，做到防患于未然。

四、创业文化

能够顺利度过生存期的创业公司，都是拿着一手"好牌"的，如技术、资金、风口、关系……但想要成为伟大的公司，只靠业务增长还远远不够。"一家普通的创业公司"和"一家伟大的创业公司"之间的分水岭到底是什么？答案是文化。

创业文化是指与创业有关的社会意识形态、文化氛围，其中包括人们在追求财富、创造价值、促进生产力发展的过程中所形成的思想观念、价值体系和心理意识，主导着人们的思维方式和行为方式。我们耳熟能详的那些伟大公司——Google、Facebook、百度、阿里巴巴、腾讯，都是从一个普普通通的创业公司一步一步成长起来的，而且不约而同地都表现出了强有力的企业文化，并以各种形式在企业内部展现，小到 Google 的零食、微软的白板，大到人员招聘、流动方式、业务决策方法等。

本书所强调的创业文化不是营造社会创业环境，而是营造网络创业企业内部的创业文化，属于企业文化的范畴，由于网络创业企业在管理等方面具有特殊性，需要用不同于一般企业文化的创业文化作为企业能够正常管理运作的基石。

文化是和企业相互依存的，地域、行业和创始人，这些相对固定的因素，奠定了企业文化最稳定的基因。之后，无论商业模式、资源配比、管理人员再怎么变化，一家公司的企业文化基因都是难以变更的。文化基因决定了公司在初期怎样选人、怎样进行决策、以及怎样获取和分配资源，初期的经验和教训往往会被沿用，成为约定俗成的通用管理技巧。这也解释了为什么一家公司管理做得再好，变革文化的手段再多，空降的高管再厉害，家族企业也不可能变民主，等级森严的企业不可能变得散漫自由，文化基因限制了企业管理。新创企业在创立初期就应该着手构造创业文化，要有长远的眼光，奠定属于自己的文化基因。

创业文化的构造可以分为 3 个层次，如图 9-4 所示：最上层是管理文化，中间层次是行为文化，最下层是精神文化。

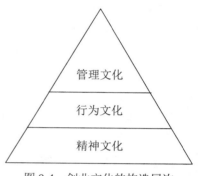

图 9-4　创业文化的构造层次

（一）精神文化

精神文化是人类在从事物质文化生产基础上产生的一种人类所特有的意识形态，是人类各种意识观念形态的集合。精神文化的优越性在于既有人类文化基因的继承性，又有在实践当中可以不断丰富完善的待完成性。这也是人类文化精神不断推进物质文化的内在动力。由于精神文化是物质文明的观念意识体现，在不同的领域，其具体的精神文化有不同的表现和含义。

企业文化是一种精神追求。网络创业企业的文化建设并不需要像成熟企业那么健全、面面俱到，它只要建立一种积极向上的企业价值观、合作融洽的团队氛围、坚持不懈的创新精神，就可以大大增强企业的凝聚力。

企业精神文化包括信仰精神（文化信仰、价值信仰、共同信仰）、道德精神（商业道德、内在道德、领导道德）和思想精神（人本思想、包容思想、开放思想）。例如，阿里巴巴的"六脉神剑"——客户第一、团队合作、拥抱变化、激情、诚信、敬业，一家文娱领域的互联网创业企业打造的精神文化可以总结为：创新、进取、分享、尊重，腾讯的四大神兽——长颈鹿（正直）、海燕（进取）、犀牛和犀牛鸟（合作）、鹦鹉螺（创新）。

（二）行为文化

行为文化是指人们在生活、工作中所贡献的，有价值的，促进文明、文化以及人类社会发展的经验及创造性活动。

企业文化的行为层，是指企业员工在企业经营、教育宣传、人际关系活动、文娱体育活动以及人员管理中产生的文化现象。企业行为文化集中反映了企业的经营作风、经营目标、员工文化素质、员工的精神面貌等文化特征，它直接影响企业经营业务的开展和经营活动的成效。

从人员结构上划分，企业行为又包括企业家的行为、企业模范人物的行为和企业员工的行为。例如，腾讯的员工行为有"阳光""瑞雪""荣誉"三个品牌，"荣誉"即字面意思，而"阳光"和处罚有关，"瑞雪"属于一个缓冲地带，或许不在处罚范围之内，但是会影响公司的气氛。在腾讯，大家在班车、电梯、食堂等地方自然而然排队，不能占座，不能在班车上吃东西，不能逆乘电梯，开会不能迟到，不能占用会议室，如果违反，大家会在论坛上提出谁"不瑞雪"。

在企业文化结构中，行为文化处于幔层（第二层），是员工在生产经营、学习娱乐中产生的活动文化，是企业经营风格、精神面貌、人际关系的动态表现，也是企业精神、企业价值观的折射。企业行为文化包括企业愿景文化、企业激励文化、企业创新文化等。

（1）愿景文化。在企业共同价值观的前提下，企业要根据环境条件和自身的努力确定自己的经营范围和发展目标。企业必须探索符合自己的价值观的行为方式来实现目标。

（2）激励文化。网络创业企业要发挥全体员工的聪明才智和积极性，就需要给予他们以激励。员工的参与需要在深层次上进行，需要在企业的愿景和使命与每个工作单位及每名员工的使命之间建立驱动关系。如果不能建立这种驱动关系，员工就无法通过工作实现他们的个人价值。

（3）创新文化。人们越来越意识到企业的可持续竞争优势来源于其稀缺的、有价值的、不可完全模仿与替代的资源。创新管理已经成为企业管理包括网络创业企业管理的重要方式。

（三）管理文化

"现代管理学之父"彼得·德鲁克在《管理》一书中把管理与文化明确地联系起来，他认为管理不只是一门学科，还是一种文化，有它自己的价值观、信仰、工具和语言。

管理文化是指将一个组织的全体人员结合在一起的标准和行为方式。管理文化代表组织的目标、信念、哲学伦理及价值观，是管理精神中最核心、最本质的成分。

企业管理可以从专业管理、品质管理和文化管理3个角度进行。专业管理主要是对事的管理、敏捷管理和执行管理；品质管理主要包括质量管理、价值管理和科学管理；文化管理主要是文化变迁、文化演进和文化改革。

本 章 小 结

本章针对学生网络创业的相关问题进行了简要阐述，讲述了网络创业相对于传统创业的优势，从创业团队的组建到商业机会的识别，以及商业模式的设计等内容，以此来提升学生对于创业过程的认知程度，而且进一步阐述了与网络创业管理相关的人才、资金和文化等方面的内容，让学生的创业更接近实际。

　　本章把内容定位在创业全过程重要环节的描述上，并没有深入解析某个环节，以便让学生了解网络创业的全貌。

思 考 题

1. 结合自身条件，思考你个人进行网络创业的最大优势是什么，如何发挥这一优势。
2. 互联网创业与你拥有的传统领域的资源如何进行结合？这种结合能提供什么价值？
3. 如果进行网络创业，你希望能组建什么样的团队？你对团队的管理有哪些见解？
4. 结合现在的互联网环境，你认为大学生创业中应该怎么进行商业机会的识别？
5. 如果要吸引风险投资，你的项目可以从哪些方面吸引风险投资的关注？

第十章　电子商务中的商务智能

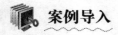

学习目标

- ☐　了解商务智能技术体系。
- ☐　了解电子商务数据类型。
- ☐　了解 ETL（数据仓库）基本概念。
- ☐　掌握电子商务多维数据模型的构建。
- ☐　掌握数据挖掘在电子商务中的应用。

能力目标

- ☐　能够规划电子商务企业商务智能整体解决方案。
- ☐　能够设计电子商务多维数据模型。
- ☐　能够说明电子商务数据挖掘任务类型与典型应用。

案例导入

十佳商业智能应用案例

从企业运营和管理的角度，商业智能价值的一般规律可总结为：以数据驱动的决策，主要通过提高预测概率来提高决策成功率；以数据驱动的流程，主要是形成营销闭环战略来提高销售漏斗的转化率；以数据驱动的产品，在产品设计阶段强调个性化，在产品运营阶段则强调迭代式创新。

百度、腾讯、京东、阿里等因拥有大量的用户注册和运营信息，成为天然的大数据公司，同时大型技术公司纷纷投身商务智能，通过整合数据、信息和应用，实现"硬件+软件+数据"的整体解决方案，为企业创造价值。以下为天然大数据公司有关商务智能的典型案例。

中国移动的数据化运营

通过大数据分析，中国移动能够对企业运营的全业务进行有针对性的监控、预警、跟踪。大数据系统可以在第一时间自动捕捉市场变化，再以最快捷的方式推送给指定负责人，使他在最短时间内获知市场行情。

客户流失预警：一个客户使用最新款的诺基亚手机，每月准时缴费，平均一年致电客服 3 次，使用 WEP 和彩信业务。如果按照传统的数据分析，可能这是一位客户满意度非常高、流失概率非常低的客户。事实上，当搜集了包括微博、社交网络等新型来源的客户数据之后，这位客户的真实情况可能是这样的：客户在国外购买的这款手机，手机中的部分功能能在国内无法使用，在某个固定地点手机经常断线，彩信无法使用——他的使用体验极差。对于中国移动来说，这个客户正在面临流失风险。这就是中国移动一个大数据分析的应用场景。通过全面获取业务信息，可能颠覆常规分析思路下做出的结论，打破传统数据源的边界，注重社交媒体等新型数据来源，通过各种渠道获取尽可能多的客户反馈信息，并从这些数据中挖掘更多的价值。

数据增值应用：对运营商来说，数据分析在政府服务市场上前景巨大。运营商也可以在交通、应对突发灾害、维稳等工作中使大数据技术发挥更大的作用。运营商处在一个数据交换中心的地位，在掌握用户行为方面具有先天的优势。作为信息技术的又一次变革，大数据的出现正在给技术进步和社会发展带来全新的方向，而谁掌握了这一方向，谁就可能成功。对运营商来说，在数据处理分析上，需要转型的不仅仅是技巧和法律问题，更需要转变思维方式，从商业化角度思考大数据营销。

百合网的婚恋匹配

电子商务行业的现金收入源自数据，而婚恋网站的商业模型更是根植于对数据的研究。比如，作为一家婚恋网站，百合网不仅需要经常做一些研究报告，分析注册用户的年龄、地域、学历、经济收入等数据，即便是每名注册用户小小的头像照片，这背后也大有挖掘的价值。百合网研究规划部李琦曾经对百合网上海量注册用户的头像信息进行分析，发现那些受欢迎头像照片不仅与照片主人的长相有关，同时照片上人物的表情、脸部比例、清晰度等因素也在很大程度上决定了照片主人受欢迎的程度。例如，对于女性会员，微笑的表情、直视前方的眼神和淡淡的妆容能增加自己受欢迎的概率，而那些脸部比例占照片 1/2、穿着正式、眼神直视的男性则更可能成为婚恋网站上的宠儿。

Uniqlick 的点击消费

使用新的数据技术，诸如中国的 Uniqlick 公司正在数字广告行业中探索新的商业模式——实时竞拍数字广告。通过了解互联网用户在网络的搜索、浏览等行为，这些公司可以为广告主提供最有可能对其商品感兴趣的用户群，从而进行精准营销；更长期的趋势是，将广告投放给最有可能购买的用户群。这样的做法对广告主来说，可以获得更高的转换率，而对发布广告的网站来说，也提高了广告位的价值。

众趣的行为辨析

众趣是国内第一家社交媒体数据管理平台，目前国内主要的社交开放平台在用户数据的开放性方面仍比较保守，身为第三方数据分析公司，能够获得的用户数据还十分有限，要使用这些用户数据须获得用户许可。众趣通过运营统计学等相关数据分析原理对用户数据进行过滤，最终完成的是对一个用户的行为、动作等个体特征的描述。这些描述可以帮助品牌营销者了解消费者的消费习惯及需求，也可以帮助企业的领导增强对自己员工的了解。除了对个体以及群体行为特征的描述外，这些数据分析结果还可用于对用户群体的行为预测，从而为营销者提供一些前瞻性的市场分析。众趣数据分析的结果只能精准到群组而无法到达个人。此类用户数据研究除在市场营销领域具有一定的参考价之外，目前大多还主要用于配合一些小调研。此外，这些数据还可以实现对用户甚至企业机构的信用评级，在金融领域也有一定程度的使用。

拖拉网的明天猜想

导购电子商务的拖拉网制作了"明天穿什么"这一应用。在这个应用当中，众多时装圈权威人士输送时装搭配与风格单品，由用户任意打分，根据用户的打分偏好，拖拉网便能猜到明天该用户想穿什么，然后为其在数十万件网购时装中推荐单品，并且实现直通购买下单。

拖拉网加入了更多变量来考核自己的推荐模式。比如有消费者明天要参加一个聚会，不知道要选择什么风格，也没有看天气预报，希望导购网站能帮其把这些场景和自己的信息组合起来，给出一整套的解决方案。于是日期、地域、场合、风格都成为穿衣搭配解决方案的变量，经过不断的组合呈现给用户。拖拉网数据显示，用户在看到一个比较优质的搭配并有场景性引导的时候，点击到最后页面完成购买的转化率会比单品推荐高40%。

点评与餐饮业

政府与餐饮点评网展开合作，监督餐饮行业的卫生情况，效果非常好。人们也不再像以前那样从窗口去看餐馆里的情况，而是从手机App里的评论去看。在中国的本地化O2O点评（如大众点评），消费者可以对任何商家进行评价，同时商家也可以通过这些评价来提升自己的服务质量，在环节上进行更大力度的效率优化。

未来的餐饮行业将会由互联网和社会化媒体上所产生和承载的数据彻底带动起来，会有越来越多的人加入点评中，餐馆优胜劣汰的速度将会大幅加快。

众瀛的婚嫁后推荐

江苏众瀛联合数据科技有限公司构建了这样一个大数据平台——将准备结婚的新人作为目标消费者，并把与结婚购物相关的商家加入其中。一对新人到薇薇新娘婚纱影楼拍了婚纱照，在实名登记了自己的信息后会被上传到大数据平台上。大数据平台能根据新人在婚纱影楼的消费情况和偏好风格，大致分析判断出新人后续的消费需求，即时发送奖励和促销短信。比如邀请他们到红星美凯龙购买家具、到红豆家纺选购床上用品、到国美电器选购家用电器、到希尔顿酒店摆酒席……如果新人在红星美凯龙购买了中式家具，说明他们偏好中国传统文化，就推荐他们购买红豆家纺的中式家居用品。

榨菜指数

负责起草《全国促进城镇化健康发展规划（2011—2020年）》（以下简称《城镇化规划》）的国家发改委规划司官员需要知道人口流动的确切情况，但怎么统计出这些流动人口成为难题。

榨菜，属于低值易耗食品，收入增长对于榨菜的消费几乎没有影响。在一般情况下，城市常住人口对于方便面和榨菜等方便食品的消费量，基本上是恒定的。销量的变化，主要由流动人口造成。

据国家发改委官员的说法，涪陵榨菜这几年在全国各地区销售份额的变化，能够反映人口流动趋势，一个被称为"榨菜指数"的宏观经济指标就诞生了。国家发改委规划司官员发现，涪陵榨菜在华南地区销售份额由2007年的49%、2008年的48%、2009年的47.58%、2010年的38.50%下滑到2011年的29.99%。这个数据表明，华南地区人口流出速度非常快。他们依据"榨菜指标"，将全国分为人口流入区和人口流出区两部分，针对两个区的不同人口结构，在政策制定上将会有所不同。

快餐业的视频分析

快餐业的公司可以通过视频分析等候队列的长度，然后自动变化电子菜单显示的内容。如果队列较长，则显示可以快速供给的食物；如果队列较短，则显示那些利润较高但准备时间相对长的食品。

天气账单

常言道：天有不测风云，遇到过出门旅游、重要户外路演、举办婚礼等重要时刻却被糟糕的天气弄坏心情甚至造成经济损失的情况吗？全球第一家气象保险公司"天气账单"能为用户提供各类气候担保。客户登录"天气账单"公司网站，然后给出在某个特定时间段里不希望遇到的温度或雨量范围。"天气账单"网站会在100毫秒内查询出客户指定地区的天气预报，以及国家气象局记载的该地区以往30年的天气数据。通过计算分析天气数据，网站会以承保人的身份给出保单的价格。这项服务不只个人用户需要，一些公司，比如旅行社也很乐意使用。

一家全球性饮料企业将外部合作伙伴的每日天气预报信息集成录入其需求和存货规划流程。通过分析特定日子的温度、降水和日照时间3个数据点，该公司减少了在欧洲一个关键市场的存货量，同时使预测准确度提高了大约5%。

资料来源：大数据公司挖掘数据价值的49个典型案例[EB/OL]．（2018-08-08）．http://www.ciotimes.com/bigdata/156275.html.

任务一 规划商务智能解决方案

任务引入

某公司准备实施商务智能，委托你做一份商务智能实施方案规划书，确定当前信息系统现状、业务应用需求、体系架构、功能设置、实施架构方案、实施过程方案、实施费用等，使得企业商务智能建设过程有据可循，提高商务智能实施效果并节约投资成本。

任务目标

1．设计企业商务智能技术架构体系。

2．规划企业商务智能分析系统主题。

3．制定企业商务智能软、硬件实施方案。

任务要求

1．搜集两个电子商务企业商务智能规划方案。

2．分析与总结常见的商务智能分析主题。

3．总结与比较国内外商务智能软、硬件提供商的优、劣势。

任务分析

企业商务智能解决方案技术体系一般包括数据集成、数据分析与挖掘、数据报表 3 部分内容。

常见的分析主题包括销售主题分析、促销主题分析、财务主题分析、客户主题分析、商品主题分析、库存主题分析、区域主题分析、时间主题分析等。

提供商业智能解决方案的著名 IT 厂商外资公司有微软、IBM、Oracle、SAP、Informatica、Microstrategy、SAS、Royalsoft 等，本土企业有亿信华辰、永宏等。

第一节　商务智能概述

一、商务智能

商务智能，又称商业智能（business intelligence，BI）。目前，学术界还没有统一的商务智能的定义。商务智能的概念于 1996 年最早由加特纳集团（Gartner Group）提出，加特纳集团将商务智能定义为：商务智能描述了一系列的概念和方法，通过应用基于事实的支持系统来辅助商业决策的制定。商务智能技术提供企业迅速分析数据的技术和方法，包括搜集、管理和分析数据，将这些数据转化为有用的信息，然后分发到企业各处。

在信息化高度发达的今天，商务智能被越来越多的企业所重视。但在 IT 界，对于商务智能有着各种各样的叫法和理解，有人说商务智能就是数据仓库，也有人说商务智能就是做报表，如果从现有的工具和项目划分来理解，确实很容易陷入纷争。商业智能涉及的相关技术包括 ETL、数据仓库、OLAP、数据挖掘等。

ETL 是数据从业务系统抽取（extraction）、转换（transformation）和装载（load）到数据仓库的过程。

数据仓库（data warehousing，DW）是企业级分析型需求的公共数据源。

OLAP 是联机在线分析（online analysis processing），就是基于数据库、大数据的联机快速分析。该分析一般指多维分析，可根据维度实现汇总、下钻等操作，同时响应时间快、数据量大，其他功能和 Excel 的数据透视表差不多。

数据挖掘，简单理解就是通过人工智能技术从海量数据里面提取有用知识。

　　直观地来说，商务智能指综合利用 ETL、数据仓库、OLAP 分析以及数据挖掘技术对数据进行有效的整合和存储，并对数据进行分析，提取出其中蕴藏的知识，从而帮助客户进行决策分析。

　　IBM、Oracle、SAP、微软等著名企业都纷纷提供整体的 BI 解决方案和产品，具备一定规模的 IT 公司都已经或者准备做 BI 方面的工作。目前，BI 已经为很多 IT 公司带来了实实在在的价值，腾讯公司在其官方访谈中也强调"数据挖掘"是其秘密武器；淘宝网借助 BI 技术推出数据魔方、量子统计等产品，具有强大的创收能力；焦点科技也通过 BI 技术实现了企业内决策管理的智能化，为企业的快速响应、精准决策提供了信息平台。另外，在信息自动审核、网站效果优化等方面借助数据挖掘技术也已经取得了良好的效果，既可以对内提升企业效率，又可以对外帮助客户提升推广效果。

二、ETL

　　ETL（extract-transform-load，数据抽取、转换、装载的过程）作为 BI/DW 的核心和灵魂，能够按照统一的规则集成并提高数据的价值，是负责完成数据从数据源向目标数据仓库转化的过程，是实施数据仓库的重要步骤。如果说数据仓库的模型设计是一座大厦的设计蓝图，数据是砖瓦的话，那么 ETL 就是建设大厦的过程。在整个项目中最难的部分是用户需求分析和模型设计，而 ETL 规则设计和实施则是工作量最大的，占整个项目的60%～80%，这是国内外专业人士从众多实践中得到的普遍共识。

　　ETL 是数据抽取、清洗、转换、装载的过程，是构建数据仓库的重要一环，用户从数据源抽取出所需的数据，经过数据清洗，最终按照预先定义好的多维数据模型将数据加载到数据仓库中去。

　　信息是现代企业的重要资源，是企业科学管理、决策分析的基础。目前，大多数企业花费大量的资金和时间来构建联机事务处理（OLTP）的业务系统和办公自动化系统，用来记录事务处理的各种相关数据。据统计，数据量每两到三年时间就会成倍增长，这些数据蕴含巨大的商业价值，而企业所关注的通常只占总数据量的 2%～4%。因此，企业仍然没有最大化地利用已存在的数据资源，以至于浪费了更多的时间和资金，也失去了制定关键商业决策的最佳契机。于是，企业如何通过各种技术手段把数据转换为信息、知识，已经成了提高其核心竞争力的主要瓶颈，而 ETL 就是主要的一个技术手段。

三、数据仓库

　　数据仓库就是面向主题的、集成的、相对稳定的、随时间不断变化（不同时间）的数据集合，用以支持经营管理中的决策制定过程。数据仓库中的数据面向主题，与传统数据库面向应用相对应。主题是一个在较高层次上将数据归类的标准，每一个主题对应一个宏观的分析领域，数据仓库的集成特性是指在数据进入数据仓库之前，必须经过数据加工和集成，这是建立数据仓库的关键步骤。首先要统一原始数据中的矛盾之处，还要将原始数据结构做一个从面向应用到面向主题的转变；数据仓库的稳定性是指数据仓库反映的是历史数据，而不是日常事务处理产生的数据，数据经加工和集成进入数据仓库后是极少或根本不修改的；数据仓库是不同时间的数据集合，它要求数据仓库中的数据保存时限能满足进行决策分析的需要，而且数据仓库中的数据都要标明该数据的历史时期。

数据仓库最根本的特点是物理地存放数据，而且这些数据并不是最新的、专有的，而来源于其他数据库。数据仓库的建立并不是要取代数据库，它要建立在一个较全面和完善的信息应用的基础上，用于支持高层决策分析，而事务处理数据库在企业的信息环境中承担的是日常操作性的任务。数据仓库是数据库技术的一种新的应用，而且到目前为止，数据仓库还是用关系数据库管理系统来管理其中的数据。

四、OLAP

OLAP 是一种获取、分析数据的技术，是指根据业务需要，从数据库中提取相关业务数据，并且对所提取的数据进行不同角度（指标）、不同深度（维度）的分析，最终形成多维业务报表，并根据报表中数据的客观规律，发现数据中的趋势和异常，给决策者提供科学的决策依据。大家常见的 Excel 数据透视表就是比较简单的 OLAP 分析工具。

五、数据挖掘

在人工智能领域，数据挖掘习惯上又被称为数据库中的知识发现（knowledge discovery in databases，KDD），也有人把数据挖掘视为数据库中知识发现过程的一个基本步骤。

数据挖掘是通过分析每个数据，从大量数据中寻找其规律的技术，主要包括数据准备、规律寻找和规律表示 3 个步骤。数据准备是从相关的数据源中选取所需的数据并整合成用于数据挖掘的数据集，规律寻找是用某种方法将数据集所含的规律找出来，规律表示是尽可能以用户可理解的方式（如可视化）将找出的规律表示出来。

数据挖掘的任务有关联分析、聚类分析、分类分析、异常分析、特异群组分析和演变分析等。并非所有的信息发现任务都被视为数据挖掘，如使用数据库管理系统查找个别的记录，或通过互联网的搜索引擎查找特定的 Web 页面，则是信息检索（information retrieval）领域的任务。虽然这些任务是重要的，可能涉及使用复杂的算法和数据结构，但是它们主要依赖传统的计算机科学技术和数据的明显特征来创建索引结构，从而有效地组织和检索信息。尽管如此，数据挖掘技术也已用来增强信息检索系统的能力。

一般来讲，商务智能系统是建立在数据仓库、OLAP 和数据挖掘等技术之上的。从广义上看，数据分析可以分为验证型分析（verification-driven data analysis）和挖掘型分析（discovery-driven data mining）。其中，多维查询和 OLAP 可以非常方便地观察系统的实际情况，以便确定某种假设是否成立，因此属于验证型的范畴。数据挖掘是在大量数据中由未知去发现知识，因而属于挖掘型分析的范畴。从商务智能的角度来看数据挖掘和 OLAP 如图 10-1 所示。

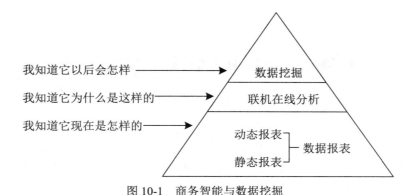

图 10-1　商务智能与数据挖掘

　　从图 10-1 可知，BI 的范围应该包括 3 个层次，分别是报表、分析和挖掘，其中报表用来解决"现在是怎样的"问题，分析用来解决"为什么是这样的"问题，而挖掘用来解决"以后会怎样"问题。

　　总的来说，DM 和 OLAP 都是数据分析工具，但是它们处理的问题不同，数据分析的深度不同。DM 是一种挖掘性质的数据分析，它能够自动发现事物之间潜在的关系和特征模式，并且利用这些特征模式进行有效的预测分析。OLAP 是一种验证性质的数据分析，用户提出问题或某种假设，OLAP 负责从上到下、由浅入深地展现问题相关的详细信息，供用户判断提出的假设是否合理。DM 和 OLAP 相辅相成，DM 能够发现 OLAP 不能发现的更复杂和细致的问题，而 OLAP 能够迅速地告诉我们系统的过去和现在是怎样的，从而能够帮助我们更好地理解数据，加快知识发现的过程，并且迅速验证 DM 发现的结果是否合理。

六、数据报表与数据可视化

　　与商业智能相比，数据可视化名气更胜一筹。数据可视化既是商业智能的核心模块，也是具有成熟体系的独立领域。作为商业智能核心功能模块，数据可视化主要负责数据见解的前端展示，是商业智能产品的必备功能，能够实现商业智能最基本的目标，即将数据转化为知识。作为炙手可热的独立领域，数据可视化遵循一定的原则、方法和流程，具有"一图胜千言"的强大力量，能将复杂的数据信息以最直观的方式展现出来。

　　数据可视化分析是通过透视大量信息以直观的方式展示隐含在信息背后的规律或规则的过程，例如，公司周二与周六的销售量是否高度相关，哪些顾客才是公司"有利可图"的潜在目标用户，这样的见解可以帮助公司优化流程并增加收入。在过去，数据可视化分析是使用笔和纸在电子表格上完成的，如今，该过程完全在计算机上完成，从搜集数据到生成可视化报告以进行解释，一些人工智能和机器学习程序甚至开始接管某些分析。

　　数据可视化分析涉及数据挖掘、数据管理、人工智能等多种技术。数据挖掘收集了大量信息，供数据科学家使用。数据管理通过有效的组织帮助优化这些流程。机器学习是人工智能的特定子集，可让分析人员检查更大、更复杂的数据集。几乎每个行业都可以从大数据可视化分析中受益。从零售、银行和制造业到生命科学、医疗保健和政府的每个人都在使用此技术。

任务二 设计电子商务多维数据模型

任务引入

电子商务公司委托你开发企业电子商务多维数据模型，完成两项工作：一是搜集与集成公司电子商务数据；二是根据需求，建立电子商务多维数据模型，完成数据分析主题设计。

任务目标

1. 了解电子商务数据来源及集成过程。
2. 构建电子商务数据仓库事实表与维度表。

任务要求

1. 掌握 Web 日志数据格式。
2. 了解 ETL 流程。
3. 掌握常见的电子商务分析维度的设计。

任务分析

电子商务的主要数据来源为 Web 点击流，Web 日志是主要数据载体。

电子商务数据经抽取、转换与加载操作后，以数据仓库技术完成集成。

多维数据模型是数据仓库常见的概念模型。电子商务数据仓库星形模型一般包括一个中心销售事实表，以及时间维、地理位置维、产品维和促销维等。

第二节 电子商务数据分析

一、电子商务数据来源

与一般数据仓库不同，电子商务数据仓库的数据来源更多，数据格式更加复杂。例如，点击流数据、E-mail、IP 地址、交易记录、安全检查、电子金融数据等都是在电子商务活动中所涉及的。即使是同一种类型的数据，由于电子商务的异构平台和操作系统的差异，其数据格式也是不尽相同的。因此，如何捕获、统一这些数据就成为数据仓库设计中十分困难的环节。

（一）电子商务主要数据

互联网作为电子商务企业存在的基础平台可以向企业管理者提供大量的客户信息，客户在网络上的行为都可以通过其在访问企业站点时的点击流数据来反映。点击流数据主要来源于 Web 网站，Web 网站的数据源也就是电子商务数据库的数据源。这些数据主要有 Web 服务器日志（web server logs）、Cookie 信息、广告服务器数据库（Ad server database）、注册数据库（registration database）、商业应用数据库（commerce application database），其中 Web 服务器产生的 Web 日志文件是 Web 数据仓库的主要数据源。这些日志文件包含了每个访问者的 HTTP 事务执行记录，由此可以记录网络访问者在网站的访问足迹，进而了解网络浏览者的真实意愿。

设计 Web 服务器日志文件的目的是为 Web 站点和系统管理者提供用于网站管理的统计数据，这种统计数据比一般数据仓库的数据源在数据类型和数据范围上要小得多，而且更倾向于技术性。管理者可以通过日志文件，了解电子商务客户的各种用户行为，利用数据挖掘技术分析更多潜在的用户信息。

Web 服务器日志文件的数据组成了电子商务数据仓库的核心数据，同时也决定了数据仓库中可用信息的正确性、完整性和质量。当网络浏览者每浏览一个商务页面时，Web 服务器就会向日志文件中写入一定量的数据信息，记录网络浏览者在商务网站中如何观察商品，比较商品的价格、质量，进行商品的购买。这些客户的活动轨迹成为智能型电子商务分析电子商务客户商品购买规律的依据，使管理者能够更智能化地管理电子商务，为管理者的日常工作和决策提供帮助。

（二）Web 日志数据格式

Web 服务器日志文件分为通用日志格式（common log format，CLF）和扩展通用日志格式（extended common log format，ECLF）两种。

在通用日志格式文件中主要包含 7 种数据元素：主机、识别、审核、时间、请求、状态和字节数。而扩展通用日志格式文件则除了这 7 种数据元素外，还增加了引用站点和用户代理两个数据元素。此外，在服务器的日志文件中还包含文件名、服务时间、IP 地址、服务器端口、进程 ID、格式化时间、被请求的 URL、服务器名称和 Cookie 等信息。

（1）主机是向服务器发起 HTTP 请求的浏览器或代理程序的以 IP 地址所表示的互联网地址，该地址在网页访问请求中被服务器所捕获。应该注意的是，多数用户上网时没有固定的 IP 地址，而是由 ISP 动态分配的，这样根据主机并不能确定用户的精确地址，只能从中分析出主机所用域注册的所在国家甚至城市。如果网络访问者是利用企业注册的域名访问电子商务网站，那么电子商务企业就能够了解是从哪些公司出发访问了网站的网页。

（2）识别是客户应用程序提供的一个任意识别器，主要用于支持识别守护进程。

（3）审核后的用户数据是一个通过 HTTP 安全套接字协议（SSL）发送请求中的用户 ID，该字段还可以将客户日志记录联系起来。

（4）时间是指 Web 服务器完成响应 HTTP 请求的时间。

（5）请求是指来自浏览器的实际请求，主要有 GET 和 POST 两种。前者是通过服务器请求一个对象，后者是从浏览器发一个信息给 Web 服务器。

（6）状态是服务器向浏览器返回的 3 位代码，用于对浏览器请求的回应。例如，200 表示 OK，404 表示未找到。

（7）字节数是由服务器返回到客户的字节数。

（8）引用站点是返回服务器的 URL。

（9）用户代理是指客户浏览器的名称和版本。

虽然 Web 服务器的日志文件包含了很多有用的信息，但是在这些日志文件中还缺乏直接与商务活动有关的数据，这就无法进行完整的数据流分析。因此，与电子商务直接有关的后台应用程序数据库中的商品销售数据、商品发送数据、商品库存数据、客户基本信息等商务活动数据源也是智能型电子商务数据仓库的主要数据来源。

二、电子商务 ETL 设计

智能电子商务能否成功应用在很大程度上取决于数据仓库的 ETL。它是构建数据仓库的重要环节，因为数据仓库系统中有可能存在大量的噪声数据，如滥用缩写词、惯用语，数据输入错误，重复记录，丢失值和拼写变化等。即便是一个设计良好的数据仓库系统，如果其中存在大量的噪声数据，那么这个系统也是没有任何意义的，系统根本不可能为决策分析系统提供任何支持。为了清除噪声数据，必须在将数据加载进数据仓库系统之前进行数据清洗，这就需要一个良好、高效的 ETL 系统。

ETL 系统的建立是一项巨大而且高难度的工程，它需要有周密的计划和详细的安排，按部就班完成。ETL 系统的建立一般可分成 8 个步骤。

1. 数据分析

数据分析实际上在电子商务智能化的需求阶段就开始了。在需求分析阶段，需要对终端用户和技术做调查，以确定哪些系统对于特定数据类型是潜在的来源，以及是否有数据不可获得。

数据分析的结果是得到一个传统的和基于 Web 的用于电子商务数据仓库的数据源系统的初始列表。在这里可以发现 Web 站点是否追踪了终端用户的身份和会话，以及有哪些数据需要抽取。

在这一阶段可以和 Web 站点开发者共同讨论各种 Web 站点设计和数据记录的问题。设计数据仓库的模型和将可能的数据源映射到哪种模型常常是同时进行的，当然数据的映射分析稍滞后于模型设计，数据映射的分析也就是 ETL 处理的开始。此时，商务智能项目团队需要同最熟悉数据源系统的技术人员一道工作。数据分析的最后结果是用数据源的大部分信息，以及描述已知数据问题的文档来更新数据映射。

大部分的数据仓库项目都要求对一些数据源系统做最小的改变，这同样也适用于 Web 应用，但是在设计中影响点击流数据的主要问题是缺乏 Web 数据而不是数据质量问题。

2. 使 Web 站点适合电子商务产生的点击流

由于大多数智能电子商务项目都使用点击流数据来分析问题，因此 ETL 开发的第 2 步是确定哪些选项对于解决电子商务问题是可用的。在许多情况中，可能需要改变 Web 站点或者 Web 应用，目的是将那些对电子商务智能分析有价值的信息包装进点击流中。

在设计中可能会发现，由于用户跟踪、页面标记和时间同步的问题而需要改变 Web 站点。因此，在智能电子商务开发中必须尽早决定项目开发的影响有哪些，是否需要对 Web

站点进行修改。一般越早检查 Web 站点和数据，就越有时间来处理 Web 站点的改变。

如果需要修改 Web 站点，此时应该延缓智能电子商务项目的开发。在发现需要修改 Web 站点时，应尽早将问题反馈给 Web 站点的开发者，并且尽快与他们进行讨论。一般来说，在为 ETL 的编程实现方案准备好之前，Web 站点的修改就应完成。

3. 创建高层 ETL 设计和体系结构

ETL 开发的第 3 步是完成 ETL 子系统组件的高层设计。第 3 步的目标是首先创建一个框架，作为细节设计的框架；其次是定义一个 ETL 技术必须满足的需求。

高层 ETL 设计通常要到模型设计并且至少有一些数据源分析已经完成后才能进行。在数据仓库早期设计阶段，当项目计划需要选择技术时，经常发现缺少足够的有用信息来为 ETL 设计做出明智的选择。因此，在项目计划中就应展示 ETL 设计的任务，以反映正常的相关性和滞后的时间。

通过创建一个系统的映射，用图示的形式说明基本数据源，以及数据在哪里产生并在哪里结束，这在 ETL 设计过程的开始阶段是很有用处的。与此同时，还需要将所有在数据抽取和转换处理的数据分析中获取的信息添加进去。

4. 设计特定的点击流处理组件

点击流处理组件的设计依赖系统中 ETL 的体系结构。例如，ETL 体系结构可能是在数据库之外处理所有的 Web 日志，或者是数据实时流水线处理，而不是批处理点击流数据，每一种不同的点击流数据处理都会导致完全不同的设计。

图 10-2 只表示了一般处理点击流数据的过程。这里将初始化点击流处理与维度表和事实表的建立分开来，这是因为初始化点击流处理常常与其他的 ETL 任务是分开进行的。但是，在处理点击流数据时，为事实表中的某些行构造一些维数据和存储数据都是可能的。

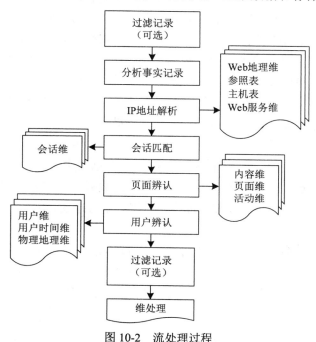

图 10-2　流处理过程

5. 设计和建立维度表

在完成点击流数据的预处理并加载到数据准备区域后，就可以建立维度表了。许多维度表之间并没有依赖性，这意味着它们可以同时建立从而缩小处理的窗口。

智能电子商务模型的维度表中有一个共同的地方，就是它们使用了代理关键字。代理关键字的设计取决于 ETL 的设计者和 DBA，他们决定如何产生这些关键字及如何对这些表进行管理。

当开始实现智能电子商务时，数据源和已完成的维度表之间应该已经有数据的映射。这包括处理过的点击流数据字段到与它们有关的维度表的映射。第 5 步和第 6 步都假定在项目的初始分析和设计阶段就已经完成了这项工作。然后，对每一个维度表进行 ETL 设计。

6. 设计和建立事实表的 ETL 组件

一旦实现了建立维度表的 ETL 程序，就可以开始着手建立事实表的 ETL 组件。一般来说，建立点击流事实表过程并没有建立维度表那么困难，因此事实表组件的设计也比较简单。经过事实表组件处理后的点击流，所获取的大部分数据几乎都是以最终形式提交的。

7. 建立数据加载机制和整合 ETL 程序

大部分的点击流数据仓库并不使用"建立—插入"的机制来加载最后的数据。相反，它们将新建的数据放到数据准备区域的一组表中，这些表与数据仓库中的表相对应。通常这种机制叫作后置模型。

通过使用后置模型，就有可能确保在插入数据到查询数据库之前，不存在孤立的事实行，即丢失一个或多个维度表关键字的事实行。后置模型对性能要求较高，特别对大容量的数据仓库来说。当使用后置模型时，就可以对大部分的新建数据执行合法验证，以使加载过程可以变为简单的往表中插入数据。这样，就缩短了数据库对用户不够用的时间。

如果数据已经加载到数据仓库中，下一步需要将合适的数据输入到建立数据立方体的机制中去，或者采用 OLAP 产品所使用的任何表示法来存储数据。加载维度表和事实表并不是 ETL 处理的结束。在打开数据仓库使用之前，还必须完成数据存档、数据聚合、表索引和备份等任务。这些任务大部分都与数据仓库管理工作密切相关。

在项目设计这一阶段，须集中考虑 ETL 开发任务和项目计划的开发任务，如建立过程自动处理框架等。当完成 ETL 和数据加载设计后，最后一步就是把所有的程序整合到过程自动处理框架中。

通常维度表和事实表的 ETL 程序不是孤立创建的。这其中的一些程序依赖其他的程序，但大部分程序都依赖点击流预处理器。插入一个新的数据到事实表中需要准备好每一个相关维度表中的新数据。这就意味着整合过程相对来说是直接的，因此 ETL 设计者必须齐心协力来创建这些程序。

整合的另一个元素就是把所有的 ETL 程序与自动处理框架连接起来。这可能涉及为 ETL 程序创建任务包，这些任务包可以为成功或者失败传送合适的值、编写脚本以启动程序，或简单地把 ETL 程序信息输入一些作业控制应用系统中。

8. 为数据管理建立支持系统

建立 ETL 子系统的最后一步就是建立所需要的数据管理支持系统。这在大部分时间里均涉及创建程序以提高数据的质量。这些程序可能是对已经加载到数据仓库中的数据进行简单的数据验证的程序，也可能是筛选数据、查找问题的复杂应用程序。

事实上，电子商务数据仓库的数据质量是一个热门的话题，因为数据质量问题主要与数据来源紧密相关，而与数据仓库并没有太大的关系。从点击流数据的本质看，它存在一些简单但又不易解决的数据问题，比如顺利跟踪 Web 站点用户的问题。这些数据问题将会导致处理和加载过程中的错误。

为了让数据仓库管理员和数据管理员能够辨认和纠正这些数据问题，需要一些程序和接口来查看分级区域的数据，从而确定出现问题的原因。在某些情况下，为了让 ETL 处理继续下去，数据可能还需要进行手动纠正。

三、OLAP 与多维分析

多维数据模型是为了满足用户从多角度、多层次进行数据查询和分析的需要而建立起来的基于事实和维的数据库模型，其基本的应用是为了实现 OLAP。

在数据仓库的研究文献中，一个 n 维数据的立方体叫作基本方体。给定一个维的集合，我们可以构造一个方体的格，每个都在不同的汇总级或不同的数据子集显示数据，方体的格称为数据立方体。0 维方体存放最高层的汇总，称为顶点方体，而存放最底层汇总的方体称为基本方体。

（一）多维基本概念

（1）立方体是由维度构建出来的多维空间，包含了所有要分析的基础数据，所有的聚合数据操作都在立方体上进行。数据立方体允许以多维数据建模和观察，它由维和事实定义。维是关于一个组织想要记录的视角或观点。每个维都有一个表与之相关联，称为维表。事实表包括事实的名称或度量，以及每个相关维表的关键字。

（2）维度就是观察数据的一种角度。在图 10-3 中，路线、源、时间都是维度，这三个维度构成了一个立方体空间。维度可以理解为立方体的一个轴。要注意的是，有一个特殊的维度，即度量值维度。

（3）维度成员是构成维度的基本单位。在图 10-3 中，对于时间维，它的成员分别是第一季度、第二季度、第三季度、第四季度。

（4）层次是维度的层次结构。要注意的是，通常存在两种层次：自然层次和用户自定义层次。对于时间维而言，（年、月、日）是它的一个层次，（年、季度、月）是它的另一个层次，一个维可以有多个层次，层次可以理解为单位数据聚合的一种路径。

（5）级别。级别组成层次。对于时间维的一个层次（年、月、日）而言，年是一个级别，月是一个级别，日是一个级别，显然这些级别是有父子关系的。

（6）度量值是要分析展示的数据，即指标。在图 10-3 的数据立方体示例中包含了两个度量值：装箱数和截止时间，可以对其进行多维分析。

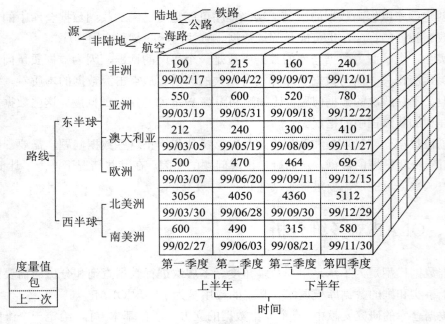

图 10-3　数据立方体示例

（7）事实表是存放度量值的表，同时存放了维表的外键。所有分析用的数据最终都来自事实表。

（8）维表。一个维度对应一个或者多个维表。一个维度对应一个维表时数据的组织方式就采用星形模式，对应多个维表时就采用雪花模式。雪花模式是对星型模式的规范化。简言之，维表是对维度的描述。其中，每个维对应模式中的一个或一组属性，而每个单元存放某种聚集度量值，如 count 或 sum。数据立方体提供数据的多维视图，并允许预计算和快速访问汇总数据。

（二）OLAP 的基本操作

OLAP 的操作以查询操作为主，但是查询可以很复杂，比如基于关系数据库的查询可以多表关联，可以使用 COUNT、SUM、AVG 等聚合函数。OLAP 基于多维模型定义了一些常见的面向分析的操作类型，包括钻取（drill-down）、上卷（roll-up）、切片（slice）、切块（dice）以及旋转（pivot）。以下还是以上面的数据立方体为例来对相关操作类型逐一解释。

1. 钻取

在维的不同层次间的变化，从上层降到下一层，或者说是将汇总数据拆分到更细的数据，比如通过对 1999 年上半年的装箱数据进行钻取来查看 1999 年第 1 季度 1 月、2 月、3 月每个月的装箱数据；当然也可以钻取东半球的数据来查看非洲、亚洲、澳大利亚、欧洲等地区的装箱数据（见图 10-3）。

2. 上卷

钻取的逆操作，即从细粒度数据向高层的聚合，如将非洲、亚洲、澳大利亚和欧洲的装箱数据进行汇总来查看东半球地区的装箱数据。

3. 切片

选择维中特定的值进行分析，比如只选择航空的装箱数据，或者 1999 年第 2 季度的数据。

4. 切块

选择维中特定区间的数据或者某批特定值进行分析，比如选择 1999 年第 1 季度到第 2 季度的销售数据，或者是航空和海路的装箱数据。

5. 旋转

维的位置的互换，就像二维表的行列转换，如通过旋转实现路线维和时间维的互换。

（三）OLAP 的优势

OLAP 的优势是基于数据仓库面向主题、集成的、保留历史及不可变更的数据存储，以及多维模型、多视角、多层次的数据组织形式。

1. 数据展现方式

基于多维模型的数据组织让数据的展示更加直观，可以从多个角度、多个层面去发现事物的不同特性，就像人们平常看待各种事物的方式，而 OLAP 将这种寻常的思维模型应用到了数据分析上。

2. 查询效率

多维模型是建立在对 OLAP 操作的优化基础上的，比如基于各个维的索引、对于一些常用查询所建的视图等，这些优化使得对百万、千万甚至上亿数量级的运算变得得心应手。

3. 分析的灵活性

多维数据模型可以从不同的角度和层面来对数据进行观察，同时可以用上面介绍的各类 OLAP 操作对数据进行聚合、细分和选取，这样就提高了分析的灵活性，可以从不同角度、不同层面对数据进行细分和汇总，满足不同的分析需求。

四、电子商务多维数据模型设计

电子商务多维数据模型设计是电子商务智能化的核心工作，一般电子商务的目的在于通过网络营销，扩大企业的商品销售量，获得更多的市场份额，获取更多的利润。因此，电子商务多维销售逻辑模型是电子商务智能化的核心。

（一）营销多维数据模型演变

一般的营销多维数据星形模型至少要包括一个中心销售事实表，以及时间维、地理位置维、产品维和促销维等，如图 10-4 所示。

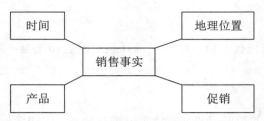

图 10-4　传统的营销多维数据模型

到了 20 世纪 90 年代末，客户关系管理（CRM）成为市场营销管理的主流。此时，营销多维数据模型转变为面向 CRM 的多维数据模型，为此须增加新的维度——客户（用户）维。加入客户维后，传统的营销模型得到了极大的改善，它有能力识别哪些客户购买了什么样的产品，哪些客户是盈利客户，这样就可以使企业能够更加有效地开展商品的营销活动。

电子商务多维数据模型是从面向 CRM 的多维数据模型演变而来的，因为电子商务多维数据模型的建设目标是希望通过跟踪网站浏览者的活动，向合适的客户推销合适的商品。网络浏览者有的是购买企业商品的客户，有的则只是网站的过路客，但是他们的浏览痕迹均留在了网站服务器的 Web 日志文件中。由于 Web 站点能够跟踪客户和非客户在网站上的各种活动，因此 CRM 的概念就被扩展到了电子关系管理，或者是网络浏览者关系管理。普通营销模型中的销售事实变成了电子商务营销星形模型的用户活动/站点点击事实，如图 10-5 所示。这些浏览者在网站上的活动包括不经意的浏览、Web 页面上的注册、网络购物活动、电子货币支付、广告的点击、离开站点的活动及一些其他的网络活动事件。在智能电子商务中可以将这些活动事实连贯成为完整的用户访问经历，称为会话。会话活动可以按照活动类型进行不同的分类，从而形成电子商务智能分析的重点。

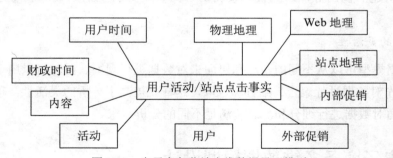

图 10-5　电子商务营销多维数据星形模型

（二）客户维——用户维

在一般的多维数据营销模型中主要对客户进行分析，而在电子商务中则不仅需要对购买企业商品的客户进行分析，还需要对网络的浏览者进行分析，期望从中获得企业的未来客户。为此在 Web 多维数据的营销模型中需要设立一个不仅包括购买商品的客户，还包含不经意的浏览者、有目的搜索者的用户维。

在互联网上容易获得的用户身份信息是用户的代理信息。它可以分成两种属性，即用户代理类型和用户代理名字。其中，用户代理类型主要用来区分一次相应的网页点击是真实用户行为还是索引机器人的行为，用户代理名字的属性给出用户浏览器或者索引机器人的名字及版本号。

在智能电子商务用户维中还可以包括这样一些属性：用户标志符、用户代理类型、用户代理名、用户类型、性别、注册用户名、电子邮件地址、消费人群、人口统计信息、最后购买时间戳、信用概要、电话号码和地址等。

用户标志符是用唯一关键字表示的用户识别关键字，对无法确认的用户可使用一个特殊用户值；用户代理类型主要是浏览器和索引机器人两种，前者主要指某个上网的用户，后者则只是一个自动程序的所作所为；用户类型则可以分成一般访问、购物和商务代理等；最后购买时间戳则指最后一次购物时的数据库 SQL 时间戳；信用概要记录了客户的信用卡账目等信息；电话号码可以包含客户的日间电话、夜间电话、家中电话和工作电话；地址则主要分账单地址和发货地址两种。

用户维的属性是可选的，因为不同的客户、不同的属性值来源可能是不同的。用户类型和性别可以在会话过程或者用户注册信息中获取。注册用户名由用户注册时提供，电子邮件地址也可以通过询问的方式由用户自愿提供。消费人群和人口统计信息由许多描述用户的字段组成，当然这些信息也可能来自第三方的市场调查公司。如果站点支持在线购物，那么用户的最后一次购物时间、信用概要、电话、地址等都可以从用户所提供的信息和信息卡供应商处获得。

（三）时间维——财政时间维和用户时间维

时间维在智能电子商务中被分成了财政时间维和用户时间维（见图 10-6）。以企业为中心的财政时间维和非电子商务多维数据模型中的企业时间维相似。而用户时间维则主要用于识别世界范围内用户访问的特点，它和传统的企业时间不同。因为互联网的用户可能分布在世界上任一时区内，他们的季节和假期也随时区和地理位置的不同有很大的变化。用户时间维的设置可以根据用户的特定时区和季节对用户活动进行分析，否则将出现用电子商务企业的深夜时间来分析另一半球客户的白日商务活动的荒谬情况。

为便于多维数据模型对时间进行高效处理，可将财政时间维分成财政日期维度表和财政时刻维度表，目的是防止单一的财政时间表过大，这样在实际的操作中能够节省系统的开销。此外，分析用户的查询路径通常以日期或者时刻为依据，但并不同时使用两者，所以连接路径如果使用较小的维或其他维的话，就会极大地提高连接效率。

在财政日期维度表中可以包含这样一些属性：财政日期 ID、数据类型、季节、日期时间戳、财政年、财政月、月类型、财政周、周类型、财政日数、日名、周天数、月天数和日类型等。

财政日期 ID 用唯一的整数标志符表示，数据类型的值是范围内、范围外、坏、重复、空值等，季节是春、夏、秋、冬等，日期时间戳用 SQL 的本地日期时间戳表示，月类型表示为 4 周月或 5 周月，财政周则是 1～53，周类型则表示是季度第一个或最后一周等，财政日数为 1～366，0 值表示星期一、星期日等，周天数为 1～7，月天数为 1～31，日类型则是工作日、周末和假日等。

财政时刻维度表中可以包含这样一些属性：财政时间 ID、时间类型、一天的时间段、SQL 时间戳和 GMT 时分秒。

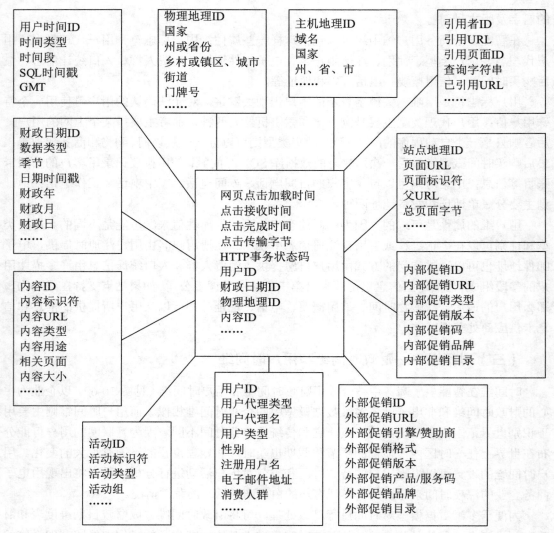

图 10-6　电子商务营销多维数据模型事实表与维度表

财政时间 ID 用唯一整数标志符表示，时间类型有一天内、坏的、重复、空值等，一天的时间段为上午、下午、晚上、日班、夜班等，SQL 时间戳用本地数据库时间戳格式表示，GMT 时分秒分别为 0～23、0～59 和 0～59。

用户日期和用户时刻表是从用户的观点来分析用户行为的，而不是从企业的观点来进行分析的。用户日期和用户时刻是基于一个特定用户日历的，它既可以是西方的阳历法，又可以是中国的历法、伊斯兰历法或者南印第安历法。每个历法都有它自己的假日、工作日和周末。由于瞬时性的缘故，世界范围内的 Web 访问及其使用模式都会受给定用户的历法和时区影响，时区由用户时刻表中的用户时区格林尼治标准时间（GMT）偏移量来表示。

用户时间维和财政时间维一样，同样被分成日期维度表和时刻维度表。其中，用户日期维度表包含属性同企业的日期维度表类似，只是增加了日期的用户季节，包含了夏、冬、春、秋、圣诞、犹太新年、印度排灯节、中国新年等世界各地的主要节假日；增加的日历类型包含格利高里历和日本、中国、伊斯兰、南印第安历法等；此外在日历月名中可以包含世界各国的主要宗教月历，如（犹太历）提市黎月、斋月等。

用户时刻维度表中的属性设计可以参照同企业的时刻维度表。

（四）地理位置维——物理地理、Web 地理和站点地理维

智能型电子商务多维数据模型中的地理位置维，要比普通多维数据模型的地理维复杂得多，需要考虑用户的物理地理位置、用户到达企业站点的途径和站点地理位置，这样就至少需要 3 个地理位置维（见图 10-6）。

第一个维是物理地理维，反映用户的物理地理位置。虽然目前在电子商务中要确定用户的地理位置还有一定的难度，但是可以尝试用 TCP/IP 地址来导出用户所在国家、省（市、州）、邮政编码等。当然如果用户愿意提供一定的地理信息，如送货地址、账单地址、邮箱地址等，那么获得用户的地理位置就会容易许多。

第二个维是 Web 地理维，它记录了用户到达 Web 站点的路途，通过 Web 站点，在用户进入站点并在页面间进行切换时，可以用指引 URL 和页面 URL 来跟踪用户的访问。

第三个维是站点地理维，这个维勾画了 Web 站点的基本结构，描述了 Web 站点上的所有页面组织，并能唯一识别每个页面。它包含的信息主要有：页面大小的字节数、页面版面、链接页面及站点设计修改过程中跟踪页面如何迁移的规则。

1. 物理地理维属性

物理地理维是指点击网页用户的物理地理位置，因为可以将主机 IP 地址解析成全球范围内的国家/州或者省/城市的名字，因此其位置基本可知。使用一些更好的物理地理位置解析方法可以精确到街号，甚至到楼层。例如，Web 站点可能会记录在线购物的某客户的账单地址。

物理地理维度表中的属性一般可以包含：用唯一整数标志符表示的物理地理 ID；国家、州或省份、乡村或镇区、城市、街道、门牌号、邮政编码或邮递区号，地理位置是家庭、公寓、商务、政府部门等场所的类型。

2. Web 地理维属性

Web 地理维也可以分成两个物理的维度表，即主机地理维度表和引用者地理维度表。

由于电子商务的 Web 服务器会用日志文件记录浏览者的每次网页点击，因此可以通过域名服务（DNS）解析日志文件中的 IP 地址来识别进行网页点击的远程主机。主机可以是一个互联网服务提供商，如中国电信等，或是一个公司域上的用户主机。通过识别这些主机，可以知道大量有关 Web 站点流量源的信息，以及在哪些域里有电子商务的用户。

主机地理维中的主要属性可以包含：用唯一整数标志符表示的候选主机地理关键字；主机 32 位 IPv4 地址字符串；完整清晰的主机名，如 news2.eastmoney.com 或者未知（如果不能通过 DNS 解析）；域名，即远程主机名的域部分，如 sina.com、lojqka.com.cn、oracle.com、未知（如果不能由 DNS 解析）；主机所在国家、所在州或省份、所在城市等。

引用者地理维主要包含了正在链接的和已链接的 URL，这些 URL 记录了网页点击内容之间的引用方式。正在链接的 URL 信息中，有一个外部/内部标志用来表示正在链接的 URL 是否属于站点的外部。在判断哪些外部站点把流量引到 Web 站点及哪些站点页面的访问率最高方面，外部 URL 的分析对电子商务非常重要，因为电子商务企业希望将更多广告、

附属链接或者特殊服务放到高流量的外部正在链接的 URL 站点上，以便吸引更多流量到达电子商务企业的 Web 站点。

引用者地理维属性可以包含这样一些属性：表示引用者 ID 的唯一整数标志符；引用 URL，如 http://www.search.google.com 等；表示动态页面的唯一引用页面标志符的引用页面 ID；查询字符串，如?search=clickstream+data+warehousing；引用域，如 Google.com 等；外部/内部标记，表明引用页面为站点内部页面或外部页面；已引用 URL，如 www.mysite.com/index.html 等；表示动态页面唯一已引用标志符的已引用页面 ID。

3. 站点地理维属性

站点地理维记录了电子商务企业 Web 站点的结构，包含每个页面的 URL、每个页面的父 URL，以及页面的字节数、页面版面和页面用途等属性。对于静态的站点，这个维度表完整地定义了站点上的页面结构。使用这些信息，分析人员可以通过页面来聚合站点点击的信息，并进行页面的流量分析工作。这个维度表还应存储 Web 站点变化的历史信息，允许电子商务管理者分析站点改变前后的用户反应。

然而对使用动态生成 Web 页面的站点来说，尽管站点的主页有固定的页面 URL，但是一般页面都没有固定的页面 URL。因此，必须创建一种机制来记录那些有意义的动态页面标志正在链接的页面标志符、内容页面指示器和用户事件指示器等。否则，在这些站点的主页下分析用户活动/页面点击将是不可能的。

因此，站点地理维属性主要包括：表示站点地理 ID 的唯一整数标志符；页面 URL；唯一的页面标志符，一个独立的页面标志符表示与页面相关联的动态页面 URL；父 URL，如 www.mysite.com/index.html；总页面字节大小，包括所有组件项，如页面转载的图像或脚本；页面版本号；页面最后修改日期；页面主要用途，如主页面、搜索、信息、购物篮、产品说明和下载情况等。

（五）商品维——内容维和活动维

为了分析电子商务的商品销售情况，需要观察网站的产品销售活动。由于 Web 站点是一种纯信息实体，Web 页面只包含页面的内容，而 Web 日志文件则记录了页面及客户在页面内容上所进行的活动。因此，可将商品维分成内容维和活动维（见图 10-6），内容维描述了 Web 站点上的所有对象，活动维则是改变事实表数据的根本，因为电子商务的一些销售均与浏览者的各种网络活动有关，这些活动可能是用户的一次购书，点击一个广告页面或者阅读一个页面，等等。

1. 内容维属性

浏览者每次在网站上进行点击都会显示页面内容的一些组件，而每一个内容组件又有一个内容 URL。因为这些是动态生成的页面，所以每个组件还应该有一个唯一的内容标志符。内容组件还应有一个内容类型属性，以确定对象属于哪个组，而组的概念可由终端用户来定义。

内容维描述 Web 站点上的所有对象，从本质上说，这个维度表包含用户访问过的每一个对象。内容维属性主要有：表示候选内容关键字的唯一整数标志符；表示内容组件的唯一标志符；表示内容标志符的内容 URL，如 www.mysite.com/intemalAdimage21.gif；说明是 Web 页面、图像、媒体剪接、小程序等的内容类型，说明产品、外部文章链接和搜索结果；内容用途用于说明主页面、注册、浏览、订货、内容显示的内容组；表示对象所关联的是向用户显示的 Web 页面内容标志符的相关页面；内容大小表示页面大小的字节数；内容版本号；生成日期；最后修改日期；最后修改者；从站点移除日期；等等。

2．活动维属性

电子商务网站的每次点击都是一个或者多个用户在某一内容上活动的结果。与内容或页面标志相类似，活动有一个唯一的活动/事件标志符。而活动类型分组后称为活动组。活动不是内容，所以没有 URL。然而，活动反映用户与该内容的交互。活动维提供将活动按类型或组进行聚合的一种机制，可以对这些活动进行具有商务价值的分析。

活动维属性主要有：表示活动 ID 的唯一整数标志符；表示活动或事件的唯一标志符；活动类型，如广告点击、添加到购物篮、购买、包装、送货、核实信用卡交易、会话开始、会话结束、登录、下载文章和注册用户名等；活动组，如广告、送货、购买、下载和注册等。

（六）促销维——内部促销维和外部促销维

智能电子商务的促销维模型可以分成内部促销维和外部促销维（见图 10-6）。互联网环境中的促销，既可以位于一个站点的内部，也可以位于站点的外部。例如，一个 Web 站点上的推销广告是内部促销，而一个页面上的标语广告或者附属链接则是外部促销。将促销维分成内、外促销维是非常重要的，因为内、外部的不同环境对促销的成功与否与成本大小有重大的影响。

1．内部促销维

内部促销是指电子商务站点内的促销活动，和其他类型的内容一样，这些促销活动都有一个内部促销 URL，以及一个内部促销 ID。由于动态生成的内部促销内容可能有一个变化的 URL，所以需要设置一个促销标志符表示这些动态变化的 URL。在内部促销属性中有一个内部促销版本号，以便分析不同版本的内部促销活动。如果促销针对一个专门产品或服务，那么产品的 SKU（产品统一编号）或服务编码、商标和类别都要被记录在这个维度表中。

因此，内部促销维的属性可以是：表示候选内部促销的唯一整数标志符；内部促销 URL，如 www.mysite.com/IntemetSpecial4.html 等；单击 URL；内部促销类型，如内部广告、附属链接、外部文章链接和销售等；内部促销版本；用 SKU 或服务码表示的内部促销产品或服务码；内部促销品牌；内部促销目录；等等。

2．外部促销维

外部促销维是指可以反映来自其他站点的广告点进次数的维，如广告标语、附属链接或其他站点上弹出式窗口中的插页广告。外部促销有外部促销标志符，而它的 URL 来自点击的指引 URL。

外部促销点击数据流常常来自外部的促销引擎或赞助商，如附属链接的赞助商。与内部促销维一样，外部促销维也可能有一个促销的产品或服务，该产品或服务都有一个确定的促销商标，这个商标又是产品或服务的某个促销类的一部分。在此维度表中还可以包含促销成本的信息，这样可以计算促销成本对流量或者收入的相关影响，其他的有用信息可能是附属链接上的企业信息。

为此，在外部促销维中可以包含这样一些属性：表示外部促销 ID 的唯一整数标志符；包含查询串 URL 完整文本的外部促销 URL；外部促销引擎/赞助商；外部促销格式，如标语、擎天柱、弹出式广告链接等；外部促销版本；用 SKU 或服务码表示的外部促销产品或服务；外部促销品牌；外部促销目录。

经过以上的维模型分析，可以得到如图 10-6 所示的一个完整的用户活动/站点点击事实的电子商务多维数据模型。这种模型可以被用来设计成按最低的粒度级，即按网页点击来存储数据，因此这种电子商务多维数据模型也可以叫作站点点击粒度模型。

（七）电子商务多维数据模型的事实表设计

电子商务多维数据模型的事实表主要由与维度表相关联的外键及网页点击加载时间、点击接收时间、点击完成时间、点击传输字节和点击 HTTP 事务状态码 5 个度量浏览者活动状况的事实组成（见图 10-6），其中具体包括：使用唯一整数标志符表示的用户候选关键字、财政日期候选关键字、财政时刻候选关键字、用户日期候选关键字、用户时刻候选关键字、物理地理候选关键字、主机地理候选关键字、引用候选关键字、站点地理候选关键字、内容候选关键字、活动候选关键字、内部促销候选关键字、外部促销候选关键字等外键。

应用事实表的这些属性可以分析哪个外部站点驱动最多的流量到电子商务企业的站点；哪个外部广告动作最有效，给商务站点带来最多的客流；用户查询电子商务站点时，使用最多的搜索关键词是什么；最流行的站点入口网页有什么特点；最流行的站点出口网页是什么；用户离开站点之前停留在什么样的页面或内容上，为什么；返回站点频率最高的用户人口统计信息（如年龄、性别、区域等）是什么；产生最大的网页流量的物理地理位置在哪里；哪些远程主机产生最大的用户流量；用户对于不同类型的内容，访问的倾向性如何；内部促销转换率与外部促销转换率相比，哪个更有效；站点上最多、最少的用户活动是什么。很显然，通过以上这些分析可以使电子商务企业进一步达到智能化的要求。

阅读材料

典型的多维数据模型

任务三 规划电子商务数据挖掘任务

任务引入

电子商务的数据挖掘主要是从 Web 网站的数据中进行挖掘，就是在众多的网络信息和网站使用记录中挖掘潜在的、有意义的和规律性的电子商务知识，从而进一步开发网络信息资源，提高网络信息的利用价值，满足电子商务企业管理决策的需求。

Web 数据具有海量的、无结构化、动态等特点，Web 页面极其复杂，这就使人们从成千上万的 Web 网站中寻找有用的数据变得比较困难。而 Web 挖掘（Web mining）则可以利用数据挖掘技术从 Web 文档和 Web 活动中抽取人们感兴趣的、潜在的有用模式和隐藏的信息。

任务目标

1. 了解电子商务数据挖掘应用场景。
2. 掌握每一应用场景下数据挖掘的任务与功能。

任务要求

1. 掌握数据挖掘在网络交易过程中的应用。
2. 掌握数据挖掘在网站设计与管理中的应用。
3. 掌握数据挖掘在网络广告中的应用。

任务分析

Web 数据挖掘技术可以从 Web 文档和 Web 活动中抽取人们感兴趣的、潜在的、有用的模式和隐藏的信息。在 Web 数据挖掘中主要有 Web 内容挖掘、Web 结构挖掘、Web 使用记录挖掘 3 类。通过这些数据挖掘技术，可以为电子商务、网站建设等互联网应用提供有用的信息。智能型电子商务的数据挖掘是基于 Web 的数据挖掘，在客户关系管理、网站设计管理、网络广告中有重要应用价值。

第三节 电子商务数据挖掘

一、网络交易中的数据挖掘

（一）网络营销活动

在网络营销活动中，一个销售周期包括吸引、驻留、购买和离开 4 个步骤。数据挖掘技术可以通过分析客户点击流等信息挖掘客户的行为动机，分析用户目前处于哪一阶段，以帮助电子商务企业针对客户不同阶段的特征进行合理的销售策略安排，向用户进行有针对性的信息反馈和广告发送，使用户能够从吸引阶段过渡到驻留阶段，最后到达购买阶段。

网络营销需要经过市场细分化、目标选定和市场定位等几个步骤。市场细分后需要评估细分市场，电子商务企业要从细分市场的吸引力、企业的目标和资源等方面来评估不同的细分市场，最后在目标市场上定位。数据挖掘技术可以对市场、客户数据进行恰当的分类挖掘，从而分析各个层次的细分市场，为电子商务企业定位于自己的目标市场提供可靠依据。

网络营销的实质是一对一营销。电子商务企业可以利用分类和聚类技术将大量的客户分为不同的类，每一类客户拥有相似的属性，这样企业就可以为每一类客户提供合适的个性化服务，从而提高客户的满意度，增强客户的忠诚度，实现一对一营销。

（二）客户个性化服务

针对不同的客户，为其提供个性化服务，使其感到整个网站是一个完全为自己定制的个性化网站，是电子商务网站成功的秘诀。通过 Web 数据挖掘，可以分析客户频繁访问的路径和兴趣页面的集合，掌握客户浏览兴趣和基本特征，及时调整商品的销售信息，迎合客户的需要，从而向客户提供个性化的服务，提高客户的满意度。

电子商务的个性化服务主要表现形式有推荐超链接页面、推荐商品页面、推荐广告页面或经裁剪的文本或图像页面等。例如，把用户活动的短期访问历史与 Web 挖掘的模式进行匹配，为活动用户预测下一步最有可能访问的页面，并根据分析结果对页面进行排序后，附在现行用户请求访问页面后推荐给用户。例如，通过关联分析得到 80% 的客户浏览 A 网页的同时会浏览 B 网页的结论，则说明 A 网页与 B 网页之间有一定的相关性，从而可以在 A 网页中加入 B 网页的超链接，使客户可以很容易地从 A 网页跳转到 B 网页，为用户的网站浏览提供了便利。

（三）客户分类

随着"以客户为中心"的经营理念不断深入人心，分析客户、了解客户并引导客户的需求已成为企业经营的重要手段。

在电子商务中，客户聚类是一个重要的数据挖掘应用。客户聚类是"以客户为中心"的经营理念重要的体现，通过对电子商务系统搜集的交易数据进行聚类分析，对具有相似浏览行为或客户指标（如自然属性、收入贡献、交易额、价值度等）的客户进行分组，找出分组中客户的共同特征，从而确定不同类型客户的行为模式。客户聚类可以帮助电子商务的组织者更好地了解自己的客户，向客户提供更适合他们的服务，以便根据市场细分采取相应的营销措施，促使企业利润最大化。

例如，有一些客户都花了一段时间浏览 babytoys、babyfurniture 页面，经过分析，这些客户被聚类成为一组。销售商根据分析出来的聚类信息，就可以知道这是一组 expecting parents 客户，对他们所进行的业务活动当然也就不能等同于其他被聚类了的客户，如 college students、office ladies。商家可以针对该群体的需求，为他们发送相应产品目录和广告，或者及时调整页面及页面内容，使电子商务活动能够最大限度满足客户的要求。

（四）潜在客户分析

对现代商家来说，如何快速发现更多潜在的客户，从而提高市场占有率是至关重要的。通过 Web 数据挖掘可以对潜在客户信息进行分类和聚类分析，再由模式分析预测哪些可能成为新客户，以帮助市场销售人员找到正确的营销对象。Web 数据挖掘还可以揭示客户的行为习惯，发现在不同情况下有相似行为的新客户，帮助商家识别潜在的客户群，采用积极的营销策略，不断挖掘新客户，提高市场占有率。

具体对一个电子商务网站来说，了解、关注在册客户群体是非常重要的，但是从众多的访问者中找出潜在的、尽可能多的客户群体也同样重要。如果电子商务企业能够发现潜在客户，就可以采取一系列措施，从而使他们转变为注册客户。通过对访问者的访问记录进行挖掘，可以在网络上寻找到潜在客户。例如，将已经存在的访问者分为三类：新来访者、偶然来访者和常客。对于新来访者，通过分类发现，识别这个客户与已经分类的老客户的一些公有属性，从而可以将这个新客户进行正确归类。然后归类判断这个新客户与有利可图的客户群具有共同的属性，还是与无利可图的客户群有共同的属性，从而决定是否要把这个新客户作为潜在的客户来对待。

（五）客户挽留

现代营销学认为保留老顾客的价值数倍于争取新顾客的价值，向新客户进行推销的花费数倍于保持现有客户的花费。因此商家应尽量提高客户忠诚度，挽留老客户。通过 Web 数据挖掘，可发现不同的客户群在网站上购买不同的商品，哪些客户可能正在流失，哪些客户是网站的忠诚客户，哪些是盈利客户。要对盈利客户进行个性化营销和人性化关怀，使其成为电子商务企业的忠诚老客户。

阅读材料

数据挖掘在电子商务行业中的十种常见案例

二、网站设计与管理中的数据挖掘

（一）发现网站访问序列模式

在时间戳有序的事务集中，序列模式的发现就是指寻找那些"一些项跟随另一个项"的事务模式。发现序列模式能够预测用户的访问模式，有助于电子商务企业建设主动式的推荐系统，以向访问者主动推荐他希望访问的网页。

例如，在访问/user/productl 的顾客中，有 80%的人曾在过去一个月里使用关键词"玩具"在百度上做过查询。这样的网站就可以分析来访者是否用关键词"玩具"在百度上做过查询，如果是，则可以主动向这些访问者推荐访问/user/productl。

又比如，数据挖掘分析表明在/user/productl 上进行在线订购的顾客中，有 80%的人在过去 10 天内也在/user/product3 页面下过订单。这样，一旦发现来访者过去 10 天内在/user/product3 页面下过订单，就可以主动向其推荐访问/user/productl。

发现序列模式便于电子商务的组织者预测客户的访问模式，对客户提供个性化的服务。网站的管理员可以将访问者按浏览模式分类，在页面上只展示具有该浏览模式的访问者经常访问的链接，而用一个"更多内容……"指向其他未被展示的内容。当访问者浏览到某页面时，检查符合他的浏览序列模式，并在显眼的位置提示"访问该页面的人通常接着访问……"的若干页面。

利用序列模式技术可以掌握客户访问页面的规律，预测客户未来的访问模式，有的放矢地进行在线推荐或安排广告等营销活动。采用关联规则技术，找出具有一定支持度和置信度的相关联的物品，并且针对客户的动态变化来调整网站的结构，可以使客户更直接地访问关联商品的链接信息。

利用序列模式技术还可以延长客户在网站上的驻留时间，从而增加网站的人气，提高电子商务的销售量。由于传统客户与经销商之间的空间距离在电子商务中已经不存在了（在互联网上，每一个经销商对客户来说都是一样的），那么如何使客户在自己的销售网站上驻留更长的时间，以增加网站的销售量，对经销商来说是一个严峻的挑战。为使客户在自己的网站上驻留更长的时间，应该了解客户的浏览行为，知道客户的兴趣及需求所在，动态地调整 Web 页面，以满足客户的需要。互联网上电子商务中的一个典型的序列，代表了一个购物者以页面形式在网站上导航的行为，所以可运用数据挖掘中的序列模式发现技术，发现客户浏览行为的知识，了解客户的需求，并根据需求动态地向客户做页面推荐，展示一个特殊的、有针对性的页面，提供一些特有的商品信息和广告，使客户能继续保持对访问该网站的兴趣。

（二）识别与过滤垃圾邮件

电子邮件因其快捷、方便、经济等特点逐步成为人们普遍接受的一种通信手段。在电子商务中，现实的或潜在的客户往往采用电子邮件向电子商务企业咨询商品的性能、价格、安装使用、维护等各种问题。此时，电子商务企业就需要对所接收到的各种电子邮件进行准确、快速分类，由各个专职管理部门有针对性地进行处理。如果由人工对这些邮件进行垃圾邮件剔除和客户邮件分类，那么将大大增加企业的成本。而基于数据挖掘的电子邮件过滤、筛选和分类技术则可以从大量的邮件中过滤垃圾邮件，将有用的客户邮件正确地分发到相应部门进行及时处理。

由于数据挖掘主要是针对结构化数据进行的挖掘处理，而电子邮件则是文本文件，传递和存储的信息是非结构化的数据，为利用已有的数据挖掘技术，需要先将非结构化的数据转换成结构化数据，然后再选取最能区分是否是垃圾邮件的一些特征关键词，即那些邮件正文文本部分所具有的垃圾邮件特征，以从大量的电子邮件中分辨哪些是垃圾邮件，哪些是客户邮件。

电子商务企业还可以使用电子邮件进行商品的主动推销。这就需要利用 Web 数据挖掘技术识别哪些客户可能需要哪些类型的商品，便于企业利用邮件发送系统向正确的客户发送正确的广告邮件，避免由于发送用户所需要的促销广告，而被用户认为是垃圾邮件导致用户对该企业的封杀。

利用 Web 数据挖掘技术还可以向有关的客户进行邮件自动回复。利用数据挖掘技术中的分类技术识别发送邮件的客户需求后，就可以按照这些用户的要求向他们发送关于商品的咨询资料、商品的维护资料等邮件。

（三）在搜索引擎中的应用

搜索引擎在电子商务中具有重要的作用，用户经常利用搜索引擎在网站中搜索自己所希望购买的商品，有的用户还希望利用搜索引擎在整个互联网上搜索自己所关心的商品，并希望对这些商品的价格、性能、质量、服务进行对比，使自己能够购买到价格最便宜、性能指标最好、商品质量最佳的商品。

此时，就需要利用搜索引擎进行 Web 数据挖掘。例如，通过对网页的聚类、分类，实现网络信息的分类浏览与检索，以找到同样类型的商品；通过用户所使用的提问式历史记录的分析，可以有效地进行提问扩展，提高用户的检索效果；运用网络内容挖掘技术改进关键词加权算法，可以提高网络信息的标引准确度，改善检索效果。

在电子商务中提供智能化的搜索引擎，可以使客户对网站更加放心，更加认可，从而使电子商务网站能够建设成为某类商品的顶尖网站，客户若想在网上购买某类商品自然会先来到此网站进行搜索、采购。

三、网络广告中的数据挖掘

（一）网络广告的有效性分析

网络广告与电视广告、报纸广告等传统媒体广告具有很大的不同，电子商务企业需要根据网络广告的特点，采用数据挖掘技术对网络广告的布局、投放进行挖掘分析，以获得更好的广告效果。

网络广告数不胜数，只有那些有创意的、能让人留下深刻印象的广告才能激发受众的购买欲望。例如，提供一些需要受众参与的广告，使受众觉得身心愉悦而无法拒绝企业的产品，这也是电子商务企业使用数据挖掘技术进行网络广告分析的目的。利用数据挖掘技术可以对各种广告进行分类，了解其点击率，分析广告在点击以后的商品销售情况，以判断广告的有效性。或者当客户访问网络广告时，可以利用 cookie 代码段对他们进行标记，利用关联规则根据用户在网站浏览时的行为推断他是否为一名潜在的购买者。

此外，从广告设计看，一般的广告设计创意都会有 A、B 两个版本，而两个版本的效果差异需要通过数据挖掘技术来分析解决。通过数据挖掘技术可以了解有多少客户在这两个不同版本的广告上各停留了多长时间，以及哪个广告对浏览者的影响更大。

（二）网络广告的链接分析

电子网络广告与传统媒体广告最明显的不同之处在于它的互动性和大容量，它可以使网络浏览者随心所欲地选择自己所需的广告信息，并且通过广告的链接获取更多的商品信息或采购广告所推荐的商品。此时，网络广告的链接就显得分外重要。因为，许多大公司具有自己独特的品牌优势。网络浏览者在挑选某一商品时，往往首先登录大公司的网站，然后才会考虑其他企业的网站。如果电子商务企业在相关的大型企业网站上建立了网络广告链接，往往就能够为其拉来源源不断的客户。

但是在哪些大公司网站上建立链接网络广告，建立这些链接广告后的效果如何，是链接广告设置中必须解决的问题。这就需要通过数据挖掘分析，了解购买商品的客户主要来自哪些链接网站。由此，就可以在链接量大的网站上设置链接广告，使网络广告的效果得到更好的发挥。

（三）网络广告的关联匹配

网络广告的关联匹配是"数据挖掘"和网络广告的结合体，目前广告的发展趋势是分众，是精确受众，所以在网络广告的发展上出现了"上下文匹配"概念，但是这样的匹配满足不了目前的电子商务需求。比如在一个音乐网站上，通过上下文匹配很难匹配出 MP3、MP4、数码相机这些时尚的数码产品，而流行音乐网站的用户往往正是这些时尚产品的潜在消费群体，此时就需要通过关联匹配来实现网络广告的有价值链接的投放。

关联匹配广告的实现不仅需要了解网络访问者的习惯，还需要使用关联规则对网络广告的设计路径进行分析，以确定哪些广告的链接效果更好，可以使访问者能够更容易受到网络广告的影响而去购买企业的商品。此时，就不仅要考虑网络广告在不同企业间的链接，还需要考虑广告在网页上的具体投放位置，即通过数据挖掘的关联分析使网络广告的点击率得到提高，使网络广告效用得到延伸，以大幅度提升广告的投放效率。

（四）网络广告的精准发送

对任何一家企业来说，每位客户都是唯一的。及时了解客户需要什么、人在何处、对特定产品有何意见这些电子商务企业梦寐以求的第一手营销资料，也是网络广告不断追求的"精准，更精准一些"的最高境界。电子商务企业能否利用精准广告和网络访问者建立一对一的沟通也是电子商务企业能否成功的关键之一。

精准广告发送需要依托网络搜索技术和所积累的庞大的网络访问者行为数据仓库，对网络浏览者的上网行为进行个性化的数据挖掘分析，按电子商务企业的广告需求锁定目标受众，进行一对一传播，向细分人群分类发送他们各自感兴趣的个性化商品信息，实现网络广告的精准投放。

为此，电子商务企业需要利用数据挖掘系统对网络访问者的 IP 地址进行分析跟踪，并利用特征关键词对用户进行分类挖掘，同时与广告产品的特征进行关联、匹配和排序分析，实现有针对性的网络访问者群体的精准投放。例如，如果客户通过注册参与广告的有奖活动或通过广告进行商品的购买，那么就可以从这些信息中挖掘出用户的喜好、使用习惯、月收入和性别，甚至精确到用户喜欢美食中的川菜信息。又比如，利用关联规则分析可以将宾利汽车广告投放给希望购买这一款型汽车的客户，即展示给关联度最高的客户，让他们看这些广告。同时还可以根据完整的用户行为轨迹和用户回复信息，进行定量和定性分析，实现真正意义上的网络广告精确定位投放，创造新的客户价值。

本 章 小 结

　　智能型电子商务是商务智能的一个重要方向，由于电子商务数据环境的特殊性，使智能型电子商务的开发难于传统的商务智能开发。电子商务网站的服务器日志文件的处理是智能型电子商务建设的核心，从日志文件中可以查看到电子商务客户的行踪，可以对电子商务客户进行有效的分类分析，可以为客户提供一对一的销售。

　　尽管电子商务数据仓库的逻辑模型来自传统的基于 CRM 的销售多维数据模型，但是需要根据电子商务的特点，对客户维、时间维、地理维、商品维、促销维以及事实表进行相应的调整。即使在电子商务的数据抽取、转换和加载系统中，也需要根据电子商务的特点对数据仓库逻辑模型进行重新设计。

　　智能型电子商务的数据挖掘是基于 Web 的数据挖掘，Web 数据挖掘不仅在电子商务的客户关系管理中得到应用，而且在电子商务网站的设计管理、网络广告中均具有重要的应用价值。

思 考 题

一、简答题

1. 简述商务智能常用技术。
2. 电子商务数据环境有什么特点？
3. 电子商务 ETL 流程包括哪些步骤？
4. 简述电子商务多维数据模型。
5. 电子商务数据挖掘包括哪些典型的应用场景？

二、分析题

　　电子商务推荐系统，就是向客户推荐商品或提供信息来引导客户购买什么商品。推荐系统可以根据其他客户的信息或该客户以往的购买行为来预测该客户未来的购买行为，为该客户提供个性化服务。

　　电子商务推荐系统就是将数据挖掘技术应用于电子商务领域中的实用案例。基于数据挖掘的推荐系统通过对用户行为和用户属性进行学习，从而获取有价值的知识，根据得到的知识进行商品推荐，使电子商务推荐系统具有了自动化、智能化的推荐行为。

　　推荐系统所使用的推荐技术包括协同过滤推荐、基于内容推荐、基于人口统计信息推荐、基于知识推荐和基于规则推荐等。

根据网络图书销售的特点，采用了聚类算法图书推荐系统。系统根据用户与系统的交互记录，包括书籍的浏览记录、书籍的收藏记录、书籍的下载记录和相关数据购买记录，形成推荐图书。图书推荐最终采用最近邻算法确定所推荐的图书。

由于系统先采用了聚类算法将所有图书进行聚类处理，再在图书聚类中利用最近邻寻找算法推荐图书，这就缩小了找近邻的范围，降低了算法的时间复杂性。系统在具体运行时，首先要对所有书籍进行聚类，然后在该书所属聚类中，按照与该书相似度的大小对该类的其他书籍进行排序，将与该书相似度较高的若干本书作为该书的近邻。然后，将该书的近邻按照其相似度大小依次列在该书详细信息的相关书籍项中，这就为浏览该书详细信息的用户提供了相关书籍推荐。

回答以下问题：

1. 为什么要在网络书店中建立图书推荐系统？

2. 本推荐系统先采用了先进聚类运算，后采用了最近邻算法构建推荐系统的核心。请分析比较本系统与基于内容推荐、基于人口统计信息的推荐系统的优点和缺点。

参 考 文 献

1. 刘国钧，陈绍业. 图书目录[M]. 北京：高等教育出版社，1957.
2. 陈德人. 电子商务概论与案例分析[M]. 北京：人民邮电出版社，2021.
3. 边云岗. 电子商务概论[M]. 北京：人民邮电出版社，2020.
4. 童旺宇，吴红，明均仁. 电子商务概论[M]. 北京：人民邮电出版社，2015.
5. 白东蕊，岳云康. 电子商务概论[M]. 4版. 北京：人民邮电出版社，2019.
6. 高功步，焦春凤. 电子商务[M]. 北京：人民邮电出版社，2015.
7. 孙若茵，王兴芬. 电子商务概论[M]. 2版. 清华大学出版社，2017.
8. 谭玲玲. 电子商务理论与实务[M]. 北京：北京大学出版社，2016.
9. 尹函. 电子商务直播模式的兴起与未来发展[J]. 武汉工程职业技术学院学报，2020，12：41-43.
10. 陈德人. 电子商务概论与案例分析（微课版）[M]. 北京：人民邮电出版社，2020.
11. 边云岗. 电子商务概论：基础、案例与实训[M]. 北京：人民邮电出版社，2020.
12. 文英姐，黎金玲. 电子商务概论[M]. 重庆：重庆大学出版社，2018.
13. 孙克武. 电子商务物流与供应链管理[M]. 北京：中国铁道出版社，2017.
14. 陈彩霞. 电子支付与网络金融[M]. 2版. 北京：清华大学出版社，2020.
15. 陈德人. 电子商务概论与案例分析（微课版）[M]. 2版. 北京：人民邮电出版社，2020.
16. 蒋致远. 互联网金融概论[M]. 北京：电子工业出版，2019.
17. 李晓秋. 电子商务法案例评析 [M]. 2版. 北京：对外经济贸易大学出版社，2015.
18. 温希波，邢志良，薛梅. 电子商务法：法律法规与案例分析（微课版）[M]. 北京：人民邮电出版社，2019.
19. 罗佩华，魏彦珩. 电子商务法律法规[M]. 3版. 北京：清华大学出版社，2019.
20. 杨坚争，万以娴，杨立钒. 电子商务法教程[M]. 北京：高等教育出版社，2016.
21. 赵旭东. 电子商务法学[M]. 北京：高等教育出版社，2019.
22. 唐先锋. 电子商务法[M]. 杭州：浙江大学出版社，2020.
23. 李东. 商业模式构建：互联网+时代的顶层布局路线图[M]. 北京：北京联合出版公司，2016.
24. 郑健壮，朱婷婷，郑雯好. 高技术产业中的企业衍生、关系网络与创业行为：以硅谷为例[J]. 企业经济，2018（3）：94-101.
25. 陈京民. 数据仓库与数据挖掘技术[M]. 2版. 北京：电子工业出版社，2007.
26. 黄建鹏，徐晓冬，魏宝军. 商业智能在电子商务中的实践与应用[M]. 南京：东南大学出版社，2012.
27. 任昱衡，姜斌，李倩星，等. 数据挖掘：你必须知道的32个经典案例[M]. 北京：电子工业出版社，2017.